제2판

행정법(Ⅰ)

ADMINISTRATIVE LAW

최우용 · 정해영

pnc
publishing and culture
피앤씨 미디어

머 리 말 [제2판]

법학전문대학원의 교재로 본서를 출간한 지 벌써 3년이 되었다. 당초 행정법 총론의 쟁점과 주요 판례를 빠짐없이 수록하면서도 학생들의 부담을 덜어주고자 책의 분량을 최소화하였다. 이번 개정판에서도 이러한 본서의 집필 의도는 그대로 유지했다.

2023년 3월 24일부터 전면 시행된 「행정기본법」은 완전한 형태의 기본법은 아닐지라도 우리 행정법학 및 행정 현실에 적지 않은 영향을 미치고 있다. 본서에서는 이러한 점을 반영하여 「행정기본법」의 내용을 충실히 반영하였다. 대표적으로 인허가 의제에 관한 논의와 판례의 동향을 자세히 소개하였고, 공법상 계약에 관한 내용도 충실히 보완하였다.

그 외 쟁점별 관련 판례의 내용을 가능한 최신의 것으로 정리하였고, 내용도 많이 수정하였다. 특히, 정해영 교수님의 노고로 기존의 사례 문제를 보완하여 가독성을 높였다.

본서는 저자들의 각종 시험출제 경험과 강의 경험이 바탕이 된 결과물이다. 시중의 교과서에 비해 물리적 양은 적지만 행정법 총론의 주요 쟁점과 주요 판례를 모두 담고 있어, 수험 준비에 많은 도움이 되리라 확신한다. 아울러 본서의 부족한 부분은 앞으로 계속해서 보완해 나갈 것을 약속드린다.

끝으로 본서의 발간을 기꺼이 허락해 주신 피앤씨미디어 박노일 대표님과 최준규 전무님께 감사를 드린다.

2024. 2.

봄 기운이 돋아나는 부민동에서

최 우 용

차 례

제 1 편 행정법총론

제 1 장 행정법의 관념

제 2 장 행정법의 법원

제 3 장 행정법관계

제 4 장 행정의 행위형식

제 5 장 행정절차법

제 6 장 정보공개법과 개인정보보호법

제 7 장 행정의 실효성확보수단

제 2 편 행정상 손해배상과 손실보상

제 1 편 행정법총론

제 1 장 행정법의 관념

제 1 절 행정법의 의의

제 1 항 행정에 관한 법으로서의 행정법

Ⅰ. 행정의 의의

1. 행정의 개념

행정의 의의에 관한 행정법학자들의 정의를 보면 다음과 같다.

① E. Forsthoff : 행정은 정의될 수 없고 단지 묘사될 수 있을 뿐이다.

② F.Fleiner : 공익상 필요한 결과를 실현할 목적으로 하는 기술적, 정신적, 법률적 사무의 전체를 말한다.

③ 田中二郞 : 법 아래에서 법의 규제를 받으면서 현실적·구체적으로 국가 목적의 적극적 실현을 향하여 행하여지는 전체로서 통일성을 가진 계속적인 형성적 국가 활동을 의미한다.

④ 행정법의 규율 대상인 행정은 국가 또는 지방자치단체가 권력분립의 원칙과 법치주의의 원칙 하에서 공익실현을 목적으로 하는 적극적이고 형성적인 활동을 말한다.

2. 행정의 특성

① 사회형성적 작용이다.

② 행정주체에 의한 공익실현 작용이다.

③ 적극적·미래지향적 작용이다.

④ 개별적 사안에 대해 구체적 조치를 취하는 작용이다.

⑤ 행정의 특성상 재량의 영역이 존재한다.

⑥ 다양한 행위형식(행정입법, 행정행위, 행정계획 등)을 동원하는 작용이다.

Ⅱ. 통치행위

대법원 2004.3.26, 선고 2003도7878 판결

甲, 乙 등은 재정경제부장관에게 신고하지 아니하고, 2000.6.9. X기업이 Y은행으로부터 대출 받은 2,240억 원을 미화 2억 달러로 환전하여 X기업의 북한 통천지역 경공업지구 조성부지 사용권 등 7대 경제협력사업의 대가 명목으로 북한 조선아시아태평양위원회가 지정하는 계좌로 송금한 것을 비롯하여 그때부터 2000.6.12.경까지 합계 4억 5,000만 달러를 송금하여 협력사업을 시행하였다는 공소사실로 기소되었다. 이 공소사실에 대해 甲, 乙은 대북송금행위 및 이에 수반된 각 행위들은 남북정상회담에 도움을 주기 위한 시급한 필요에서 비롯된 이른바 통치행위로서 사법심사의 대상이 되지 않는다고 주장하였다.

〈문제〉 위 주장의 타당성을 검토하시오.

1. 의 의

고도의 정치성을 가진 행정행위로 사법심사의 대상에서 제외되는 행정영역을 의미한다.

[표 1-1] 통치행위의 분류

구 분	내 용	사법심사와의 관계
절대적 통치행위	형소법상 체포영장에 의한 체포(제200조의2), 긴급체포(제200조의3) 등	사법심사에서 제외
상대적 통치행위	고도의 정치적 행위를 하는 집행부의 행위라도 헌법·법률에 행사절차와 요건이 구체적으로 규정되어 있거나 국민의 기본권 보장에 중대한 영향을 미치는 행위	사법심사의 대상

2. 이론적 근거

① 긍정설

㉠ 재량행위설 ㉡ 대권행위설

㉢ 권력분립설(내제적 한계설, 판례)

㉣ 사법부자제설(사법권이 정치적 간섭을 하게 되면 사법은 모든 것을 잃게 된다.)

② 부정설 : 헌법상의 재판청구권 및 재판을 받을 권리로부터 통치행위를 부정

3. 우리나라의 통치행위

① 강학상은 물론 판례상으로도 통치행위를 인정하고 있다.

② 통치행위의 예 : 헌법에 근거한 대통령의 외교 및 군사에 관한 행위, 긴급명령 및 긴급재정경제명령, 계엄선포, 사면, 영전의 수여, 국무총리 및 국무위원 임면, 법률안의 거부권행사, 국민투표에의 부여 등이 있다.

③ 판 례

[판례1] 이라크파병결정은 사법심사의 대상이 아니라고 보고 헌법소원심판청구를 각하한 사례(헌재 2004.4.29, 2003헌마814[일반사병이라크파병위헌확인])

[판례2] 사면을 통치행위로 본 사례(헌재 2006.6.1., 97헌바74)

[판례3] 남북정상회담의 개최를 통치행위로 본 사례(대판 2004.3.26, 2003도7878[대북송금사건]). 그러나 동 판결에서 남북정상회담개최과정에서의 현대상선의 대북자금송금행위는 통치행위가 아니라고 하였다(기본사례).

4. 통치행위의 범위

① 실질적 법치국가 및 법률에 의한 행정의 원리의 구현으로 점차 축소되어 가는 경향이다.

② 통치행위에 대한 사법심사의 가능성을 인정한 예 [원칙적 부정 예외적 가능성 시사]

관련 판례

[1] ㉠ [대통령의 금융실명제 등 긴급재정명령사건 : 통치행위가 헌법재판소의 심판대상이 되기 위한 요건]

사법심사의 헌법재판소는 대통령의 금융실명거래및비밀보장에관한긴급재정경제명령에 관한 헌법소원심판사건에서 '긴급재정경제명령은 국가긴급권의 일종으로서 고도의 정치적 결단에 의하여 발동되는 행위라고 하여 통치행위에 해당한다고 보았다. 다만 고도의 정치적 결단에 의하여 행해지는 국가작용이라고 할지라도 그것이 국민의 기본권 침해와 직접 관련되는 경우에는 당연히 헌법재판소의 심판대상이 된다고 하였다(헌결 1996.2.29., 93헌마186).

㉡ [전두환 등의 5. 18 내란사건 : 비상계엄의 선포의 사법심사 대상성]

대통령의 비상계엄의 선포나 확대 행위는 고도의 정치적·군사적 성격을 지니고 있는 행위라 할 것이므로, 그것이 누구에게도 일견하여 헌법이나 법률에 위반되는 것으로서 명백하게 인정될 수 있는 등 특별한 사정이 있는 경우라면 몰라도, 그러하지 아니한 이상 그 계엄선포의 요건 구비 여부나 선포의 당·부당을 판단할 권한이 사법부에는 없다고 할 것이나, 비상계엄의 선포나 확대가 국헌문란의 목적을 달성하기 위하여 행하여진 경우에는 법원은 그 자체가 범죄행위에 해당하는지의 여부에 관하여 심사할 수 있다(대판 1997.4.17, 96도3376 전원합의체 판결).

㉢ [1] 입헌적 법치주의국가의 기본원칙은 어떠한 국가행위나 국가작용도 헌법과 법률에 근거하여 그 테두리 안에서 합헌적·합법적으로 행하여질 것을 요구하며, 이러한 합헌성과 합법성의 판단은 본질적으로 사법의 권능에 속하는 것이고, 다만 국가행위 중에는 고도의 정치성을 띤 것이 있고, 그러한 고도의 정치행위에 대하여 정치적 책임을 지지 않는 법원이 정치의 합목적성이나 정당성을 도외시한 채 합법성의 심사를 감행함으로써 정책결정이 좌우되는 일은 결코 바람직한 일이 아니며, 법원이 정치문제에 개입되어 그 중립성과 독립성을 침해당할 위험성도 부인할 수 없으므로, 고도의 정치성을 띤 국가행위에 대하여는 이른바 통치행위라 하여 법원 스스로 사법심사권의 행사를 억제하여 그 심사대상에서 제외하는 영역이 있으나, 이와 같이 통치행위의 개념을 인정한다고 하더라도 과도한 사법심사의 자제가 기본권을 보장하고 법치주의 이념을 구현하여야 할 법원의 책무를 태만히 하거나 포기하는 것이 되지 않도록 그 인정을 지극히 신중하게 하여야 하며, 그 판단은 오로지 사법부만에 의하여 이루어져야 한다.

[2] 남북정상회담의 개최는 고도의 정치적 성격을 지니고 있는 행위라 할 것이므로 특별한 사정이 없는 한 그 당부를 심판하는 것은 사법권의 내재적·본질적 한계를 넘어서는 것이 되어 적절하지 못하지만, 남북정상회담의 개최과정에서 재정경제부장관에게 신고하지 아니하거나 통일부장관의 협력사업 승인을 얻지 아니한 채 북한 측에 사업권의 대가 명목으로 송금한 행위 자체는 헌법상 법치국가의 원리와 법 앞의 평등원칙 등에 비추어 볼 때 사법심사의 대상이 된다.

(대판 2004.3.26, 선고 2003도7878【외국환거래법위반·남북교류협력에관한법률위반·특정경제범죄가중처벌등에관한법률위반(배임)】)

5. 통치행위에 대한 법적 구속

① 목적에의 구속 : 일반 공공의 의사와 역사에 구속된다.

② 헌법에의 구속 : 헌법상의 원칙과 이념을 위배할 수 없다.

③ 법률에의 구속 : 개별적 법규에 구속된다.

6. 통치행위와 권리구제

통치행위로 인하여 국민에게 특별한 희생이 주어진 경우에는 평등의 원칙에 따라 손실보상이 주어져야 한다.

손해배상의 인정 여부에 대해서는 긍정설도 있으나, 손해배상은 통치행위의 위법성을 전제로 하는 것이므로 인정되지 않는다는 것이 통설이다.

제2항 공법으로서의 행정법

Ⅰ. 행정법의 성립과 유형

1. 행정법의 성립

① 대륙법계 국가 : 행정국가형으로 발달(행정재판소제도의 운영)하였다.

② 영미법계 국가 : 사법국가형으로 발달(일반사법부에서 행정재판도 함께 함)하였다.

㉠ 보통법(Common Law)의 지배로 행정법이 발달되지 못하였다.

㉡ 행정위원회를 통하여 행정법이 발달하게 된다.

㉢ 절차법 중심으로 발전하였다.

* 다이시(A.V. Dicey의 법의 지배(Rule of Law))

2. 행정법의 유형

행정법은 성문법은 물론 불문법의 형태로도 나타나며, 그 유형 또한 법령, 자치법규, 행정입법 등 다양하게 나타나고 있다.

현대 행정법에서 나타나는 특징 중의 하나는 행정절차에 관한 다양한 규정 정립이다. 행정절차에 관한 일반법인 「행정절차법」은 물론, 개별 사안에 대한 분쟁을 해결하기 위한 절차적 규정이 제정되고 있는 점이다. 그 한 예로, 「공유수면 관리 및 매립에 관한 법률」상 매립지에 관한 해상 경계에 관한 분쟁의 경우, 그동안 헌법재판소가 관습법에 따라 결정을 해왔지만, 「지방자치법」의 개정으로 그 분쟁 해결 절차를 입법적으로 해결하였다(지방자치법 제4조).

제 2 절 행정법에 대한 헌법상 법리

제 1 항 민주주의 원리

헌법상 민주주의 원리의 내용으로는, 헌법상의 기본권 보장, 대의제 민주정치, 책임행정, 공무원제도, 지방자치의 실시, 행정의 투명화 등을 들 수 있다.

제 2 항 법치주의원리

Ⅰ. 법치주의의 내용

행정기본법 제8조(법치행정의 원칙)
행정작용은 법률에 위반되어서는 아니 되며, 국민의 권리를 제한하거나 의무를 부과하는 경우와 그 밖에 국민생활에 중요한 영향을 미치는 경우에는 법률에 근거하여야 한다.

[표 1-2] 법치주의의 내용

구분	법률유보의 원칙	법률우위의 원칙	법률의 법규창조력
내용	행정권의 발동은 법률(형식적 의미의 법률)의 수권에 의하여 행하여야 한다는 것	행정활동은 헌법과 법률(실질적 의미의 법률)에 저촉되어서는 아니 된다는 것	국민의 권리, 의무에 관한 새로운 규율을 정하는 것은 의회의 전권에 속하고, 의회가 정립한 법률만이 법규로서 구속력을 가진다는 것

Ⅱ. 형식적 법치주의와 실질적 법치주의

1. 형식적 법치주의

2. 실질적 법치주의

① 법률의 법규창조력의 관철 : 위임입법의 통제(특히, 포괄적 위임은 금지된다. 그러나 예외적으로 조례에의 포괄적 위임은 인정된다)를 통하여 실질적으로 법치주의를 구현한다.

② 합헌적 법률의 우위 : 위헌법률심사제(비례의 원칙, 명확성의 원칙, 과잉금지의 원칙 등)를 통하여 법률의 합헌성을 통제한다.

③ 법률유보의 원칙의 적용 범위를 확대한다.

④ 행정의 침해에 대한 구제제도의 강화를 통하여 실질적으로 법치주의를 보장한다.

Ⅲ. 행정의 법률에의 구속

1. 내 용

① 법률의 법규창조력

② 법률우위의 원칙

③ 법률유보의 원칙

㉠ 법률의 의미 : 형식적 의미의 법률

㉡ 근거 : 법치국가의 원리, 의회민주주의의 원리, 기본권보장 원리

㉢ 적용범위 : 학설대립

2. 법률유보의 적용범위에 관한 학설

(1) **침해유보설** : 전통적 견해로서 국민의 자유와 재산을 침해하는 행정작용은 법률의 근거가 있어야 한다.

(2) **사회유보설(급부행정유보설)** : 복지국가의 이념과 평등의 원칙을 이론적 기초로 하여, 침해행정 외에 급부행정에 대해서도 법률의 근거가 있어야 한다.

(3) **전부유보설** : 모든 행정행위에는 법률의 근거가 있어야 한다.

(4) 중요사항유보설

① 독일 연방행정재판소의 판례를 통하여 발전하였다.

② 본질적 사항 여부는 국민 일반 내지는 개인과의 관계에 있어서 갖는 의미와 중요성에 따른다.

③ 본질적과 비본질적의 구분이 불명확한 단점이 있다.

④ 의회유보의 원칙과 맥을 같이 한다.

관련 판례

헌재 1999.5.27, 98헌바70: 오늘날 법률유보원칙은 단순히 행정작용이 법률에 근거를 두기만 하면 충분한 것이 아니라, 국가공동체와 그 구성원에게 기본적이고도 중요한 의미를 갖는 영역, 특히 국민의 기본권실현과 관련된 영역에 있어서는 국민의 대표자인 입법자가 그 본질적 사항에 대해서 스스로 결정하여야 한다는 요구까지 내포하고 있다(의회유보원칙). 그런데 텔레비전방송수신료는 대다수 국민의 재산권 보장의 측면이나 한국방송공사에게 보장된 방송자유의 측면에서 국민의 기본권실현에 관련된 영역에 속하고, 수신료금액의 결정은 납부의무자의 범위 등과 함께 수신료에 관한 본질적인 중요한 사항이므로 국회가 스스로 행하여야 하는 사항에 속하는 것임에도 불구하고 한국방송공사법 제36조 제1항에서 국회의 결정이나 관여를 배제한 채 한국방송공사로 하여금 수신료금액을 결정해서 문화관광부장관의 승인을 얻도록 한 것은 법률유보원칙에 위반된다.

예) 헌법재판소는 소위 '미네르바' 사건에서 구 전기통신법상의 처벌규정 중 '공익', '허위의 사실을 유포'라는 문구는 명확성의 원칙에 위배된다고 보았다(헌재 2008헌바157; 2009헌바88).

(5) **의회유보** : 국민의 권리·의무에 관한 기본적 이고 본질적인 사항은 의회에서 법률로 정해야 한다.

관련 판례

■ 공 익

1. 공공사업의 경제성 판단기준

공공사업에 경제성 내지 사업성이 있는지 여부는 공공사업이 그 시행 당시 적용되는 법률의 요건을 모두 충족하고 있는지 여부에 따라 판단되어야 함은 물론, 경제성 내지 사업성 평가와 관련하여서는 그 평가 당시의 모든 관련 법률의 목적과 의미, 내용 그리고 학문적 성과가 반영된 평가기법에 따라 가장 객관적이고 공정한 방법을 사용하여 평가되었는지 여부에 따라 판단되어야 한다.

(대법원 2006.3.16, 선고 2006두330 전원합의체 판결【정부조치계획취소등】)

■ 통치행위

2. 대통령긴급재정명령의 통치행위 해당여부

대통령의 긴급재정경제명령은 국가긴급권의 일종으로서 고도의 정치적 결단에 의하여 발동되는 행위이고 그 결단을 존중하여야 할 필요성이 있는 행위라는 의미에서 이른바 통치행위에 속한다고 할 수 있으나, 통치행위를 포함하여 모든 국가작용은 국민의 기본권적 가치를 실현하기 위한 수단이라는 한계를 반드시 지켜야 하는 것이고, 헌법재판소는 헌법의 수호와 국민의 기본권 보장을 사명으로 하는 국가기관이므로 비록 고도의 정치적 결단에 의하여 행해지는 국가작용이라고 할지라도 그것이 국민의 기본권 침해와 직접 관련되는 경우에는 당연히 헌법재판소의 심판대상이 된다(헌재 1996.2.29, 93헌마186).

제 2 장 행정법의 법원

제 1 절 법원의 종류

Ⅰ. 성문법원

(1) 성문법주의

(2) 성문법원의 종류 : 헌법, 법률, 조약 및 국제법규, 명령, 자치법규

(3) 조약 및 국제법규의 법원성 및 효력

① 법원성 인정(헌법 제6조 제1항 참조)된다.

② 효력 :

* 지방자치단체가 제정한 조례가 GATT 및 AGP에 위반되는 경우는 효력이 없다(대판 2005.9.9., 2004추10).

(4) 행정규칙의 법원성

원칙적으로는 인정이 되지 않으나, 행정규칙의 법규성이 인정되거나 광의의 법원(法源)의 개념 아래에서는 법원성이 인정되는 경우도 있다.

Ⅱ. 불문법원

1. 관습법(행정선례법, 민중관습법)

예) 경상남도 등과 정부 등 간의 권한쟁의(2005헌라9, 2007헌라1·2 병합)시 해상경계선을 관습법으로 인정하였다.

2. 판례법

Ⅲ. 행정의 법원칙

1. 비례의 원칙

대법원 2006.12.21. 선고 2006두16274 판결
교통법규 위반 운전자로부터 1만원 받은 경찰공무원에 대한 해임처분이 적법한지 여부를 검토하시오.

(1) 의의 : 행정주체가 구체적인 행정목적을 실현함에 있어서 그 목적과 수단 간에는 합리적인 비례관계가 유지되어야 한다는 원칙으로 과잉침해금지의 원칙을 말한다.

(2) **법적 근거** : 헌법 제37조제2항, 행정기본법 제10조, 경찰관직무집행법 제1조제2항 등.

행정기본법 제10조(비례의 원칙)
행정작용은 다음 각 호의 원칙에 따라야 한다.
1. 행정목적을 달성하는 데 유효하고 적절할 것
2. 행정목적을 달성하는 데 필요한 최소한도에 그칠 것
3. 행정작용으로 인한 국민의 이익 침해가 그 행정작용이 의도하는 공익보다 크지 아니할 것

(3) **적용 영역** : 주로 경찰법에서 발달하였고, 오늘날에는 재량권의 한계를 설정하는 법의 일반원칙으로 행정의 모든 영역에서 적용되어야 할 원칙으로 이해되고 있다.

① 재량권 행사의 한계 ② 부관의 한계 ③ 취소·철회의 제한 ④ 사정판결 ⑤ 경찰권 발동의 한계 ⑥ 급부행정의 한계 등에서 특히 문제된다.

(4) 내용

	내 용	비 고
헌 법	헌법재판소 : 목적의 정당성, 수단의 적합성, 피해의 최소성 및 법익의 균형성을 들고 있다. (헌재 2000.8.31, 98헌바27)	

행정법	① 적합성의 원칙 ② 필요성의 원칙(최소침해의 원칙) ③ 상당성의 원칙(협의의 비례의 원칙, 법익의 균형성) :	“경찰은 참새를 잡기 위하여 대포를 쏘아서는 안 된다”

(5) 위반의 효과 : 위법

(6) 비례의 원칙 위반으로 판시한 예

① 양도인이 등유가 섞인 유사휘발유를 판매한 바를 모르는 양수인에게 양도인의 위법사유를 들어 사업정지 기간 중 최장기인 6월의 사업정지에 처한 영업정지처분(대판 1992.2.25, 91누13106)

② 과징금의 액수가 법정 상한비율을 초과하지 않는다고 하더라도 취득한 이익의 규모를 크게 초과하여 그 매출액을 육박하는 경우에 있어서의 과징금부과처분(대판 2001.2.9, 2000두6206)

(7) 비례의 원칙 위반이 아니라고 판시한 예

① 스스로 사례를 요구하여 금원을 수수한 비위에 대하여 행한 해임처분(대판 1996.5.10, 96누2903)

② 이미 음주운전으로 적발되어 면허정지처분을 받은 적이 있는 운전자에 대하여 교통사고가 발생하지 않았음에도 음주운전을 이유로 한 면허정지 처분(대판 1996.9.6, 96누5995)

③ 폭력범죄단체조직에 대한 가중처벌을 규정하고 있는 폭력행위등 처벌에 관한 법률 제4조 제2호(헌재 1997.3.27, 95헌바50)

④ 주택조합의 조합원자격을 무주택자로 한정하고 있는 주택건설촉진법 제3조 제9호(헌재 1997.5.29, 94헌바5)

⑤ 대형마트 규제(대판 2015.12.19, 2015두295 전원합의체 판결)

2. 신뢰보호의 원칙

대법원 1998.5.8. 선고 98두4061 판결

해운대구청장(A)은 甲으로부터 폐기물처리업 사업계획서를 제출받고, 6개월 내에 폐기물관리법령상의 허가요건을 갖추어 허가신청을 하라는 내용의 적정통보를 하였다. 甲은 위 사업계획에 따라 약 3억 원을 들여 장비, 시설, 인력을 구비하여 법

> 정 허가요건을 갖추고 A에게 폐기물처리업 허가신청을 하였다. 그러나 A는 다수 청소업자의 난립으로 능률적이고 안정적인 청소업무 수행에 지장이 있어 주민들의 공익을 저해할 소지가 있다는 이유로 甲의 신청을 불허하였다.
> 〈문제〉 A의 폐기물처리업 불허가처분의 적법 여부를 검토하시오.

(1) 의의

행정기관의 어떠한 언동에 대해 국민이 신뢰를 갖고 행위를 한 경우 그 국민의 신뢰가 보호가치 있는 경우에 그 신뢰를 보호하여 주어야 한다는 원칙을 말한다.

(2) 이론적 근거

① 신의칙설
② 법적안정성설(통설)
③ 사회국가원리설
④ 독자성설
⑤ 기본권설

(3) 실정법적 근거

행정기본법 제12조, 행정절차법 제4조제2항, 국세기본법 제18조제3항

> **행정기본법 제12조(신뢰보호의 원칙)**
> ① 행정청은 공익 또는 제3자의 이익을 현저히 해칠 우려가 있는 경우를 제외하고는 행정에 대한 국민의 정당하고 합리적인 신뢰를 보호하여야 한다.
> ② 행정청은 권한 행사의 기회가 있음에도 불구하고 장기간 권한을 행사하지 아니하여 국민이 그 권한이 행사되지 아니할 것으로 믿을 만한 정당한 사유가 있는 경우에는 그 권한을 행사해서는 아니 된다. 다만, 공익 또는 제3자의 이익을 현저히 해칠 우려가 있는 경우는 예외로 한다.

(4) 신뢰보호의 요건

① 행정권의 행사에 관하여 상대방인 국민에게 신뢰를 주는 선행조치(공적인 견해표명) : 선행조치 여부에 대한 판단에 있어 형식적인 권한분장(형식적인 담당자가 누구인가)에 구애될 것은 아니다.

* 공적인 견해표명이 있었다고 볼 수 없다고 판시한 예

㉠ 과세관청의 의사표시가 납세자의 추상적인 질의에 대한 일반론적인 견해표명에 불과한 경우(대판 1993.7.27, 90누10384 참조)

ⓛ 과세관청이 납세의무자에게 면세사업등록증을 교부하고 수년간 면세사업자로서 한 부가가치세 예정신고 및 확정신고를 받은 행위(대판 2002.9. 4, 2001두9370 참조)

② 선행조치의 존속에 대한 관계인의 신뢰 및 그 신뢰가 보호가치가 있어야 한다.

㉠ 신뢰의 보호가치성의 판단기준 : 법률적합성의 원칙의 실현에 대한 공익과 당해 조치의 존속에 대한 관계자의 사익을 비교형량 하여 판단한다.

ⓛ 부정한 방법에 기한 수익적 행정행위의 신뢰의 보호가치성 : 수익자의 사기, 강박 등 부정한 방법에 기초하여 수익적 행정행위가 행해진 경우 혹은 수익자가 행정행위의 위법성을 알았거나 중대한 과실로 알지 못한 경우 등에는 인정되지 않는다.

ⓒ 무효인 처분과 신뢰의 보호가치 : 신뢰보호의 원칙이 적용되지 않는다.

③ 상대방인 국민이 행정기관의 선행조치(언동)에 대한 신뢰에 입각하여 어떠한 조치를 취하였어야 한다.

④ 행정기관이 상대방의 신뢰를 져버리는 행정권 행사를 하였고, 그로 인하여 상대방의 권익이 침해되어야 한다.

⑤ 행정기관의 선행조치와 관계자의 조치 또는 권익의 침해 사이에 인과관계(因果關係)가 있어야 한다.

[신뢰보호원칙의 적용 요건 및 귀책사유 여부 판단기준]

[신뢰보호원칙의 적용 요건 및 귀책사유 여부 판단기준]

행정청의 행위에 대하여 신뢰보호의 원칙이 적용되기 위하여는, 첫째 행정청이 개인에 대하여 신뢰의 대상이 되는 공적인 견해표명을 하여야 하고, 둘째 행정청의 견해표명이 정당하다고 신뢰한 데에 대하여 그 개인에게 귀책사유가 없어야 하며, 셋째 그 개인이 그 견해표명을 신뢰하고 이에 상응하는 어떠한 행위를 하였어야 하고, 넷째 행정청이 그 견해표명에 반하는 처분을 함으로써 그 견해표명을 신뢰한 개인의 이익이 침해되는 결과가 초래되어야 하며, 마지막으로 위 견해표명에 따른 행정처분을 할 경우 이로 인하여 공익 또는 제3자의 정당한 이익을 현저히 해할 우려가 있는 경우가 아니어야 하는바, 둘째 요건에서 말하는 귀책사유라 함은 행정청의 견해표명의 하자가 상대방 등 관계자의 사실은폐나 기타 사위의 방법에 의한 신청행위 등 부정행위에 기인한 것이거나 그러한 부정행위가 없다고 하더라도 하자가 있음을 알았거나 중대한 과실로 알지 못한 경우 등을 의미한다고 해석함이 상당하고, 귀책사유의 유무는 상대방과 그로부터 신청행위를 위임받은 수임인 등 관계자 모두를 기준으로 판단하여야 한다.
(대법원 2002.11.8, 선고 2001두1512 판결【건축선위반건축물시정지시취소】)

3. 평등의 원칙

(1) 개설

불합리한 차별금지와 상대적 평등(같은 것은 같게, 다른 것은 다르게)을 의미한다.

(2) 이론적 근거 : 헌법 제11조, 행정기본법 제9조

행정기본법 제9조(평등의 원칙)
행정청은 합리적 이유 없이 국민을 차별하여서는 아니 된다

4. 행정의 자기구속의 법리

대법원 1993.6.29, 선고 93누5635 판결
구청장 A는 甲이 1992.2.11. 지정된 영업시간을 초과하여 시간외 영업을 하고, 허가 내용과 달리 3개의 밀실과 가라오케시설을 갖추어 유흥접객업행위를 하였다는 사유로 식품위생법상 시설개수명령과 함께 식품위생법시행규칙 제53조 [별표 15] '행정처분의 기준'에 따라 3개월의 대중음식점업 영업정지처분을 하였다. 별표 기준에는 1차 위반시 영업정지 2개월, 2차 위반시 영업정지 4개월로 되어 있었고, 그동안 위 기준에 따라 영업정지처분이 부과되고 있었다.
〈문제〉 위 영업정지처분이 적법 여부를 검토하시오.

(1) 의의 : 재량권 행사에 있어 행정청은 상대방에 대하여 동종 사안에 있어서 제3자에게 행한 결정에 스스로가 구속된다는 법리이다.

(2) 근거

① 신뢰보호의 원칙 ② 평등의 원칙

(3) 성립요건

① 법적으로 동종사안(同種事案)에서만 발생

② 동종사안에 있어서의 행정의 결정이 적법한 경우에만 발생(선례필요성)

③ 동일한 행정기관만이 자기구속을 받음

(4) 기능

행정의 재량권 행사에 있어 법원의 심사권이 미치지 않는 영역에 대해 평등원칙을 매개로 하여 사법권이 미칠 수 있게 하여 주는 교량의 기능을 한다.

즉 행정청에게 재량권이 있는 경우에는 그 재량권의 행사에 대해 사법부는 관여할 수 없음이 원칙이다. 그러나 행정의 자기구속의 법리가 적용되면 그 재량권의 행사에도 일정한 준칙[재량준칙]이 작용하고, 그 준칙을 위반한 행정행위는 위법이 된다(위 사례 참조).

(5) 적용영역

① 자기구속의 법리의 규범론적 해석이 가능하여, 일정한 경우에는 이를 위반 시 위법한 것이 된다(대판 1992.10.13, 92누2325).

② 예상되는 관행을 전제로 헌재와 대법원은 모두 행정규칙의 구속력을 긍정한다(헌재 1990.9.3, 90헌마13, 대판 2009.12.24., 2009두7967).

1. 행정규칙과 행정의 자기구속

행정규칙(行政規則)이 법령(法令)의 규정(規定)에 의하여 행정관청(行政官廳)에 법령(法令)의 구체적 내용을 보충할 권한을 부여한 경우, 또는 재량권행사(裁量權行使)의 준칙(準則)인 규칙(規則)이 그 정한 바에 따라 되풀이 시행되어 행정관행(行政慣行)이 이룩되게 되면, 평등(平等)의 원칙(原則)이나 신뢰보호(信賴保護)의 원칙(原則)에 따라 행정기관은 그 상대방에 대한 관계에서 그 규칙(規則)에 따라야할 자기구속(自己拘束)을 당하게 되고, 그러한 경우에는 대외적인 구속력(拘束力)을 가지게 된다 할 것이다. (헌재 1990.9.3., 90헌마13)

2. 특정인에 대하여만 행정처분기준을 초과하는 처분을 한 경우의 효력

식품위생법시행규칙 제53조에 따른 별표 15의 행정처분기준은 행정기관 내부의 사무처리준칙을 규정한 것에 불과하기는 하지만 규칙 제53조 단서의 식품 등의 수급정책 및 국민보건에 중대한 영향을 미치는 특별한 사유가 없는 한 행정청은 당해 위반사항에 대하여 위 처분기준에 따라 행정처분을 함이 보통이라 할 것이므로, 행정청이 이러한 처분기준을 따르지 아니하고 특정한 개인에 대하여만 위 처분기준을 과도하게 초과하는 처분을 한 경우에는 재량권의 한계를 일탈하였다고 볼 만한 여지가 충분하다. (대법원 1993.6.29, 선고 93누5635 판결【대중음식점업영업정지처분취소】)

3. 신규건조저장시설사업자인정신청반려처분취소

상급행정기관이 하급행정기관에 대하여 업무처리지침이나 법령의 해석적용에 관한 기준을 정하여 발하는 이른바 '행정규칙이나 내부지침'은 일반적으로 행정조직 내부에서만 효력을 가질 뿐 대외적인 구속력을 갖는 것은 아니므로 행정처분이 그에 위반하였다고 하여 그러한 사정만으로 곧바로 위법하게 되는 것은 아니다. 다만, 재량권 행사의 준칙인 행정규칙이 그 정한 바에 따라 되풀이 시행되어 행정관행이 이루어지게 되면 평등의 원칙이나 신뢰보호의 원칙에 따라 행정기관은 그 상대방에 대한 관계에서 그 규칙에 따라야 할 자기구속을 받게 되므로, 이러한 경우에는 특별한 사정이 없는 한 그를 위반하는 처분은 평등의 원칙이나 신뢰보호의 원칙에 위배되어 재량권을 일탈·남용한 위법한 처분이 된다. (대법원 2009.12.24, 선고 2009두7967 판결)

(6) 비판

① 행정부에게 법의 제정권을 부여하게 되는 결과를 초래

② 행정의 탄력적 운용을 저해

5. 부당결부금지의 원칙

대법원 2018.2.28, 선고 2017두67476 판결

甲은 혈중알코올농도 0.140%의 주취상태로 배기량 125cc 이륜자동차를 운전하다가 단속되었다. 관할 지방경찰청장은 甲의 자동차운전면허[제1종 대형, 제1종 보통, 제1종 특수(대형견인·구난), 제2종 소형]를 취소하는 처분을 하였다.

〈문제〉 甲에 대하여 제2종 소형면허 외에 제1종 대형, 제1종 보통, 제1종 특수면허까지 취소하는 것이 적법한지 검토하시오.

(1) 의의 : 행정기관이 행정권을 행사함에 있어서 그것과 실체적인 관련성이 없는 반대급부를 결부시켜서는 안 된다는 원칙을 말한다.

(2) 실정법적 근거 : 행정기본법 제13조

> 행정기본법 제13조(부당결부금지의 원칙)
> 행정청은 행정작용을 할 때 상대방에게 해당 행정작용과 실질적인 관련이 없는 의무를 부과해서는 아니 된다.

(3) 적용영역

① 기부채납의무의 부담 : 주택사업과 아무런 관련이 없는 토지를 기부채납 하라는 부관은 부당결부금지의 원칙에 반하여 위법하다(대판 1997.3.11, 96다49650).

② 「건축법」 위반에 따른 수도, 전기의 공급거부(구 건축법 제69조제2항) : 부당결부에 해당되어 동조는 삭제되었다.

③ 관허사업의 제한 : 행정법규 위반과 당해 관허사업의 제한 사이에 실체적 관련이 있는지 여부가 판단기준이 된다.

④ 기타, 공법상 계약, 행정상 의무이행의 강제 등의 분야에서 나타난다.

(4) 음주운전 관련 판례

① 종래의 판례는 이륜자동차를 음주운전 한 사유만 가지고서는 제1종 대형면허나 보통면허의 취소나 정지를 할 수 없다고 하였으나, 최근 판례에서는 125cc 이하 이륜차의 경우에는 제1종 대형면허, 제1종 보통면허 등을 취소할 수 있다고 보았다.

> 사람이 여러 종류의 자동차운전면허를 취득하는 경우뿐 아니라 이를 취소 또는 정지함에 있어서도 서로 별개의 것으로 취급하는 것이 원칙이라 할 것이고 그 취소나 정지의 사유가 특정의 면허에 관한 것이 아니고 다른 면허와 공통된 것이거나 운전면허를 받은 사람에 관한 경우에는 여러 운전면허 전부를 취소 또는 정지할 수도 있다고 보는 것이 상당할 것이지만, 이륜자동차로서 제2종 소형면허를 가진 사람만이 운전할 수 있는 오토바이는 제1종 대형면허나 보통면허를 가지고서도 이를 운전할 수 없는 것이어서 이와 같은 이륜자동차의 운전은 제1종 대형면허나 보

통면허와는 아무런 관련이 없는 것이므로 이륜자동차를 음주운전한 사유만 가지고서는 제1종 대형면허나 보통면허의 취소나 정지를 할 수 없다.
(대법원 1992.9.22. 선고 91누8289 판결【자동차운전면허취소처분취소】)

갑이 혈중알코올농도 0.140%의 주취상태로 배기량 125cc 이륜자동차를 운전하였다는 이유로 관할 지방경찰청장이 갑의 자동차운전면허[제1종 대형, 제1종 보통, 제1종 특수(대형견인·구난), 제2종 소형]를 취소하는 처분을 한 사안에서, 갑에 대하여 제1종 대형, 제1종 보통, 제1종 특수(대형견인·구난) 운전면허를 취소하지 않는다면, 갑이 각 운전면허로 배기량 125cc 이하 이륜자동차를 계속 운전할 수 있어 실질적으로는 아무런 불이익을 받지 않게 되는 점, 갑의 혈중알코올농도는 0.140%로서 도로교통법령에서 정하고 있는 운전면허 취소처분 기준인 0.100%를 훨씬 초과하고 있고 갑에 대하여 특별히 감경해야 할 만한 사정을 찾아볼 수 없는 점, 갑이 음주상태에서 운전을 하지 않으면 안 되는 부득이한 사정이 있었다고 보이지 않는 점, 처분에 의하여 달성하려는 행정목적 등에 비추어 볼 때, 처분이 사회통념상 현저하게 타당성을 잃어 재량권을 남용하거나 한계를 일탈한 것이라고 단정하기에 충분하지 않음에도, 이와 달리 위 처분 중 제1종 대형, 제1종 보통, 제1종 특수(대형견인·구난) 운전면허를 취소한 부분에 재량권을 일탈·남용한 위법이 있다고 본 원심판단에 재량권 일탈·남용에 관한 법리 등을 오해한 위법이 있다고 한 사례
(대법원 2018.2.28. 선고 2017두67476 판결【자동차운전면허취소처분취소】)

② 제1종 보통면허로 운전할 수 있는 차량(승용차)을 음주운전 한 경우에 이와 관련된 면허인 제1종 대형면허와 원동기장치자전거면허까지 취소할 수 있다.

한 사람이 여러 종류의 자동차운전면허를 취득하는 경우뿐 아니라 이를 취소 또는 정지하는 경우에 있어서도 서로 별개의 것으로 취급하는 것이 원칙이기는 하나, 자동차운전면허는 그 성질이 대인적 면허일 뿐만 아니라 도로교통법시행규칙 제26조 별표 14에 의하면, 제1종 대형면허 소지자는 제1종 보통면허로 운전할 수 있는 자동차와 원동기장치자전거를, 제1종 보통면허 소지자는 원동기장치자전거까지 운전할 수 있도록 규정하고 있어서 제1종 보통면허로 운전할 수 있는 차량의 음주운전은 당해 운전면허뿐만 아니라 제1종 대형면허로도 가능하고, 또한 제1종 대형면허나 제1종 보통면허의 취소에는 당연히 원동기장치자전거의 운전까지 금지하는 취지가 포함된 것이어서 이들 세 종류의 운전면허는 서로 관련된 것이라고 할

> 것이므로 제1종 보통면허로 운전할 수 있는 차량을 음주운전 한 경우에 이와 관련된 면허인 제1종 대형면허와 원동기장치자전거면허까지 취소할 수 있는 것으로 보아야 한다.
> (대법원 1994.11.25, 선고 94누9672 판결【자동차운전면허취소처분취소】)

* 원동기장치자전거는 이륜자동차와 달리 제1종 대형 및 보통면허 소지자도 운전이 가능하다.

③ 제1종 대형면허로 운전할 수 있는 차량(대형승합자동차)을 운전면허정지 기간 중에 운전한 경우, 이와 관련된 제1종 보통면허까지 취소할 수 있다.

> 사람이 여러 종류의 자동차운전면허를 취득하는 경우뿐 아니라, 이를 취소 또는 정지하는 경우에 있어서도 서로 별개의 것으로 취급하는 것이 원칙이고, 제1종 대형면허를 가진 사람만이 운전할 수 있는 대형승합자동차는 제1종 보통면허를 가지고 운전할 수 없는 것이기는 하지만, 자동차운전면허는 그 성질이 대인적 면허일 뿐만 아니라, 도로교통법시행규칙 제26조 [별표 13의6]에 의하면, 제1종 대형면허 소지자는 제1종 보통면허 소지자가 운전할 수 있는 차량을 모두 운전할 수 있는 것으로 규정하고 있어, 제1종 대형면허의 취소에는 당연히 제1종 보통면허소지자가 운전할 수 있는 차량의 운전까지 금지하는 취지가 포함된 것이어서 이들 차량의 운전면허는 서로 관련된 것이라고 할 것이므로, 제1종 대형면허로 운전할 수 있는 차량을 운전면허정지 기간 중에 운전한 경우에는 이와 관련된 제1종 보통면허까지 취소할 수 있다.
> (대법원 2005.03.11, 선고 2004두12452 판결【자동차운전면허취소처분취소】)

④ 제1종 보통, 대형 및 특수면허를 가지고 있는 자가 레이카크레인을 음주운전 한 행위는 위 특수면허의 취소사유에 해당될 뿐 위 보통 및 대형 면허의 취소사유는 아니다.

> 가. 한 사람이 여러 종류의 자동차 운전면허를 취득하는 경우뿐 아니라 이를 취소 또는 정지함에 있어서도 서로 별개의 것으로 취급하는 것이 원칙이고, 한 사람이 여러 종류의 자동차 운전면허를 취득하는 경우 1개의 운전면허증을 발급하고 그 운전면허증의 면허번호는 최초로 부여한 면허번호로 하여 이를 통합관리하고 있다

고 하더라도, 이는 자동차 운전면허증 및 그 면허번호 관리상의 편의를 위한 것에 불과할 뿐 그렇다고 하여 여러 종류의 면허를 서로 별개의 것으로 취급할 수 없다거나 각 면허의 개별적인 취소 또는 정지를 분리하여 집행할 수 없는 것은 아니다.
나. 외형상 하나의 행정처분이라 하더라도 가분성이 있거나 그 처분대상의 일부가 특정될 수 있다면 그 일부만의 취소도 가능하고 그 일부의 취소는 당해 취소부분에 관하여 효력이 생긴다고 할 것인바, 이는 한 사람이 여러 종류의 자동차 운전면허를 취득한 경우 그 각 운전면허를 취소하거나 그 운전면허의 효력을 정지함에 있어서도 마찬가지이다.
다. 제1종 보통, 대형 및 특수 면허를 가지고 있는 자가 레이카크레인을 음주운전한 행위는 제1종 특수면허의 취소사유에 해당될 뿐 제1종 보통 및 대형 면허의 취소사유는 아니므로, 3종의 면허를 모두 취소한 처분 중 제1종 보통 및 대형 면허에 대한 부분은 이를 이유로 취소하면 될 것이나, 제1종 특수면허에 대한 부분은 원고가 재량권의 일탈·남용하여 위법하다는 주장을 하고 있음에도, 원심이 그 점에 대하여 심리·판단하지 아니한 채 처분 전체를 취소한 조치는 위법하다고 하여 원심판결 중 제1종 특수면허에 대한 부분을 파기환송 한 사례.
(대법원 1995.11.16, 선고 95누8850 전원합의체 판결【자동차운전면허취소처분취소】)

⑤ 제1종 대형, 제1종 보통 자동차운전면허를 가지고 있는 갑이 배기량 400cc의 오토바이를 절취하였다는 이유로 지방경찰청장이 갑의 제1종 대형, 제1종 보통 자동차운전면허를 모두 취소할 수 없다.

제1종 대형, 제1종 보통 자동차운전면허를 가지고 있는 갑이 배기량 400cc의 오토바이를 절취하였다는 이유로 지방경찰청장이 도로교통법 제93조 제1항 제12호에 따라 갑의 제1종 대형, 제1종 보통 자동차운전면허를 모두 취소한 사안에서, 도로교통법 제93조 제1항 제12호, 도로교통법 시행규칙 제91조 제1항 [별표 28] 규정에 따르면 그 취소 사유가 훔치거나 빼앗은 해당 자동차 등을 운전할 수 있는 특정 면허에 관한 것이며, 제2종 소형면허 이외의 다른 운전면허를 가지고는 위 오토바이를 운전할 수 없어 취소 사유가 다른 면허와 공통된 것도 아니므로, 갑이 위 오토바이를 훔친 것은 제1종 대형면허나 보통면허와는 아무런 관련이 없어 위 오토바이를 훔쳤다는 사유만으로 제1종 대형면허나 보통면허를 취소할 수 없다.
(대법원 2012.05.24, 선고 2012두1891 판결【자동차운전면허취소처분취소】)

판례는 그 동안 복수운전면허취소처분 등 가분적 행위에 대하여 각 각의 운전 면허를 별개로 취급하여 일부취소의 법리를 발전시켜 왔다. 가령 한 사람이 여러 종류의 자동차 운전면허를 취득하는 경우뿐 아니라 이를 취소 또는 정지함에 있어서도 서로 별개의 것으로 취급하는 것이 원칙이라고 하고 있다. 그러나 취소 또는 정지 사유가 다른 면허와 공통된 것이거나 운전면허를 받은 사람에 관한 것일 경우, 여러 면허를 전부 취소할 수 있는 것으로 보고 있어 그 예외도 인정하고 있다.

관련 판례

■ 비례의 원칙

1. 비례의 원칙의 의의

비례의 원칙(과잉금지의 원칙)이란 어떤 행정목적을 달성하기 위한 수단은 그 목적달성에 유효·적절하고 또한 가능한 한 최소침해를 가져오는 것이어야 하며 아울러 그 수단의 도입으로 인한 침해가 의도하는 공익을 능가하여서는 아니된다는 헌법상의 원칙을 말한다.

(대법원 1997.9.26, 선고 96누10096 판결【택지개발예정지구지정처분취소등】)

■ 신뢰보호의 원칙

2. 신뢰보호의 원칙이 적용되기 위한 요건

행정상의 법률관계에 있어서 행정청의 행위에 대하여 신뢰보호의 원칙이 적용되기 위해서는, 첫째 행정청이 개인에 대하여 신뢰의 대상이 되는 공적인 견해표명을 하여야 하고, 둘째 행정청의 견해표명이 정당하다고 신뢰한 데에 대하여 그 개인에게 귀책사유가 없어야 하며, 셋째 그 개인이 그 견해표명을 신뢰하고 이에 상응하는 어떠한 행위를 하였어야 하고, 넷째 행정청이 위 견해표명에 반하는 처분을 함으로써 그 견해표명을 신뢰한 개인의 이익이 침해되는 결과가 초래되어야 하며, 마지막으로 위 견해표명에 따른 행정처분을 할 경우 이로 인하여 공익 또는 제3자의 정당한 이익을 현저히 해할 우려가 있는 경우가 아니어야 한다.

(대법원 2006.2.24, 선고 2004두13592 판결【잠수기어업허가신청반려처분취소】)

3. 공적 견해 표명 여부 판단 기준

행정청의 공적 견해표명이 있었는지의 여부를 판단하는 데 있어 반드시 행정조직상의 형식적인 권한분장에 구애될 것은 아니고 담당자의 조직상의 지위와 임무, 당해 언동을 하게 된 구체적인 경위 및 그에 대한 상대방의 신뢰가능성에 비추어 실질에 의하여 판단하여야 한다.

(대법원 1997.9.12, 선고 96누18380 판결【토지형질변경행위불허가처분취소】)

4. 과세관청이 납세의무자에게 면세사업자용 사업자등록증을 교부한 행위가 공적인 견해표명인지 여부(소극)

부가가치세법상의 사업자등록은 과세관청이 부가가치세의 납세의무자를 파악하고 그 과세자료를 확보하는 데 입법 취지가 있고, 이는 단순한 사업사실의 신고로서 사업자가 소관 세무서장에게 소정의 사업자등록신청서를 제출함으로써 성립하며, 사업자등록증의 교부는 이와 같은 등록사실을 증명하는 증서의 교부행위에 불과한 것으로 과세관청이 납세의무자에게 부가가치세 면세사업자용 사업자등록증을 교부하였다고 하더라도 그가 영위하는 사업에 관하여 부가가치세를 과세하지 아니함을 시사하는 언동이나 공적인 견해를 표명한 것으로 볼 수 없다.

(대법원 2008.6.12, 선고 2007두23255 판결【부가가치세부과처분취소】)

5. 인터넷 국세종합센터의 답변이 과세관청의 공식적인 견해표명인지 여부

납세의무자가 인터넷 국세종합상담센터의 답변에 따라 세액을 과소신고·납부한 경우, 그 답변은 과세관청의 공식적인 견해표명이 아니라 상담직원의 단순한 상담에 불과하므로, 납세의무자에게 신고·납세의무의 위반을 탓할 수 없는 정당한 사유가 있다고 보기 어렵다.

(대법원 2009.4.23, 선고 2007두3107 판결【종합소득세등부과처분취소】)

6. 부정한 방법으로 행하여진 수익적 처분의 신뢰 보호여부(소극)

수익적 처분이 있으면 상대방은 그것을 기초로 하여 새로운 법률관계 등을 형성하게 되는 것이므로, 이러한 상대방의 신뢰를 보호하기 위하여 수익적 처분의 취소에는 일정한 제한이 따르는 것이나, 수익적 처분이 상대방의 허위 기타 부정한 방법으로 인하여 행하여졌다면 상대방은 그 처분이 그와 같은 사유로 인하여 취소될 것임을 예상할 수 없었다고 할 수 없으므로, 이러한 경우에까지 상대방의 신뢰를 보호하여야 하는 것은 아니라고 할 것이다.

(대법원 1995.1.20, 선고 94누6529 판결【행정처분취소】)

7. 실권 혹은 실효의 법리

실권 또는 실효의 법리는 법의 일반원리인 신의성실의 원칙에 바탕을 둔 파생원칙인 것이므로 공법관계 가운데 관리관계는 물론이고 권력관계에도 적용되어야 함을 배제할 수는 없다 하겠으나 그것은 본래 권리행사의 기회가 있음에도 불구하고 권리자가 장기간에 걸쳐 그의 권리를 행사하지 아니하였기 때문에 의무자인 상대방은 이미 그의 권리를 행사하지 아니할 것으로 믿을 만한 정당한 사유가 있게 되거나 행사하지 아니할 것으로 추인케 할 경우에 새삼스럽게 그 권리를 행사하는 것이 신의성실의 원칙에 반하는 결과가 될 때 그 권리행사를 허용하지 않는 것을 의미한다.

(대법원 1988.4.27, 선고 87누915 판결【행정서사허가취소처분취소】)

8. 법령의 개정과 신뢰보호원칙

법령의 개정에서 신뢰보호원칙이 적용되어야 하는 이유는, 어떤 법령이 장래에도 그대로 존속할 것이라는 합리적이고 정당한 신뢰를 바탕으로 국민이 그 법령에 상응하는 구체적 행위로 나아가 일정한 법적 지위나 생활관계를 형성하여 왔음에도 국가가 이를 전혀 보호하지 않는다면 법질서에 대한 국민의 신뢰는 무너지고 현재의 행위에 대한 장래의 법적 효과를 예견할 수 없게 되어 법적 안정성이 크게 저해되기 때문이고, 이러한 신뢰보호는 절대적이거나 어느 생활영역에서나 균일한 것은 아니고 개개의 사안마다 관련된 자유나 권리, 이익 등에 따라 보호의 정도와 방법이 다를 수 있으며, 새로운 법령을 통하여 실현하고자 하는 공익적 목적이 우월한 때에는 이를 고려하여 제한될 수 있으므로, 이 경우 신뢰보호원칙의 위배 여부를 판단하기 위해서는 한편으로는 침해된 이익의 보호가치, 침해의 중한 정도, 신뢰가 손상된 정도, 신뢰침해의 방법 등과 다른 한편으로는 새 법령을 통해 실현하고자 하는 공익적 목적을 종합적으로 비교·형량하여야 한다.

(대법원 2007.10.29, 선고 2005두4649 전원합의체 판결【한약사국가시험응시원서접수거부처분취소】)

■ 부당결부금지원칙

9. 부당결부금지원칙의 의미

부당결부금지의 원칙이란 행정주체가 행정작용을 함에 있어서 상대방에게 이와 실질적인 관련이 없는 의무를 부과하거나 그 이행을 강제하여서는 아니 된다는 원칙을 말한다.

(대법원 2009.2.12, 선고 2005다65500 판결【약정금】)

10. 수익적 행정행위에서의 부담의 한계

수익적 행정행위에 있어서는 법령에 특별한 근거규정이 없다고 하더라도 그 부관으로서 부담을 붙일 수 있으나 그러한 부담은 비례의 원칙, 부당결부금지의 원칙에 위반되지 않아야만 적법하다.

(대법원 1997.3.11, 선고 96다49650 판결【소유권이전등기말소】)

11. 기부채납 부관의 적법성

토지형질변경 허가처분을 함에 있어서 도로 등 도시계획시설에 저촉되거나 도로로 정비할 필요성이 있는 부분을 기부채납 하도록 부관을 붙였다면, 그 내용이 이행가능하고 비례의 원칙 및 평등의 원칙에 적합함과 아울러 그 행정처분의 본질적 효력을 해하지 않는 한 적법하다.

(대법원 1999.5.25, 선고 98다53134 판결【소유권이전등기말소】)

■ 신의싱실원칙

12. 신의성실원칙과 취소판결의 기속력

관할관청이 위법한 직업능력개발훈련과정 인정제한처분을 하여 사업주로 하여금 제때 훈련과정 인정신청을 할 수 없도록 하였음에도, 인정제한처분에 대한 취소판결 확정 후 사업주가 인정제한 기간 내에 실제로 실시하였던 훈련에 관하여 비용지원신청을 한 경우에, 관할관청은 단지 해당 훈련과정에 관하여 사전에 훈련과정 인정을 받지 않았다는 이유만을 들어 훈련비용 지원을 거부할 수는 없음이 원칙이다. 이러한 거부행위는 위법한 훈련과정 인정제한처분을 함으로써 사업주로 하여금 제때 훈련과정 인정신청을 할 수 없게 한 장애사유를 만든 행정청이 사업주에 대하여 사전에 훈련과정 인정신청을 하지 않았음을 탓하는 것과 다름없으므로 신의성실의 원칙에 반하여 허용될 수 없다.

(대법원 2019.1.31, 선고 2016두52019 판결【환급금일부부지급처분취소】)

제 2 절 행정법의 효력

제 1 항 시간적 효력

1. 효력발생시기

행정기본법 제14조(법 적용의 기준)

① 새로운 법령등은 법령등에 특별한 규정이 있는 경우를 제외하고는 그 법령등의 효력 발생 전에 완성되거나 종결된 사실관계 또는 법률관계에 대해서는 적용되지 아니한다.

② 당사자의 신청에 따른 처분은 법령등에 특별한 규정이 있거나 처분 당시의 법령등을 적용하기 곤란한 특별한 사정이 있는 경우를 제외하고는 처분 당시의 법령등에 따른다.

③ 법령등을 위반한 행위의 성립과 이에 대한 제재처분은 법령등에 특별한 규정이 있는 경우를 제외하고는 법령등을 위반한 행위 당시의 법령등에 따른다. 다만, 법령등을 위반한 행위 후 법령등의 변경에 의하여 그 행위가 법령등을 위반한 행위에 해당하지 아니하거나 제재처분 기준이 가벼워진 경우로서 해당 법령등에 특별한 규정이 없는 경우에는 변경된 법령등을 적용한다.

① 소급입법의 유형

㉠ 진정소급입법 ㉡ 부진정소급입법

② 허용성 : 소급금지는 원칙적 금지, 부진정소급효는 원칙적으로 인정된다.

③ 예외적으로 진정소급효가 인정될 수 있는 경우 : 예외적인 경우로는 일반적으로 국민이 소급입법을 예상할 수 있었거나 법적상태가 불확실하고 혼란스러웠거나 하여 보호할만한 신뢰의 이익이 적은 경우와 소급입법에 의한 당사자의 손실이 없거나 아주 경미한 경우, 그리고 신뢰보호의 요청에 우선하는 심히 중대한 공익상의 사유가 소급입법을 정당화하는 경우 등을 들 수 있다(헌재 1998. 9.30, 97헌바38).

* 부진정소급입법

사실 또는 법률관계가 개정 법률이 시행되기 이전에 이미 완성되거나 종결되지 않고 계속되고 있는 경우에 당해 법령 개정 이전의 사실 또는 법률관계에 개정 법률을 적용하는 것을 말한다. 개정된 건축법이나 세법을 기존의 건축물에 적용하는 경우이다.

2. 소 멸

한시법의 경우에는 명문으로 정해진 유효기간의 경과로, 비한시법의 경우는 당해 법령이나 상위 법령 등의 개정 또는 제정으로 그 효력이 소멸한다. 법령의 위반행위에 대해 당해 법령이 소멸된 뒤에도 처벌할 수 있는가가 문제될 수 있으나 가벌성은 인정된다 하겠다.

> **대법원 2007.9.6, 선고 2007도4197 판결**
> **【개발제한구역의지정및관리에관한특별조치법위반】**
> 2005.1.27. 법률 제7383호로 개정된 개발제한구역의 지정 및 관리에 관한 특별조치법에서 신설한 제11조 제3항은 "건설교통부령이 정하는 경미한 행위는 허가 또는 신고를 하지 아니하고 행할 수 있다"고 규정하고 있고 그 부칙에 의하여 공포 후 6개월이 경과한 날부터 시행되었으며, 2005.8.10. 건설교통부령 제464호에서 신설한 같은 법 시행규칙 제7조의2와 [별표 3의2]는 그러한 경미한 행위들을 열거하여 규정하고 있으나, 이와 같이 종전에 허가를 받거나 신고를 하여야만 할 수 있던 행위의 일부를 허가나 신고 없이 할 수 있도록 법령이 개정되었다 하더라도 이는 법률 이념의 변천으로 과거에 범죄로서 처벌하던 일부 행위에 대한 처벌 자체가 부당하다는 반성적 고려에서 비롯된 것이라기보다는 사정의 변천에 따른 규제범위의 합리적 조정의 필요에 따른 것이라고 보이므로, 위 개발제한구역의 지정 및 관리에 관한 특별조치법과 같은 법 시행규칙의 신설 조항들이 시행되기 전에 이미 범하여진 개발제한구역 내 비닐하우스 설치행위에 대한 가벌성이 소멸하는 것은 아니다.

제 2 항 시간적 효력

국가의 법령은 대한민국의 영토 전역에 걸쳐 효력을 가지고, 지방자치단체의 자치법규(조례, 규칙)는 해당 지방자치단체만 그 효력이 미친다. 국제법상의 예외가 있다.

제3항 대인적 효력

행정법령은 속지주의의 원칙에 따라 원칙적으로 모든 사람(자연인, 법인, 내외국인 등)에게 미친다. 국제법상의 예외가 있다.

제 3 장 행정법관계

제 1 절 행정법관계의 관념

제 1 항 행정법관계의 의의와 특징

대법원 2020.5.28, 선고 2017두66541 판결
한국수력원자력 주식회사(A)는 2014.4.15. 甲에 대하여 원자력 발전용 케이블 구매입찰과 관련하여 다른 업체들과 담합행위를 하였다는 이유로「공공기관의 운영에 관한 법률」제39조제2항에 따라 2년의 입찰참가자격제한처분을 하였다.
A는 2014.9.17. 위 부정당업자 제재처분을 이유로 A의 내부 규정인「공급자관리지침」에 따라 甲에게 '공급자등록 취소 및 10년의 공급자등록제한 조치'를 통보하였다(= 이 사건 조치). A는 甲과의 공공조달 계약을 체결함에 있어 부정당업자로 제재를 받은 경우 거래가 10년간 금지된다는 등의 공급자등록제한사항을 계약조건으로 특별히 정한 바 없었다.
〈문제〉 이 사건 조치가 처분에 해당하는지 및 그 적법 여부를 검토하시오.

Ⅰ. 행정법관계의 의의

행정상 법률관계 중 공법이 적용되는 법률관계, 즉 공법관계를 말한다. 공법관계는 권력관계와 관리관계로 구별된다.

권력관계는 행정주체가 국민에 대하여 일방적인 법률행위를 하는 것을 말한다(예, 인허가 등 행정행위).

관리관계는 행정주체가 사인과 대등한 관계에서 공행정을 수행함에 있어서 국민과 맺는 계약을 말한다(예, 공법상 계약 등).

공법관계에 해당하면 그 법률관계는 공법규정 및 공법의 원리에 따르게 되고, 소송형식이나 절차도 행정소송법에 따라야 한다.

Ⅱ. 행정법관계의 특징

1. 행정주체의 일방적 조치권

행정법관계에서는 공익목적 달성을 위해 실정법에 의해 행정주체에게 일정한 특권 또는 우월적 지위를 인정하고 있다. 행정결정에 의해 사인에게 권리가 부여되기도 하고 의무가 부과되기도 한다. 또한 행정주체에게 일방적으로 국민의 자유와 재산에 물리력을 행사할 수 있는 권한이 부여되어 있기도 하다. 특히 행정작용 중 행정행위의 경우에는 사법행위와는 달리 공정력·확정력·강제력 등의 우월한 효력이 인정된다. 행정주체의 우월적 지위가 잘못 행사되는 경우에는 국민의 권익을 침해하게 되므로, 행정주체는 사인과 같은 사적 자치를 향유할 수 없고, 행정 작용은 원칙적으로 엄격한 법의 기속을 받는다.

2. 행정의 실효성 확보수단

국민이 법령이나 행정행위 등에 의해 부과된 의무를 이행하지 않는 경우 행정주체는 법원을 통하고 않고 강제로 그 의무를 이행시키거나 이행된 것과 같은 상태를 실현시키기 위한 다양한 수단을 가지고 있는데, 이를 '행정의 실효성 확보수단'이라고 한다. 행정강제(행정상 강제집행, 즉시강제)와 행정벌이 이에 해당하며, 최근에는 과징금·공표·관허사업제한 등과 같은 새로운 실효성 확보수단이 나타나고 있다.

3. 권리구제수단

(1) 행정쟁송

행정쟁송은 위법·부당한 행정작용으로 인해 권리나 이익을 침해당한 자가 국가기관에 이의를 제기해서 그 시정을 요구하는 제도를 말한다. 행정작용으로 인해 권리나 이익을 침해당했는지 여부를 공정하게 심리·판단하기 위해서는, 당사자가 충분히 자신의 주장할 수 있도록 변론의 기회를 보장하여야 하고, 판단기관이 당사자로부터 독립적이어야 한다. 이러한 요건을 모두 갖춘 것을 '정식쟁송'이라고 하고 그렇지 않은 것을 약식쟁송이라고 한다. 법원에 의한 행정소송은 전자에 해당하고, 행정심판위원회 등 행정기관에 의한 행정심판은 후자에 속한다.

(2) 결과제거청구권

위법한 고권작용으로 인해 권리가 침해되고, 그 위법상태가 계속되고 있는 경우 위법한 상태의 제거를 구할 수 있는 권리를 '(공법상) 결과제거청구권'이라고 한다. 토지수용이 취소되었음에도 불구하고 시행자가 계속 수용 토지를 점유하고 있어서 토지의 반환을 요구하는 경우가 이에 해당한다. 결과제거가 불가능한 경우에는 손해전보만 문제될 것이다.

(3) 행정상 손해전보

행정주체가 직무를 수행하는 과정에서 개인이 입은 손해를 금전으로 메꾸어 주는 '행정상 손해전보'의 수단으로 '행정상 손해배상'과 '행정상 손실보상'이 주축을 이룬다.

제 2 항 행정법관계의 당사자

Ⅰ. 행정의 주체

1. 행정주체

(1) 의의 : 행정권을 행사하고, 그 법적 효과가 궁극적으로 귀속되는 당사자로 행정법상의 권리의무의 주체를 말한다. cf. 행정기관(인격성 부정)

(2) 종류

① 국가

② 공공단체

㉠ 지방자치단체

㉡ 공공조합(예; 도시재개발조합, 상공회의소, 국민건강보험공단)

㉢ 영조물법인(예; 한국방송공사, 한국은행)

㉣ 공법상의 재단(예; 한국연구재단)

③ 공무수탁사인(公務受託私人)

예) 「교육법」에 의한 사립대학의 학위수여행위, 사선(私船)의 선장의 행위, 의사협회나 변호사협회의 구성원에 대한 징계행위, 공용수용의 사업시행자.

> ① 자동차검사대행인 : 국토교통부장관의 권한을 대행하는 공무수탁사인
> ② 차량견인업자 : 통설 - 기술적인 집행을 하는 행정보조인으로 공무수탁사인 아님

예) 견인차량업자, 쓰레기수거업자 – (통설) 보조기관

공무수탁사인의 행정주체성을 인정하는 경우에는, ① 공무수탁사인이 하는 처분의 처분성 인정이 가능하고, ② 따라서 공무수탁사인의 처분에 대하여 행정쟁송이 가능해 지며, ③ 공무수탁사인의 행위로 손해가 발생한 경우에는 행정상 손해배상청구도 가능해 진다. 국가배상법이 개정되어 공무수탁사인도 국가배상법상 공무원으로 되어, 공무수탁사인에게 사무를 위탁한 국가나 지방자치단체를 상대로 국가배상청구가 가능해졌다(국가배상법 제2조제1항).

Ⅱ. 행정의 상대방

행정의 상대방은 사인(자연인, 사법인 등)이 되는 것이 일반적이다. 그러나 공공단체나 국가도 행정의 상대방이 되는 경우가 있다(수도료의 부과 등).

제3항 행정법관계의 종류

Ⅰ. 행정법의 특질

(1) 규정 내용상의 특징

① 행정주체의 우월성

행정주체는 법률에 의하여 그 우월성이 인정되는 것이나, 공익을 달성하기 위한 행정 고유의 목적상 자력집행력이나 공정력(公定力)이 인정되어 왔다. 자력집행력은 행정행위의 실효성을 확보하기 위한 수단으로 필요한 것이

며, 법적 근거를 필요로 한다. 공정력은 종래 학설과 실무에서 인정되어 오던 것이었지만, 행정기본법의 제정으로 법적 개념으로 정립되었다. 즉 「행정기본법」은 제15조에서 "처분은 권한이 있는 기관이 취소 또는 철회하거나 기간의 경과 등으로 소멸되기 전까지는 유효한 것으로 통용된다. 다만, 무효인 처분은 처음부터 그 효력이 발생하지 아니한다"고 정하고 있는바, 이는 종래의 강학상의 공정력의 개념을 정리한 것이다.

② 공익우선성

(2) 규정 형식상의 특징

① 성문성

② 형식의 다양성

(3) 규정 성질상의 특징

① 행정재량의 인정

② 획일성과 강행성

③ 기술성 : 행정 목적 달성을 위한 구체화된 헌법으로서의 성질

㉠ O. Mayer: 헌법은 사라져도 행정법은 남는다(행정법의 기술성).

㉡ F. werner: 구체화된 헌법으로서의 행정법(행정법의 헌법에의 종속성)

Ⅱ. 공법과 사법의 구별

(1) 구별의 필요성

① 실체법적 필요성 : 적용법규나 법원칙의 결정을 위해 구별이 필요

② 절차법적 필요성 : 쟁송수단과 재판관할의 결정을 위해 구별이 필요

(2) 구별기준

① 구별긍정설 : 권력설(종속설), 이익설, 귀속설(신주체설), 복수기준설(통설)

* 귀속설(신주체설) : 공권력의 담당자의 지위에 있는 자에게만 권리나 의무를 귀속시키는 법률관계가 공법관계이고, 누구에게나 권리나 의무를 귀속시키는 법률관계가 사법관계라는 설

② 구별부정설 : 법일원설

Ⅲ. 행정법관계의 종류

(1) 개관

① 행정조직법적 관계 : 행정조직 내부 관계, 행정주체 상호간의 관계(정부조직법, 국가공무원법 등)를 말한다.

② 행정절차법적 관계 : 행정 절차에 관한 법관계로 일반법인 행정절차법이 있다.

③ 행정작용법적 관계 : 그 법률관계의 성격에 따라 공법관계와 사법관계로 나눌 수 있다.

(2) 공법관계

① 권력관계의 특징

㉠ 공정력, 존속력, 강제력 등이 인정

㉡ 적용법규 등 : 공법과 공법원리가 적용되고, 행정소송의 대상이 된다.

② 관리관계 : 비권력적 관계이므로 원칙적으로 사법관계가 적용된다.

(3) 행정상의 사법(私法)관계의 예

① 국·공유재산의 매각 및 대부
② 물품공급계약의 체결
③ 각종 공사의 도급계약의 체결
④ 국고수표의 발행
⑤ 은행이나 광산의 경영
⑥ 주식시장에의 참가
⑦ 국채(지방채)의 발행
⑧ 입찰보증금의 국고귀속조치
⑨ 환매권의 행사
⑩ 공기업의 이용관계
⑪ 특허기업의 이용관계
⑫ 공법인의 임직원의 근무관계
⑬ 조세의 과오납금반환청구

* 당사자소송 활용론의 입장에서는 위의 ⑨~⑬은 공법관계가 될 수 있다.

Ⅳ. 행정법관계에 대한 사법(私法)의 적용

1. 사법의 적용 여부

① 소극설

② 적극설 : ㉠ 직접적용설 ㉡ 유추적용설(통설)

③ 개별적 결정설 : 각각의 법률관계의 구체적 성격에 따라 판단하여야 한다.

2. 공법의 준용

아래와 같은 경우는 공법이 준용되며, 공법상 당사자소송으로 다투어진다.

* 공법상 당사자소송의 대상은 행정소송규칙(대법원규칙, 2023.8.31. 제정) 제19조에서 4가지 유형으로 정리되어 있다.

① 과오납관세의 환급금에 대하여 「국세기본법」의 관급가산금에 관한 규정의 유추적용을 인정한 판례(대판 1985.9.10, 85다카571).

② 국유화된 제외지(堤外地)의 소유자에 대하여 「하천법」 제74조를 유추적용하여 손실보상을 인정한 판례(대판 1987.7.21., 84누126).

Ⅴ. 특별권력관계

대법원 2018.3.22, 선고 2012두26401 전원합의체 판결

국방부장관은 한반도자주통일협회가 군 장병들에 대한 반정부·반미 의식화 사업을 강화하기 위하여 10종의 '교양도서 보내기 운동'을 추진한다는 정보를 보고받고, 각군 참모총장 등에게 '군 내 불온서적 차단대책 강구'를 지시하였다.

〈문제〉 이 사건 조치가 처분에 해당하는지 및 그 적법 여부를 검토하시오.

甲을 비롯한 군법무관 6인은 불온서적의 소지·취득을 금지하는 「군인의 지위 및 복무에 관한 기본법」 제32조 등의 위헌확인을 구하는 헌법소원심판을 청구하였고, 이 사실이 언론에 널리 보도되었다. 육군참모총장은 甲 등에게 군무외의 집단행위로 인한 복종의무위반 등을 사유로 정직 3월의 징계처분을 하였다.

〈문제〉 甲의 행위가 군인의 복종의무 위반에 해당하는지 여부를 검토하시오.

1. 인정 여부

상대적 구별설(제한적 긍정설)과 부정설의 대립이 있다.

2. 특별권력관계의 종류

① 공법상의 근무 관계(예; 국가와 국가공무원의 근무 관계 등)

② 공법상의 영조물 이용 관계(예; 국·공립학교 재학 관계 등)

③ 공법상의 특별감독 관계(예; 공공조합, 특허기업자, 공무수탁사인 등이 국가의 특별한 감독을 받는 관계)

④ 공법상의 사단과 그 구성원 간의 관계(예; 공공조합과 그 조합원과의 관계)
(농지개량조합과 그 구성원의 관계)

예) 서울특별시 지하철공사의 임원과 직원의 근무 관계－민사관계

3. 특별권력

특별권력관계가 인정되면 행정주체에게는 ① 포괄적인 명령권과, ② 법규명령의 효력을 갖는 특별한 명령을 제정하는 권한이 인정된다는 것이다. 그러나 오늘날 법치행정의 원칙상 이러한 특별권력은 법률의 수권없이는 인정되지 않는다고 보는 것이 옳다.

4. 특별권력관계와 법치주의 등

특별권력관계의 성격을 어떻게 볼 것인가에 따라 법률유보의 적용 여부, 사법심사의 가능성 유무가 결정된다. 판례는 사법심사의 경우 문제의 행위가 행정소송법상 처분인지에 따라 사법심사의 범위를 정하고, 특별권력관계 유무의 판단까지는 하지 않는다(예; 국립교육대학 학생에 대한 퇴학처분). 현대 사법국가의 원리상 전형적인 특별권력관계는 찾기 어렵다.

관련 판례

■ 행정의 주체

1. 원천징수의무자인 행정청의 원천징수행위가 행정처분인지여부(소극)

원천징수하는 소득세에 있어서는 납세의무자의 신고나 과세관청의 부과결정이 없이 법령이 정하는 바에 따라 그 세액이 자동적으로 확정되고, 원천징수의무자는 소득세법 제142조 및 제143조의 규정에 의하여 이와 같이 자동적으로 확정되는 세액을 수급자로부터 징수하여 과세관청에 납부하여야 할 의무를 부담하고 있으므로, 원천징수의무자가 비록 과세관청과 같은 행정청이더라도 그의 원천징수행위는 법령에서 규정된 징수 및 납부의무를 이행하기 위한 것에 불과한 것이지, 공권력의 행사로서의 행정처분을 한 경우에 해당되지 아니한다.

(대법원 1990.3.23, 선고 89누4789 판결【기타소득세등부과처분무효확인】)

■ 행정법관계의 발생과 소멸

2. 국유잡종재산에 시효제도의 적용여부

국유잡종재산(國有雜種財産)은 사경제적(私經濟的) 거래(去來)의 대상(對象)으로서 사적(私的) 자치(自治)의 원칙(原則)이 지배되고 있으므로 시효제도(時效制度)의 적용(適用)에 있어서도 동일하게 보아야 하고, 국유잡종재산(國有雜種財産)에 대한 시효취득(時效取得)을 부인하는 동규정(同規定)은 합리적(合理的) 근거(根據)없이 국가(國家)만을 우대하는 불평등(不平等)한 규정(規定)으로서 헌법상(憲法上)의 평등(平等)의 원칙(原則)과 사유재산권(私有財産權) 보장(保障)의 이념(理念) 및 과잉금지(過剩禁止)의 원칙(原則)에 반한다.

(헌재 1991.5.13, 89헌가97)

3. 부당이득반환청구권의 성질

조세부과처분이 무효임을 전제로 하여 이미 납부한 세금의 반환을 청구하는 것은 민사상의 부당이득반환청구로서 민사소송절차에 따라야 한다는 것이 당원의 견해인 바(1969.12.9, 선고 69다1700 판결; 1971.5.24, 선고 71다744 판결; 1990.2.13, 선고 88누6610 판결 각 참조), 1985.1.1.부터 시행하는 현행 행정소송법에 소론과 같은 당사자소송에 관한 규정이 되어있다고 하여 위와 같은 견해를 변경하여야 할 필요가 있다고 보지 아니한다.

(대법원 1991.2.6, 자 90프2 결정【증여세등부과처분무효】)

■ 특별권력관계

4. 구속 피고인에 대한 접견권 제한의 한계

구속된 피고인 또는 피의자의 타인과의 접견권이 헌법상의 기본권이라 하더라도 국가안전보장, 질서유지 또는 공공복리를 위하여 필요한 경우에는 법률로 제한할 수 있음은 헌법 제37조 제2항의 규정에 의하여 명백하며 구체적으로는 접견을 허용함으로써 도주나 증거인멸의 우려 방지라는 구속의 목적에 위배되거나 또는 구금시설의 질서유지를 해칠 현저한 위험성이 있을 때와 같은 경우에는 구속된 피고인 또는 피의자의 접견권을 제한할 수 있을 것이지만, 그와 같은 제한의 필요가 없는데도 접견권을 제한하거나 또는 제한의 필요가 있더라도 필요한 정도를 지나친 과도한 제한을 하는 것은 헌법상 보장된 기본권의 침해로서 위헌이라고 하지 않을 수 없다.

(대법원 1992.5.8, 선고 91부8 판결【위헌심판제청】)

5. 재판청구권의 행사가 군인의 복종의무에 위반되는지 여부(소극)

[다수의견] 상명하복에 의한 지휘통솔체계의 확립이 필수적인 군의 특수성에 비추어 군인은 상관의 명령에 복종하여야 한다. 구 군인복무규율(2009.9.29, 대통령령 제21750호로 개정되기 전의 것) 제23조 제1항은 그와 같은 취지를 규정하고 있다. 군인이 일반적인 복종의무가 있는 상관의 지시나 명령에 대하여 재판청구권을 행사하는 경우에는 재판청구권이 군인의 복종의무와 외견상 충돌하는 모습으로 나타날 수 있다.

그러나 상관의 지시나 명령 그 자체를 따르지 않는 행위와 상관의 지시나 명령은 준수하면서도 그것이 위법·위헌이라는 이유로 재판청구권을 행사하는 행위는 구별되어야 한다. 법원이나 헌법재판소에 법적 판단을 청구하는 것 자체로는 상관의 지시나 명령에 직접 위반되는 결과가 초래되지 않으며, 재판절차가 개시되더라도 종국적으로는 사법적 판단에 따라 위법·위헌 여부가 판가름 나므로 재판청구권 행사가 곧바로 군에 대한 심각한 위해나 혼란을 야기한다고 상정하기도 어렵다. 상관의 지시나 명령을 준수하는 이상 그에 대하여 소를 제기하거나 헌법소원을 청구하였다는 사실만으로 상관의 지시나 명령을 따르지 않겠다는 의사를 표명한 것으로 간주할 수도 없다. 종래 군인이 상관의 지시나 명령에 대하여 사법심사를 청구하는 행위를 무조건 하극상이나 항명으로 여겨 극도의 거부감을 보이는 태도 역시 모든 국가권력에 대하여 사법심사를 허용하는 법치국가의 원리에 반하는 것으로 마땅히 배격되어야 한다.

따라서 군인이 상관의 지시나 명령에 대하여 재판청구권을 행사하는 경우에 그것이 위법·위헌인 지시와 명령을 시정하려는 데 목적이 있을 뿐, 군 내부의 상명하복관계를 파괴하고 명령불복종 수단으로서 재판청구권의 외형만을 빌리거나 그 밖에 다른 불순한 의도가 있지 않다면, 정당한 기본권의 행사이므로 군인의 복종의무를 위반하였다고 볼 수 없다.

(대법원 2018.3.22, 선고 2012두26401 전원합의체 판결【전역처분등취소】)

■ 공사법관계

[공법관계로 본 예]

6. 공기업 내부규정에 의한 입찰참가제한조치

피고(한국수력원자력주식회사)는 공공기관운영법에 따른 '공기업'으로 지정됨으로써 공공기관운영법 제39조 제2항에 따라 입찰참가자격제한처분을 할 수 있는 권한을 부여받았으므로 '법령에 따라 행정처분권한을 위임받은 공공기관'으로서 행정청에 해당한다. 피고의 공급자관리지침은 피고가 공공기관이라는 우월적 지위에서 일방적으로 제정·운용하는 내부 규정으로서, 그것에 따른 거래제한조치도 피고가 등록된 공급업체의 법적 지위를 일방적으로 변경·박탈하는 고권적 조치로 보아야 한다. 공공기관의 어떤 제재조치가 계약에 따른 제재조치에 해당하려면 일정한 사유가 있을 때 그러한 제재조치를 할 수 있다는 점을 공공기관과 그 거래상대방이 미리 구체적으로 약정하였어야 하나, 이러한 약정이 있었다고 보기 어렵다. 따라서 피고가 자신의 '공급자관리지침'에 근거하여 등록된 공급업체에 대하여 하는 '등록취소 및 그에 따른 일정 기간의 거래제한조치'는 행정청이 행하는 구체적 사실에 관한 법집행으로서의 공권력의 행사인 '처분'에 해당한다고 보아야 한다.

행정규칙의 내용이 상위법령이나 법의 일반원칙에 반하는 것이라면 법치국가원리에서 파생되는 법질서의 통일성과 모순금지 원칙에 따라 그것은 법질서상 당연무효이고, 행정내부적 효력도 인정될 수 없다. 이러한 경우 법원은 해당 행정규칙이 법질서상 부존재하는 것으로 취급하여 행정기관이 한 조치의 당부를 상위법령의 규정과 입법 목적 등에 따라서 판단하여야 한다. 공공기관운영법이나 그 하위법령은 공기업이 거래상대방 업체에 대하여 공공기관운영법 제39조 제2항 및 「공기업·준정부기관 계약사무규칙」 제15조에서 정한 범위를 뛰어넘어 추가적인 제재조치를 취할 수 있도록 위임한 바 없다. 따라서 피고의 공급자관리지침 중 등록취소 및 그에 따른 일정기간의 거래제한조치에 관한 규정들은 공공기관으로서 행정청에 해당하는 피고가 상위법령의 구체적 위임 없이 정한 것이어서 대외적 구속력이 없는 행정규칙이라고 보아야 한다. 행정청인 피고가 이미 공공기관운영법 제39조 제2항에 따라 2년의 입찰참가자격제한처분을 받은 원고에 대하여 다시 법률상 근거 없이 자신이 만든 행정규칙에 근거하여 공공기관운영법 제39조 제2항에서 정한 입찰참가자격제한처분의 상한인 2년을 훨씬 초과하여 10년간 거래제한조치를 추가로 하는 것은 제재처분의 상한을 규정한 공공기관운영법에 정면으로 반하는 것이어서 그 하자가 중대·명백하다.

(대법원 2020.5.28, 선고 2017두66541 판결【공급자등록취소무효확인등청구】)

7. 행정재산의 사용·수익·허가취소

국·공유재산의 관리청이 행정재산의 사용·수익을 허가한 다음 그 사용·수익하는 자에 대하여 하는 사용·수익허가취소는 순전히 사경제주체로서 행하는 사법상의 행위라 할 수 없고, 이는 관리청이 공권력을 가진 우월적 지위에서 행한 것으로서 항고소송의 대상이 되는 행정처분이다.

(대법원 1997.4.11, 선고 96누17325 판결【점포사용허가취소처분취소】)

8. 시립무용단원의 해촉

서울특별시립무용단원의 공연 등 활동은 지방문화 및 예술을 진흥시키고자 하는 서울특별시의 공공적 업무수행의 일환으로 이루어진다고 해석될 뿐 아니라, 단원으로 위촉되기 위하여는 일정한 능력요건과 자격요건을 요하고, 계속적인 재위촉이 사실상 보장되며, 공무원연금법에 따른 연금을 지급받고, 단원의 복무규율이 정해져 있으며, 정년제가 인정되고, 일정한 해촉사유가 있는 경우에만 해촉되는 등 서울특별시립무용단원이 가지는 지위가 공무원과 유사한 것이라면, 서울특별시립무용단 단원의 위촉은 공법상의 계약이라고 할 것이고, 따라서 그 단원의 해촉에 대하여는 공법상의 당사자소송으로 그 무효확인을 청구할 수 있다.

(대법원 1995.12.22, 선고 95누4636 판결【해촉처분취소등】)

9. 시립합창단원에 대한 재위촉거부

단원의 위촉기간이 정하여져 있고 재위촉이 보장되지 아니하며, 단원에 대하여는 지방공무원의 보수에 관한 규정을 준용하는 이외에는 지방공무원법 기타 관계 법령상의 지방공무원의 자격, 임용, 복무, 신분보장, 권익의 보장, 징계 기타 불이익처분에 대한 행정심판 등의 불복절차에 관한 규정이 준용되지도 아니하는 점 등을 종합하여 보면, 광주광역시문화예술회관장의 단원 위촉은 광주광역시문화예술회관장이 행정청으로서 공권력을 행사하여 행하는 행정처분이 아니라 공법상의 근무관계의 설정을 목적으로 하여 광주광역시와 단원이 되고자 하는 자 사이에 대등한 지위에서 의사가 합치되어 성립하는 공법상 근로계약에 해당한다.

(대법원 2001.12.11, 선고 2001두7794 판결【합창단재위촉거부처분취소】)

10. 하천구역 편입토지 보상

[1] 법률 제3782호 하천법 중 개정법률(이하 '개정 하천법'이라 한다)은 그 부칙 제2조 제1항에서 개정 하천법의 시행일인 1984.12.31. 전에 유수지에 해당되어 하천구역으로 된 토지 및 구 하천법(1971.1.19. 법률 제2292호로 전문 개정된 것)의 시행으로 국유로 된 제외지 안의 토지에 대하여는 관리청이 그 손실을 보상하도록 규정하였고, '법률 제3782호 하천법 중 개정법률 부칙 제2조의 규정에 의한 보상청구권의 소멸시효가 만료된 하천구역 편입토지 보상에 관한 특별조치법' 제2조는 개정 하천법 부칙 제2조 제1항에 해당하는 토지로서 개정 하천법 부칙 제2조 제2항에서 규정하고 있는 소멸시효의 만료로 보상청구권이 소멸되어 보상을 받지 못한 토지에 대하여는 시·도지사가 그 손실을 보상하도록 규정하고 있는바, 위 각 규정들에 의한 손실보상청구권은 모두 종전의 하천법 규정 자체에 의하여 하천구역으로 편입되어 국유로 되었으나 그에 대한 보상규정이 없었거나 보상청구권이 시효로 소멸되어 보상을 받지 못한 토지들에 대하여, 국가가 반성적 고려와 국민의 권리구제 차원에서 그 손실을 보상하기 위하여 규정한 것으로서, 그 법적 성질은 하천법 본칙이 원래부터 규정하고 있던 하천구역에의 편입에 의한 손실보상청구권과 하등 다를 바가 없는 것이어서 공법상의 권리임이 분명하므로 그에 관한 쟁송도 행정소송절차에 의하여야 한다.

[2] 하천법 부칙(1984.12.31.) 제2조와 '법률 제3782호 하천법 중 개정법률 부칙 제2조의 규정에 의한 보상청구권의 소멸시효가 만료된 하천구역 편입토지 보상에 관한 특별조치법' 제2조, 제6조의 각 규정들을 종합하면, 위 규정들에 의한 손실보상청구권은 1984.12.31. 전에 토지가 하천구역으로 된 경우에는 당연히 발생되는 것이지, 관리청의 보상금지급결정에 의하여 비로소 발생하는 것은 아니므로, 위 규정들에 의한 손실보상금의 지급을 구하거나 손실보상청구권의 확인을 구하는 소송은 행정소송법 제3조 제2호 소정의 당사자소송에 의하여야 한다.

(대법원 2006.5.18, 선고 2004다6207 전원합의체 판결【보상청구권확인】)

11. 행정재산의 사용·수익·허가

행정재산의 사용·수익허가처분의 성질에 비추어 국민에게는 행정재산의 사용·수익허가를 신청할 법규상 또는 조리상의 권리가 있다고 할 것이므로 공유재산의 관리청이 행정재산의 사용·수익에 대한 허가 신청을 거부한 행위 역시 행정처분에 해당한다.

(대법원 1998.2.27, 선고 97누1105 판결【공유재산대부신청반려처분무효확인】)

12. 주거용 건축물의 세입자에게 인정되는 주거이전비 보상청구권

구 공익사업을 위한 토지 등의 취득 및 보상에 관한 법률(2007.10.17. 법률 제8665호로 개정되기 전의 것) 제2조, 제78조에 의하면, 세입자는 사업시행자가 취득 또는 사용할 토지에 관하여 임대차 등에 의한 권리를 가진 관계인으로서, 같은 법 시행규칙 제54조 제2항 본문에 해당하는 경우에는 주거이전에 필요한 비용을 보상받을 권리가 있다. 그런데 이러한 주거이전비는 당해 공익사업 시행지구 안에 거주하는 세입자들의 조기이주를 장려하여 사업추진을 원활하게 하려는 정책적인 목적과 주거이전으로 인하여 특별한 어려움을 겪게 될 세입자들을 대상으로 하는 사회보장적인 차원에서 지급되는 금원의 성격을 가지므로, 적법하게 시행된 공익사업으로 인하여 이주하게 된 주거용 건축물 세입자의 주거이전비 보상청구권은 공법상의 권리이고, 따라서 그 보상을 둘러싼 쟁송은 민사소송이 아니라 공법상의 법률관계를 대상으로 하는 행정소송에 의

하여야 한다.

(대법원 2008.5.29, 선고 2007다8129 판결【주거이전비등】)

[사법관계로 본 예]

13. 입찰보증금의 국고귀속조치

예산회계법[현, 국가를 당사자로 하는 계약에 관한 법률]에 따라 체결되는 계약은 사법상의 계약이라고 할 것이고 동법 제70조의5의 입찰보증금은 낙찰자의 계약체결의무이행의 확보를 목적으로 하여 그 불이행시에 이를 국고에 귀속시켜 국가의 손해를 전보하는 사법상의 손해배상 예정으로서의 성질을 갖는 것이라고 할 것이므로 입찰보증금의 국고귀속조치는 국가가 사법상의 재산권의 주체로서 행위 하는 것이지 공권력을 행사하는 것이거나 공권력작용과 일체성을 가진 것이 아니라 할 것이므로 이에 관한 분쟁은 행정소송이 아닌 민사소송의 대상이 된다.

(대법원 1983.12.27, 선고 81누366 판결【입찰참가자격정지처분취소】)

14. 국유잡종재산 대부행위의 법적 성질

국유재산법, 산림법의 규정 등에 의하여 국유잡종재산에 관한 관리 처분의 권한을 위임받은 기관이 국유잡종재산을 대부하는 행위는 국가가 사경제 주체로서 상대방과 대등한 위치에서 행하는 사법상의 계약이고, 행정청이 공권력의 주체로서 상대방의 의사 여하에 불구하고 일방적으로 행하는 행정처분이라고 볼 수 없으며, 국유잡종재산에 관한 대부료의 납부고지 역시 사법상의 이행청구에 해당하고, 이를 행정처분이라고 할 수 없다.

(대법원 2000.2.11, 선고 99다61675 판결【부당이득금】)

15. 국가의 철도운행사업에 의한 손해배상

국가 또는 지방자치단체라 할지라도 공권력의 행사가 아니고 단순한 사경제의 주체로 활동하였을 경우에는 그 손해배상책임에 국가배상법이 적용될 수 없고 민법상의 사용자책임 등이 인정되는 것이고 국가의 철도운행사업은 국가가 공권력의 행사로서 하는 것이 아니고 사경제적 작용이라 할 것이므로, 이로 인한 사고에 공무원이 간여하였다고 하더라도 국가배상법을 적용할 것이 아니고 일반 민법의 규정에 따라야 하므로, 국가배상법상의 배상전치절차를 거칠 필요가 없으나, 공공의 영조물인 철도시설물의 설치 또는 관리의 하자로 인한 불법행위를 원인으로 하여 국가에 대하여 손해배상청구를 하는 경우에는 국가배상법이 적용되므로 배상전치절차를 거쳐야 한다.

(대법원 1999.6.22, 선고 99다7008 판결【손해배상(자)】)

16. 한국마사회의 조교사 및 기수 면허부여 및 면허취소

한국마사회가 조교사 또는 기수의 면허를 부여하거나 취소하는 것은 경마를 독점적으로 개최할 수 있는 지위에서 우수한 능력을 갖추었다고 인정되는 사람에게 경마에서의 일정한 기능과 역할을 수행할 수 있는 자격을 부여하거나 이를 박탈하는 것에 지나지 아니하므로, 이는 국가 기타 행정기관으로부터 위탁받은 행정권한의 행사가 아니라 일반 사법상의 법률관계에서 이루어지는 단체 내부에서의 징계 내지 제재처분이다.

(대법원 2008.1.31, 선고 2005두8269 판결【해고무효등확인청구】)

제 2 절 행정법관계의 내용

제 1 항 국가적 공권

행정주체가 우월한 의사의 주체로서 행정객체에 대하여 가지는 권리를 말한다. 대표적으로 경찰권, 조세권, 행정계획권 등이 있다. 현대 행정법관계에서는 법률의 근거를 필요로 한다.

제 2 항 개인적 공권

Ⅰ. 개인적 공권의 개념

1. 의 의

개인이 자기의 이익을 위하여 행정주체에게 일정한 행위를 요구할 수 있는 공법에 의하여 부여된 힘을 말한다.

2. 공권의 발생원인

① 관습법, 법령, 행정행위 등에 의해 생긴다.

② 기본권규정으로부터 공권이 도출될 수 있는지 여부(판례는 긍정)가 문제된다.

㉠ 언론의 자유 조항을 근거로 공문서열람청구권 인정(헌재 1991.5.13, 90헌바133)

㉡ 인간으로서의 존엄과 가치·행복추구권을 근거로 피고인의 접견권 인정(대판 1992.5.8, 91누7552)

3. 공권의 확대화 경향

① 재량행위의 기속행위로의 전환 : 재량권의 영으로의 수축이론의 영향

② 사익보호규범의 확대

③ 헌법상의 기본권 개념의 확대화 경향

Ⅱ. 종 류

1. 무하자재량행사청구권(無瑕疵裁量行使請求權)

(1) 의의 : 행정청에 대하여 재량권의 하자 없는 행사를 청구할 수 있는 권리를 말한다.

(2) 법적 성질 : 절차적 권리(과거의 유력설) 또는 형식적 권리(현재의 통설)로 본다.

(3) 구제수단

① 소극적 공권에 입각한 구제수단으로는 취소쟁송이 있다.

② 적극적 공권을 관철할 수 있는 수단으로는 의무이행심판 내지 부작위위법확인소송이 있다.

(4) 관련 판례

「법령상 검사임용신청 및 그 처리의 제도에 관한 명문규정이 없다고 하여도 조리상 임용권자는 임용신청자들에게 전형의 결과인 임용여부의 응답을 해줄 의무가 있다고 보아야 하고, 원고로서는 그 임용신청에 대하여 임용여부의 응답을 받을 권리가 있다고 할 것이며, 응답할 것인지 여부조차도 임용권자의 편의재량사항이라고는 할 수 없다」(대판 1991.2.12, 90누5825).

* 판례는 무하자재량행사청구권이라는 용어를 직접 사용하지는 않고 있으며, 판례 평석 등을 통해 그의 독자적 권리성이 인정되고 있을 뿐이다.

2. 행정개입청구권(행정발급청구권)

(1) 의의

① 광의 : 행정권의 발동을 청구할 수 있는 일체의 공권을 의미한다.

② 협의 : 행정청의 부작위로 인하여 권익을 침해당한 자가 자기를 위하여

'타인에 대해' 행정권의 발동을 청구할 수 있는 공권으로, 인정부정설이 있으나 법령의 존재와 그 법령의 사익보호성을 전제로 한 인정설이 통설이다.

(2) 행정개입청구권의 법리와 재량의 영으로의 수축이론

행정편의주의에 따라 행정기관은 행정권을 행사함에 있어 선택·결정의 자유(즉, 재량권)를 갖는 것이 원칙이다. 그리고 행정청에게 재량권(특히 결정재량)이 인정되는 경우에는 개인은 행정권의 발동을 청구할 수 있는 권리를 가질 수 없다. 그러나 목전에 급박한 장해를 제거할 긴급한 필요가 있는 경우에는 재량권이 영으로 수축되어 행정청에게 개입의무가 발생할 수도 있다.

(예 : 법익의 중요성, 회피가능성, 기대가능성, 긴급성 등의 요건 충족→행정개입청구권→손해배상청구권으로 발전가능)

(3) 법적 성질

① 실체법적 권리 ② 예방적 권리이며 사후 구제적 성격도 가짐

(4) 구제수단

① 행정심판법상 의무이행심판, 행정소송법상 부작위위법확인소송 제기 가능하나, 보다 실질적 구제를 위해서는 의무이행소송의 도입이 필요하다.

② 행정청의 불개입으로 인하여 손해가 발생한 경우에는 국가배상청구 등이 가능하다.

관련 판례

■ 공권의 성질

1. '법률상 보호되는 이익'의 의미

행정처분의 직접 상대방이 아닌 제3자라 하더라도 당해 행정처분으로 인하여 법률상 보호되는 이익을 침해당한 경우에는 그 처분의 무효확인을 구하는 행정소송을 제기하여 그 당부의 판단을 받을 자격이 있다 할 것이며, 여기에서 말하는 법률상 보호되는 이익이라 함은 당해 처분의 근거 법규 및 관련 법규에 의하여 보호되는 개별적·직접적·구체적 이익이 있는 경우를 말하고, 공익 보호의 결과로 국민 일반이 공통적으로 가지는 일반적·간접적·추상적 이익이 생기는 경우에는 법률상 보호되는 이익이 있다고 할 수 없다.

(대법원 2006.3.16, 선고 2006두330 전원합의체 판결【정부조치계획취소등】)

2. 환경영향평가대상지역 안의 주민들의 환경상의 이익이 직접적·구체적인 이익인지 여부(적극)

환경영향평가에 관한 자연공원법령 및 환경영향평가법령의 규정들의 취지는 집단시설지구개발사업이 환경을 해치지 아니하는 방법으로 시행되도록 함으로써 집단시설지구개발사업과 관련된 환경공익을 보호하려는 데에 그치는 것이 아니라 그 사업으로 인하여 직접적이고 중대한 환경피해를 입으리라고 예상되는 환경영향평가대상지역 안의 주민들이 개발 전과 비교하여 수인한도를 넘는 환경침해를 받지 아니하고 쾌적한 환경에서 생활할 수 있는 개별적 이익까지도 이를 보호하려는 데에 있다 할 것이므로, 위 주민들이 당해 변경승인 및 허가처분과 관련하여 갖고 있는 위와 같은 환경상의 이익은 단순히 환경공익 보호의 결과로 국민일반이 공통적으로 가지게 되는 추상적·평균적·일반적인 이익에 그치지 아니하고 주민 개개인에 대하여 개별적으로 보호되는 직접적·구체적인 이익이라고 보아야 한다.

(대법원 1998.4.24, 선고 97누3286 판결【공원사업시행허가처분취소】)

3. 행정규칙에 근거한 처분의 대상적격(적극)

항고소송의 대상이 되는 행정처분이라 함은 원칙적으로 행정청의 공법상 행위로서 특정 사항에 대하여 법규에 의한 권리의 설정 또는 의무의 부담을 명하거나 기타 법률상 효과를 발생하게 하는 등으로 일반 국민의 권리의무에 직접 영향을 미치는 행위를 가리키는 것이지만, 어떠한 처분의 근거가 행정규칙에 규정되어 있다고 하더라도, 그 처분이 상대방에게 권리의 설정 또는 의무의 부담을 명하거나 기타 법적인 효과를 발생하게 하는 등으로 그 상대방의 권리의무에 직접 영향을 미치는 행위라면, 이 경우에도 항고소송의 대상이 되는 행정처분에 해당한다.

(대법원 2004.11.26, 선고 2003두10251, 10268 판결【노선배분취소처분취소·국제선정기항공운송사업노선면허거부처분취소】)

4. 재량행위의 쟁송가능성(적극)

어떤 행정처분이 재량권의 남용이나 일탈에 해당하는 경우에는 그 재량권이 기속재량이거나 자유재량이거나를 막론하고 사법심사의 대상이 된다고 할 것인바, 외교관 자녀 등의 입학고사 특별전형이 교육법 제111조의2, 동법시행령 제71조의2 제4항에 의하여 대학교 총장이 정하는 방법에 의하도록 그 재량에 위임되어 있더라도 위 특별전형에 관한 대학교 총장의 처분이 재량권을 남용한 위법한 처분이라고 다투는 사건은 행정소송의 대상이 된다.

(대법원 1990.8.28, 선고 89누8255 판결【특별전형에관한불합격처분취소】)

■ 무하자재량행사청구권

5. 검사임용에 있어서의 응답신청권

검사의 임용에 있어서 임용권자가 임용여부에 관하여 어떠한 내용의 응답을 할 것인지는 임용권자의 자유재량에 속하므로 일단 임용거부라는 응답을 한 이상 설사 그 응답내용이 부당하다고 하여도 사법심사의 대상으로 삼을 수 없는 것이 원칙이나, 적어도 재량권의 한계 일탈이나 남용이 없는 위법하지 않은 응답을 할 의무가 임용권자에게 있고 이에 대응하여 임용신청자로서도 재량권의 한계 일탈이나 남용이 없는 적법한 응답을 요구할 권리가 있다.

(대법원 1991.2.12, 선고 90누5825 판결【검사임용거부처분취소】)

6. 승진대상자로 결정 공포된 4급 공무원에게 승진 임용신청권이 있는지 여부(적극)

지방공무원법, 지방공무원임용령의 각 규정을 종합하면, 2급 내지 4급 공무원의 승진임용은 임용권자가 행정실적·능력·경력·전공분야·인품 및 적성 등을 고려하여 하되 인사위원회의 사전심의를 거치도록 하고 있는바, 4급 공무원이 당해 지방자치단체 인사위원회의 심의를 거쳐 3급 승진대상자로 결정되고 임용권자가 그 사실을 대내외에 공표까지 하였다면, 그 공무원은 승진임용에 관한 법률상 이익을 가진 자로서 임용권자에 대하여 3급 승진임용 신청을 할 조리상의 권리가 있다.

(대법원 2008.4.10, 선고 2007두18611 판결【부작위위법확인의소】)

■ 계획변경청구권

7. 행정청이 국민의 신청에 대하여 한 거부행위가 항고소송의 대상인 행정처분이 되기 위한 요건 [제2회 변시]

국민의 적극적 신청행위에 대하여 행정청이 그 신청에 따른 행위를 하지 않겠다고 거부한 행위가 항고소송의 대상이 되는 행정처분에 해당하는 것이라고 하려면, 그 신청한 행위가 공권력의 행사 또는 이에 준하는 행정작용이어야 하고, 그 거부행위가 신청인의 법률관계에 어떤 변동을 일으키는 것이어야 하며, 그 국민에게 그 행위발동을 요구할 법규상 또는 조리상의 신청권이 있어야만 한다.

(대법원 2003.9.23, 선고 2001두10936 판결【국토이용계획변경승인거부처분취소】)

제 3 절 사인의 공법행위

Ⅰ. 일반론

1. 의 의

「식품위생법」상의 영업신고, 「도로교통법」상의 운전면허취득을 위한 면허 신청 등 공법관계에서 사인이 공법적 효과의 발생을 목적으로 하는 행위를 말한다.

2. 종 류

법률효과의 완성 여부를 기준으로 일반적으로 자체완성적 공법행위와 행정요건적 공법행위로 나눈다.

(1) 자체완성적(자기완결적) 공법행위

사인의 행위가 그 자체로 일정한 공법적 효과를 발생시킬 경우, 이를 자체완성적 공법행위라고 한다. 자체완성적 공법행위에 해당하면 형식상의 요건을 모두 갖춘 사인의 행위는 행정청의 수리 여부와 관계없이 그 법적효과가 달성된다. 「식품위생법」상의 영업신고가 대표적이다.

(2) 행정요건적 공법행위

사인의 어떤 행위가 특정 행정행위의 전제요건을 구성하는 경우, 이를 행정요건적 공법행위라고 한다. 「식품위생법」상 사인이 영업허가를 신청(사인의 공법행위)하였을 경우, 행정청이 법적 허가 요건을 검토하여 허가를 하였을 경우에 비로소 해당 영업이 가능하게 되는 경우를 예로 들 수 있다.

3. 적용 법리

① 의사능력 · 행위능력

㉠ 의사능력 : 필요하다. 따라서 의사능력이 없는 자의 행위는 무효이다.

㉡ 행위능력 : 재산 관계에 관한 것 이외에는 반드시 필요한 것은 아니다.

② 대리 : 일신 전속적이지 않는 한 허용된다.

③ 행위의 형식 : 문서에 의하는 경우가 많으나 반드시 요식은 아니다.

④ 효력발생시기 : 도달주의가 원칙이다. 그러나 실정법이 발신주의를 취하고 있는 경우도 있다.

⑤ 의사의 흠결·하자있는 행위의 효력 :

㉠ 자체완성적 공법행위 : 하자의 보정이 있기까지 신고의 효과가 발생하지 않는다.

㉡ 행정요건적 공법행위 : 판례는 다음과 같은 견해를 취한다. 신청이나 동의를 요하는 행정행위에서 신청이나 동의가 없거나 신청이나 동의가 무효인 행정행위는 전제요건을 결하는 행정행위이므로 원칙상 무효이다. 사인의 공법행위가 취소할 수 있는 행위인 경우에는 사인은 행정행위가 행해지기 전에는 언제든지 사인의 공법행위를 취소 또는 철회할 수 있고, 행정행위가 행해진 후에는 사인의 공법행위를 취소 또는 철회할 수 없고, 행정행위의 취소를 청구하여야 한다.

⑥ 부관 : 붙일 수 없음이 원칙이다.

⑦ 철회·보정

그에 근거한 공법행위(주로 행정행위)가 행해질 때까지는 신청인은 그 신청의 내용을 자유로이 철회·보완하거나 취하 할 수 있으나, 소위 합성행위(예; 투표행위), 합동행위(예; 공공조합설립행위) 등은 철회·보정이 제한된다(행정절차법 제17조 참조).

4. 사인의 공법행위의 효과

① 행정청의 처리의무가 생긴다.

② 처리의무의 불이행과 권리보호 : 처리기간이 경과하면 경우에 따라 거부처분으로 간주되기도 하고, 인용처분으로 간주되기도 한다(관련 법률의 규정에 의한다).

관련 판례

■ 공법상의 의사표시

1. 행정청에 대한 신청의 의사표시의 방법

구 행정절차법(2002.12.30. 법률 제6839호로 개정되기 전의 것) 제17조 제3항 본문은 "행정청은 신청이 있는 때에는 다른 법령 등에 특별한 규정이 있는 경우를 제외하고는 그 접수를 보류 또는 거부하거나 부당하게 되돌려 보내서는 아니 되며, 신청을 접수한 경우에는 신청인에게 접수증을 교부하여야 한다."고 규정하고 있는바, 여기에서의 신청인의 행정청에 대한 신청의 의사표시는 명시적이고 확정적인 것이어야 한다고 할 것이므로 신청인이 신청에 앞서 행정청의 허가업무 담당자에게 신청서의 내용에 대한 검토를 요청한 것만으로는 다른 특별한 사정이 없는 한 명시적이고 확정적인 신청의 의사표시가 있었다고 하기 어렵다.

(대법원 2004.9.24, 선고 2003두13236 판결【개발제한구역훼손부담금부과처분취소】)

2. 공법관계에서 강압에 의한 의사표시의 효력

공직자숙정계획의 일환으로 일괄사표의 제출과 선별수리의 형식으로 공무원에 대한 의원면직처분이 이루어진 경우, 사직원 제출행위가 강압에 의하여 의사결정의 자유를 박탈당한 상태에서 이루어진 것이라고 할 수 없고 민법상 비진의 의사표시의 무효에 관한 규정은 사인의 공법행위에 적용되지 않는다는 등의 이유로 그 의원면직처분을 당연무효라고 할 수 없다.

(대법원 2001.8.24, 선고 99두9971 판결【면직무효확인등】)

3. 공법행위에 민법상 비진의 의사표시 법리가 적용되는지 여부

민법의 법률행위에 관한 규정은 행위의 격식화를 특색으로 하는 공법행위에 당연히 타당하다고 말할 수 없으므로 공법행위인 영업재개업신고에 민법 제107조는 적용될 수 없다.

(대법원 1978.7.25, 선고 76누276 판결【영업허가취소처분취소】)

4. 사인의 공법상 행위의 철회

사인의 공법상 행위는 명문으로 금지되거나 성질상 불가능한 경우가 아닌 한 그에 의거한 행정행위가 행하여질 때까지는 자유로이 철회나 보정이 가능하다고 보아야 할 것이다.

(대법원 2001.6.15, 선고 99두5566 판결【주택개량재개발조합설립및사업시행인가처분취소】)

5. 민원서류에 보완을 요구하지 아니한 채 곧바로 신청을 거부할 수 있는지 여부

[1] 민원사무처리에관한법률 제4조 제2항등에 의하면, 행정기관은 민원사항의 신청이 있는 때에는 다른 법령에 특별한 규정이 있는 경우를 제외하고는 그 접수를 보류하거나 거부할 수 없으며, 민원서류에 흠이 있는 경우에는 보완에 필요한 상당한 기간을 정하여 지체 없이 민원인에게 보완을 요구하고 그 기간 내에 민원서류를 보완하지 아니할 때에는 7일의 기간 내에 다시 보완을 요구할 수 있으며, 위 기간 내에 민원서류를 보완하지 아니한 때에 비로소 접수된 민원서류를 되돌려 보낼 수 있도록 규정되어 있는바, 위 규정 소정의 보완의 대상이 되는 흠은 보완이 가능한 경우이어야 함은 물론이고, 그 내용 또한 형식적·절차적인 요건이거나, 실질적인 요건에 관한 흠이 있는 경우라도 그것이 민원인의 단순한 착오나 일시적인 사정 등에 기한 경우 등이라야 한다.

[2] 건축불허가처분을 하면서 그 사유의 하나로 소방시설과 관련된 소방서장의 건축부동의 의견을 들고 있으나 그 보완이 가능한 경우, 보완을 요구하지 아니한 채 곧바로 건축허가신청을 거부

한 것은 재량권의 범위를 벗어난 것이다.
(대법원 2004.10.15, 선고 2003두6573 판결【건축불허가처분취소】)

Ⅱ. 私人의 공법행위로서의 신고

대법원 2011.1.20, 선고 2010두14954 전합 판결
甲은 용인시 기흥구청장(A)에게 이 사건 토지 위에 연면적 합계 29.15㎡인 건물 2동을 건축한다는 내용의 건축신고를 하였다(개발행위허가 의제). A는 2009.3.6. 건축신고 수리불가를 통보하면서 다음과 같은 이유를 제시하였다. "이 사건 토지는 원래의 소유자의 의사에 기하여 인근주민들의 통행에 제공되었고, 그에 따라 현재에 이르기까지 장기간 인근주민들의 통행로로 사용되어 왔는데, 이곳에 이 사건 건축신고 내용대로 건물이 신축되면 인근주민들이 공로에 이르는 유일한 통행로가 막히게 될 것임."
〈문제〉 위 건축신고의 법적 성질 및 건축신고 수리 불가처분의 적법 여부를 검토하시오.

1. 강학상 신고의 유형

① 자기완결적 신고(수리를 요하지 않는 신고) : 신고는 일정한 사항을 통지함으로써 의무가 끝나는 것이어서 신고서가 접수기관에 도달한 때에 신고의무가 이행된 것으로 보아야 한다(행정절차법 제40조 참조).

「행정청에 대한 신고는 일정한 법률사실 또는 법률관계에 관하여 관계행정청에 일방적으로 통고를 하는 것을 뜻하는 것으로서 법에 별도의 규정이 있거나 다른 특별한 사정이 없는 한 행정청에 대한 통고로서 그치는 것이고 그에 대한 행정청의 반사적 결정을 기다릴 필요가 없는 것이므로, 체육시설의 설치·이용에관한 법률 제18조에 의한 변경신고서는 그 신고 자체가 위법하거나 그 신고에 무효 사유가 없는 한 이것이 도지사에게 제출하여 접수된 때에 신고가 있었다고 볼 것이고, 도지사의 수리행위가 있어야만 신고가 있었다고 볼 것은 아니다.」(대결 1993.7.6, 93마635).

② 수리가 필요한 신고 : 신고의 효과가 발생하기 위해서는 행정청의 수리가 있어야 하는 신고를 말한다.

> ㉠ 「식품위생법 제25조 제3항에 의한 영업양도에 따른 지위승계신고를 수리하는 허가 관청의 행위는 단순히 양도·양수인 사이에 이미 발생한 사법상의 사업양도의 법률효과에 의하여 양수인이 그 영업을 승계하였다는 사실의 신고를 접수하는 행위에 그치는 것이 아니라, 영업허가자의 변경이라는 법률효과를 발생시키는 행위라고 할 것이다」(대판 1995.2.24, 94누9146)
> ㉡ 「수산업법 제44조 소정의 어업의 신고는 행정청의 수리에 의하여 비로소 그 효과가 발생하는 이른바 '수리를 요하는 신고'라고 할 것이고, 따라서 설사 관할관청이 어업신고를 수리하면서 공유수면매립구역을 조업구역에서 제외한 것이 위법하다고 하더라도, 그 제외된 구역에 관하여 관할관청의 적법한 수리가 없었던 것이 분명한 이상 그 구역에 관하여는 같은 법 제44조 소정의 적법한 어업신고가 있는 것으로 볼 수 없다」(대판 2000.5.26, 99다37382).
> ㉢ [다수의견] 구 유통산업발전법(2013. 1. 23. 법률 제11626호로 개정되기 전의 것, 이하 같다) 제2조 제3호, 제3의2호, 제8조 제1항, 제12조의2 제1항, 제2항, 제3항, 구 유통산업발전법 시행령(2013. 4. 22. 대통령령 제24511호로 개정되기 전의 것, 이하 같다) 제3조 제1항 [별표 1], 제7조의2의 내용과 체계, 구 유통산업발전법의 입법 목적 등과 아울러, 구 유통산업발전법 제12조의2 제1항, 제2항, 제3항은 기존의 대규모점포의 등록된 유형 구분을 전제로 '대형마트로 등록된 대규모점포'를 일체로서 규제 대상으로 삼고자 하는 데 취지가 있는 점, 대규모점포의 개설 등록은 이른바 '수리를 요하는 신고'로서 행정처분에 해당하고...(중략)(대판 2015.11.19, 2015두295 전합판결)

③ 구별의 필요성

신고의 유형을 위와 같이 분류하는 가장 큰 이유는 처분성 인정 여부와 법적 효력의 발생시점이다. 즉 '자기완결적 신고'는 적법한 요건을 갖추어 행정기관에 도달하면 그 효력이 발생하며, 신고와 별도로 행정청이 수리해야만 효력이 발생하는 것은 아니다. 이에 반해 '수리가 필요한 신고'는 행정청이 해당 신고를 형식적·실질적 요건을 모두 심사한 후 수리한 때에 그 효력이 발생한다.

2. 수리 거부행위의 법적 성질

① 자기완결적 신고 : 자기완결적 신고의 수리 내지 수리거부행위는 처분성 부정된다.

㉠ 「차고의 증축은 건축법 제9조 제1항에 규정된 신고사항에 해당하여 건축주인 참가인이 건축법에 의한 신고를 한 이상 참가인은 피고의 수리 여부에 관계없이 이 사건 토지상에 차고를 증축할 수 있으므로, 피고가 참가인의 증축신고를 수리한 행위가 참가인은 물론 제3자인 원고 등의 구체적인 권리 의무에 직접 변동을 초래하는 행정처분이라고 할 수 없다」(대판 1999.10.22, 98두18435).

㉡ 「건축법 제9조 등에 의한 소규모 건축물을 건축하고자 하는 자는 적법한 요건을 갖춘 신고만 하면 행정청의 수리처분 등 별단의 조처를 기다릴 필요 없이 건축을 할 수 있으므로, 위 건축신고에 대한 행정청의 반려조치는 국민의 구체적인 권리의무에 변동을 초래하는 것을 내용으로 하는 행정처분이라고 볼 수 없다」(대판 2000.9.5, 99두8840).

[2] 구 건축법(2008.3.21. 법률 제8974호로 전부 개정되기 전의 것) 관련 규정의 내용 및 취지에 의하면, 행정청은 건축신고로써 건축허가가 의제되는 건축물의 경우에도 그 신고 없이 건축이 개시될 경우 건축주 등에 대하여 공사 중지·철거·사용금지 등의 시정명령을 할 수 있고(제69조 제1항), 그 시정명령을 받고 이행하지 않은 건축물에 대하여는 당해 건축물을 사용하여 행할 다른 법령에 의한 영업 기타 행위의 허가를 하지 않도록 요청할 수 있으며(제69조 제2항), 그 요청을 받은 자는 특별한 이유가 없는 한 이에 응하여야 하고(제69조 제3항), 나아가 행정청은 그 시정명령의 이행을 하지 아니한 건축주 등에 대하여는 이행강제금을 부과할 수 있으며(제69조의2 제1항 제1호), 또한 건축신고를 하지 않은 자는 200만 원 이하의 벌금에 처해질 수 있다(제80조 제1호, 제9조). 이와 같이 건축주 등은 신고제하에서도 건축신고가 반려될 경우 당해 건축물의 건축을 개시하면 시정명령, 이행강제금, 벌금의 대상이 되거나 당해 건축물을 사용하여 행할 행위의 허가가 거부될 우려가 있어 불안정한 지위에 놓이게 된다. 따라서 건축신고 반려행위가 이루어진 단계에서 당사자로 하여금 반려행위의 적법성을 다투어 그 법적 불안을 해소한 다음 건축행위에 나아가도록 함으로써 장차 있을지도 모르는 위험에서 미리 벗어날 수 있도록 길을 열어 주고, 위법한 건축물의 양산과 그 철거를 둘러싼 분쟁을 조기에 근본적으로 해결할 수 있게 하는 것이 법치행정의 원리에 부합한다. 그러므로 건축신고 반려행위는 항고소송의 대상이 된다고 보는 것이 옳다.
(대법원 2010.11.18, 선고 2008두167 전원합의체 판결【건축신고불허(또는 반려)처분취소】)

② 수리가 필요한 신고 : 수리가 필요한 신고의 수리와 수리거부행위는 처분성이 인정된다. 따라서 수리거부행위는 항고소송의 대상이 된다.

㉠「액화석유가스의안전및사업관리법 제7조 제2항에 의한 사업양수에 의한 지위승계신고를 수리하는 허가관청의 행위는 단순히 양도, 양수자 사이에 발생한 사법상의 사업양도의 법률효과에 의하여 양수자가 사업을 승계하였다는 사실의 신고를 접수하는 행위에 그치는 것이 아니라 실질에 있어서 양도자의 사업허가를 취소함과 아울러 양수자에게 적법히 사업을 할 수 있는 법규상 권리를 설정하여 주는 행위로서 사업 허가자의 변경이라는 법률효과를 발생시키는 행위이므로 허가관청이 법제7조 제2항에 의한 사업양수에 의한 지위승계신고를 수리하는 행위는 행정처분에 해당한다」(대판 1993.6.8, 91누11544).
[이러한 신고를 '정보제공적 신고'로 보기도 한다.]
㉡「인·허가의제사항 관련 법률에 규정된 요건 중 상당수는 공익에 관한 것으로서 행정청의 전문적이고 종합적인 심사가 요구되는데, 만약 건축신고만으로 인·허가의제사항에 관한 일체의 요건 심사가 배제된다고 한다면, 중대한 공익상의 침해나 이해관계인의 피해를 야기하고 관련 법률에서 인·허가 제도를 통하여 사인의 행위를 사전에 감독하고자 하는 규율체계 전반을 무너뜨릴 우려가 있다. 또한 무엇보다도 건축신고를 하려는 자는 인·허가의제사항 관련 법령에서 제출하도록 의무화하고 있는 신청서와 구비서류를 제출하여야 하는데, 이는 건축신고를 수리하는 행정청으로 하여금 인·허가의제사항 관련 법률에 규정된 요건에 관하여도 심사를 하도록 하기 위한 것으로 볼 수밖에 없다. 따라서 인·허가의제 효과를 수반하는 건축신고는 일반적인 건축신고와는 달리, 특별한 사정이 없는 한 행정청이 그 실체적 요건에 관한 심사를 한 후 수리하여야 하는 이른바 '수리를 요하는 신고'로 보는 것이 옳다.」(대판 2011.1.20, 2010두14954 전합).

3. 행정기본법상 수리와 행정절차법상 신고

「행정기본법」 제34조는 수리가 필요한 신고에 대해 규정하고 있다. 즉 행정청에 의무적으로 일정한 사항을 통지해야 하는 신고를 대상으로 한다. 따라서 행정청이 수리할 때 신고의 법적 효력이 발생한다. 이 점에서 자기완결적 신고를 대상으로 하는 행정절차법상 신고와 그 성격을 근본적으로 달리하고 있음에 유의해야 한다.

관련 판례

■ 수리를 요하지 않는 신고

1. 신고에 행정청의 수리행위를 요하는지 여부

행정청에 대한 신고는 일정한 법률사실 또는 법률관계에 관하여 관계행정청에 일방적으로 통고를 하는 것을 뜻하는 것으로서 법에 별도의 규정이 있거나 다른 특별한 사정이 없는 한 행정청에 대한 통고로서 그치는 것이고 그에 대한 행정청의 반사적 결정을 기다릴 필요가 없는 것이므로, 체육시설의 설치·이용에 관한 법률 제18조에 의한 변경신고서는 그 신고 자체가 위법하거나 그 신고에 무효사유가 없는 한 이것이 도지사에게 제출하여 접수된 때에 신고가 있었다고 볼 것이다.

(대법원 1993.7.6, 자 93마635 결정【과태료처분에대한이의】)

2. 신고에 행정정의 수리를 요하는지 여부

주택건설촉진법의 각 규정들에 의하면, 공동주택 및 부대시설·복리시설의 소유자·입주자·사용자 및 관리주체가 건설부령이 정하는 경미한 사항으로서 신고대상인 건축물의 건축행위를 하고자 할 경우에는 그 관계 법령에 신고만으로 건축할 수 있는 경우에 해당하는 여부 및 그 구비서류 등이 갖추어져 있는지 여부 등을 심사하여 그것이 법규정에 부합하는 이상 이를 수리하여야 하고, 같은 법 규정에 정하지 아니한 사유를 심사하여 이를 이유로 신고수리를 거부할 수는 없다.

(대법원 1999.4.27, 선고 97누6780 판결【건축물철거대집행계고처분취소】)

3. 건축법상 신고의 효력(=원칙적 자기완결적 신고)

가설건축물은 건축법상 '건축물'이 아니므로 건축허가나 건축신고 없이 설치할 수 있는 것이 원칙이지만 일정한 가설건축물에 대하여는 건축물에 준하여 위험을 통제하여야 할 필요가 있으므로 신고 대상으로 규율하고 있다. 이러한 신고제도의 취지에 비추어 보면, 가설건축물 존치기간을 연장하려는 건축주 등이 법령에 규정되어 있는 제반 서류와 요건을 갖추어 행정청에 연장신고를 한 때에는 행정청은 원칙적으로 이를 수리하여 신고필증을 교부하여야 하고, 법령에서 정한 요건 이외의 사유를 들어 수리를 거부할 수는 없다. 따라서 행정청으로서는 법령에서 요구하고 있지도 아니한 '대지사용승낙서' 등의 서류가 제출되지 아니하였거나, 대지소유권자의 사용승낙이 없다는 등의 사유를 들어 가설건축물 존치기간 연장신고의 수리를 거부하여서는 아니 된다.

(대법원 2018.1.25, 선고 2015두35116 판결【가설건축물존치기간연장신고반려처분취소등】)

4. 법령에 규정되지 아니한 사유를 들어 신고를 반려한 경우, 신고의 효력발생 시기(=신고서 제출시)

행정관청에 대한 신고는 일정한 법률사실 또는 법률관계에 관하여 관계 행정관청에 일방적인 통고를 하는 것을 뜻하는 것으로 법령에 별도의 규정이 있거나 다른 특별한 사정이 없는 한 행정관청에 대한 통고로써 그치는 것이고, 그에 대한 행정관청의 반사적 결정을 기다릴 필요가 없는 것인바, 관할 관청에 신고업의 신고서가 제출되었다면 담당공무원이 법령에 규정되지 아니한 다른 사유를 들어 그 신고를 수리하지 아니하고 반려하였다고 하더라도, 그 신고서가 제출된 때에 신고가 있었다고 볼 것이다.

(대법원 1999.12.24, 선고 98다57419, 57426 판결【보상금】)

■ 수리가 필요한 신고

[다수의견] 구 유통산업발전법(2013.1.23. 법률 제11626호로 개정되기 전의 것, 이하 같다) 제2조 제3호, 제3의2호, 제8조 제1항, 제12조의2 제1항, 제2항, 제3항, 구 유통산업발전법 시행령(2013.4.22. 대통령령 제24511호로 개정되기 전의 것, 이하 같다) 제3조 제1항 [별표 1], 제7조의2의 내용과 체계, 구 유통산업발전법의 입법 목적 등과 아울러, 구 유통산업발전법 제12조의2 제1항, 제2항, 제3항은 기존의 대규모점포의 등록된 유형 구분을 전제로 '대형마트로 등록된 대규모점포'를 일체로서 규제 대상으로 삼고자 하는 데 취지가 있는 점, 대규모점포의 개설 등록은 이른바 '수리를 요하는 신고'로서 행정처분에 해당하고 등록은 구체적 유형 구분에 따라 이루어지므로, 등록의 효력은 대규모점포가 구체적으로 어떠한 유형에 속하는지에 관하여도 미치는 점, 따라서 대규모점포가 대형마트로 개설 등록되었다면 점포의 유형을 포함한 등록내용이 대규모점포를 개설하고자 하는 자의 신청 등에 따라 변경등록되지 않는 이상 대규모점포를 개설하고자 하는 자 등에 대한 구속력을 가지는 점 등에 비추어 보면, 구 유통산업발전법 제12조의2 제1항, 제2항, 제3항에 따라 영업시간 제한 등 규제 대상이 되는 대형마트에 해당하는지는, 일단 대형마트로 개설 등록되었다면 특별한 사정이 없는 한, 개설 등록된 형식에 따라 대규모점포를 일체로서 판단하여야 하고, 대규모점포를 구성하는 개별 점포의 실질이 대형마트의 요건에 부합하는지를 다시 살필 것은 아니다.

(대법원 2015.11.19, 선고 2015두295 전원합의체 판결【영업시간제한등처분취소】)

5. 지위승계신고 수리행위가 행정처분에 해당하는지 여부(적극)

액화석유가스의 안전 및 사업관리법 제7조 제2항에 의한 사업양수에 의한 지위승계신고를 수리하는 허가관청의 행위는 단순히 양도, 양수자 사이에 발생한 사법상의 사업양도의 법률효과에 의하여 양수자가 사업을 승계하였다는 사실의 신고를 접수하는 행위에 그치는 것이 아니라 실질에 있어서 양도자의 사업허가를 취소함과 아울러 양수자에게 적법하게 사업을 할 수 있는 법규상 권리를 설정하여 주는 행위로서 사업허가자의 변경이라는 법률효과를 발생시키는 행위이므로 허가관청이 법 제7조 제2항에 의한 사업양수에 의한 지위승계신고를 수리하는 행위는 행정처분에 해당한다.

(대법원 1993.6.8, 선고 91누11544 판결【건축허가무효확인등】)

6. 수리를 요하는 신고에서 위법한 수리의 효력

수산업법 제44조 소정의 어업의 신고는 행정청의 수리에 의하여 비로소 그 효과가 발생하는 이른바 '수리를 요하는 신고'라고 할 것이고, 따라서 설사 관할관청이 어업신고를 수리하면서 공유수면매립구역을 조업구역에서 제외한 것이 위법하다고 하더라도, 그 제외된 구역에 관하여 관할관청의 적법한 수리가 없었던 것이 분명한 이상 그 구역에 관하여는 같은 법 제44조 소정의 적법한 어업신고가 있는 것으로 볼 수 없다.

(대법원 2000.5.26, 선고 99다37382 판결【손해배상(기)】)

7. 주민등록전입신고 수리 여부에 관한 심사의 범위와 대상

주민들의 거주지 이동에 따른 주민등록전입신고에 대하여 행정청이 이를 심사하여 그 수리를 거부할 수는 있다고 하더라도, 그러한 행위는 자칫 헌법상 보장된 국민의 거주·이전의 자유를 침해하는 결과를 가져올 수도 있으므로, 시장·군수 또는 구청장의 주민등록전입신고 수리 여부에

대한 심사는 주민등록법의 입법 목적의 범위 내에서 제한적으로 이루어져야 한다. 한편, 주민등록법의 입법 목적 및 주민등록 대상자에 관한 규정을 고려해 보면, 전입신고를 받은 시장·군수 또는 구청장의 심사 대상은 전입신고자가 30일 이상 생활의 근거로 거주할 목적으로 거주지를 옮기는지 여부만으로 제한된다고 보아야 한다. 따라서 전입신고자가 거주의 목적 이외에 다른 이해관계에 관한 의도를 가지고 있는지 여부, 무허가 건축물의 관리, 전입신고를 수리함으로써 당해 지방자치단체에 미치는 영향 등과 같은 사유는 주민등록법이 아닌 다른 법률에 의하여 규율되어야 하고, 주민등록전입신고의 수리 여부를 심사하는 단계에서는 고려 대상이 될 수 없다.
(대법원 2009.6.18, 선고 2008두10997 전원합의체 판결【주민등록전입신고수리거부처분취소】)

■ 적법한 신고의 요건

8. 무허가건물에서의 영업 신고

구 건축법(1991.5.31. 법률 제4381호로 전문 개정되기 전의 것)과 체육시설의 설치·이용에 관한 법률은 입법목적, 규정사항, 적용범위 등을 서로 달리하고 있어서 골프연습장의 설치에 관하여 체육시설의 설치·이용에 관한 법률이 건축법에 우선하여 배타적으로 적용되는 관계에 있다고 해석되지 아니하므로 체육시설의 설치·이용에 관한 법률에 따른 골프연습장의 신고요건을 갖춘 자라 할지라도 골프연습장을 설치하려는 건물이 건축법상 무허가 건물이라면 적법한 신고를 할 수 없다.
(대법원 1993.4.27, 선고 93누1374 판결【체육시설업신고서반려처분취소】)

9. 다른 법률에 의해 동시에 신고의무가 부과되는 경우 신고의 요건

학교보건법과 체육시설의 설치·이용에 관한 법률은 그 입법목적, 규정사항, 적용범위 등을 서로 달리 하고 있어서 당구장의 설치에 관하여 체육시설의 설치·이용에 관한 법률이 학교보건법에 우선하여 배타적으로 적용되는 관계에 있다고는 해석되지 아니하므로 체육시설의 설치·이용에 관한 법률에 따른 당구장업의 신고요건을 갖춘 자라 할지라도 학교보건법 제5조 소정의 학교환경 위생정화구역 내에서는 같은 법 제6조에 의한 별도 요건을 충족하지 아니하는 한 적법한 신고를 할 수 없다고 보아야 한다.
(대법원 1991.7.12, 선고 90누8350 판결【체육시설업신고거부처분취소】)

Ⅲ. 행정법관계의 승계

대법원 2003.2.14, 선고 2001두7015 판결

甲은 공매절차에서 乙소유의 이 사건 건물부분(대전 동구 소재 지상3층 지하1층 건물 중 3층 1,160.2㎡)을 낙찰받아 소유권이전등기를 경료하고, 동구청장(A)에게 유흥주점의 영업자지위승계신고를 하였으며, A는 甲에게 위 신고를 수리하였다. 乙은 A를 피고로 하여 영업자지위승계신고 수리처분의 취소를 구하는 소를 제기하였다. 乙은 A가 위 신고를 수리하면서 乙에게 행정절차법상 사전통지나 의견제출의 기회를 주지 아니하여 위법하다고 주장한다.

〈문제〉 乙 주장의 타당성을 검토하시오.

1. 행정법관계의 승계

공권과 공의무는 일신전속적인 경우가 많아 그 이전이 제한된다. 예를 들어 생명·신체의 침해로 인한 국가배상청구권이나 「국민기초생활 보장법」상 급여수급권은 양도와 압류가 제한되며, 「건축법」상 이행강제금 납부의무는 상속인에게 승계되지 않는다(대법원 2006.12.8.자 2006마470 결정 참조). 다만, 공의무 등이 일신 전속적이지 않은 경우에는 이전이 허용된다고 할 것이다.

2. 영업자지위승계의 의의

영업에 관한 허가·등록·신고 등을 정하고 있는 대부분의 법령에서는 영업양도·사망·합병 등의 경우에 영업자의 지위승계를 인정하고 있다. 영업자지위승계는 영업승계인이 종전 영업자의 지위를 승계해서 해당 법령에 의한 허가를 받거나 등록·신고 등을 한 영업자가 된다는 데 그 의의가 있다. 여기서 영업자의 지위는 당해 영업을 규율하는 법령상의 권리·의무를 가리키는 것으로 보아야 할 것이며, 사법상의 권리·의무는 이에 포함되지 않는다(대법원 1989.9.12, 선고 88다카28327 판결 참조). 고용관계의 승계 여부는 「민법」과 근로관계법에 따라야 할 것이다.

3. 영업자지위승계의 절차

(1) 지위승계신고

영업자의 지위승계에 관한 규정을 두고 있는 법령에서는 이를 신고하도록 하는 것이 일반적인데, 이러한 영업자지위승계신고는 대부분 수리를 요하는 신고에 해당한다. 지위승계신고 및 그 수리는 허가영업의 경우에는 영업허가신청 및 영업허가, 등록영업의 경우에는 영업등록신청 및 영업등록, 신고영업의 경우에는 영업신고 및 수리에 해당된다(대법원 2001.2.9, 선고 2000도2050 판결).

영업의 양도·양수가 실질적으로 이루어졌더라도 지위승계신고가 수리되기 전에는 여전히 양도인이 적법한 영업자이고, 양수인은 적법한 영업자가 되지 못한다. 만일 양도인이 지위승계신고가 수리되기 전에 양수인으로 하여금 영업을 하도록 허락하였다면 양수인이 영업을 하면서 행한 위반행위에 대한 행정적 책임은 양도인에게 귀속된다(대법원 1995.2.24, 선고 94누9146 판결).

지위승계신고가 수리되면 양도인은 영업자의 지위를 상실하게 되고 양수인이 새로이 영업자의 지위를 취득하게 된다. 지위승계신고의 수리는 양도인에게는 침익적이고 양수인에게는 수익적인 복효적 처분이다. 「행정절차법」 제21조 제1항 및 제22조 제3항에 의하면 불이익 처분을 할 때에는 당사자에게 사전통지를 하고 의견제출의 기회를 주어야 한다. 따라서 수리를 요하는 지위승계신고의 경우 양도인은 불이익처분의 상대방에 해당하므로, 행정청은 지위승계신고를 수리하기 전에 양도인에게 사전통지 및 의견제출의 기회를 주어야 한다(대법원 2003.2.14, 선고 2001두7015 판결). 지위승계신고의 수리는 적법한 사업의 양도가 있었음을 전제로 하는 것이므로 사업의 양도행위가 무효라고 주장하는 양도자는 민사소송으로 양도행위의 무효를 구함이 없이 바로 행정청을 상대로 행정소송으로 신고수리처분의 무효확인을 구할 법률상 이익이 있다.

(2) 양도·양수인가

「여객자동차 운수사업법」 제14조와 같은 법 시행령 제10조 및 부칙 제3조에 의하면 2009.11.27. 전에 면허받은 개인택시운송사업을 양도·양수하는 경우에는 인가를 받아야 한다. 판례는 개인택시운송사업 양도·양수인가에는 양도행위를 보충해서 그 법률효과를 완성시키는 의미에서의 인가처분뿐만 아니라, 양수인에게 양도인이 갖고 있던 면허와 동일한 내용의 면허를 부여하는 처분이 포함되어 있다고 보았다(대법원 1994.8.23, 선고 94누4882 판결).

4. 제재처분 효과의 승계

영업양도에 의해 양수인이 '영업자의 지위'를 승계하는 경우 이미 양도인에게 행해진 제재처분의 효과가 '영업자의 지위'에 포함되는지 여부가 문제된다. 양도인의 위법행위로 이미 제재처분이 내려진 경우 그 효과는 '영업자의 지위'에 포함된 것이므로 당연히 양수인에게 이전된다고 본다. 이 경우 양도인에게 행해진 영업정지처분이나 과징금부과처분의 효과는 양수인에게 미치며, 위반횟수에 따라 제재가 가중되는 경우 양도인의 위반횟수는 양수인의 위반횟수에 더해진다. 양수인이 선의인 경우에도 제재처분의 효과를 부인할 수 없다. 이 경우 양수인은 양도인에게 민사책임을 물을 수 있을 뿐이다. 다만 「식품위생법」 제78조, 「석유 및 석유대체연료 사업법」 제8조, 「음악산업진흥에 관한 법률」 제23조 제9항 등에는 제재처분의 효과가 1년간 양수인에게 승계되지만, 양수인이 선의인 경우에는 승계되지 않는다고 규정하고 있다. 이 경우 선의의 입증책임은 양수인에게 있다 할 것이다.

5. 제재사유의 승계

양도인의 위반행위에 대한 제재처분이 행해지지 않은 상태에서 영업양도가 이루어진 경우 양도인의 위반행위를 이유로 양수인에게 제재처분을 할 수 있는지 여부가 문제된다. 판례는 대물적 허가임을 이유로 제재사유의 승계를 인정하거나(대법원 2005.8.19, 선고 2003두9817, 9824 판결), 영업자의 지위에 제재사유가 포함된다는 이유로 제재사유의 승계를 인정하고 있다(대법원 2010.4.8, 선고 2009두17018 판결). 다만, 상법상 회사분할과 관련해서는 분할 전 위반행위를 이유로 신설회사에 대하여 과징금을 부과하는 것은 허용되지 않는다고 한다(대법원 2007.11.29, 선고 2006두18928 판결).

제 4 장 행정의 행위형식

제 1 절 행정입법

제 1 항 법규명령

Ⅰ. 법규명령의 개념

광의의 법령상의 수권에 근거하거나 법령을 집행하기 위하여 행정권이 정립하는 일반적·추상적 규범을 말한다. 전통적 견해는 법령의 근거(수권성)와 법규성(국민의 권리와 의무에 관한 일반구속성)을 법규명령개념의 필수요소로 본다.

Ⅱ. 법규명령의 종류

1. 효력에 의한 분류

① 법률대위명령(대통령의 긴급명령 및 긴급재정·경제명령)

② 법률종속명령

㉠ 위임명령

ⓐ 법률 또는 상위명령에 의해 개별적·구체적으로 위임된 사항에 관하여 발하는 명령이다.

ⓑ 제정에 상위법령의 근거를 필요로 한다.

ⓒ 위임된 범위내에서는 새로운 입법사항에 관해서도 규정이 가능하다.

㉡ 집행명령

ⓐ 법률 또는 상위명령의 규정의 범위안에서 그 시행에 관한 세부적 사항을 정하는 명령이다.

ⓑ 상위법령의 명시적 근거가 없는 경우에도 제정이 가능하다.

ⓒ 새로운 입법사항에 관해서는 규율할 수 없다.

2. 법형식에 의한 분류

① 긴급명령과 긴급재정·경제명령(헌법 제76조)

② 대통령령(헌법 제75조)

③ 총리령·부령(헌법 제95조)

* 입법관례상 대통령령에는 시행령(施行令)이라는 이름을 붙이고, 총리령과 부령에는 시행규칙(施行規則)이라는 이름을 붙인다.

④ 중앙선거관리위원회 규칙(헌법 제114조제6항)

⑤ 감사원 규칙 : 감사원법(제52조)에 근거

⑥ 국회의사규칙, 대법원규칙, 헌법재판소규칙(광의의 법규명령에 포함)

Ⅲ. 행정규칙형식의 법규명령

1. 의의

법률 등의 위임을 받아 중앙행정기관의 장이 정한 훈령·예규·고시 등 행정규칙을 말한다.

행정기본법 제2조(정의)

1. "법령등"이란 다음 각 목의 것을 말한다.

가. 법령: 다음의 어느 하나에 해당하는 것 1) 법률 및 대통령령·총리령·부령 2) 국회규칙·대법원규칙·헌법재판소규칙·중앙선거관리위원회규칙 및 감사원규칙 3) 1) 또는 2)의 위임을 받아 중앙행정기관(「정부조직법」 및 그 밖의 법률에 따라 설치된 중앙행정기관을 말한다. 이하 같다)의 장이 정한 훈령·예규 및 고시 등 행정규칙

나. 자치법규: 지방자치단체의 조례 및 규칙

2. 훈 령

① 국세청훈령인 주류면허제도개선업무처리지침, 재산제세사무처리규정(財産諸稅事務處理規定)

② 국무총리훈령인 개별토지가격합동조사지침

「법령이 일정한 행정기관에 대하여 법령의 내용을 구체적으로 보충 규정할 권한을 위임하고 이에 따라 행정기관이 행정규칙의 형식으로 그 법령의 내용이 될 사항을 규정하였다면 위 행정규칙은 법령의 내용과 결합하여 법규로서의 효력을 가진다 할 것이므로 소득세법시행령이 국세청장에게 일정한 범위의 거래를 지정할 수 있는 권한을 부여하고 이에 따라 국세청장이 훈령으로 재산제세사무처리규정을 제정한 것인 만큼 이 규정은 과세의 법령상 근거가 된다.」(대판 1988. 3.22, 87누654).

3. 고 시

① 보건복지부 고시인 수탁검사실시기관인정 등 기준·식품제조영업허가기준

보건복지부장관이 고시의 형식으로 정한 '의료보험진료수가기준' 중 '수탁검사실시기관인정등기준'은 요양급여 및 분만급여의 방법·절차·범위·상한기준 및 그 비용 등 법령의 내용이 되는 구체적인 사항을 보건복지부장관으로 하여금 정하도록 한 의료보험법의 위임에 따라 이를 정한 규정으로서 법령의 위임한계를 벗어나지 아니하는 한 법령의 내용을 보충하는 기능을 하면서 그와 결합하여 대외적으로 구속력이 있는 법규명령으로서의 효력을 가진다고 볼 것이므로, 요양기관의 진료비청구가 위 규정에 적합하지 아니하여 진료비심사지급기관이 그 지급을 거절하였다면 특별한 사정이 없는 한 그 처분은 적법하다고 보아야 한다(대판 1999. 6.22, 98두17807).

② 산업자원부 고시인 공장입지기준고시, 수입선다변화품목의 지정 등에 관한 고시

③ 허가관청이 정하는 액화석유가스판매업허가처리기준에 관한 고시

Ⅳ. 법규명령의 성립요건·효력요건

1. 성립요건

① 주체에 관한 요건 : 법규명령은 의회입법의 원칙에 대한 예외이므로, 법규명령 제정권자는 원칙상 헌법에 의해 인정되어야 한다(대통령, 총리, 행정각부

의 장, 중앙선관위원회위원장 등).

② 내용에 관한 요건

㉠ 수권의 범위내 ㉡ 상위법령에 저촉불가

㉢ 내용이 실현가능하고 명백할 것

③ 절차에 관한 요건

㉠ 대통령령 : 법제처심사와 국무회의의 심의를 요한다.

㉡ 총리령·부령 : 법제처심사에 그친다.

㉢ 학사제도 등 다수 국민의 일상생활과 관계되는 법령안 : 입법취지 등을 20일 이상 관보 등에 게재한다.

㉣ 행정상 입법예고(행정절차법 제4장 부분 참조)의 절차를 준수하여야 한다.

④ 형식에 관한 요건 : 조문의 형식을 기본으로 한다.

2. 효력요건

① 공포 : 법규명령은 시행됨으로써 효력을 발생한다. 특별한 규정이 없는 한 공포한 날로부터 20일이 경과함으로써 효력이 발생한다.

② 국민의 권리제한·의무부과와 직접 관련되는 법규명령에 대한 특례 : 공포한 날로부터 30일이 경과한 날로부터 시행한다.

3. 위법한 법규명령의 효력

① 법령의 위임 없는 법규명령은 일반 국민에 대한 구속력은 없고(대법원 전합 2015.6.25, 2007두4995), 행정조직 내에서 적용되는 행정명령의 성격을 가질 뿐이다(대법원 전합 2015.6.23, 2012두2986).

② 어떤 법규명령이 위임의 근거가 없어 무효였더라도 법개정으로 위임의 근거가 부여되면 그 때부터 유효한 법규명령이 된다.

③ 법규명령이 내용상 상위 법령에 저촉되는 등 법규명령이 위법한 경우의 효력에 관해서는 취소·무효설, 상대적 무효설, 유효설 등이 있으며, 판례는 무효로 본다. 소송 실무에서는 처분적 명령에 대해서는 무효확인소송을 제기하는 것이 일반적이다.

④ 법원에 의해 선결문제에서 위헌 또는 위법이 확인된 경우에는 그 명령은 당해 사건에 한하여 적용되지 않는다.

V. 위임명령의 제정범위와 한계

1. 포괄적 위임의 금지

① 포괄적 위임여부의 판단기준 : 단순히 외형만을 기준으로 할 것이 아니라, 그 법률의 전반적인 체계·취지·목적, 당해 조항의 규정형식과 내용, 관련법규를 모두 고려하여야 한다.

예) 예외 : 부천시담배자동판매기설치금지조례 제4조 등 위헌확인, 강남구담배자동판매기설치금지조례 제4조 등 위헌확인(1995.4.20, 92헌마264, 279(병합) 전원재판부)

> 조례(條例)의 제정권자인 지방의회(地方議會)는 선거를 통해서 그 지역적인 민주적 정당성을 지니고 있는 주민(住民)의 대표기관(代表機關)이고 헌법이 지방자치단체(地方自治團體)에 포괄적(包括的)인 자치권(自治權)을 보장하고 있는 취지로 볼 때, 조례(條例)에 대한 법률(法律)의 위임(委任)은 법규명령(法規命令)에 대한 법률(法律)의 위임(委任)과 같이 반드시 구체적(具體的)으로 범위(範圍)를 정하여 할 필요가 없으며 포괄적(包括的)인 것으로 족하다.

② 개별적·구체적 위임의 의미 : 대상의 한정성·기준의 명확성

③ 구체성·명확성의 정도

㉠ 국민의 기본권을 제한하거나 침해할 소지가 있는 사항에 관한 위임에 있어서는 급부행정의 영역보다 구체성 내지 명확성이 보다 엄격하게 요구되는 반면(대판 2000.10.19, 98두6265 참조).

㉡ 다양한 사실관계를 규율하거나 사실관계가 수시로 변화될 것이 예상될 때에는 위임의 명확성의 요건이 완화되어야 한다(헌재결 1991.2.11, 90헌가27 참조).

예) 2010.12.28 선고(2008헌바157, 전기통신기본법 제47조제1항 위헌소원)

제47조(벌칙) ① 공익을 해할 목적으로 전기통신설비에 의하여 공연히

허위의 통신을 한 자는 5년 이하의 징역 또는 5천만원 이하의 벌금에 처한다.

헌법재판소 2010.12.28, 선고 2008헌바157, 2009헌바88(병합) 전원재판부
【전기통신기본법제47조제1항위헌소원】
이 사건 법률조항은 표현의 자유에 대한 제한입법이며, 동시에 형벌조항에 해당하므로, 엄격한 의미의 명확성원칙이 적용된다. 그런데 이 사건 법률조항은 "공익을 해할 목적"의 허위의 통신을 금지하는바, 여기서의 "공익"은 형벌조항의 구성요건으로서 구체적인 표지를 정하고 있는 것이 아니라, 헌법상 기본권 제한에 필요한 최소한의 요건 또는 헌법상 언론·출판의 자유의 한계를 그대로 법률에 옮겨 놓은 것에 불과할 정도로 그 의미가 불명확하고 추상적이다. 따라서 어떠한 표현행위가 "공익"을 해하는 것인지, 아닌지에 관한 판단은 사람마다의 가치관, 윤리관에 따라 크게 달라질 수밖에 없으며, 이는 판단주체가 법전문가라 하여도 마찬가지이고, 법집행자의 통상적 해석을 통하여 그 의미내용이 객관적으로 확정될 수 있다고 보기 어렵다. 나아가 현재의 다원적이고 가치상대적인 사회구조 하에서 구체적으로 어떤 행위상황이 문제되었을 때에 문제되는 공익은 하나로 수렴되지 않는 경우가 대부분인바, 공익을 해할 목적이 있는지 여부를 판단하기 위한 공익간 형량의 결과가 언제나 객관적으로 명백한 것도 아니다. 결국, 이 사건 법률조항은 수범자인 국민에 대하여 일반적으로 허용되는 '허위의 통신' 가운데 어떤 목적의 통신이 금지되는 것인지 고지하여 주지 못하고 있으므로 표현의 자유에서 요구하는 명확성의 요청 및 죄형법정주의의 명확성원칙에 위배하여 헌법에 위반된다.

2. 국회전속사항의 위임금지

① 본질적 내용이 법률로 정해지면 세부적 사항에 관하여는 위임이 가능하다.
② 국회전속사항은 법률로 정하여야 한다.
  ㉠ 대한민국의 국민이 되는 요건(헌법 제2조)
  ㉡ 재산권의 수용·사용·제한 및 그에 대한 보상(同 제23조제3항)
  ㉢ 조세의 종목과 세율(조세법률주의, 同 제59조)
  ㉣ 국회의원의 수, 선거구(同 제41조제2항·제3항)
  ㉤ 병(兵)의 복무기간 등
  예) 중요사항유보설, 의회유보설, KBS수신료사건

3. 벌칙의 위임

구성요건의 구체적 기준과 벌칙의 상·하한(특히, 최고한도)을 정하여 위임하는 것은 가능하다.

4. 재위임

전면적 재위임(백지재위임)만 아니면 가능하다.

재위임에 관한 일반규정으로는 대통령령인 「행정권한의 위임 및 위탁에 관한 규정」이 있다.

> 제4조(재위임) 특별시장·광역시장·특별자치시장·도지사 또는 특별자치도지사(특별시·광역시·특별자치시·도 또는 특별자치도의 교육감을 포함한다. 이하 같다)나 시장·군수 또는 구청장(자치구의 구청장을 말한다. 이하 같다)은 행정의 능률향상과 주민의 편의를 위하여 필요하다고 인정될 때에는 수임사무의 일부를 그 위임기관의 장의 승인을 받아 규칙으로 정하는 바에 따라 시장·군수·구청장(교육장을 포함한다) 또는 읍·면·동장, 그 밖의 소속기관의 장에게 다시 위임할 수 있다.

Ⅵ. 법규명령에 대한 통제

1. 의회에 의한 통제

(1) 간접적 통제

① 의의 : 국정감사권 발동에 의하여 법규명령의 적법·타당성을 감사할 수 있다.

② 간접적 통제의 방법

㉠ 질문

㉡ 국무총리나 국무위원의 해임건의

㉢ 대통령·국무총리 등에 대한 탄핵소추

(2) 직접적 통제

① 헌법 제76조제3항·4항 : 대통령이 긴급명령 또는 긴급재정경제명령을

발한 때에는 지체 없이 국회에 보고하여 승인을 받아야 하며, 승인을 받지 못한 때에는 그 때부터 효력을 상실 한다

② 「국회법」 제98조의2에 의한 통제 : 국회법 제98조의2는 대통령령·총리령·부령·훈령·예규·고시 등의 제정·개정 및 폐지 및 대통령령을 입법예고하는 경우에 국회 소관상임위원회에 제출하도록 규정하고 있는바, 오늘날 이러한 방식에 의한 통제를 직접적 통제로 설명하기도 한다.

2. 사법적 통제

(1) 법원에 의한 통제－구체적 규범통제

① 법적근거 : 명령·규칙·조례가 헌법이나 법률에 위반되는 여부가 재판의 전제가 된 경우에는 대법원은 이를 최종적으로 심사할 권한을 가진다(헌법 제107조제2항).

② 구체적 규범통제의 대상 : 명령, 규칙(국회규칙, 대법원규칙, 중앙선거관리위원회규칙, 헌법재판소 규칙을 의미) 및 조례

* 행정규칙은 헌법 제107조제2항의 규칙에 해당하지 않음

③ 구체적 규범통제의 주체 : 각급 법원(대법원이 최종적으로 심사)

④ 상위 법령의 위임이 없거나 위임의 한계를 넘은 위임명령은 무효이다(대판 2005,4,29.선고 2004두14090 판결). 무효로 판정된 법규명령은 공식 절차에 의하여 폐지되지 않는 한 여전히 유효하고, 당해 사건에만 적용되지 않는다(구체적 규범통제 원칙).

행정소송에 대한 대법원판결에 의하여 명령·규칙이 헌법 또는 법률에 위반된다는 것이 확정된 경우에는 대법원은 지체없이 그 사유를 행정안전부장관에게 통보하여야 한다(행정소송법 제6조).

3. 헌법재판소에 의한 통제

① 법규명령의 위헌성 여부에 대한 헌법소원이 제기된 경우에 헌법재판소가 그에 대한 심판권을 갖는가가 문제된다.

이에 대해서, ㉠ 적극설(헌재 입장)과 ㉡ 소극설(대법원 입장)로 나눌 수 있

으나, 법규명령이 집행행위의 매개 없이 국민의 기본권을 직접 침해한 경우에는 헌법소원을 통하여 다툴 수 있다는 것이 헌법재판소의 입장이다(헌재 1990.10.15, 89헌마178). 다만, 예외적으로 법규명령의 처분성이 인정되어 항고소송을 통하여 법규명령의 효력을 직접 다툴 수 있는 경우에는 헌법소원의 보충성의 원칙에 의하여 헌법소원을 제기할 수는 없다. 이처럼 법규명령이 집행행위의 매개 없이 직접 국민의 기본권을 침해하는 경우라면 항고소송의 대상인 처분에 해당됨과 동시에 헌법소원의 대상도 될 수 있어 논란의 소지가 있다.

일반 국민이 법규명령의 처분성을 판단하기는 쉽지 않은 점, 법규명령의 처분성 또한 법원의 판단에 의하는 점 등을 고려하면, 국민의 권리구제 측면에서는 기본권 침해를 전제로 법규명령에 대한 헌법소원을 인정하는 것이 옳다고 본다.

② 판례 : 법무사법시행규칙(대법원규칙)에 대하여 헌법재판소는 위헌결정을 내린 바 있다(헌재 1990.10.15, 89헌바178 참조).

Ⅶ. 입법부작위의 문제

1. 종 류

① 진정입법부작위 : 헌법상 입법의무가 있는 어떤 사항에 관하여 전혀 입법을 하지 아니함으로써 '입법행위의 흠결이 있는 경우', 입법부작위도 '공권력의 행사나 불행사'에 해당한다.

② 부진정입법부작위 : 입법자가 어떤 사항에 관하여 입법은 하였으나 그 입법의 내용·범위 등이 당해 사항을 불완전하게 규율함으로써 '입법행위에 결함이 있는 경우'를 말한다.

2. 입법부작위에 대한 헌법소원

진정입법부작위는 예외적으로 가능, 부진정입법부작위는 불가하다는 것이 헌재의 입장이다.

입법부작위에 대한 헌법소원은 원칙적으로 인정될 수 없고, 다만 헌법에서 기본권 보장을 위해 명시적인 입법위임을 하였음에도 입법자가 이를 이행하지 않거나, 헌법해석상 특정인에게 구체적인 기본권이 생겨 이를 보장하기 위한 국가의 행위의무 내지 보호의무가 발생하였음이 명백함에도 입법자가 아무런 입법조치를 취하지 않고 있는 경우에만 예외적으로 인정될 수 있다. 기본권 보장을 위한 법규정이 불완전하여 보충을 요하는 경우에는 그 불완전한 법규 자체를 대상으로 하여 그것이 헌법위반이라는 적극적인 헌법소원을 청구함은 별론으로 하고, 입법부작위를 헌법소원의 대상으로 삼을 수는 없다(헌재결 1999.1.28, 97헌마9).

3. 입법부작위에 대한 부작위위법확인소송

판례는 인정하지 않고 있다. 그러나 처분적 행정입법의 경우에는 예외적으로 가능하다고 볼 수 있다.

원고는 특정다목적댐법 제41조에 의하여 다목적댐 건설로 인한 손실보상 의무가 국가에게 있고 같은 법 제42조에 의하면 손실보상절차와 그 방법 등 필요한 사항은 대통령령으로 규정하도록 되어 있음에도 피고가 이를 제정하지 아니한 것은 행정입법부작위에 해당하는 것이어서 그 부작위 위법 확인을 구한다고 주장하나, 행정소송은 구체적 사건에 대한 법률상 분쟁을 법에 의하여 해결함으로써 법적 안정을 기하자는 것이므로 부작위위법확인소송의 대상이 될 수 있는 것은 구체적 권리의무에 관한 분쟁이어야 하고 추상적인 법령에 관하여 제정 여부 등은 그 자체로서 국민의 구체적인 권리의무에 직접적 변동을 초래하는 것이 아니어서 행정소송의 대상이 될 수 없다(대판 1992.5.8, 91누11261).

Ⅷ. 국가배상청구의 가능성

행정입법부작위로 인하여 손해가 발생한 경우에 행정청의 과실이 인정되는 경우에는 국가배상청구가 가능하다(대판 2007.11.29, 2006다3561: 군법무관보수청구사건).

관련 판례

■ 법규명령의 근거와 한계

1. 위임입법의 한계 및 그 판단 기준

위임명령은 법률이나 상위명령에서 구체적으로 범위를 정한 개별적인 위임이 있을 때에 가능하고, 여기에서 구체적인 위임의 범위는 규제하고자 하는 대상의 종류와 성격에 따라 달라지는 것이어서 일률적 기준을 정할 수는 없지만, 적어도 위임명령에 규정될 내용 및 범위의 기본사항이 구체적으로 규정되어 있어서 누구라도 당해 법률로부터 위임명령에 규정될 내용의 대강을 예측할 수 있어야 하나, 이 경우 그 예측가능성의 유무는 당해 위임조항 하나만을 가지고 판단할 것이 아니라 그 위임조항이 속한 법률의 전반적인 체계와 취지·목적, 당해 위임조항의 규정형식과 내용 및 관련 법규를 유기적·체계적으로 종합 판단하여야 하며, 나아가 각 규제 대상의 성질에 따라 구체적·개별적으로 검토함을 요한다.

(대법원 2004.7.22, 선고 2003두7606 판결【형질변경허가반려처분취소】)

2. 하위 법령이 위임의 한계를 준수하고 있는지 여부의 판단기준

특정 사안과 관련하여 법률에서 하위 법령에 위임을 한 경우 하위 법령이 위임의 한계를 준수하고 있는지 여부를 판단할 때는 당해 법률 규정의 입법 목적과 규정 내용, 규정의 체계, 다른 규정과의 관계 등을 종합적으로 살펴야 하는바, 위임 규정 자체에서 그 의미 내용을 정확하게 알 수 있는 용어를 사용하여 위임의 한계를 분명히 하고 있는데도 그 문언적 의미의 한계를 벗어났는지 여부나, 수권 규정에서 사용하고 있는 용어의 의미를 넘어 그 범위를 확장하거나 축소하여서 위임 내용을 구체화하는 단계를 벗어나 새로운 입법을 하였는지 여부 등도 고려되어야 한다.

(대법원 2010.4.29, 선고 2009두17797 판결【기반시설부담금부과처분취소】)

3. 재위임의 허용여부

법률에서 위임받은 사항을 전혀 규정하지 않고 재위임하는 것은 위임금지의 법리에 반할 뿐 아니라 수권법의 내용변경을 초래하는 것이 되고, 부령의 제정·개정절차가 대통령령에 비하여 보다 용이한 점을 고려할 때 재위임에 의한 부령의 경우에도 위임에 의한 대통령령에 가해지는 헌법상의 제한이 당연히 적용되어야 할 것이므로 법률에서 위임받은 사실을 전혀 규정하지 아니하고 그대로 재위임하는 것은 허용되지 않으며 위임받은 사항에 관하여 대강을 정하고 그 중의 특정사항을 범위를 정하여 하위 법령에 다시 위임하는 경우에만 재위임이 허용된다.

(헌재 1996.2.29, 94헌마213)

4. 시행령의 규정이 모법위반으로 무효인지 여부의 판단기준

어느 시행령의 규정이 모법에 저촉되는지의 여부가 명백하지 아니하는 경우에는 모법과 시행령의 다른 규정들과 그 입법 취지, 연혁 등을 종합적으로 살펴 모법에 합치된다는 해석도 가능한 경우라면 그 규정을 모법위반으로 무효라고 선언하여서는 안 된다. 이러한 법리는, 국가의 법체계는 그 자체 통일체를 이루고 있는 것이므로 상하규범 사이의 충돌은 최대한 배제되어야 한다는 원칙과 더불어, 민주법치국가에서의 규범은 일반적으로 상위규범에 합치할 것이라는 추정원칙에 근거하고 있을 뿐만 아니라, 실제적으로도 하위규범이 상위규범에 저촉되어 무효라고 선언되는 경우에는 그로 인한 법적 혼란과 법적 불안정은 물론, 그에 대체되는 새로운 규범이 제정될 때까지의 법적 공백과 법적 방황은 상당히 심각할 것이므로 이러한 폐해를 회피하기 위해서도

필요하다.

(대법원 2001.8.24, 선고 2000두2716 판결【수질개선부담금부과처분취소】)

5. 헌법이 인정하고 있는 위임입법의 형식

오늘날 의회의 입법독점주의에서 입법중심주의로 전환하여 일정한 범위 내에서 행정입법을 허용하게 된 동기가 사회적 변화에 대응한 입법수요의 급증과 종래의 형식적 권력분립주의로는 현대사회에 대응할 수 없다는 기능적 권력분립론에 있다는 점 등을 감안하여 헌법 제40조와 헌법 제75조, 제95조의 의미를 살펴보면, 국회입법에 의한 수권이 입법기관이 아닌 행정기관에게 법률 등으로 구체적인 범위를 정하여 위임한 사항에 관하여는 당해 행정기관에게 법정립의 권한을 갖게 되고, 입법자가 규율의 형식도 선택할 수도 있다 할 것이므로, 헌법이 인정하고 있는 위임입법의 형식은 예시적인 것으로 보아야 할 것이고, 그것은 법률이 행정규칙에 위임하더라도 그 행정규칙은 위임된 사항만을 규율할 수 있으므로, 국회입법의 원칙과 상치되지도 않는다. 다만, 형식의 선택에 있어서 규율의 밀도와 규율영역의 특성이 개별적으로 고찰되어야 할 것이고, 그에 따라 입법자에게 상세한 규율이 불가능한 것으로 보이는 영역이라면 행정부에게 필요한 보충을 할 책임이 인정되고 극히 전문적인 식견에 좌우되는 영역에서는 행정기관에 의한 구체화의 우위가 불가피하게 있을 수 있다. 그러한 영역에서 행정규칙에 대한 위임입법이 제한적으로 인정될 수 있다.

(헌재 2004.10.28, 99헌바91)

6. 일반적, 추상적 법령(재무부령)이 행정소송의 대상이 될 수 있는지 여부

행정소송의 대상이 될 수 있는 것은 구체적인 권리의무에 관한 분쟁이어야 하고 일반적 추상적인 법령 그 자체로서 국민의 구체적인 권리의무에 직접적인 변동을 초래하는 것이 아닌 것은 그 대상이 될 수 없으므로 구체적인 권리의무에 관한 분쟁을 떠나서 재무부령 자체의 무효확인을 구하는 청구는 행정소송의 대상이 아닌 사항에 대한 것으로서 부적법하다.

(대법원 1987.3.24, 선고 86누656 판결【재무부령무효확인】)

7. 명령·규칙의 헌법소원의 대상성

명령·규칙 그 자체에 의하여 직접 기본권이 침해되었을 경우에는 그것을 대상으로 하여 헌법소원심판을 청구할 수 있고, 그 경우 제소요건으로서 당해 법령이 구체적 집행행위를 매개로 하지 아니하고 직접적으로 그리고 현재적으로 국민의 기본권을 침해하고 있어야 한다.

(헌재 1993.5.13, 92헌마80)

제 2 항 행정규칙

Ⅰ. 행정규칙의 개념

전통적인 견해에 따르면 행정조직 내부 또는 특별한 공법상의 법률관계 내부에서 그 조직과 활동을 규율하는 일반적이고 추상적인 명령으로서 법규적 성질을 갖지 않는 규범을 말한다. 작용법적 근거는 필요하지 않고 조직법적 근거를 필요로 한다.

Ⅱ. 행정규칙의 성질

① 비법규설(非法規說)이 지배적이다.

② 다만 규범구체화행정규칙, 재량준칙, 특별명령(또는 특별규칙)은 일정한 요건 하에 법규성이 인정될 수 있다.

Ⅲ. 행정규칙의 기본이론

1. 권력의 기초

① 행정규칙의 제정에 법률유보의 원칙은 적용되지 않는다.

② 법률우위의 원칙은 적용된다.

2. 규율의 대상과 범위

법규명령이 일반적 구속력과 행정주체와 행정객체에 대한 양면적 구속력을 가짐에 비해, 행정규칙은 행정조직 내부에 대한 대내적 구속력 즉, 일면적 구속력을 가짐에 그친다.

3. 행정규칙위반의 효과

① 원칙 : 수명공무원이 행정규칙에 위반하여도 원칙적으로 위반행위 자체의 효력에는 영향이 없다(즉, 위법이 아니다). 따라서 행정규칙의 위반을 이유로

행정소송을 제기할 수는 없다.

② 예외 : 재량준칙이 일단 정립되면 그에 위반된 행정처분은 결국 선례보다 국민에게 불이익한 부담을 과하는 것이 되어 헌법상의 평등의 원칙에 어긋나게 된다. 따라서 행정규칙위반이 위법으로 평가되는 경우가 있다(행정의 자기구속의 법리).

4. 재판규범성

① 원칙 : 부정된다.

② 예외 : 행정규칙 형식이지만 법규명령인 경우에는 재판규범성이 인정된다(행정규칙형식의 법규명령).

Ⅳ. 행정규칙의 종류

1. 내용을 기준

① 조직규칙 ② 근무규칙 ③ 영조물규칙(학칙, 교도소 규칙 등)

2. 형식을 기준

① 훈령 : 상급기관이 하급기관에 대하여 상당한 장기간에 걸쳐 그의 권한행사를 일반적으로 지휘·감독하기 위하여 발하는 명령이다.

② 지시 : 상급기관이 직권 또는 하급기관의 신청에 의하여 개별적·구체적으로 발하는 명령이다.

③ 예규 : 문서로써 반복적 행정사무처리의 기준을 제시하는 명령이다.

④ 일일명령 : 당직, 출장, 퇴근 등 일일업무에 관한 명령이다.

3. 규범구체화행정규칙

① 의의 : 전문기술적인 사항과 관련된 행정규칙에 법규적 성질을 부여하는 것을 말한다. 법령의 내용이 명확·충분하지 못한 경우 그를 구체화하는 내용의 행정규칙이다.

② 발전 : 원자력발전소건설과 관련된 독일의 빌(Wyhl)판결(1985.12.19)을 통해 정립된 이론이다.

③ 성질 : 규범해석규칙과 달리 규범구체화행정규칙은 법규성(재판규범성)이 인정될 수 있다.

④ 논거 : 규범구체화수권설을 논거로 든다.

Ⅴ. 법규명령형식의 행정규칙·행정규칙형식의 법규명령

대법원 1990.1.25, 선고 89누3564 판결

甲화물운송회사 소속 乙은 화물자동차 운행 중 과실로 丙이 운전하는 오토바이를 충격하여 丙 등 2명을 사망에 이르게 하였다. 당시 丙은 안전모를 쓰지 않고 무면허로 80㎞ 오토바이를 운전하면서 교차로 쪽을 제대로 살펴보지도 아니한 채 과속으로 진입하였다. 서울특별시장은 「사업면허의 취소등의 처분에 관한 규칙」(교통부령) [별표 3] '중대한 교통사고를 일으킨 경우의 처분기준' 1. 마.(1개의 교통사고로 2인 이상 9인 이하 사망)에 따라 甲에 대하여 사고를 낸 화물자동차에 관한 자동차운송사업면허 취소처분을 하였다.
〈문제〉 위 취소처분의 적법 여부를 검토하시오.

1. 법규명령형식의 행정규칙

① 학설은 대립 : 법규명령설, 행정규칙설, 수권여부 기준설 등이 있다.

② 판례

㉠ 총리령·부령 형식의 행정규칙 : 행정규칙으로서의 성질

공중위생법 제23조 제4항에 의하여 마련된 공중위생법시행규칙은 형식은 부령으로 되어있으나 그 성질은 행정기관내부의 사무처리준칙을 규정한 것에 불과한 것으로서 보건사회부장관이 관계 행정기관 및 직원에 대하여 그 직무권한 행사의 지침을 정하여 주기 위한 행정명령의 성질을 가지는 것이지……(대판 1990.6.12, 90누1588).

㉡ 대통령령형식의 행정규칙 : 법규명령의 성질

> 법에 당해 처분의 기준이 된 주택건설촉진법시행령 제10조의3 제1항 [별표 1]은 주택건설촉진법 제7조 제2항의 위임규정에 터 잡은 규정형식상 대통령령이므로 그 성질이 부령인 시행규칙이나 또는 지방자치단체의 규칙과 같이 통상적으로 행정조직 내부에 있어서의 행정명령에 지나지 않는 것이 아니라 대외적으로 국민이나 법원을 구속하는 힘이 있는 법규명령에 해당한다(대판 1997.12.26, 97누15418).

2. 행정규칙형식의 법규명령

① 판례 : 법규명령의 성질

② 학설 : 법규명령설, 행정규칙설, 규범구체화 행정규칙설, 위헌무효설 등이 있다.

③ 법규명령성이 인정된 훈령·고시의 예

- 소득세법시행령의 위임에 근거한 '재산제세사무처리규정'의 법규성
- 공업배치 및 공장설립에 관한 법률에 의한 '공장입지기준고시'
- 구 택지개발촉진법에 의한 '택지개발업무처리지침' 등

Ⅵ. 재량준칙의 법규성에 관한 논의

1. 학 설

① 준법규설 : 재량준칙의 외부적 효력에 대하여 간접적 효력만을 인정하여 그의 준법규성을 인정하는 견해이다. 이에 따르면 재량준칙은 평등원칙 등을 매개로 하여 국민에 대하여도 법규적 효력을 갖는다.

② 법규설 : 재량준칙의 국민에 대한 직접적 효력을 인정하여 그의 법규성을 인정하는 견해이다.

2. 판 례

① 근본적으로 재량준칙에 대하여 평등원칙을 통한 간접적 효력을 인정하지 않는다. 즉, 재량준칙의 법규성은 인정하지 않는다.

> 도로교통법시행규칙 제53조 제1항이 정한 [별표 16]의 운전면허행정처분기준이 운전면허행정처분기준의 하나로 삼고 있는 벌점이란 자동차운전면허의 취소·정지처분의 기초자료로 활용하기 위하여 법규위반 또는 사고야기에 대하여 그 위반의 경중, 피해의 정도 등에 따라 배점되는 점수를 말하는 것으로서, 이러한 벌점의 누산에 따른 처분기준 역시 행정청 내의 사무처리에 관한 재량준칙에 지나지 아니할 뿐 법규적 효력을 가지는 것은 아니다(대판 1998.3.27, 97누20236).

② 재량권의 한계를 일탈한 행정행위의 경우에는 재량준칙의 법규성을 인정하기도 한다.

> 특별한 사유가 없는 한 행정청은 당해 위반사항에 대하여 위 처분기준에 따라 행정처분을 함이 보통이라 할 것이므로, 행정청이 이러한 처분기준을 따르지 아니하고 특정한 개인에 대하여만 위 처분기준을 과도하게 초과하는 처분을 한 경우에는 재량권의 한계를 일탈하였다고 볼 만한 여지가 충분하다(대판 1993.6.29, 93누5635).

Ⅶ. 법규명령과 행정규칙의 구별

[표 4-1] 법규명령·행정규칙의 성립요건·효력요건

구 분		법규명령	행정규칙
성립요건	주체	정당한 권한을 가진 기관이 그 권한의 범위 내에서 제정	정당한 권한 있는 발령기관이 수명기관에게 발함
	내용	수권의 범위 내에서 상위법령에 저촉되지 않고 또한 그 내용이 가능·명확해야 함	행정규칙으로서의 정당한 한계 내에서 내용이 가능·명확해야 함
	절차	► 대통령령: 법제처심사 이외에 국무회의 심의 필요 ► 총리령 및 부령: 법제처 심사	► 대통령훈령·국무총리 훈령 : 법제처심사를 요함 ► 모든 중앙행정기관이 발령한 훈령·예규는 법제처의 사후평가제 등의 절차 거침

	형식	조문형식(서명·날인·부서 또는 번호일자의 명기 등)	조문형식, 문서·구술 형식
	공포	관보에 공포(공포일-법규명령을 게재한 관보 발행일)	공포 불요
효력요건		특별한 규정이 없는 한 공포일로부터 20이 경과하면 효력 발생	특별한 규정이 없으면 피적용자에게 통보, 도달(통보·문서·게시 등) 하면 효력 발생

[표 4-2] 법규명령과 행정규칙의 구별

구 분	법규명령	행정규칙
본 질	법규성 인정 ① 일반적·양면적 구속력 ② 개별적·구체적 처분보다 우월	법규성 부정 ① 대내적·일반적 구속력 ② 개별적·구체적 처분과 동가치라는 견해도 있음
권력적 기초	일반통치권	포괄적 특별권력
근 거	① 위임명령 : 상위법령의 수권 要 ② 집행명령 : 상위법령의 수권 不要	행정권의 당연한 권능으로 제정→법령의 근거 불요
형 식	조문의 형식	요식행위가 아님(구술로도 가능)
종 류	대통령령, 총리령, 부령, 감사원규칙, 중앙선거관리위원회규칙 등	훈령, 고시, 지시, 예규 등
효력발생	공포 要	공포 不要
위반의 효과	① 위법 ② 위반행위에 대한 행정소송제기 可	① 적법, 위반행위의 효력에 영향 無(징계사유가 될 뿐) ② 위반행위에 대한 행정소송 불가
양자의 관련	① 법규명령형식의 행정규칙 : 형식설에 의하면 법규명령, 실질설에 의하면 행정규칙, 판례는 행정규칙 ② 행정규칙형식의 법규명령 : 형식설에 의하면 행정규칙, 실질설에 의하면 법규명령, 판례는 법규명령	

Ⅷ. 행정규칙에 대한 통제

1. 행정청에 의한 통제

절차상, 감독청에 의한 통제 등 내부적 통제가 중요하다.

2. 국회(지방의회)에 의한 통제

「국회법」 제98조의2에 따라 국회상임위원회에 제출(대통령령, 총리령, 부령, 훈령, 예규, 고시 등)됨으로써 국회의 통제를 받는다. 그러나 모든 행정규칙이 국회에 의해 통제를 받는 것은 아니므로 한계가 있다.

3. 법원에 의한 통제

① 행정규칙에 대한 처분성이 인정되면 항고소송을 통하여 해당 행정규칙을 통제할 수 있다. 그러나 행정규칙은 그 성격상 처분성이 부인되는 것이 원칙이기 때문에 법원에 의한 통제는 어려울 것이다.

② 그러나 행정규칙이 대외적 구속력을 갖고 행정처분의 취소소송에서 행정규칙의 위법 여부가 전제 문제가 되었을 때는 헌법 제107조 제2항에 의해 법원의 심판대상이 된다.

4. 헌법재판소에 의한 통제

① 기본권을 침해하고 다른 권리구제 방법이 없다면 헌법소원의 방식으로 구제할 수 있다. 다만, 외부적 효력을 가지는 경우에 한정된다고 보아야 한다.

② 헌법재판소는 서울대학교 입시요강 사건에서, 입시요강의 처분성은 부인했지만, 헌법소원의 대상으로서의 공권력성은 인정하였다.

헌법재판소 1992.10.1, 선고 92헌마68, 76 전원재판부
【1994학년도신입생선발입시안에대한헌법소원】
국립대학인 서울대학교의 "94학년도 대학입학고사주요요강"은 사실상의 준비행위 내지 사전안내로서 행정쟁송의 대상이 될 수 있는 행정처분이나 공권력의 행사는 될 수 없지만 그 내용이 국민의 기본권에 직접 영향을 끼치는 내용이고 앞으로 법령의 뒷받침에 의하여 그대로 실시될 것이 틀림없을 것으로 예상되어 그로 인하여 직접적으로 기본권 침해를 받게 되는 사람에게는 사실상의 규범작용으로 인한 위험성이 이미 현실적으로 발생하였다고 보아야 할 것이므로 이는 헌법소원의 대상이 되는 헌법재판소법 제68조 제1항 소정의 공권력의 행사에 해당된다고 할 것이며, 이 경우 헌법소원 외에 달리 구제방법이 없다.

관련 판례

■ 법규명령형식의 행정규칙

1. 운전면허행정처분기준의 법적 성질

도로교통법시행규칙 제53조 제1항이 정하고 있는 [별표 16] 운전면허행정처분기준은 관할 행정청이 운전면허의 취소 및 운전면허의 효력정지 등의 사무처리를 함에 있어서 처리기준과 방법 등의 세부사항을 규정한 행정기관 내부의 처리지침에 불과한 것으로서 대외적으로 국민이나 법원을 기속하는 것은 아니므로, 자동차운전면허 취소처분의 적법 여부는 위 운전면허행정처분기준이 상위법령에 근거가 있는지 여부 등에 의하여 판단할 것이 아니라 도로교통법의 규정 내용과 취지에 따라 판단하여야 하고, 따라서 위 운전면허행정처분기준이 상위법령에 근거가 없다 하여 자동차운전면허 취소처분이 위법한 것이라고 단정할 수는 없다.

(대법원 1996.4.12, 선고 95누10396 판결【자동차운전면허취소처분취소】)

2. 대통령령 형식의 주택건설촉진법 시행령의 법적 성질

당해 처분의 기준이 된 주택건설촉진법시행령 제10조의3 제1항 [별표 1]은 주택건설촉진법 제7조 제2항의 위임규정에 터잡은 규정형식상 대통령령이므로 그 성질이 부령인 시행규칙이나 또는 지방자치단체의 규칙과 같이 통상적으로 행정조직 내부에 있어서의 행정명령에 지나지 않는 것이 아니라 대외적으로 국민이나 법원을 구속하는 힘이 있는 법규명령에 해당한다.

(대법원 1997.12.26, 선고 97누15418 판결【주택건설사업영업정지처분취소】)

3. 청소년 보호법 시행령상 과징금처분기준의 법적 성격 및 그 과징금 액수의 의미

구 청소년보호법(1999.2.5. 법률 제5817호로 개정되기 전의 것) 제49조 제1항, 제2항에 따른 같은법시행령(1999.6.30. 대통령령 제16461호로 개정되기 전의 것) 제40조 [별표 6]의 위반행위의종별에따른과징금처분기준은 법규명령이기는 하나 모법의 위임규정의 내용과 취지 및 헌법상의 과잉금지의 원칙과 평등의 원칙 등에 비추어 같은 유형의 위반행위라 하더라도 그 규모나 기

간·사회적 비난 정도·위반행위로 인하여 다른 법률에 의하여 처벌받은 다른 사정·행위자의 개인적 사정 및 위반행위로 얻은 불법이익의 규모 등 여러 요소를 종합적으로 고려하여 사안에 따라 적정한 과징금의 액수를 정하여야 할 것이므로 그 액수는 정액이 아니라 최고한도액이다.

(대법원 2001.3.9, 선고 99두5207 판결【과징금부과처분취소】)

■ 행정규칙의 법적 성질

4. 행정규칙의 효력

행정기관 내부의 업무처리지침이나 법령의 해석 · 적용 기준을 정한 행정규칙은 특별한 사정이 없는 한 대외적으로 국민이나 법원을 구속하는 효력이 없다. 처분이 행정규칙을 위반하였다고 해서 그러한 사정만으로 곧바로 위법하게 되는 것은 아니고, 처분이 행정규칙을 따른 것이라고 해서 적법성이 보장되는 것도 아니다. 처분이 적법한지는 행정규칙에 적합한지 여부가 아니라 상위법령의 규정과 입법 목적 등에 적합한지 여부에 따라 판단해야 한다.

(대법원 2021. 10. 14. 선고 2021두39362 판결 [정이사선임처분취소])

5. 재량행위인 심사기준에 대한 해석

도시공원 및 녹지 등에 관한 법률(이하 '공원녹지법'이라 한다) 제16조 제3항, 제4항, 제21조 제1항, 제21조의2 제1항, 제8항, 제12항의 내용과 취지, 공원녹지법령이 공원조성계획 입안 제안에 대한 심사기준 등에 대하여 특별한 규정을 두고 있지 않은 점, 쾌적한 도시환경을 조성하여 건전하고 문화적인 도시생활을 확보하고 공공의 복리를 증진시키는 데 이바지하기 위한 공원녹지법의 목적 등을 종합하여 볼 때, 행정청이 복수의 민간공원추진자로부터 자기의 비용과 책임으로 공원을 조성하는 내용의 공원조성계획 입안 제안을 받은 후 도시·군계획시설사업 시행자 지정 및 협약체결 등을 위하여 순위를 정하여 그 제안을 받아들이거나 거부하는 행위 또는 특정 제안자를 우선협상자로 지정하는 행위는 재량행위로 보아야 한다.

그리고 공원조성계획 입안 제안을 받은 행정청이 제안의 수용 여부를 결정하는 데 필요한 심사기준 등을 정하고 그에 따라 우선협상자를 지정하는 것은 원칙적으로 도시공원의 설치·관리권자인 시장 등의 자율적인 정책 판단에 맡겨진 폭넓은 재량에 속하는 사항이므로, 그 설정된 기준이 객관적으로 합리적이지 않다거나 타당하지 않다고 볼 만한 특별한 사정이 없는 이상 행정청의 의사는 가능한 한 존중되어야 하고, 심사기준을 마련한 행정청의 심사기준에 대한 해석 역시 문언의 한계를 벗어나거나, 객관적 합리성을 결여하였다는 등의 특별한 사정이 없는 한 존중되어야 한다.

따라서 법원은 해당 심사기준의 해석에 관한 독자적인 결론을 도출하지 않은 채로 그 기준에 대한 행정청의 해석이 객관적인 합리성을 결여하여 재량권을 일탈·남용하였는지 여부만을 심사하여야 하고, 행정청의 심사기준에 대한 법원의 독자적인 해석을 근거로 그에 관한 행정청의 판단이 위법하다고 쉽사리 단정하여서는 아니 된다. 한편 이러한 재량권 일탈·남용에 관하여는 그 행정행위의 효력을 다투는 사람이 주장·증명책임을 부담한다.

(대법원 2019. 1. 10. 선고 2017두43319 판결[사업대상자선정처분취소])

6. 행정규칙이나 내부지침을 위반한 행정처분이 위법하게 되는 경우

상급행정기관이 하급행정기관에 대하여 업무처리지침이나 법령의 해석적용에 관한 기준을 정하

여 발하는 이른바 '행정규칙이나 내부지침'은 일반적으로 행정조직 내부에서만 효력을 가질 뿐 대외적인 구속력을 갖는 것은 아니므로 행정처분이 그에 위반하였다고 하여 그러한 사정만으로 곧바로 위법하게 되는 것은 아니다. 다만, 재량권 행사의 준칙인 행정규칙이 그 정한 바에 따라 되풀이 시행되어 행정관행이 이루어지게 되면 평등의 원칙이나 신뢰보호의 원칙에 따라 행정기관은 그 상대방에 대한 관계에서 그 규칙에 따라야 할 자기구속을 받게 되므로, 이러한 경우에는 특별한 사정이 없는 한 그를 위반하는 처분은 평등의 원칙이나 신뢰보호의 원칙에 위배되어 재량권을 일탈·남용한 위법한 처분이 된다.

(대법원 2009.12.24, 선고 2009두7967 판결【신규건조저장시설사업자인정신청반려처분취소】)

7. 행정입법이 그 자체로서 행정처분이 되기 위한 요건

어떠한 고시가 일반적·추상적 성격을 가질 때에는 법규명령 또는 행정규칙에 해당할 것이지만, 다른 집행행위의 매개 없이 그 자체로서 직접 국민의 구체적인 권리의무나 법률관계를 규율하는 성격을 가질 때에는 행정처분에 해당한다. 보건복지부 고시인 약제급여·비급여목록 및 급여상한금액표(보건복지부 고시 제2002-46호로 개정된 것)는 다른 집행행위의 매개 없이 그 자체로서 국민건강보험가입자, 국민건강보험공단, 요양기관 등의 법률관계를 직접 규율하는 성격을 가지므로 항고소송의 대상이 되는 행정처분에 해당한다.

(대법원 2006.9.22, 선고 2005두2506 판결【보험약가인하처분취소】)

8. 행정규칙에 의거한 제재적 행정처분의 제재기간이 경과한 경우 처분의 취소를 구할 법률상 이익

제재적 행정처분이 그 처분에서 정한 제재기간의 경과로 인하여 그 효과가 소멸되었으나, 부령인 시행규칙 또는 지방자치단체의 규칙(이하 이들을 '규칙'이라고 한다)의 형식으로 정한 처분기준에서 제재적 행정처분(이하 '선행처분'이라고 한다)을 받은 것을 가중사유나 전제요건으로 삼아 장래의 제재적 행정처분(이하 '후행처분'이라고 한다)을 하도록 정하고 있는 경우, 제재적 행정처분의 가중사유나 전제요건에 관한 규정이 법령이 아니라 규칙의 형식으로 되어 있다고 하더라도, 그러한 규칙이 법령에 근거를 두고 있는 이상 그 법적 성질이 대외적·일반적 구속력을 갖는 법규명령인지 여부와는 상관없이, 선행처분인 제재적 행정처분을 받은 상대방이 그 처분에서 정한 제재기간이 경과하였다 하더라도 그 처분의 취소를 구할 법률상 이익이 있다.

(대법원 2006.6.22, 선고 2003두1684 전원합의체 판결【영업정지처분취소】)

9. 어떠한 처분의 근거나 법적인 효과가 행정규칙에 규정되어 있는 경우, 그 처분이 항고소송의 대상이 되는 행정처분에 해당하기 위한 요건

항고소송의 대상이 되는 행정처분이라 함은 원칙적으로 행정청의 공법상 행위로서 특정 사항에 대하여 법규에 의한 권리의 설정 또는 의무의 부담을 명하거나 기타 법률상 효과를 발생하게 하는 등으로 일반 국민의 권리 의무에 직접 영향을 미치는 행위를 가리키는 것이지만, 어떠한 처분의 근거나 법적인 효과가 행정규칙에 규정되어 있다고 하더라도, 그 처분이 행정규칙의 내부적 구속력에 의하여 상대방에게 권리의 설정 또는 의무의 부담을 명하거나 기타 법적인 효과를 발생하게 하는 등으로 그 상대방의 권리 의무에 직접 영향을 미치는 행위라면, 이 경우에도 항고소송의 대상이 되는 행정처분에 해당한다.

(대법원 2002.7.26, 선고 2001두3532 판결【견책처분취소】)

■ 행정규칙형식의 법규명령

10. 국세청훈령인 구 재산제세조사사무처리규정의 성질

부동산투기 억제를 위하여 필요하다고 인정되는 거래의 유형을 열거하고 있는 구 재산제세조사사무처리규정(국세청훈령 제946호) 제72조 제3항이 비록 훈령의 형식으로 되어 있더라도 이에 의한 거래의 지정은 소득세법시행령의 위임에 따라 그 규정의 내용을 보충하는 기능을 가지면서 그와 결합하여 대외적인 구속력을 갖는 법규명령으로서의 효력을 갖게 된다고 보아야 할 것이다.

(대법원 1990.7.27, 선고 90누3768 판결【양도소득세등부과처분취소】)

11. 수임행정기관이 행정규칙의 형식으로 법령의 내용이 될 사항을 구체적으로 정한 경우의 효력

상급행정기관이 하급행정기관에 대하여 업무처리지침이나 법령의 해석적용에 관한 기준을 정하여 발하는 이른바 행정규칙은 일반적으로 행정조직 내부에서만 효력을 가질 뿐 대외적인 구속력을 갖지 않지만, 법령의 규정이 특정 행정기관에게 그 법령 내용의 구체적 사항을 정할 수 있는 권한을 부여하면서 그 권한 행사의 절차나 방법을 특정하고 있지 않아 수임행정기관이 행정규칙의 형식으로 그 법령의 내용이 될 사항을 구체적으로 정하고 있다면, 그와 같은 행정규칙은 위에서 본 행정규칙이 갖는 일반적 효력으로서가 아니라 행정기관에 법령의 구체적 내용을 보충할 권한을 부여한 법령 규정의 효력에 의하여 그 내용을 보충하는 기능을 갖게 되고, 따라서 이와 같은 행정규칙은 당해 법령의 위임 한계를 벗어나지 않는 한 그것들과 결합하여 대외적인 구속력이 있는 법규명령으로서의 효력을 가진다.

(대법원 2008.3.27, 선고 2006두3742, 3759 판결【목욕장영업신고서처리불가처분취소·영업소폐쇄명령처분취소】)

12. 법률과 결합하여 법규명령의 성질을 가지는 고시

식품제조영업허가기준이라는 고시는 공익상의 이유로 허가를 할 수 없는 영업의 종류를 지정할 권한을 부여한 구 식품위생법 제23조의3 제4호에 따라 보건사회부장관이 발한 것으로서, 실질적으로 법의 규정내용을 보충하는 기능을 지니면서 그것과 결합하여 대외적으로 구속력이 있는 법규명령의 성질을 가진 것이다.

(대법원 1994.3.8, 선고 92누1728 판결【과징금부과처분취소】)

13. 법률보충적 성질을 가진 집행명령

개별토지가격합동조사지침(1990.4.14. 국무총리훈령 제241호로 제정되어 1991.4.2. 국무총리훈령 제248호로 개정된 것) 제6조는 개별토지가격결정 절차를 규정하고 있으면서 그중 제3호에서 산정된 지가의 공개 열람 및 토지소유자 또는 이해관계인의 의견접수를 절차의 하나로 규정하고 있는바, 위 지침은 지가공시 및 토지 등의 평가에 관한 법률 제10조의 시행을 위한 집행명령으로서 법률보충적인 구실을 하는 법규적 성질을 가지고 있는 것으로 보아야 할 것이다.

(대법원 1994.2.8, 선고 93누111 판결【개별토지가격결정처분취소】)

14. 고시 등 행정규칙에 대한 위임한계

법률이 일정한 사항을 행정규칙에 위임하더라도 그 행정규칙은 위임된 사항만을 규율할 수 있으므로, 국회입법의 원칙과 상치되지 않는다. 다만, 행정규칙은 법규명령과 같은 엄격한 제정 및 개정절차를 필요로 하지 아니하므로, 기본권을 제한하는 내용의 입법을 위임할 때에는 법규명령

에 위임하는 것이 원칙이고, 고시와 같은 형식으로 입법위임을 할 때에는 법령이 전문적·기술적 사항이나 경미한 사항으로서 업무의 성질상 위임이 불가피한 사항에 한정된다.
(헌재 2014.7.24, 선고 2013헌바183 결정)

■ 재량준칙

15. 지방자치단체가 제정한 사무처리규칙의 법적성질(=행정청 내부의 사무처리준칙)
지방자치단체가 제정한 개인택시운송사업면허사무처리규칙은 재량권 행사의 기준으로 마련된 행정청 내부의 사무처리준칙에 불과하고, 그 규칙에서 정하고 있는 서류 이외에 이에 준하는 객관적이고 합리적인 증거자료에 의하여 개인택시운송사업면허를 받고자 하는 사람의 운전경력을 인정할 수 있다.
(대법원 2002.1.22, 선고 2001두8414 판결【개인택시운송사업면허제외처분취소】)

16. '서울특별시 철거민 등에 대한 국민주택 특별공급규칙'의 법적 성격(=사무처리준칙)
'서울특별시 철거민 등에 대한 국민주택 특별공급규칙'은 '주택공급에 관한 규칙' 제19조 제1항 제3호 (다)목에서 규정하고 있는 '도시계획사업으로 철거되는 주택의 소유자'에 해당하는지 여부를 판단하기 위한 서울특별시 내부의 사무처리준칙에 해당하는 것으로서 위 규정의 해석·적용과 관련하여 대외적으로 국민이나 법원을 기속하는 효력이 있는 것으로 볼 수 없다.
(대법원 2007.11.29, 선고 2006두8495 판결【국민주택입주권부여신청거부처분취소】)

17. 공정거래위원회의 심사지침의 법적성질(=행정청 내부의 사무처리준칙)
비상장주식의 양도가 현저히 유리한 조건의 거래로서 부당지원행위에 해당하는지 여부에 관하여 판단함에 있어서 공정거래위원회의 부당한지원행위의심사지침(2002.4. 24. 개정되기 전의 것)은 공정거래위원회 내부의 사무처리준칙에 불과하므로 공정거래위원회가 위 심사지침에서 원용하고 있는 구 상속세및증여세법시행령(2000.12.29. 대통령령 제17039호로 개정되기 전의 것) 제56조 제1항 제2호에서 추정이익을 산출할 수 있도록 한 평가기관에 의뢰하지 않고 스스로 위 규정에 따른 방법으로 주식을 평가하였다고 하더라도 그것만으로는 그 평가가 부적절한 것이라고 할 수는 없다.
(대법원 2005.6.9, 선고 2004두7153 판결【시정조치명령취소】)

18. 처분기준을 따르지 않은 처분의 효력
식품위생법시행규칙 제53조에 따른 별표 15의 행정처분기준은 행정기관 내부의 사무처리준칙을 규정한 것에 불과하기는 하지만 규칙 제53조 단서의 식품 등의 수급정책 및 국민보건에 중대한 영향을 미치는 특별한 사유가 없는 한 행정청은 당해 위반사항에 대하여 위 처분기준에 따라 행정처분을 함이 보통이라 할 것이므로, 행정청이 이러한 처분기준을 따르지 아니하고 특정한 개인에 대하여만 위 처분기준을 과도하게 초과하는 처분을 한 경우에는 재량권의 한계를 일탈하였다고 볼 만한 여지가 충분하다.
(대법원 1993.6.29, 선고 93누5635 판결【대중음식점업영업정지처분취소】)

19. 제재적 행정처분의 기준이 부령의 형식으로 규정되어 있는 경우 그 기준에 따른 처분의 적법성에 관한 판단 방법
제재적 행정처분의 기준이 부령의 형식으로 규정되어 있더라도 그것은 행정청 내부의 사무처리

준칙을 정한 것에 지나지 아니하여 대외적으로 국민이나 법원을 기속하는 효력이 없고, 당해 처분의 적법 여부는 위 처분기준만이 아니라 관계 법령의 규정 내용과 취지에 따라 판단되어야 하므로, 위 처분기준에 적합하다 하여 곧바로 당해 처분이 적법한 것이라고 할 수는 없지만, 위 처분기준이 그 자체로 헌법 또는 법률에 합치되지 아니하거나 위 처분기준에 따른 제재적 행정처분이 그 처분사유가 된 위반행위의 내용 및 관계 법령의 규정 내용과 취지에 비추어 현저히 부당하다고 인정할 만한 합리적인 이유가 없는 한 섣불리 그 처분이 재량권의 범위를 일탈하였거나 재량권을 남용한 것이라고 판단해서는 안 된다.
(대법원 2007.9.20, 선고 2007두6946 판결【과징금부과처분취소】)

제 2 절 행정행위

제 1 항 행정행위의 관념

Ⅰ. 행정행위의 개념적 요소

행정기본법 제2조(정의)

4. "처분"이란 행정청이 구체적 사실에 관하여 행하는 법 집행으로서 공권력의 행사 또는 그 거부와 그 밖에 이에 준하는 행정작용을 말한다.
5. "제재처분"이란 법령등에 따른 의무를 위반하거나 이행하지 아니하였음을 이유로 당사자에게 의무를 부과하거나 권익을 제한하는 처분을 말한다. 다만, 제30조 제1항 각 호에 따른 행정상 강제는 제외한다.

행정행위라는 개념은 강학상의 개념이다. 실정법이나 실무상에서는 '처분' 또는 '행정처분'이라는 용어를 사용한다. 통설적으로 행정행위의 개념적 요소로 다음을 들 수 있다.

(1) 행정청

① 조직법상의 행정청은 물론이고,

② 보조기관, 국회·법원의 기관, 공공단체, 공무수탁사인 등도 포함된다.

* 지방의회의 의장에 대한 불신임의결(처분성 긍정)과 관련한 사안에서 법원은 지방의회를 행정청으로 보았다.

③ 행정기본법 등 실정법상의 행정청 개념(동법 제2조제2호)

"행정청"이란 다음 각 목의 자를 말한다.
가. 행정에 관한 의사를 결정하여 표시하는 국가 또는 지방자치단체의 기관
나. 그 밖에 법령 또는 자치법규(이하 "법령등"이라 한다)에 따라 행정권한을 가지고 있거나 위임 또는 위탁받은 공공단체 또는 그 기관이나 사인(私人)

(2) 법적 행위

① 사실행위는 법적행위가 아니므로 행정행위는 아니다.

② 행정내부적 의사결정이 있을 뿐 외부에 표시되지 않은 행위 또한 행정행위가 아니다. 운전면허 행정처분처리대장상 벌점의 배점, 병역법상 신체등위판정(처분성 부정)

(3) 공법행위 : 공법의 규율을 받는다는 의미

(4) 구체적 사실에 관한 법집행

① 원칙 : 개별적·구체적 규율이 전형적이다.

* 조례(경기도 두밀분교통폐합에 관한 조례)의 처분성이 인정된 예가 있다.

② 개별적·추상적 규율 : 특정 시설에 대한 제설(除雪) 대책 명령, 집회참가자에 대한 해산명령 등

③ 일반적·구체적 규율(인적 일반처분)

④ 물적 행정행위(물적 일반처분) : 공물의 공용개시, 개별공시지가, 주차금지·횡단보도설치 등 교통표지가 대표적인 예이다.

(5) 공권력의 행사

(6) 거부행위

Ⅱ. 행정행위의 기능 및 특질

1. 행정행위의 기능

구청장 A가 甲의 불법 건축물에 대해 건축법에 따라 철거명령을 내린 경우,

① 실체법적 기능 : 철거명령이 A에게 철거의무(작위의무)를 발생시키는 것

② 절차법적 기능 : A에 대한 철거명령은 불이익 처분이므로 행정절차법에 따라 철거명령에 앞서 청문을 하여야 하는 것

③ 집행법적 기능 : A가 철거명령에도 불구하고 스스로 건물을 철거하지 않을 때 강제집행(이 경우 대집행)을 할 수 있는바, 이처럼 철거명령이 대집행의 근거가 되는 기능

④ 쟁송법적 기능 : A가 자신에게 발해진 철거명령으로 법률상 이익을 침해를 받았다고 생각하는 경우 행정쟁송을 제기할 수 있는 기능

2. 행정행위의 특질

행정행위의 특질로서는, ① 공정력, ② 구성요건적 효력(행정기관 상호 간의 구속력), ③ 존속성(확정성, 불가쟁성·불가변성), ④ 강제력(자력집행성과 제재성), ⑤ 권리구제의 특수성 등을 들 수 있다.

제 2 항 행정행위의 적법요건과 효력

대법원 2019.7.11, 선고 2017두38874 판결

甲은 국내에서 가수활동을 하다가 사실상 병역면탈을 목적으로 국외여행허가를 받고 출국한 후 미국 시민권을 취득함으로써 대한민국 국적을 상실한 재외동포이다. 법무부장관은 병무청장의 요청에 따라 2002.2.1. 甲에 대한 입국금지결정을 하고(이 사건 결정), 이를 내부전산망인 '출입국관리정보시스템'에 입력하였으나, 甲에게 위 내용을 통보하지는 않았다. 甲은 주로스엘젤레스 총영사관 총영사(A)에게 재외동포(F-4) 체류자격의 사증발급을 신청하였으나, A는 甲의 아버지에게 전화로 '甲이 입국규제대상자에 해당하여 사증발급이 불허되었다. 자세한 이유는 법무부에 문의하기 바란다.'고 통보하였고(이 사건 처분), 그 무렵 여권과 사증발급 신청서를 반환하였을 뿐, 처분이유를 기재한 사증발급 거부처분서를 작성해 주지는 않았다.

〈문제〉 이 사건 결정의 법적 성질 및 이 사건 처분의 적법 여부를 검토하시오.

Ⅰ. 행정행위의 성립요건

1. 개관 – 내부적 성립요건과 외부적 성립요건

일반적으로 행정처분이 주체·내용·절차 및 형식이라는 내부적 성립요건과 외부에의 표시라는 외부적 성립요건을 모두 갖춘 경우에는 행정처분이 존재한다고 할 수 있다(대판 1999.8.20., 97누6889).

2. 내부적 성립요건

① 주체에 관한 요건

㉠ 정당한 권한을 가진 행정청

㉡ 자기에게 부여된 권한 범위내

㉢ 정상적인 의사에 기해 행해질 것

② 내용에 관한 요건

㉠ 행정행위의 법률적합성, 헌법적합성

㉡ 실현가능성, 명백성

㉢ 공서양속에의 적합성

③ 절차에 관한 요건을 준수하여야 한다(행정절차법 및 관련 법령상의 절차).

④ 형식에 관한 요건

㉠ 서면주의가 원칙이다.

㉡ 불이익 처분의 경우에는 이유제시 등 행정절차법의 규정을 준수하여야 한다.

3. 외부적 성립요건 : 대외적 표시

* 내부적 성립요건만을 행정행위의 성립요건으로 이해하고, 외부에의 표시는 행정행위의 효력요건으로 설명하는 견해도 유력하다.

> 일반적으로 처분이 주체·내용·절차와 형식의 요건을 모두 갖추고 외부에 표시된 경우에는 처분의 존재가 인정된다. 행정의사가 외부에 표시되어 행정청이 자유롭게 취소·철회할 수 없는 구속을 받게 되는 시점에 처분이 성립하고, 그 성립 여부는 행정청이 행정의사를 공식적인 방법으로 외부에 표시하였는지를 기준으로 판단해야 한다.
> (대법원 2019. 7. 11. 선고 2017두38874 판결 [사증발급거부처분취소])

Ⅱ. 행정행위의 효력

1. 공정력

(1) 의의

① 광의의 공정력 개념 : 비록 행정행위에 하자가 있는 경우에도 그 하자

가 중대하고 명백하여 당연무효인 경우를 제외하고는 권한 있는 기관에 의하여 취소될 때까지는 일응 유효한 것으로 보아 누구든지(상대방은 물론 제3의 국가기관) 그 효력을 부인하지 못하는 힘을 말한다.

② 협의의 공정력개념과의 관계

광의의 공정력 (종래의 공정력개념)	─ 협의의 공정력(행정행위의 상대방에 대한 구속력) └ 구성요건적 효력(제3의 국가기관에 대한 구속력)

(2) 근거

① 이론적 근거

㉠ 귀속설(Kelsen)

㉡ 자기확인설(O. Mayer)

㉢ 국가권위설(Forsthoff)

㉣ 예선적 특권설

㉤ 법적 안정성설(행정정책설, 다수설)

② 실정법적 근거

㉠ 행정기본법 제15조

> **행정기본법 제15조(처분의 효력)**
> 처분은 권한이 있는 기관이 취소 또는 철회하거나 기간의 경과 등으로 소멸되기 전까지는 유효한 것으로 통용된다. 다만, 무효인 처분은 처음부터 그 효력이 발생하지 아니한다.

㉡ 「행정심판법」 및 「행정소송법」에 직접적인 공정력에 관한 규정은 없으나, 행정행위의 위법성을 다투기 위해서는 「행정심판법」이나 「행정소송법」상의 구제절차를 거쳐야만 한다는 점에서, 이 두 법을 공정력의 근거 법률로 들기도 한다(간접적 근거규정).

㉢ 직권취소를 인정하는 개별 법률상의 규정

(3) 한계 : 취소할 수 있는 행정행위에만 인정한다.

(4) 입증책임 : 공정력은 입증책임과 무관하다.

2. 구성요건적 효력

(1) **의의** : 유효한 행정행위가 존재하는 이상 처분청 이외의 모든 국가기관은 그의 존재를 존중하며 스스로의 판단의 기초로 삼아야 하는 효력을 말한다.

(2) **근거** : 국가기관은 서로 권한을 달리 하므로 다른 국가기관의 권한행사를 존중한다.

(3) **한계** : 무효인 행정행위에는 인정되지 않는다.

(4) **구성요건적 효력과 선결문제**

① 행정행위의 위법여부가 선결문제인 경우(예, 국가배상청구사건)

㉠ 문제의 의의 : 행정행위의 위법성 여부가 민사소송의 선결문제로 되는 경우에 민사법원이 그의 위법성을 스스로 심사할 수 있는가의 문제이다.

㉡ 학설 : 부정설과 긍정설이 있다.

㉢ 판례 :

> 「위법한 행정대집행이 완료되면 그 처분의 무효확인 또는 취소를 구할 소의 이익은 없다고 하더라도, 미리 그 행정처분의 취소판결이 있어야만 그 행정처분의 위법임을 이유로 피고에게 배상을 청구할 수 있는 것은 아니다」(대판 1972.4.28, 72다337).

② 행정행위의 존재(무효)여부가 선결문제인 경우(공법상 부당이득반환청구사건)

행정행위의 존재여부(무효여부)가 민사소송의 선결문제가 되는 경우에는 행정행위가 당연무효가 아닌 한 민사법원이 행정행위의 효력까지 부인할 수는 없다.

* 형사사건의 경우도 동일한 이론에 따라 해결이 가능하다(무면허운전죄, 체납범 등).

3. 존속력(또는 확정력)

(1) 불가쟁력(不可争力)

① 의의 : 행정행위의 상대방 또는 이해관계인이 쟁송의 방법으로 더 이상 행정행위의 효력을 다툴 수 없는 효력을 말한다.

* 불가쟁력은 절차법적 효력에 불과하며, 따라서 불가쟁력이 발생하였다고 하여 행정행위의 적법성이 실체법적으로 확정되는 것은 아니다.

② 한계 : 무효인 행정행위에는 원칙적으로 불가쟁력이 발생하지 않는다.

③ 불가쟁적 행정행위의 재심사 : 확정판결에 대한 재심에 준하는 제도이다.

(2) 불가변경력(不可變更力)

① 의의 : 처분청과 감독청이 직권으로 행정행위를 자유로이 취소·변경·철회할 수 없는 효력을 말한다. 불가변력이라고도 한다.

* 불가변경력은 대상을 달리하는 동종의 행정행위에는 인정되지 않는다.

② 불가변경력이 인정되는 행정행위

㉠ 법률이 명시적으로 소송법적 확정력을 부여하고 있는 경우

㉡ 확인행위(준사법적 행위)

㉢ 수익적 행정행위

㉣ 공공복리가 침해되는 경우

(3) 불가쟁력과 불가변경력과의 관계

① 불가쟁력이 생긴 행위가 당연히 불가변경력을 발생하는 것은 아니다.

② 불가변경력이 발생한 행정행위가 반드시 불가쟁력을 가지는 것도 아니다.

③ 불가쟁력은 절차법적 효력, 불가변경력은 실체법적 효력이다.

④ 불가쟁력은 행정행위의 상대방 및 이해관계인에 대한 구속력, 불가변경력은 처분청 등 행정기관에 대한 구속력이다.

Ⅲ. 다단계 행정결정으로서의 예비결정과 부분허가

대법원 1998.9.4, 선고 97누19588 판결

건설회사(甲)는 전남 영광군 일대 토지에 원자로등건설사업을 시행하기 위하여 그 건설허가를 받기에 앞서 관계 장관으로부터 위 토지를 원자로 및 관계 시설의 부지로 확정하고 사전공사를 할 수 있도록 하는 내용의 부지사전승인처분을 받았다(이 사건 처분). 사업부지 인근 주민인 乙 등은 원자력발전소가 건립되어 가동되면 방사성물질 등에 의한 주민들의 생명·신체의 안전침해 및 환경침해가 예상된다는 이유로 위 처분의 취소를 구하는 소송을 제기하였다(이 사건 소). 한편, 甲은 이 사건 소송 계속 중에 건설허가처분을 받았다.

〈문제〉 이 사건 처분의 법적 성질 및 이 사건 소의 적법성을 검토하시오.

1. 의 의

① 예비결정(사전결정) : 다수의 요건이 충족되어야 하는 경우에 개개의 요건에 대한 행정청의 확정적 결정을 말한다(예, 폐기물처리업허가에 앞서 행해지는 사업계획서에 대한 적정·부적정 통보).

② 부분허가(부분승인) : 행정행위가 여러 단계로 행해지는 경우 특정부분에 대해 이루어지는 결정을 말하며, 해당 부분에 대해서는 독립적·종국적 행위이다(예, 원자로건설허가에 앞선 원자로 및 관계 시설의 부지사전승인처분).

2. 확약과의 구별

비록 한정된 사항이지만 그에 대해 종국적으로 규율하는 행위이다. 이 점에서 「행정절차법」(제40조의2)상 당사자의 신청에 따라 장래에 어떤 처분을 하거나 하지 아니할 것을 내용으로 하는 의사표시인 확약과 구별된다.

3. 예비결정, 부분허가의 구속력

예비결정 등이 있게 되면 행정청은 선행결정에 반하는 후행결정을 내려서는 아니 되며, 후행결정을 행함에 있어 선행결정의 내용을 새로이 검토하여서도 아니 된다.

4. 판 례

대법원 1998.4.28, 선고 97누21086 판결【폐기물처리사업부적정통보취소】

폐기물관리법 관계 법령의 규정에 의하면 폐기물처리업의 허가를 받기 위하여는 먼저 사업계획서를 제출하여 허가권자로부터 사업계획에 대한 적정통보를 받아야 하고, 그 적정통보를 받은 자만이 일정기간 내에 시설, 장비, 기술능력, 자본금을 갖추어 허가신청을 할 수 있으므로, 결국 부적정통보는 허가신청 자체를 제한하는 등 개인의 권리 내지 법률상의 이익을 개별적이고 구체적으로 규제하고 있어 행정처분에 해당한다.

대법원 1998.9.4, 선고 97누19588 판결【부지사전승인처분취소】

원자력법 제11조 제3항 소정의 부지사전승인제도는 원자로 및 관계 시설을 건설하고자 하는 자가 그 계획 중인 건설부지가 원자력법에 의하여 원자로 및 관계 시설의 부지로 적법한지 여부 및 굴착공사 등 일정한 범위의 공사(이하 '사전공사'라 한다)를 할 수 있는지 여부에 대하여 건설허가 전에 미리 승인을 받는 제도로서, 원자로 및 관계 시설의 건설에는 장기간의 준비·공사가 필요하기 때문에 필요한 모든 준비를 갖추어 건설허가신청을 하였다가 부지의 부적법성을 이유로 불허가될 경우 그 불이익이 매우 크고 또한 원자로 및 관계 시설 건설의 이와 같은 특성상 미리 사전공사를 할 필요가 있을 수도 있어 건설허가 전에 미리 그 부지의 적법성 및 사전공사의 허용 여부에 대한 승인을 받을 수 있게 함으로써 그의 경제적·시간적 부담을 덜어 주고 유효·적절한 건설공사를 행할 수 있도록 배려하려는 데 그 취지가 있다고 할 것이므로, 원자로 및 관계 시설의 부지사전승인처분은 그 자체로서 건설부지를 확정하고 사전공사를 허용하는 법률효과를 지닌 독립한 행정처분이기는 하지만, 건설허가 전에 신청자의 편의를 위하여 미리 그 건설허가의 일부 요건을 심사하여 행하는 사전적 부분 건설허가처분의 성격을 갖고 있는 것이어서 나중에 건설허가처분이 있게 되면 그 건설허가처분에 흡수되어 독립된 존재가치를 상실함으로써 그 건설허가처분만이 쟁송의 대상이 되는 것이므로, 부지사전승인처분의 취소를 구하는 소는 소의 이익을 잃게 되고, 따라서 부지사전승인처분의 위법성은 나중에 내려진 건설허가처분의 취소를 구하는 소송에서 이를 다투면 된다.

관련 판례

■ 공정력과 불가쟁력

1. 하자 있는 행정행위의 공정력과 불가쟁력

행정행위는 공정력과 불가쟁력의 효력이 있어 설혹 행정행위에 하자가 있는 경우에도 그 하자가 중대하고 명백하여 당연 무효로 보아야 할 사유가 있는 경우 이외에는 그 행정행위가 행정소송이나 다른 행정행위에 의하여 적법히 취소될 때까지는 단순히 취소할 수 있는 사유가 있는 것만으로는 누구나 그 효력을 부인할 수는 없고 법령에 의한 불복기간이 경과한 경우에는 당사자는 그 행정처분의 효력을 다툴 수 없다.

(대법원 1991.4.23, 선고 90누8756 판결【액화석유가스판매업신고반려처분취소】)

2. 요양보상급여취소처분에서의 불가쟁력

종전의 산업재해요양보상급여취소처분이 불복기간의 경과로 인하여 확정되었더라도 요양급여청구권이 없다는 내용의 법률관계까지 확정된 것은 아니며 소멸시효에 걸리지 아니한 이상 다시 요양급여를 청구할 수 있고 그것이 거부된 경우 이는 새로운 거부처분으로서 위법 여부를 소구할 수 있다.

(대법원 1993.4.13, 선고 92누17181 판결【요양불승인처분취소】)

■ 구성요건적 효력과 선결문제

1. 도로교통법에 위반하여 교부된 운전면허의 효력

연령미달의 결격자인 피고인이 소외인의 이름으로 운전면허시험에 응시, 합격하여 교부받은 운전면허는 당연무효가 아니고 도로교통법 제65조 제3호의 사유에 해당함에 불과하여 취소되지 않는 한 유효하므로 피고인의 운전행위는 무면허운전에 해당하지 아니한다.

(대법원 1982.6.8, 선고 80도2646 판결【도로교통법위반】)

2. 처분 위반을 이유로 처벌하기 위해서는 처분의 적법성이 전제되어야 하는지 여부(적극)

구 도시계획법(2000.1.28. 법률 제6243호로 전문 개정되기 전의 것) 제78조에 정한 처분이나 조치명령을 받은 자가 이에 위반한 경우 이로 인하여 같은 법 제92조에 정한 처벌을 하기 위하여는 그 처분이나 조치명령이 적법한 것이라야 하고, 그 처분이 당연무효가 아니라 하더라도 그것이 위법한 처분으로 인정되는 한 같은 법 제92조 위반죄가 성립될 수 없다.

(대법원 2004.5.14, 선고 2001도2841 판결【도시계획법위반】)

3. 행정처분 취소소송에서 선결문제로 된 청구가 인용되려면 그 소송절차에서 당해 처분의 취소가 확정되어야 하는지 여부(소극)

행정소송법 제10조는 처분의 취소를 구하는 취소소송에 당해 처분과 관련되는 부당이득반환소송을 관련 청구로 병합할 수 있다고 규정하고 있는바, 이 조항을 둔 취지에 비추어 보면, 취소소송에 병합할 수 있는 당해 처분과 관련되는 부당이득반환소송에는 당해 처분의 취소를 선결문제로 하는 부당이득반환청구가 포함되고, 이러한 부당이득반환청구가 인용되기 위해서는 그 소송절차에서 판결에 의해 당해 처분이 취소되면 충분하고 그 처분의 취소가 확정되어야 하는 것은 아니라고 보아야 한다.

(대법원 2009.4.9, 선고 2008두23153 판결【보험료납부고지처분취소】)

4. 행정처분의 무효 여부가 선결문제인 경우

민사소송에 있어서 어느 행정처분의 당연무효 여부가 선결문제로 되는 때에는 이를 판단하여 당연무효임을 전제로 판결할 수 있고 반드시 행정소송 등의 절차에 의하여 그 취소나 무효확인을 받아야 하는 것은 아니다.

(대법원 2010.4.8, 선고 2009다90092 판결【건물인도】)

5. 조세의 과오납이 부당이득이 되기 위한 요건

조세의 과오납이 부당이득이 되기 위하여는 납세 또는 조세의 징수가 실체법적으로나 절차법적으로 전혀 법률상의 근거가 없거나 과세처분의 하자가 중대하고 명백하여 당연무효이어야 하고, 과세처분의 하자가 단지 취소할 수 있는 정도에 불과할 때에는 과세관청이 이를 스스로 취소하거나 항고소송절차에 의하여 취소되지 않는 한 그로 인한 조세의 납부가 부당이득이 된다고 할 수 없다.

(대법원 1994.11.11, 선고 94다28000 판결【부당이득금】)

6. 위법한 침익적 처분과 형사법원의 판단권

피고인 갑 주식회사의 대표이사 피고인 을이 개발제한구역 내에 무단으로 고철을 쌓아 놓은 행위 등에 대하여 관할관청으로부터 원상복구를 명하는 시정명령을 받고도 이행하지 아니하였다고 하여 개발제한구역의 지정 및 관리에 관한 특별조치법(이하 '개발제한구역법'이라 한다) 위반으로 기소된 사안에서, 관할관청이 침해적 행정처분인 시정명령을 하면서 피고인 을에게 행정절차법 제21조, 제22조에 따른 적법한 사전통지를 하거나 의견제출 기회를 부여하지 않았고 이를 정당화할 사유도 없으므로 시정명령은 절차적 하자가 있어 위법하고, 시정명령이 당연무효가 아니더라도 위법한 것으로 인정되는 이상 피고인 을이 시정명령을 이행하지 아니하였더라도 피고인 을에 대하여 개발제한구역법 제32조 제2호 위반죄가 성립하지 아니함에도, 이와 달리 보아 피고인들에게 유죄를 인정한 원심판단에 행정행위의 공정력과 선결문제, 개발제한구역법 제32조의 시정명령위반죄에 관한 법리오해의 위법이 있다고 한 사례.

(대법원 2017.9.21, 선고 2017도7321 판결【개발제한구역의지정및관리에관한특별조치법위반·폐기물관리법위반】)

■ 실질적 확정력(불가변력)

1. 불복기간의 경과로 확정된 경우 확정력의 의미

일반적으로 행정처분이나 행정심판재결이 불복기간의 경과로 인하여 확정될 경우, 그 확정력은 그 처분으로 인하여 법률상 이익을 침해받은 자가 당해 처분이나 재결의 효력을 더 이상 다툴 수 없다는 의미일 뿐, 더 나아가 판결에 있어서와 같은 기판력이 인정되는 것은 아니어서 그 처분의 기초가 된 사실관계나 법률적 판단이 확정되고 당사자들이나 법원이 이에 기속되어 모순되는 주장이나 판단을 할 수 없게 되는 것은 아니다.

(대법원 1994.11.8, 선고 93누21927 판결【장해등급결정처분취소】)

2. 대상을 달리하는 동종의 행정행위의 불가변력이 인정되는지 여부

국민의 권리와 이익을 옹호하고 법적안정을 도모하기 위하여 특정한 행위에 대하여는 행정청이라 하여도 이것을 자유로이 취소, 변경 및 철회할 수 없다는 행정행위의 불가변력은 당해 행정행

위에 대하여서만 인정되는 것이고, 동종의 행정행위라 하더라도 그 대상을 달리할 때에는 이를 인정할 수 없다.
(대법원 1974.12.10, 선고 73누129 판결【직물류세부과처분취소】)

제 3 항 행정행위와 재량

Ⅰ. 재량행위

대법원 2016.7.14, 선고 2015두48846 판결
甲은 파키스탄 국적의 남성으로 작업 중 재해를 당하여 좌측 전완부 절단 등의 상병을 입었다. 배우자 乙은 甲의 간병을 위해 단기방문(C-3) 자격으로 입국하여 체류하다가 2013.10.24. 인천출입국관리소장(A)에게 방문동거(F-1) 자격으로의 체류자격 변경허가 신청을 하였다. A는 甲, 乙에 대한 실태조사를 거친 후, 2014.4.11. '국내체류 불가피성이 없다'는 이유로 위 신청을 불허하였다(이 사건 처분). 처분 당시 甲은 재발성 우울병 장애를 겪고 있어서 지속적인 보살핌이 필요하고, 乙이 잠시 부업을 하였으나 많은 수익을 얻지 못했다.
〈문제〉 체류자격 변경허가의 법적 성질 및 이 사건 처분의 적법 여부를 검토하시오.

1. 의 의

복수 행위 간 선택의 자유가 인정되어 있는 행정행위를 말한다.

2. 종 류

① 자유재량과 기속재량
② 결정재량과 선택재량
　㉠ 결정재량 : 행정행위를 할 수도 안 할 수도 있는 자유가 인정되어 있는 경우
　㉡ 선택재량 : 다수의 행정행위 중 어느 것을 해도 괜찮은 자유가 인정되어 있는 경우

3. 기속행위와의 구별의 필요성

① 행정소송과의 관계 : 재량행위는 그 성질상 행정소송의 대상이 되기 곤란한 점이 존재한다.

② 부관과의 관계 : 기속행위에는 부관을 붙이기 곤란(종래의 다수설)하다.

③ 공권과의 관계 : 기속행위에 대해서는 행정청에게 특정 행위를 청구할 공권이 인정되지만, 재량행위에는 재량의 범위내에서 하자없는 재량행사를 요구할 권리를 가진다.

④ 원고 승소시 판결의 기속력: 당해 처분이 기속행위라면 원고가 신청한 대로, 재량행위라면 적법한 재량의 범위내에서 재처분을 하면 된다.

4. 구별기준

① 학설

㉠ 요건재량설 : 어떤 사실이 법에서 정한 요건에 해당하는가의 판단에 재량이 존재한다는 견해이다. 법률요건의 인정의 결과 법률효과가 도출되기 때문에 법률효과 자체에는 재량이 인정되지 않는다는 것이다.

㉡ 효과재량설 : 재량은 어떠한 법률효과를 발생시킬 것인가의 선택(결정재량과 선택재량)에 존재한다는 설이다.

② 판례

> 행정행위가 그 재량성의 유무 및 범위와 관련하여 이른바 기속행위 내지 기속재량행위와 재량행위 내지 자유재량행위로 구분된다고 할 때, 그 구분은 당해 행위의 근거가 된 법규의 체제·형식과 그 문언, 당해 행위가 속하는 행정 분야의 주된 목적과 특성, 당해 행위 자체의 개별적 성질과 유형 등을 모두 고려하여 판단하여야 한다(대판 2001.2.9, 98두17593).

③ 소결 : ㉠ 1차적으로 법의 규정방식, ㉡ 2차적으로 부담적 행정행위(기속행위), 수익적 행정행위(재량행위) 여부, ㉢ 그리고 행위자체의 개별적 성질(허가와 예외적 승인을 예로 들어 이해하면 됨)에 따라 판단한다.

- 기속행위 ─ 사법심사의 대상
- 재량행위
  - 기속재량행위 ─ 사법심사의 대상
  - 자유재량행위 ─ 사법심사의 대상에서 제외

[기속행위와 재량행위에 대한 사법심사의 방식]

행정행위가 그 재량성의 유무 및 범위와 관련하여 이른바 기속행위 내지 기속재량행위와 재량행위 내지 자유재량행위로 구분된다고 할 때, 그 구분은 당해 행위의 근거가 된 법규의 체재·형식과 그 문언, 당해 행위가 속하는 행정 분야의 주된 목적과 특성, 당해 행위 자체의 개별적 성질과 유형 등을 모두 고려하여 판단하여야 하고, 이렇게 구분되는 양자에 대한 사법심사는, 전자의 경우 그 법규에 대한 원칙적인 기속성으로 인하여 법원이 사실인정과 관련 법규의 해석·적용을 통하여 일정한 결론을 도출한 후 그 결론에 비추어 행정청이 한 판단의 적법 여부를 독자의 입장에서 판정하는 방식에 의하게 되나, 후자의 경우 행정청의 재량에 기한 공익판단의 여지를 감안하여 법원은 독자의 결론을 도출함이 없이 당해 행위에 재량권의 일탈·남용이 있는지 여부만을 심사하게 되고, 이러한 재량권의 일탈·남용 여부에 대한 심사는 사실오인, 비례·평등의 원칙 위배, 당해 행위의 목적 위반이나 동기의 부정 유무 등을 그 판단 대상으로 한다.
(대법원 2001.2.9. 선고 98두17593 판결【건축물용도변경신청거부처분취소】)

5. 재량의 한계

행정기본법 제21조(재량행사의 기준)

행정청은 재량이 있는 처분을 할 때에는 관련 이익을 정당하게 형량하여야 하며, 그 재량권의 범위를 넘어서는 아니 된다.

① 실정법 규정 : 행정기본법 제21조, 행정소송법 제27조

② 재량행위가 위법하게 되는 유형은 다음과 같다.

㉠ 재량의 일탈 : 재량권의 외적 한계를 넘어서는 경우

㉡ 재량의 남용 : 재량권의 내적 한계를 벗어난 경우

㉢ 재량의 불행사 : 재량권의 행사를 전혀 하지 아니한 경우

㉣ 재량의 흠결이 있는 경우: 법규정 위반, 사실오인, 평등원칙 또는

자기구속의 원칙 위반, 비례원칙 위반, 절차위반, 재량권의 불행사 혹은 재량의 해태, 목적 위반 등

6. 재량행위에 대한 통제

① 입법적 통제
  ㉠ 법규적 통제
  ㉡ 정치적 통제(국정감사 등)
② 행정적 통제
  ㉠ 직무감독에 의한 통제
  ㉡ 행정절차에 의한 통제
  ㉢ 행정심판에 의한 통제
③ 사법적 통제
  ㉠ 일반법원에 의한 통제 : 재량권행사에 일탈·남용이 있는 경우 행정소송 가능(행정소송법 제27조)
  * 재량행위에 대하여 행정소송을 제기한 경우 법원은 각하할 것이 아니라, 본안심리에서 재량의 일탈·남용이 있는지 여부를 심사한 후 인용 또는 기각을 하여야 한다.
  ㉡ 헌법재판소에 의한 통제 : 재량권의 잘못된 행사로 인하여 헌법상의 기본권이 침해된 경우에는 헌법소원의 대상이 된다(헌법재판소법 제68조제1항 참조).

Ⅱ. 판단여지의 문제

대법원 2020.7.23, 선고 2020두36007 판결

甲은 2018.3.경 충북 음성군수(A)에게 충북 음성군 소재 토지 13,178㎡ 지상에서 폐기물처리시설을 설치하여 폐기물 종합재활용업을 하겠다는 내용의 폐기물처리 사업계획서를 제출하였다.

A는 2018.4.18. 민원조정위원회의 의결에 근거하여 "이 사건 시설 운영에 따른 인근

주민의 건강이나 주변 환경에 미치는 영향이 있을 것으로 판단되고, 민원조정위원회에 상정하여 심의한 결과 부적합으로 의결되었다"는 이유로, 폐기물관리법 제25조 제2항에 따라 甲에게 폐기물처리사업계획서 부적합통보를 하였다(이 사건 처분).
〈문제〉 이 사건 처분의 적법 여부를 검토하시오.

(1) 판단여지설

① 주창자 : O. Bachof, C. H. Ule 등이다.

② 내용

㉠ 행정행위의 요건을 법이 불확정 법개념으로 규정하고 있을 때, 거기에는 재량이 아니라 그것과는 성질을 달리하는 판단여지가 있을 수 있다.

㉡ 행정청에게 판단여지가 인정된다면, 그 범위에서는 행정청의 전문적·기술적 판단이 종국적인 것으로 존중되며, 그 한도에서 행정청의 판단에 대한 법원의 심사가 제약받게 된다.

(2) 판단여지의 가능성

① 비대체적(非代替的)결정(학생의 성적평가 등)

② 구속적 가치평가(작품의 가치 또는 유해성 등에 대한 합의제기관의 판단)

③ 행정계획이나 미래 상황에 대한 예측 결정·형성적 결정

(3) 한계 : 판단에 자의(恣意)가 개입되어 있거나 경험법칙에 위배하는 경우에는 판단여지의 한계를 넘어서서 위법한 것이 될 수 있다.

* 판단여지가 인정되는 사항에 대하여 행정소송을 제기한 경우 법원은 각하할 것이 아니라, 판단에 있어 법의 일반원칙의 준수여부·판단에 관한 절차적 규정의 준수여부·판단기관구성의 적법성 여하 등을 심사한 후 인용 또는 기각 판결을 하여야 한다.

관련 판례

■ 기속행위와 재량행위

1. 국유재산의 무단점유에 대한 변상금의 징수가 기속행위인지 여부(적극)

국유재산의 무단점유 등에 대한 변상금징수의 요건은 국유재산법 제51조 제1항에 명백히 규정되어 있으므로 변상금을 징수할 것인가는 처분청의 재량을 허용하지 않는 기속행위이다.

(대법원 2000.1.28, 선고 97누4098 판결【변상금부과처분취소】)

2. 주택건설사업계획 승인처분의 재량행위성

주택건설촉진법 제33조에 의한 주택건설사업계획의 승인은 상대방에게 권리나 이익을 부여하는 효과를 수반하는 이른바 수익적 행정처분으로서, 법령에 행정처분의 요건에 관하여 일의적으로 규정되어 있지 아니한 이상 행정청의 재량행위에 속한다.

(대법원 1997.3.14, 선고 96누16698 판결【사용검사신청반려처분취소】)

3. 공무원 임용을 위한 면접 전형에서의 면접위원의 자유재량

공무원 임용을 위한 면접전형에서 임용신청자의 능력이나 적격성 등에 관한 판단은 면접위원의 고도의 교양과 학식, 경험에 기초한 자율적 판단에 의존하는 것으로서 오로지 면접위원의 자유재량에 속하고, 그와 같은 판단이 현저하게 재량권을 일탈·남용하지 않은 한 이를 위법하다고 할 수 없다.

(대법원 2008.12.24, 선고 2008두8970 판결【지방직특별임용시험불합격처분취소】)

4. 구 택지개발촉진법 시행령에 의한 택지공급이 택지개발사업 시행자의 재량행위인지 여부(적극)

택지개발사업 시행자의 택지공급은 상대방에게 권리나 이익을 부여하는 효과를 수반하는 이른바 수익적 행위인 점, 구 택지개발촉진법 시행령(2005.3.8. 대통령령 제18734호로 개정되기 전의 것)의 관련 조항들을 종합하여 볼 때 택지개발사업의 시행자는 택지를 공급함에 있어 공급대상 토지의 위치 및 면적, 공급의 대상자 또는 대상자 선정방법, 공급의 시기·방법 및 조건, 공급가격 결정방법 등을 스스로 정할 수 있고, 자신의 필요나 정책적 판단에 의하여 택지공급 대상자의 자격을 제한하거나 택지공급가격을 달리 정하거나 수의계약에 의한 택지공급 여부를 결정할 수 있는 점 등을 고려하면, 구 택지개발촉진법 시행령 제13조의2 제5항 제5호에 의한 택지공급은 택지개발사업 시행자의 재량행위에 해당한다.

(대법원 2007.12.13, 선고 2006두19068 판결【택지공급신청거부처분취소】)

5. 도시개발사업의 사업시행자가 이주대책대상자에게 공급할 택지를 정하는데 재량을 가지는지 여부(적극)

구 도시개발법(2007.4.11. 법률 제8376호로 개정되기 전의 것) 제23조, 공익사업을 위한 토지 등의 취득 및 보상에 관한 법률 제78조 제1항, 같은 법 시행령 제40조 제3항 제2호의 문언, 내용 및 입법 취지 등을 종합하여 보면, 위 시행령 제40조 제3항 제2호에서 말하는 '공익사업을 위한 관계 법령에 의한 고시 등이 있은 날'은 이주대책대상자와 아닌 자를 정하는 기준이지만, 나아가 사업시행자가 이주대책대상자 중에서 이주대책을 수립·실시하여야 할 자와 이주정착금을 지급하여야 할 자를 정하는 기준이 되는 것은 아니므로, 사업시행자는 이주대책기준을 정하여 이주대책대상자 중에서 이주대책을 수립·실시하여야 할 자를 선정하여 그들에게 공급할 택

지 또는 주택의 내용이나 수량을 정할 수 있고, 이를 정하는 데 재량을 가지므로, 이를 위해 사업시행자가 설정한 기준은 그것이 객관적으로 합리적이 아니라거나 타당하지 않다고 볼 만한 다른 특별한 사정이 없는 한 존중되어야 한다.

(대법원 2009.3.12, 선고 2008두12610 판결【입주권확인】)

6. 처분기준을 따르지 않고 특정 개인에게 과도하게 초과하는 처분을 한 경우 재량한계의 일탈 여부

식품위생법시행규칙 제53조에 따른 별표 15의 행정처분기준은 행정기관 내부의 사무처리준칙을 규정한 것에 불과하기는 하지만 규칙 제53조 단서의 식품 등의 수급정책 및 국민보건에 중대한 영향을 미치는 특별한 사유가 없는 한 행정청은 당해 위반사항에 대하여 위 처분기준에 따라 행정처분을 함이 보통이라 할 것이므로, 행정청이 이러한 처분기준을 따르지 아니하고 특정한 개인에 대하여만 위 처분기준을 과도하게 초과하는 처분을 한 경우에는 재량권의 한계를 일탈하였다고 볼 만한 여지가 충분하다.

(대법원 1993.6.29, 선고 93누5635 판결【대중음식점업영업정지처분취소】)

7. 제재적 행정처분이 재량권의 범위를 일탈·남용하였는지 여부의 판단 기준

제재적 행정처분이 사회통념상 재량권의 범위를 일탈하였거나 남용하였는지 여부는 처분사유인 위반행위의 내용과 당해 처분행위에 의하여 달성하려는 공익목적 및 이에 따르는 제반 사정 등을 객관적으로 심리하여 공익 침해의 정도와 그 처분으로 인하여 개인이 입게 될 불이익을 비교·형량하여 판단하여야 한다.

(대법원 2007.9.20, 선고 2007두6946 판결【과징금부과처분취소】)

■ 불확정 개념과 판단여지

8. 불확정개념에 대한 판단

품행이 단정하지 못한지는 행정청에 재량이 인정되는 영역이라고 볼 수는 없고, 원고가 저지른 범죄는 그 성격상 사회 공동체 구성원 일반에 대하여 미치는 영향은 상대적으로 적다고 볼 수 있으며, 원고가 위와 같은 범행으로 처벌받은 전력이 있다는 사정만으로 다시 대한민국의 구성원으로 받아들여질 수 없을 정도로 품성과 행실이 단정하지 못하다고 할 수는 없다. 따라서 이 사건 처분은 그 처분요건을 갖추지 못한 것으로 위법하다.

(대법원 2017.12.22, 선고 2017두59420 판결【국적회복불허처분취소】)

9. 문화재발굴허가에서의 전문적·기술적 판단

문화체육부장관 또는 그 권한을 위임받은 문화재관리국장 등이 건설공사를 계속하기 위한 발굴허가신청에 대하여 그 공사를 계속하기 위하여 부득이 발굴할 필요가 있는지의 여부를 결정하여 발굴을 허가하거나 이를 허가하지 아니함으로써 원형 그대로 매장되어 있는 상태를 유지하는 조치는 허가권자의 재량행위에 속하는 것이므로, 행정청은 발굴허가가 신청된 고분 등의 역사적 의의와 현상, 주변의 문화적 상황 등을 고려하여 역사적으로 보존되어 온 매장문화재의 현상이 파괴되어 다시는 회복할 수 없게 되거나 관련된 역사문화자료가 멸실되는 것을 방지하고 그 원형을 보존하기 위한 공익상의 필요에 기하여 그로 인한 개인의 재산권 침해 등 불이익이 훨씬 크다고 여겨지는 경우가 아닌 한 발굴을 허가하지 아니할 수 있다 할 것이고, 행정청이 매장문화

재의 원형보존이라는 목표를 추구하기 위하여 문화재보호법 등 관계 법령이 정하는 바에 따라 내린 전문적·기술적 판단은 특별히 다른 사정이 없는 한 이를 최대한 존중하여야 한다.

(대법원 2000.10.27, 선고 99두264 판결【유적발굴허가신청불허가처분취소】)

10. 감정평가사시험의 합격 기준 선택의 재량

지가공시및토지등의평가에관한법률시행령 제18조 제1항, 제2항은 감정평가사시험의 합격기준으로 절대평가제 방식을 원칙으로 하되, 행정청이 감정평가사의 수급상 필요하다고 인정할 때에는 상대평가제 방식으로 할 수 있다고 규정하고 있으므로, 감정평가사시험을 실시함에 있어 어떠한 합격기준을 선택할 것인가는 시험실시기관인 행정청의 고유한 정책적인 판단에 맡겨진 것으로서 자유재량에 속한다.

(대법원 1996.9.20, 선고 96누6882 판결【감정평가사시험불합격결정처분취소】)

11. 국가고시 문제 출제행위의 성질(=재량행위)과 그 한계

행정행위로서의 시험의 출제업무에 있어서, 출제 담당위원은 법령규정의 허용범위 내에서 어떠한 내용의 문제를 출제할 것인가, 그 문제의 문항과 답항을 어떤 용어나 문장형식을 써서 구성할 것인가를 자유롭게 정할 수 있다는 의미에서 재량권을 가진다고 할 것이며, 반면에 그 재량권에는 그 시험의 목적에 맞추어 수험생들의 능력을 평가할 수 있도록 출제의 내용과 구성에서 적정하게 행사되어야 할 한계가 내재되는 바이어서 그 재량권의 행사가 그 한계를 넘을 때에는 그 출제행위는 위법하게 될 것이다.

(대법원 2001.4.10, 선고 99다33960 판결【손해배상(기)】)

12. 장래 예측적 영역에 관한 행정청의 판단에 대한 폭넓은 존중

폐기물관리법 제25조 제1항, 제2항, 제3항, 환경정책기본법 제12조 제1항, 제13조, 제3조 제1호의 내용과 체계, 입법 취지에 비추어 보면, 행정청은 사람의 건강이나 주변 환경에 영향을 미치는지 여부 등 생활환경과 자연환경에 미치는 영향을 두루 검토하여 폐기물처리사업계획서의 적합 여부를 판단할 수 있으며, 이에 관해서는 행정청에 광범위한 재량권이 인정된다. 따라서 법원이 적합 여부 결정과 관련한 행정청의 재량권 일탈·남용 여부를 심사할 때에는 해당 지역의 자연환경, 주민들의 생활환경 등 구체적 지역 상황, 상반되는 이익을 가진 이해관계자들 사이의 권익 균형과 환경권의 보호에 관한 각종 규정의 입법 취지 등을 종합하여 신중하게 판단하여야 한다. '자연환경·생활환경에 미치는 영향'과 같이 장래에 발생할 불확실한 상황과 파급효과에 대한 예측이 필요한 요건에 관한 행정청의 재량적 판단은 그 내용이 현저히 합리적이지 않다거나 상반되는 이익이나 가치를 대비해 볼 때 형평이나 비례의 원칙에 뚜렷하게 배치되는 등의 사정이 없는 한 폭넓게 존중하여야 한다. 그리고 이 경우 행정청의 당초 예측이나 평가와 일부 다른 내용의 감정의견이 제시되었다는 등의 사정만으로 쉽게 행정청의 판단이 위법하다고 단정할 것은 아니다. 또한 이때 제출된 폐기물처리사업계획 그 자체가 독자적으로 생활환경과 자연환경에 미칠 수 있는 영향을 분리하여 심사대상으로 삼을 것이 아니라, 기존의 주변 생활환경과 자연환경 상태를 기반으로 그에 더하여 제출된 폐기물처리사업계획까지 실현될 경우 주변 환경에 총량적·누적적으로 어떠한 악영향을 초래할 우려가 있는지를 심사대상으로 삼아야 한다.

(대법원 2020.7.23, 선고 2020두36007 판결 [폐기물처리사업계획부적합통보처분취소])

제 4 항 행정행위의 내용

Ⅰ. 대인적 행정행위·대물적 행정행위·혼합적 행정행위

(1) 의 의

① 대인적 행정행위 : 주관적 사정에 착안한 행정행위(예; 의사면허, 운전면허 등) 이다.

② 대물적 행정행위 : 객관적 사정을 표준으로 행해진 행정행위(예; 음식점 영업허가) 이다.

③ 혼합적 행정행위 : 인적 요소와 물적 요소를 모두 고려하여 행해진 행정행위(예; 가스사업허가, 총포·도금류·화약류 판매허가 등)이다.

(2) **구별의 실익** : 행정행위의 효과가 타인에게 이전될 수 있는지의 여부에 있다.

① 대인적 행정행위의 효과는 이전될 수 없다.

② 대물적 행정행위의 효과는 원칙적으로 이전이 가능하다.

③ 혼합적 행정행위의 효과는 행정청의 승인 등이 있으면 이전 가능하다 (대인적 요소에 변화가 있으면 불가능).

> 한편 화물자동차법 제16조 제4항은 화물자동차 운송사업을 양수하고 신고를 마치면 양수인이 양도인의 '운송사업자로서의 지위'를 승계한다고 규정하고 있다. 이러한 지위 승계 규정은 양도인이 해당 사업과 관련하여 관계 법령상 의무를 위반하여 제재사유가 발생한 후 사업을 양도하는 방법으로 제재처분을 면탈하는 것을 방지하려는 데에도 그 입법 목적이 있다.
> 화물자동차법에서 '운송사업자'란 화물자동차법 제3조 제1항에 따라 화물자동차 운송사업 허가를 받은 자를 말하므로(제3조 제3항), '운송사업자로서의 지위'란 운송사업 허가에 기인한 공법상 권리와 의무를 의미하고, 그 '지위의 승계'란 양도인의 공법상 권리와 의무를 승계하고 이에 따라 양도인의 의무위반행위에 따른 위법상태의 승계도 포함하는 것이라고 보아야 한다. 불법증차를 실행한 운송사업자로부터 운송사업을 양수하고 화물자동차법 제16조 제1항에 따른 신고를 하여 화물자동차법 제16조 제4항에 따라 운송사업자의 지위를 승계한 경우에는 설령 양수

인이 영업양도·양수 대상에 불법증차 차량이 포함되어 있는지를 구체적으로 알지 못하였다 할지라도, 양수인은 불법증차 차량이라는 물적 자산과 그에 대한 운송사업자로서의 책임까지 포괄적으로 승계한다(헌법재판소 2019. 9. 26. 선고 2017헌바397 등 전원재판부 결정 참조).
따라서 관할 행정청은 양수인의 선의·악의를 불문하고 양수인에 대하여 불법증차 차량에 관하여 지급된 유가보조금의 반환을 명할 수 있다. 다만 그에 따른 양수인의 책임범위는 지위승계 후 발생한 유가보조금 부정수급액에 한정되고, 지위승계 전에 발생한 유가보조금 부정수급액에 대해서까지 양수인을 상대로 반환명령을 할 수는 없다. 유가보조금 반환명령은 '운송사업자 등'이 유가보조금을 지급받을 요건을 충족하지 못함에도 유가보조금을 청구하여 부정수급하는 행위를 처분사유로 하는 '대인적 처분'으로서, '운송사업자'가 불법증차 차량이라는 물적 자산을 보유하고 있음을 이유로 한 운송사업 허가취소 등의 '대물적 제재처분'과는 구별되고, 양수인은 영업양도·양수 전에 벌어진 양도인의 불법증차 차량의 제공 및 유가보조금 부정수급이라는 결과 발생에 어떠한 책임이 있다고 볼 수 없기 때문이다.
(대법원 2021. 7. 29. 선고 2018두55968 판결 [유가보조금환수처분취소])

Ⅱ. 수익적 행정행위·부담적 행정행위·복효적 행정행위

1. 수익적 행정행위와 부담적 행정행위

구 분	수익적 행정행위	부담적 행정행위
성 질	① 쌍방적 행정행위성 ② 재량행위성	① 일방적 행정행위성 ② 기속행위성
법률유보의 문제	상대적으로 자유로움	엄격하게 적용됨
절차적 규제	완화	엄격
취소·철회의 제한	조리상의 제한	완화
부 관	부관과 친함	부관과 거리가 멈
특수문제	흠의 치유·전환의 문제 발생	강제적 실현의 문제 발생

2. 복효적 행정행위

① 의의 : 하나의 행정행위가 수익과 부담의 복효적 효과를 동시에 발생시키는 행위를 말한다.

② 구분

㉠ 혼합효 행정행위 : 복효적 효과가 동일인에게 발생하는 경우의 행정행위를 말한다.

㉡ 제3자효 행정행위 : 1인에게는 이익, 타인에게는 불이익이라는 상반된 효과를 발생시키는 행정행위[예; 당선인(합격자)결정, 경원면허(競願免許), 공매처분, 수용재결 등]를 말한다.

③ 제3자효 행정행위와의 관련문제 : 제3자인 불이익자에 대한 권리구제수단

④ 제3자효 행정행위와 관련된 법적 문제

㉠ 행정절차 : 제3자에게 청문기회 제공(행정절차법 제21조, 제22조 등 참조)

㉡ 제3자효 행정행위의 취소·철회의 어려움

㉢ 행정쟁송상의 문제: 특히 제3자의 원고적격이 문제된다.

㉣ 제3자의 동의 : 법적 근거 없이 제3자의 동의를 얻게 하는 것은 위법하다고 보아야 한다. 다만, 행정 현실에서는 주민과의 갈등이 예상되는 시설물의 설치 허가(예; LPG충전소 허가, 공장 허가 등)를 하는 경우에 허가 전에 주민의 동의를 요구하는 경우가 자주 발생한다. 이러한 허가의 적법성을 어떻게 볼 것인가가 새로운 문제로 대두되고 있다.

Ⅲ. 행정행위의 내용 개관

1. 개 관

① 법률행위적 행정행위

㉠ 명령적 행정행위

ⓐ 하명 ⓑ 허가 ⓒ 면제

㉡ 형성적 행정행위

ⓐ 특허－설권적 행위(직접상대방을 위한 행위)

ⓑ 인가－보충행위

ⓒ 대리－제3자를 위한 행위

② 준법률행위적 행정행위(확인, 공증, 통지, 수리)

2. 주의할 점

학문적 의미의 용어와 실정법상의 용어가 일치하지 않는다.

① 행정재산의 사용·수익허가, 귀화허가, 광업허가 등은 허가라는 용어를 사용하지만, 강학상 특허에 해당한다.

② 발명특허는 학문상 확인행위에 해당한다.

③ 면허라는 용어의 문제

㉠ 운전면허·의사면허 등은 강학상 허가에 해당한다.

㉡ 공유수면매립면허·어업면허·자동차운수사업면허 등은 강학상 특허에 해당한다.

Ⅳ. 법률행위적 행정행위(명령적 행위)

1. 하 명

(1) **개념** : 일정한 작위·부작위·급부·수인의 의무를 명하는 행정행위를 말한다.

(2) **성질** : 부담적 행정행위, 기속행위이다.

(3) **형식** : 법령에 근거한 행정행위(하명처분)와, 법령 자체에 의하여 곧 하명의 효과발생하는 법규하명이 있다.

(4) **종류** : (의무의 내용에 따라) 작위하명·급부하명·수인하명 등이 있다.

(5) **대상** : 주로 사실행위를 대상으로 한다. 법률행위를 대상으로 하는 경우(예; 영업금지 등)도 있다.

(6) **하명의 상대방** : 특정인이 원칙이고, 예외적으로 불특정 다수인인 경우

(일반처분)도 있다.

(7) **하명의 효과** : 그 내용에 따라 상대방에게 일정한 공법상의 의무가 발생한다.

(8) **하명위반의 효과** : 수명자에 대해서 행정상의 강제집행이 행해지거나 행정상의 제재가 과하여질 뿐, 하명에 위반한 행위의 법률상의 효과 자체는 부인 받지 않는 것이 원칙이다.

2. 허 가

(1) **개념** : 일반적·상대적 금지의 해제를 말한다. 예. 면제

(2) **예외적 승인과의 구별**

① 예외적 승인의 의의 : 사회적으로 유해한 행위이기 때문에 일반적으로 금지된 행위를 특정한 경우에 예외적으로 적법하게 할 수 있게 하여 주는 행정행위이다(예; 개발제한구역에서의 행위제한의 예외<주민 편의시설, 공동이용시설 등>, 학교위생정화구역 내에서의 유흥음식점 허가 등).

② 허가와 예외적 승인의 구별 : 허가는 예방적 금지의 해제, 예외적 승인은 억제적 금지의 해제를 뜻한다. 허가의 효과는 일반적이지만, 예외적 승인의 효과는 부분적이고 예외적이다.

③ 성질 : 예외적 승인은 재량행위이다(대판 1998.3.27, 96누19772).

(3) **성질**

① 명령적 행위이다.

② 기속행위(광천음료수제조업허가에 관한 대판 1993.2.12, 92누5959)이다.

(4) **허가여부의 결정기준** : 허가신청이 있은 후 그에 대한 결정이 있기 전에 허가기준을 정한 법령이 개정된 경우, 처분청은 원칙적으로 개정된 법령을 적용하여야 한다.

(5) **허가의 형식** : 언제나 처분의 형식(문서)이다.

(6) **허가의 대상** : 사실행위(영업, 건축, 운전 등)가 원칙이고, 때로는 법률행위(예; 외국인의 토지매매 등)인 경우도 있을 수 있다.

(7) 허가의 상대방 : 특정인이 원칙이고, 예외적으로 불특정 다수인인 경우도 있다.

(8) 허가의 효과

① 금지가 해제된다. 그러나 이로 인하여 제3자가 누리는 이익은 반사적 이익에 불과하다.

② 법률상 이익

㉠ 주류제조면허 : 「주류제조면허는 국가의 수입확보를 위하여 설정된 재정허가의 일종이지만 일단 이 면허를 얻은 자의 이득은 단순한 사실상의 반사적 이득에만 그치는 것이 아니라 주세법의 규정에 따라 보호되는 이득이고……위 면허권이 가지는 재산적 가치는 현실적으로 부인할 수 없다」(대판 1989.12.22, 89누46).

㉡ 약종상 허가

③ 타법상의 제한 및 집중효

㉠ 타법상의 제한 : 허가는 그 근거가 된 법령상의 금지만을 해제, 타법에 의한 금지까지 해제하지는 않는다.

㉡ 허가의 집중효 : 특정 법률에 정한 허가를 받으면 유사한 다른 법률상의 허가도 받은 것으로 간주하는 것을 말한다. 행정법규에서 많이 활용되는 방식으로 '인·허가 의제' 조항의 형식을 주로 활용한다. 예) 「도시개발법」 제19조(관련 인·허가 등의 의제)에 따르면, 도시개발 실시계획의 인가에 따라 「수도법」, 「하천법」 등 31개 법률의 관련 인·허가가 의제된다.

④ 지역적 효과

㉠ 원칙 : 발급 행정청의 관할 구역 내에서만 효력을 갖는 것이 원칙이다.

㉡ 예외 : 운전면허 등

⑤ 허가 효과의 승계

* 법률의 규정에 따라 취소 등 제재사유가 양수인에게 승계되는 경우도 있다.

(9) **무허가행위의 효과** : 허가를 받고 해야 할 행위를 허가 없이 행한 경우에는 행정상의 강제집행이나 행정벌의 대상은 되지만, 행위 자체는 유효함이 원칙이다.

(10) **허가의 갱신** : 기존의 허가의 효력을 지속시키는 것이지, 기존의 허가와 무관한 새로운 허가가 아니다.

3. 면 제

행정법상의 의무(작위의무, 부작위의무, 급부의무, 수인의 의무 등)를 면제해 주는 행정행위를 말한다.

V. 법률행위적 행정행위(형성적 행위)

> **대법원 2018. 11. 29, 선고 2016두38792 판결**
> A재건축조합설립추진위원회는 토지소유자 등으로부터 '건축물철거 및 신축비용 개산액' 항목이 공란인 동의서를 제출받은 다음 여기에 일괄하여 수기로 철거비, 건축비 등 각종 비용 항목을 보충한 후 조합설립인가 관련 서류와 함께 제출하여 관할청으로부터 재건축조합설립인가를 받았다. 토지소유자들인 甲 등은 재건축비용의 분담에 관한 사항에 대한 동의가 누락되었다는 이유로 조합설립행위의 무효를 구하는 민사소송을 제기하였다.
> 〈문제〉 도시정비법상 재건축조합설립인가의 법적 성격 및 그에 대한 불복방법을 검토하시오.

1. 특 허

(1) **개념** : 특정인을 위하여 권리·권리능력 또는 포괄적 법률관계를 설정하는 행위를 말한다.

(2) **성질**

① 형성적 행위

② 재량행위

(3) **특허와 출원** : 상대방의 출원이 필요 요건이다.

* 선원주의(先願主義, 광업법 제21조 제1항)

(4) **특허의 형식** : 처분의 형식이 원칙이고, 예외적으로 직접 법령에 의하는 경우(법규특허)도 있다.

(5) **특허의 상대방** : 특정인

(6) **특허의 효과**

① 권리설정 : 공권, 사권(예; 어업권·광업권)이 발생한다.

② 이중 특허의 문제 : 양립할 수 없는 이중 특허가 있는 경우, 특별한 사정이 없는 한 후행 특허는 무효이다.

(7) **허가와 특허의 차이점**

가장 큰 차이점은 행정청의 재량의 유무에 있다. 즉 허가는 주로 기속행위에 대해 행해지므로 행정청의 재량의 여지가 적고, 특허는 행정청의 재량에 의해 행해지므로 재량의 폭이 일반적으로 넓다.

2. 인 가

(1) **개념** : 제3자의 법률행위를 보충함으로써 그 법률상 효과를 완성시켜주는 행위이다(보충행위). 예)사학재단의 정관변경인가, 주택조합의 관리처분계획인가 등

(2) **인가와 출원** : 출원이 있는 경우에만 가능하고 수정인가는 불가하다.

(3) **인가의 형식** : 언제나 구체적 처분의 형식으로 행해진다.

(4) **인가의 대상** : 반드시 법률행위이어야 한다. 대상 행위가 공법행위이냐 사법행위이냐는 불문한다.

(5) **무인가행위의 효과** : 인가가 필요한 행위를 인가받지 않고 한 행위는 무효가 되는데 그치고, 행정상 강제집행이나 처벌의 문제는 발생하지 않는다.

(6) **인가와 기본행위**

① 기본행위가 불성립 또는 무효인 경우에는 인가가 있더라도 그 기본행위는 유효로 되지 않으며, 기본행위에 취소 원인이 있는 경우에는 인가가 있은 후에도 이를 취소할 수 있다.

② 유효한 기본행위를 대상으로 유효하게 성립된 인가라도 후에 그 기본행위가 취소되거나 실효되게 되면 인가는 그 존립의 바탕을 잃어 실효하게 된다.

기본행위에 하자가 있는 경우 보충행위의 취소·무효 확인을 구할 법률상 이익이 있는지 여부(소극)

인가는 기본행위인 재단법인의 정관변경에 대한 법률상의 효력을 완성시키는 보충행위로서, 그 기본이 되는 정관변경 결의에 하자가 있을 때에는 그에 대한 인가가 있었다 하여도 기본행위인 정관변경 결의가 유효한 것으로 될 수 없으므로 기본행위인 정관변경 결의가 적법 유효하고 보충행위인 인가처분 자체에만 하자가 있다면 그 인가처분의 무효나 취소를 주장할 수 있지만, 인가처분에 하자가 없다면 기본행위에 하자가 있다 하더라도 따로 그 기본행위의 하자를 다투는 것은 별론으로 하고 기본행위의 무효를 내세워 바로 그에 대한 행정청의 인가처분의 취소 또는 무효확인을 소구할 법률상의 이익이 없다.
(대법원 1996.5.16, 선고 95누4810 전원합의체 판결【법인정관변경허가처분무효확인】)

3. 인허(認許, 인가+허가 또는 특허)의 문제

(1) 개인택시 운송사업면허의 양도·양수인가

관할관청의 개인택시 운송사업면허의 양도·양수에 대한 인가는 양도인과 양수인 간의 양도행위를 보충하여 그 법률효과를 완성시키는 의미에서의 인가처분 뿐만 아니라 양수인에 대해 양도인이 가지고 있던 면허와 동일한 내용의 면허를 부여하는 처분이 포함되어 있다고 볼 것이다(대판 1994.8.23, 94누4882).

(2) 토지거래계약허가

① 학설 : ㉠ 인가로 보는 견해(종래의 다수설)와 ㉡ 허가와 인가의 효과가 합쳐진 인가로 보는 견해의 대립이 있다.

② 판례 : 구 국토이용관리법 제21조의3제1항 소정의 허가는 허가전의 유동적 무효상태에 있는 법률행위의 효력을 완성시켜주는 인가적 성질을 띤 것이라고 보는 것이 타당하다(대판 1991.12.24, 90다12243).

③ 참조조문

㉠ 「부동산 거래신고 등에 관한 법률」 제11조제6항 : 토지거래계약허가를 받지 아니하고 체결한 토지거래계약은 그 효력을 발생하지 아니한다.

㉡ 「부동산 거래신고 등에 관한 법률」 제26조제3항 : 제11조제1항에 따른 허가 또는 변경허가를 받지 아니하고 토지거래계약을 체결하거나, 속임수나 그 밖의 부정한 방법으로 토지거래계약 허가를 받은 자는 2년 이하의 징역 또는 계약 체결 당시의 개별공시지가에 따른 해당 토지가격의 100분의 30에 해당하는 금액 이하의 벌금에 처한다.

4. 허가·특허·인가의 이동(異同)

구 분	수익적 행정행위	수익적 행정행위	부담적 행정행위
의 의	일반적·상대적 금지의 해제	권리·능력 및 포괄적 법률관계의 설정	제3자의 법률행위 보충
성 질	① 법률행위적 행정행위 ② 수익적 행정행위 ③ 명령적 행정행위 ④ 기속행위	① 좌동 ② 좌동 ③ 형성적 행위(설권행위) ④ 재량행위	① 좌동 ② 좌동 ③ 형성적 행위(보충행위) ④ 기속행위(판례)
상대방	① 특정인(원칙) ② 출원불요(수정허가 가)	① 특정인 ② 출원필요	① 특정인 ② 출원필요 (수정인가 불가)
대 상	사실행위(원칙) 예외적으로 법률행위		법률행위만 (공·사법행위 불문)
효 과	① 자연적 자유의 회복 ② 반사적 이익	① 권리 등의 설정 ② 공권·사권	① 법률효과 완성
위반행위의 효력	① 행위자체는 유효 ② 행정벌, 강제집행의 대상		① 행위자체가 무효 ② 행정벌, 강제집행의 대상은 아님
예	건축허가, 의사면허, 총포·화약류제조허가 등	광업허가·귀화허가·사업인정·어업면허 등	공공조합의 정관승인, 사업양도인가 등

5. 인허가의제(행정기본법 제24조 내지 26조)

대법원 2018. 11. 29, 선고 2016두38792 판결

A시장은 2014. 8. 25. X임대주택조합 등이 사업주체로서 임대주택단지에 임대아파트 9개동 686세대를 건축하는 내용의 주택건설사업계획을 승인·고시하면서 관계 행정청과의 협의절차를 거쳐 이 사건 지구단위계획결정이 의제처리 되었음을 함께 고시하였다. 의제된 지구단위계획결정은 주택건설 사업구역 부분(Ⓐ부분)과 사업구역 밖 진입도로 부분(Ⓑ부분)으로 구성되어 있었다. 甲은 Ⓑ부분 내의 토지 소유자로서 자신의 토지가 위 진입도로 부지에 포함되어 장차 수용될 상황이다. 甲은 이 사건 지구단위계획결정에 절차상 위법 등이 있다는 이유로 주택건설사업계획승인과 지구단위계획결정에 대하여 취소소송을 제기하였다.

〈문제〉 의제된 지구단위계획결정이 항고소송의 대상인지 검토하시오..

(1) **의의** : 인허가의제는 주된 인허가를 받으면 법률로 정하는 바에 따라 관련 인허가를 함께 받은 것으로 의제하는 것을 말한다(제24조제1항). 인허가의제는 행정기관의 권한에 대한 변경을 가져오므로 법률에 그 근거가 명시되어야 한다.

(2) **취지** : 인허가의제는 원칙적으로 절차간소화 취지이다. 민원인은 주된 인허가 행정청에 주된 인허가의 신청과 함께 관련 인허가에 필요한 서류를 제출하면 되며, 관련 인허가 행정청에 일일이 방문하여 관련 인허가를 개별적으로 신청할 필요가 없게 된다. 인허가의제는 민원인의 절차적 이익을 위한 것으로 반드시 주된 인허가의 신청과 함께 관련 인허가의 의제 처리를 신청할 의무가 있다고 할 수 없다(부분인허가의제 또는 절차간소화 의제). 다만 건축법상 건축허가와 국토계획법상 개발행위허가(건축물의 건축)의 경우 동시에 제출되어 일괄심사를 받아 한다(일괄인허가의제 또는 필수적 의제).

(3) **절차** : 주된 인허가 행정청은 주된 인허가를 하기 전에 관련 인허가에 관하여 관련 인허가 행정청과 협의하여야 한다. 이때 협의는 '동의'의 의미이다. 관련 인허가 행정청은 협의 요청을 받은 날부터 20일 이내에 의견을 제출하여야 하며, 이 기간(민원 처리 관련 법령에 따라 의견을 제출하여야 하는 기간을 연장한 경우에는 그 연장한 기간을 말함) 내에 협의 여부에 관하여 의견을 제출하지 아니하면 협의가 된 것으로 본다(제24조제4항).

(4) **인허가요건에 관한 심사** : 판례에 따르면 인허가의제제도는 인허가의제와 관련한 법률에 따른 인허가 요건 충족 여부에 대한 일체의 심사를 배제하기 위한 것이 아니므로 관련 인허가의 실체적 요건에 대하여 심사하여야 하며, 그 요건이 모두 충족된 경우에만 주된 인허가를 할 수 있다(실체집중부정). 따라서 관련 인허가 행정청은 관련 인허가의 근거 법령을 위반하여 협의에 응해서는 아니 된다(제24조제5항 본문). 다만 관련 인허가에 필요한 심의, 의견 청취 등 절차에 관하여는 법률에 인허가의제 시에도 해당 절차를 거친다는 명시적인 규정이 있는 경우에만 이를 거친다(제24조제5항 단서).

(5) **효과** : 관련 인허가 행정청과 협의가 된 사항에 대해서는 주된 인허가를 받았을 때 관련 인허가를 받은 것으로 본다(제25조제1항). 인허가의제의 효과는 주된 인허가의 해당 법률에 규정된 관련 인허가에 한정된다(제2항).

(6) **관련 인허가의 사후관리** : 관련 인허가 행정청은 관련 인허가를 직접 한 것으로 보아 관계 법령에 따른 관리·감독 등 필요한 조치를 하여야 한다(제26조). 이 규정에 따라 관계 행정청의 사후 관리·감독에 있어서는 부분인허가의제를 전제로 의제된 관련 인허가가 실재하는 것으로 보고 주된 인허가와 별도로 직권취소 또는 철회하는 것이 가능하다.

6. 대 리

(1) **대리의 개념** : 제3자가 해야 할 일을 행정청이 대신 행함으로써, 제3자가 한 것과 같은 법적 효과를 발생시키는 행정행위를 말한다.

(2) **대리행위 성질** : 법정대리이다.

(3) **대리행위의 예**

① 감독적 견지에서 행해지는 감독청에 의한 공법인의 정관작성이나 임원의 임면

② 당사자 사이의 협의가 이루어지지 않은 경우에 있던 조정적 견지에서 행해지는 재정(예; 토지 수용에 관한 토지수용위원회의 수용재결)

③ 국세의 강제징수를 위해 행해지는 공매처분

④ 사자(死者)의 유류물처분

Ⅵ. 준법률행위적 행정행위

1. 확 인

(1) 의의 : 특정한 사실 또는 법률관계에 관해 의문이나 다툼이 있는 경우에 행정청이 이를 공적으로 확정하는 행정행위이다(예, 당선인·합격자의 결정, 발명특허, 행정심판의 재결 등).

＊ 과세표준의 결정(판례는 처분성 부정)

(2) 확인의 성질

① 행정청의 판단을 표시하는 행위 ② 준사법적 행위 ③ 기속행위

(3) 확인의 형식

① 구체적 처분의 형식으로 행해진다.

② 문서에 의하는 것이 일반적이다.

(4) 확인의 (공통적)효과 : 불가변력이 발생한다.

2. 공 증

(1) 의의 : 특정한 사실 또는 법률관계의 존재를 공적으로 증명하는 행위를 말한다(예, 각종의 등기·등록, 회의록 등의 기재, 증명서 발급, 영수증 교부, 여권·감찰의 발급, 검인의 押捺(압날) 등).

(2) 공증의 성질

① 인식 표시행위

② 기속행위

(3) 공증의 효과

① 공적 증거력이 발생한다.

② 반증이 있게 되면 공증의 최고(催告)를 기다릴 것 없이 그를 뒤집을 수 있다.

(4) 공증의 처분성에 관한 판례

① 처분성을 부정한 사례

㉠ 임야대장에의 등재나 등재사항의 변경

㉡ 지적공부의 복구신청 또는 변경신청의 거부 등

* 헌법재판소는 지적공부의 등록사항에 대한 정정 신청을 반려한 행위를 공권력행사인 거부처분으로 보고 있다(헌재결 1999.6.24, 97헌마315 참조).

② 처분성을 긍정한 사례

㉠ 상표사용권 설정등록행위(대판 1991.8.13, 90누9414)

㉡ 지목변경신청에 대한 반려(거부)행위(대판 2004.4.22, 2003두9015)

㉢ 지적공부소관청의 토지분할신청의 거부(대판 1993.3.23, 91누8968)

㉣ 건축물 대장의 용도변경 신청(대판 2009.1.30, 선고 2007두7277 판결)

3. 통 지

(1) 의의

① 개념 : 특정인 또는 불특정다수인에 대하여 일정한 사실을 알리는 행정행위이다.

② 이미 성립한 행정행위의 효력발생요건으로서의 통지와 구별된다.

(2) 통지의 종류

① 관념의 통지 : 특정한 사실에 관한 관념을 알리는 행위(예, 특허출원의 공고)

② 의사의 통지 : 행위자의 의사를 알리는 행위(예, 대집행의 계고·납세의 독촉 등)

* 단순한 사실의 통지(당연퇴직의 통보 등)는 통지행위가 아니다.

(3) 통지의 효과

통지는 그 자체가 일정한 법률효과를 발생시키는 행정행위이다.

(4) 통지의 처분성에 관한 판례

① 처분성이 인정되는 통지

㉠ 대집행의 계고(대판 1996.2.9, 95누12507)

㉡ 납세의 독촉(대판 1999.7.13, 97누119)

② 처분성이 부정되는 통지

㉠ 당연퇴직의 통보(대판 1995.11.14, 95누2036)

㉡ 형성적 재결의 결과통보(대판 1997.5.30, 96누14678)

㉢ 성업공사(현 자산관리공사)의 공매통지(대판 1998.6.26, 96누12030)

㉣ 대한의료보험연합회의 심사결과통지(대판 1999.6.25, 98두15863)

4. 수 리

(1) 의 의

행정청이 사인의 행위를 유효한 행위로 받아들이는 행위로 기속재량행위이며 수리를 요하는 신고를 말한다.

(2) 수리의 거부

수리를 요하는 신고의 거부는 행정상 쟁송의 대상이 된다.

관련 판례

▣ 법률행위적 행정행위

■ 허 가

1. 허가권자가 법정사유 외의 사유로 허가를 거부할 수 있는 여부

건축법 소정의 건축허가권자는 건축허가신청이 건축법, 도시계획법등 관계 법규에서 정하는 어떠한 제한에 배치되지 않는 이상 당연히 같은 법조 소정의 건축허가를 하여야 하므로, 법률상의 근거 없이 그 신청이 관계 법규에서 정한 제한에 배치되는지의 여부에 대한 심사를 거부할 수 없고, 심사 결과 그 신청이 법정요건에 합치하는 경우에는 특별한 사정이 없는 한 이를 허가하여야 하며, 공익상 필요가 없음에도 불구하고 요건을 갖춘 자에 대한 허가를 관계 법령에서 정하는 제한사유 이외의 사유를 들어 거부할 수 없다.

(대법원 1995.6.13, 선고 94다56883 판결【소유권이전등기말소】)

2. 허가를 거부할 수 있는 사유로서 관계법규

구 건축법(1991.5.31. 법률 제4381호로 개정되기 전의 것) 제5조 제1항 소정의 건축허가권자는 건축물이 건축법, 도시계획법 등의 관계 법규에서 정하는 어떠한 제한에 배치되지 않는 이상 당연히 같은 법조 소정의 건축허가를 하여야 하고, 위 관계 법규에서 정하는 제한사유 이외의 사유를 들어 그 허가신청을 거부할 수는 없고, 여기서 관계 법규란 건축물에 대한 건축허가의 제한에 관하여 직접 규정하고 있는 법규만을 말하고, 건축허가에 따라 건축된 건축물 내의 시설의 운영이나 용

도에 따른 건축물의 사용에 대하여 제한을 가하는 법규를 말하는 것은 아니라 할 것이다.
(대법원 1992.6.9, 선고 91누11766 판결【건축허가거부처분취소】)

3. 조례에 의하여 행위제한지역을 구체적으로 지정하지 아니한 경우에도 그 지정에 관하여 조례가 정한 기준에 해당하는 경우, 건축허가를 거부할 수 있는지 여부(적극)

준농림지역 안으로서 지방자치단체의 조례가 정하는 지역에서 식품위생법 소정의 식품접객업, 공중위생법 소정의 숙박업 등을 영위하기 위한 시설 중 지방자치단체의 조례가 정하는 시설의 건축을 제한할 수 있는바, 이러한 관계 법령의 규정을 종합하여 보면, 지방자체단체의 조례에 의하여 준농림지역 내의 건축제한지역이라는 구체적인 취지의 지정·고시가 행하여지지 아니하였다 하더라도, 조례에서 정하는 기준에 맞는 지역에 해당하는 경우에는 숙박시설의 건축을 제한할 수 있다고 할 것이고, 그러한 기준에 해당함에도 불구하고 무조건 숙박시설 등의 건축허가를 하여야 하는 것은 아니라고 할 것이며, 조례에서 정한 요건에 저촉되지 아니하는 경우에 비로소 건축허가를 할 수 있는 것으로 보아야 할 것이다.
(대법원 1999.8.19, 선고 98두1857 전원합의체 판결【건축허가신청서반려처분취소】)

4. 도로법상 허가와 건축법상의 허가

도로법과 건축법에서 각 규정하고 있는 건축허가는 그 허가권자의 허가를 받도록 한 목적, 허가의 기준, 허가 후의 감독에 있어서 같지 아니하므로 도로법에 의한 이 사건 개축허가가 있었다고 하더라도 건축법에 의한 허가를 다시 받아야 할 것이다.
(대법원 1991.4.12, 선고 91도218 판결【건축법위반】)

5. 허가에 붙은 기한이 성질상 부당하게 짧은 경우, 이를 허가조건의 존속기간으로 볼 수 있는지 여부(적극)

일반적으로 행정처분에 효력기간이 정하여져 있는 경우에는 그 기간의 경과로 그 행정처분의 효력은 상실되며, 다만 허가에 붙은 기한이 그 허가된 사업의 성질상 부당하게 짧은 경우에는 이를 그 허가 자체의 존속기간이 아니라 그 허가조건의 존속기간으로 보아 그 기한이 도래함으로써 그 조건의 개정을 고려한다는 뜻으로 해석할 수 있다.
(대법원 2004.11.25, 선고 2004두7023 판결【사도개설허가취소신청거부처분취소】)

6. 행정행위의 허가기준의 시점

행정행위는 처분 당시에 시행중인 법령 및 허가기준에 의하여 하는 것이 원칙이고, 인, 허가신청 후 처분 전에 관계 법령이 개정 시행된 경우 신법령 부칙에서 신법령 시행 전에 이미 허가신청이 있는 때에는 종전의 규정에 의한다는 취지의 경과규정을 두지 아니한 이상 당연히 허가신청 당시의 법령에 의하여 허가 여부를 판단하여야 하는 것은 아니며, 소관 행정청이 허가신청을 수리하고도 정당한 이유 없이 처리를 늦추어 그 사이에 법령 및 허가기준이 변경된 것이 아닌 한 새로운 법령 및 허가기준에 따라서 한 불허가처분이 위법하다고 할 수 없다.
(대법원 1992.12.8, 선고 92누13813 판결【투전기업소신규허가신청불허처분취소】)

7. 경업자 소송의 허용성(제1회 변시 응용출제)

일반적으로 면허나 인·허가 등의 수익적 행정처분의 근거가 되는 법률이 해당 업자들 사이의 과당경쟁으로 인한 경영의 불합리를 방지하는 것도 그 목적으로 하고 있는 경우, 다른 업자에 대한 면허나 인·허가 등의 수익적 행정처분에 대하여 이미 같은 종류의 면허나 인·허가 등의 수익적 행정처분을 받아 영업을 하고 있는 기존의 업자는 경업자에 대하여 이루어진 면허나 인·허가 등 행정처분의 상대방이 아니라 하더라도 당해 행정처분의 취소를 구할 원고적격이 있다.
(대법원 2006.7.28, 선고 2004두6716 판결【분뇨등관련영업허가처분취소】)

■ 특 허

8. 행정재산의 사용·수익에 대한 허가의 성질

공유재산의 관리청이 행정재산의 사용·수익에 대한 허가는 순전히 사경제주체로서 행하는 사법상의 행위가 아니라 관리청이 공권력을 가진 우월적 지위에서 행하는 행정처분으로서 특정인에게 행정재산을 사용할 수 있는 권리를 설정하여 주는 강학상 특허에 해당한다.
(대법원 1998.2.27, 선고 97누1105 판결【공유재산대부신청반려처분무효확인】)

9. 자동차운송사업면허의 법적 성질

자동차운수사업법 제4조 제1항, 제5조, 제6조, 구 자동차운수사업법시행규칙(1991. 9.27. 교통부령 제960호로 개정되기 전의 것) 제15조 제1항, 제11항 등 관계 법령의 규정내용에 의하면, 자동차운수사업법에 의한 자동차운송사업면허는 특정인에게 특정한 권리를 설정하여 주는 행위로서 법령에 특별한 규정이 없는 한 행정청의 재량에 속하는 것이고, 따라서 관할관청이 그 면허를 위하여 필요한 기준을 정하는 것은 물론 정한 기준을 변경하는 것 역시 행정청의 재량에 속한다고 할 것이다.
(대법원 1992.4.28, 선고 91누13526 판결【개인택시운송사업면허거부처분취소】)

10. 도시 및 주거환경정비법상 조합설립인가처분의 법적 성격

행정청이 도시 및 주거환경정비법 등 관련 법령에 근거하여 행하는 조합설립인가처분은 단순히 사인들의 조합설립행위에 대한 보충행위로서의 성질을 갖는 것에 그치는 것이 아니라 법령상 요건을 갖출 경우 도시 및 주거환경정비법상 주택재건축사업을 시행할 수 있는 권한을 갖는 행정주체(공법인)로서의 지위를 부여하는 일종의 설권적 처분의 성격을 갖는다.
(대법원 2009.9.24, 선고 2008다60568 판결【재건축결의부존재확인】)

■ 부분승인·예비결정

11. 원자력법 소정의 부지사전승인제도의 취지

원자력법 제11조 제3항 소정의 부지사전승인제도는 원자로 및 관계 시설을 건설하고자 하는 자가 그 계획 중인 건설부지가 원자력법에 의하여 원자로 및 관계 시설의 부지로 적법한지 여부 및 굴착공사 등 일정한 범위의 공사(이하 '사전공사'라 한다)를 할 수 있는지 여부에 대하여 건설허가 전에 미리 승인을 받는 제도로서, 원자로 및 관계 시설의 건설에는 장기간의 준비·공사가 필요하기 때문에 필요한 모든 준비를 갖추어 건설허가신청을 하였다가 부지의 부적법성을 이유로 불허가될 경우 그 불이익이 매우 크고 또한 원자로 및 관계 시설 건설의 이와 같은 특성상 미리 사전공사를 할 필요가 있을 수도 있어 건설허가 전에 미리 그 부지의 적법성 및 사전공사의 허용 여부에 대한 승인을 받을 수 있게 함으로써 그의 경제적·시간적 부담을 덜어 주고 유효·적절한 건설공사를 행할 수 있도록 배려하려는 데 그 취지가 있다.
(대법원 1998.9.4, 선고 97누19588 판결【부지사전승인처분취소】)

■ 인 가

12. 재단법인 정관변경 허가의 성질

민법 제45조와 제46조에서 말하는 재단법인의 정관변경 "허가"는 법률상의 표현이 허가로 되어 있기는 하나, 그 성질에 있어 법률행위의 효력을 보충해 주는 것이지 일반적 금지를 해제하는 것이 아니므로, 그 법적 성격은 인가라고 보아야 한다.

(대법원 1996.5.16, 선고 95누4810 전원합의체 판결【법인정관변경허가처분무효확인】)

13. 법규상 근거 없는 인가 거부의 허용성

구 주택건설촉진법(1994.1.7. 법률 제4723호로 개정되기 전의 것) 제44조 및 같은법시행령(1994.7.30. 대통령령 제14349호로 개정되기 전의 것) 제42조의 규정에 따라 설립인가를 신청한 주택조합의 사업내용이 같은 법 등 관계 법령의 규정에 위배되거나 사회질서를 해칠 우려가 있음이 명백한 때에는 인가를 거부할 수 있다고 보아야 하고 그 경우에 법규에 명문의 근거가 없더라도 거부처분을 할 수 있다.

(대법원 1995.12.12, 선고 94누12302 판결【주택조합설립인가신청거부처분취소】)

14. 의제된 지구단위계획결정의 처분성

의제된 인허가는 통상적인 인허가와 동일한 효력을 가지므로, 적어도 '부분 인허가 의제'가 허용되는 경우에는 그 효력을 제거하기 위한 법적 수단으로 의제된 인허가의 취소나 철회가 허용될 수 있고(대법원 2018. 7. 12. 선고 2017두48734 판결 참조), 이러한 직권 취소·철회가 가능한 이상 그 의제된 인허가에 대한 쟁송취소 역시 허용된다. 따라서 주택건설사업계획 승인처분에 따라 의제된 인허가가 위법함을 다투고자 하는 이해관계인은, 주택건설사업계획 승인처분의 취소를 구할 것이 아니라 의제된 인허가의 취소를 구하여야 하며, 의제된 인허가는 주택건설사업계획 승인처분과 별도로 항고소송의 대상이 되는 처분에 해당한다.

(대법원 2018.11.29, 선고 2016두38792 판결【임대주택건설사업계획승인처분취소】)

▣ 준법률행위적 행정행위

■ 확인행위

15. 준공검사처분의 법적 성질

준공검사처분은 건축허가를 받아 건축한 건물이 건축허가사항대로 건축행정목적에 적합한가의 여부를 확인하고, 준공검사필증을 교부하여 줌으로써 허가받은 자로 하여금 건축한 건물을 사용, 수익할 수 있게 하는 법률효과를 발생시키는 것이다.

(대법원 1992.4.10, 선고 91누5358 판결【준공신청서반려처분취소】)

16. 친일재산에 대한 친일반민족행위자재산조사위원회의 국가귀속결정의 법적 성격(=준법률행위적 행정행위)

친일반민족행위자 재산의 국가귀속에 관한 특별법 규정들의 취지와 내용에 비추어 보면, 친일재산은 친일반민족행위자재산조사위원회가 국가귀속결정을 하여야 비로소 국가의 소유로 되는 것이 아니라 특별법의 시행에 따라 그 취득·증여 등 원인행위 시에 소급하여 당연히 국가의 소유로 되고, 위 위원회의 국가귀속결정은 당해 재산이 친일재산에 해당한다는 사실을 확인하는 이른바 준법률행위적 행정행위의 성격을 가진다.
(대법원 2008.11.13, 선고 2008두13491 판결【친일재산국가귀속처분취소】)

17. 근로복지공단이 사업주에 대하여 하는 '개별 사업장의 사업종류 변경결정'의 법적 성질

고용노동부장관의 고시에 의하면, 개별 사업장의 사업종류 결정은 그 사업장의 재해 발생의 위험성, 경제활동의 동질성, 주된 제품·서비스의 내용, 작업공정과 내용, 한국표준산업분류에 따른 사업내용 분류, 동종 또는 유사한 다른 사업장에 적용되는 사업종류 등을 확인한 후, 매년 고용노동부장관이 고시한 '사업종류예시표'를 참고하여 사업세목을 확정하는 방식으로 이루어진다. 1차적으로 사업주의 보험관계 성립신고나 변경신고를 참고하지만, 사업주가 신고를 게을리하거나 그 신고 내용에 의문이 있는 경우에는 산재보험료를 산정하는 행정청인 근로복지공단이 직접 사실을 조사하여 결정하여야 한다. 이러한 사업종류 결정의 주체, 내용과 결정기준을 고려하면, 개별 사업장의 사업종류 결정은 구체적 사실에 관한 법집행으로서 공권력을 행사하는 '확인적 행정행위'라고 보아야 한다.
(대법원 2020.4.9, 선고 2019두61137 판결【사업종류변경처분등취소청구의소】)

■ 공증행위

18. 지목변경신청 반려행위의 행정처분성

구 지적법(2001.1.26. 법률 제6389호로 전문 개정되기 전의 것) 제20조, 제38조 제2항의 규정은 토지소유자에게 지목변경신청권과 지목정정신청권을 부여한 것이고, 한편 지목은 토지에 대한 공법상의 규제, 개발부담금의 부과대상, 지방세의 과세대상, 공시지가의 산정, 손실보상가액의 산정 등 토지행정의 기초로서 공법상의 법률관계에 영향을 미치고, 토지소유자는 지목을 토대로 토지의 사용·수익·처분에 일정한 제한을 받게 되는 점 등을 고려하면, 지목은 토지소유권을 제대로 행사하기 위한 전제요건으로서 토지소유자의 실체적 권리관계에 밀접하게 관련되어 있으므로 지적공부 소관청의 지목변경신청 반려행위는 국민의 권리관계에 영향을 미치는 것으로서 항고소송의 대상이 되는 행정처분에 해당한다.
(대법원 2004.4.22, 선고 2003두9015 전원합의체 판결【지목변경신청반려처분취소청구각하취소】)

19. 행정청이 건축물대장의 용도변경신청을 거부한 행위가 행정처분에 해당하는지 여부(적극)

구 건축법(2005.11.8. 법률 제7696호로 개정되기 전의 것) 제14조 제4항의 규정은 건축물의 소유자에게 건축물대장의 용도변경신청권을 부여한 것이고, 한편 건축물의 용도는 토지의 지목에 대응하는 것으로서 건물의 이용에 대한 공법상의 규제, 건축법상의 시정명령, 지방세 등의 과세대상 등 공법상 법률관계에 영향을 미치고, 건물소유자는 용도를 토대로 건물의 사용·수익·처분에 일정한 영향을 받게 된다. 이러한 점 등을 고려해 보면, 건축물대장의 용도는 건축물의 소유권을 제대로 행사하기 위한 전제요건으로서 건축물 소유자의 실체적 권리관계에 밀접하게 관련되어 있으므로, 건축물대장 소관청의 용도변경신청 거부행위는 국민의 권리관계에 영향을 미치는 것으로서 항고소송의 대상이 되는 행정처분에 해당한다.
(대법원 2009.1.30, 선고 2007두7277 판결【건축물표시변경신청불가처분취소】)

■ 통지행위

20. 폐기물처리법 사업계획서에 대한 적정·부적정 통보 제도의 취지

폐기물관리법 관계 법령의 규정에 의하면 폐기물처리업의 허가를 받기 위하여는 먼저 사업계획서를 제출하여 허가권자로부터 사업계획에 대한 적정통보를 받아야 하고, 그 적정통보를 받은 자만이 일정기간 내에 시설, 장비, 기술능력, 자본금을 갖추어 허가신청을 할 수 있으므로, 결국 부적정통보는 허가신청 자체를 제한하는 등 개인의 권리 내지 법률상의 이익을 개별적이고 구체적으로 규제하고 있어 행정처분에 해당한다. 폐기물관리법 각 규정에 비추어 보면 폐기물처리업의 허가에 앞서 사업계획서에 대한 적정·부적정 통보 제도를 두고 있는 것은 폐기물처리업을 하고자 하는 자가 스스로 시설 등을 설치하여 허가신청을 하였다가 허가단계에서 그 사업계획이 부적정하다고 판명되어 불허가되면 허가신청인이 막대한 경제적·시간적 손실을 입게 되므로, 이를 방지하는 동시에 허가관청으로 하여금 미리 사업계획서를 심사하여 그 적정·부적정통보 처분을 하도록 하고, 나중에 허가단계에서는 나머지 허가요건만을 심사하여 신속하게 허가업무를 처리하는데 그 취지가 있다.

(대법원 1998.4.28, 선고 97누21086 판결【폐기물처리사업부적정통보취소】)

21. 교수 임용기간만료의 통지의 처분성(적극)

기간제로 임용되어 임용기간이 만료된 국·공립대학의 조교수는 교원으로서의 능력과 자질에 관하여 합리적인 기준에 의한 공정한 심사를 받아 위 기준에 부합되면 특별한 사정이 없는 한 재임용되리라는 기대를 가지고 재임용 여부에 관하여 합리적인 기준에 의한 공정한 심사를 요구할 법규상 또는 조리상 신청권을 가진다고 할 것이니, 임용권자가 임용기간이 만료된 조교수에 대하여 재임용을 거부하는 취지로 한 임용기간만료의 통지는 위와 같은 대학교원의 법률관계에 영향을 주는 것으로서 행정소송의 대상이 되는 처분에 해당한다.

(대법원 2004.4.22, 선고 2000두7735 전원합의체 판결【교수재임용거부처분취소】)

22. 가산금·중가산금의 납부독촉 행위의 성질

국세징수법 제21조, 제22조가 규정하는 가산금과 중가산금은 국세가 납부기한까지 납부되지 않은 경우 미납분에 관한 지연이자의 의미로 부과되는 부대세의 일종으로서, 과세권자의 확정절차 없이 국세를 납부기한까지 납부하지 아니하면 같은 법 제21조, 제22조의 규정에 의하여 당연히 발생하고 그 액수도 확정되는 것이며, 그에 관한 징수절차를 개시하려면 독촉장에 의하여 그 납부를 독촉함으로써 가능한 것이므로, 그 납부독촉이 부당하거나 절차에 하자가 있는 경우에는 그 징수처분에 대하여 취소소송에 의한 불복이 가능할 것이다.

(대법원 2000.9.22, 선고 2000두2013 판결【토지초과이득세부과처분등취소】)

23. 당연퇴직처분이 통지로서 행정처분인지 여부

국가공무원법 제69조에 의하면 공무원이 제33조 각 호의 1에 해당할 때에는 당연히 퇴직한다고 규정하고 있으므로, 국가공무원법상 당연퇴직은 결격사유가 있을 때 법률상 당연히 퇴직하는 것이지 공무원관계를 소멸시키기 위한 별도의 행정처분을 요하는 것이 아니며, 당연퇴직의 인사발령은 법률상 당연히 발생하는 퇴직사유를 공적으로 확인하여 알려주는 이른바 관념의 통지에 불과하고 공무원의 신분을 상실시키는 새로운 형성적 행위가 아니므로 행정소송의 대상이 되는 독립한 행정처분이라고 할 수 없다.

(대법원 1995.11.14, 선고 95누2036 판결【당연퇴직처분무효확인】)

제 5 항 행정행위의 부관

행정기본법 제17조(부관)

① 행정청은 처분에 재량이 있는 경우에는 부관(조건, 기한, 부담, 철회권의 유보 등을 말한다. 이하 이 조에서 같다)을 붙일 수 있다.

② 행정청은 처분에 재량이 없는 경우에는 법률에 근거가 있는 경우에 부관을 붙일 수 있다.

③ 행정청은 부관을 붙일 수 있는 처분이 다음 각 호의 어느 하나에 해당하는 경우에는 그 처분을 한 후에도 부관을 새로 붙이거나 종전의 부관을 변경할 수 있다.

1. 법률에 근거가 있는 경우
2. 당사자의 동의가 있는 경우
3. 사정이 변경되어 부관을 새로 붙이거나 종전의 부관을 변경하지 아니하면 해당 처분의 목적을 달성할 수 없다고 인정되는 경우

Ⅰ. 부관의 의의·기능

1. 부관의 개념

행정행위의 효과를 제한 또는 보충하기 위하여 주된 행정행위에 부가된 종된 규율을 말한다. 부관의 종류로는 조건, 기한, 부담, 철회권의 유보, 법률효과의 일부배제 등이 있다.

2. 타 개념과의 구별

① 법정부관

㉠ 의의 : 법령이 직접 행정행위의 효력을 제한하기 위하여 붙인 부관, 원칙적으로 강학상의 부관은 아니다.

㉡ 특징 : 법정부관에는 행정행위의 부관의 한계에 관한 일반적 원칙이 적용되지 않는다.

광업법 제12조(광업권의 존속기간)
① 탐사권의 존속기간은 7년을 넘을 수 없다.
② 채굴권의 존속기간은 20년을 넘을 수 없다.
③ 채굴권자는 채굴권의 존속기간이 끝나기 전에 대통령령으로 정하는 바에 따라 산업통상자원부장관의 허가를 받아 채굴권의 존속기간을 연장할 수 있다. 이 경우 연장할 때마다 그 연장기간은 20년을 넘을 수 없다.

② 행정행위의 내용적 제한과는 구별하기도 한다(예, 영업허가를 발급하면서 영업구역을 설정하거나 영업시간을 제한하는 것).

3. 부관의 기능

① 행정의 탄력성·상황적합성의 부여 : 부관이 없으면 전면적 거부를 할 것을 제한적인 긍정을 하게 한다는 점에서 탄력적 행정을 가능케 한다.

② 절차경제의 도모에 도움이 된다.

③ 공익 및 제3자 보호 : 행정행위의 효과의 발생을 제한케 함으로써 공익이나 제3자의 보호에도 기여한다.

Ⅱ. 부관의 종류

대법원 1997.3.11, 선고 96다49650 판결
건설회사(甲)는 구청장(A)에게 이 사건 사업부지에 아파트 1,744세대를 건축하는 주택사업계획승인을 신청하였다. A는 위 사업계획의 승인조건으로 사업계획과 직접적 관련이 없는 도로 건설을 위해 위 사업부지와 인접한 甲 소유의 토지 2,791㎡를 기부채납하도록 하였다.
〈문제〉 위 토지의 기부채납 부관의 법적 성격 및 그 적법 여부를 검토하시오.

1. 조 건

① 의의 : 행정행위의 효과의 발생·소멸을 장래의 '불확실한' 사실에 의존시키는 부관을 말한다.

② 종류

㉠ 정지조건(조건이 성취되어야 행정행위의 효력이 발생) : 예) 주민과의 합의를 조건으로 하는 공장신축허가

㉡ 해제조건(조건이 성취되면 행정행위의 효력이 상실) : 예) 일정한 기간 내에 공사에 착수할 것을 조건으로 하는 공유수면매립면허

2. 기 한

① 의의 : 행정행위의 효과의 발생·소멸을 장래 도래가 '확실한' 사실에 의존시키는 부관을 말한다.

② 종류

㉠ 시기와 종기가 있다.

㉡ 확정기한, 불확정기한이 있다.

③ 종기가 행정행위의 절대적 소멸 원인인가에 대해 다수설과 판례는 부정적이다.

허가자체의 존속기간과 허가조건의 존속기간

① 구별기준 : 행정행위의 내용상 장기간에 걸쳐 계속될 것이 예상되는데, 유효기간이 허가 또는 특허된 사업의 성질상 부당하게 단기로 정해진 경우에는 그 유효기간을 '허가조건의 존속기간'으로 보아야 한다.

② 허가 자체의 존속기간의 효과 : 행정행위 자체의 존속기간인 경우에는 종기의 도래로 주된 행정행위는 당연히 효력을 상실한다. 이 경우 기간연장신청은 새로운 행정행위의 신청에 해당한다.

③ 허가갱신의 효과 : 허가의 갱신으로 갱신전의 허가는 동일성을 유지하면서 효력을 유지한다.

④ 판례

종전 허가의 유효기간이 지나서 신청한 기간연장신청 - 별도의 처분을 구하는 신청으로 보아야 함(대판 1995.11.10, 94누11866).

3. 부 담

① 의의 : 행정행위의 주된 내용에 부가하여 의무를 부과하는 부관을 말한다.

② 부담의 부관성(附款性) 여부

③ 조건과의 구별

㉠ 정지조건과의 구별 : 주된 행정행위와의 밀접한 연관선상에서 이루어진 부관은 조건이고, 의무의 부과에 해당하는 것은 부담이다.

㉡ 강제집행의 대상 여부 : 조건만의 강제집행은 불가하나, 부담은 강제집행이 가능하다.

㉢ 양자의 구분이 불명확할 때는 부담으로 추정하는 것이 일반적이다. 부담은 그 자체가 행정쟁송의 대상이 될 수 있어 사인의 권리 구제에 보다 효과적이기 때문이다.

4. 철회권의 유보

① 의의 : 장래에 일정한 사유가 발생하는 경우에는 행정행위를 철회하여 그의 효력을 소멸시킬 수 있는 권한을 유보해 놓은 부관이다.

② 철회권 행사의 제한 : 유보된 사실이 발생하더라도 철회권의 행사가 자유로운 것은 아니며, 철회권의 제한에 관한 일반원칙에 따른 제한을 받는다.

* 부담부 행정행위의 상대방은 당해 행정행위의 철회 시에 신뢰보호의 원칙을 원용할 수 없다.

③ 해제조건과의 차이점

㉠ 소급효의 유무 : 철회권의 유보는 장래효, 해제조건은 소급효이다.

㉡ 이익형량 여부 : 철회권 유보는 철회 시 이익형량이 이루어지나, 해제조건은 필요 없다.

㉢ 별도의 행정행위 : 철회권의 유보는 필요하나, 해제조건은 조건의 성취 시 별도의 행정행위 불필요하다는 것이 통설이다.

㉣ 해제조건의 경우에는 조건이 성취되면 행정행위의 효력이 당연히 소멸되지만, 부담의 경우에는 부담에 의해 부가된 의무의 불이행이 있는 경우에 행정행위가 당연히 소멸되는 것이 아니라 철회 사유가 된다.

5. 법률효과의 일부배제

① 의의 : 법률이 행정행위에 부여하는 법률효과의 일부를 배제하는 것이다(예, 버스노선의 지정, 택시 2부제, 야간만의 도로점용허가 등).

② 법적 근거 : 명시적 근거가 있는 경우에만 붙일 수 있다.

Ⅲ. 부관의 가능성

1. 준법률행위적 행정행위와 부관

① 종래의 다수설 : 부관은 법률행위적 행정행위에 대해서만 붙여질 수 있고, 준법률행위적 행정행위에는 붙일 수 없다.

② 법률행위적 행정행위에도 부관을 붙이기가 적당하지 않은 것이 있는가 하면(귀화허가), 준법률행위적 행정행위에도 부관을 붙일 수 있는 경우가 있다(확인·공증). 무엇보다 해당 행정행위의 근거 법령의 규정과 그 행위의 성격에 따라 판단하여야 할 것이다.

2. 기속행위와 부관

① 실정법적 근거 : 「행정기본법」 제17조제2항

② 종래의 다수설·판례 : 부관은 재량행위에만 붙일 수 있고, 기속행위에는 붙일 수 없다. 만일 기속행위 또는 기속재량행위에 그 효과를 제한하는 부관을 붙이면 그 부관은 무효이다(대판 1995.6.13, 94다56883).

③ 기속행위 또는 기속재량행위에 대해서도 장래에 있어서의 법률요건의 충족을 확보하는 목적에서의 부관은 붙일 수 있다. 이는 무용한 행정의 반복을 피하기 위함이지만(예, 주차장 건설이 미비한 건축허가 신청에 대하여 주차장 건설을 조건으로 하는 건축허가), 행정 운영상 예외적으로 적용되어야 할 것이다.

3. 법적 근거의 문제

법률행위적 행정행위, 특히 수익적 행정행위는 특별한 법적 근거 없이 부관을 붙일 수 있다는 것이 종래의 지배적 견해이다.

4. 사후부관의 가능성

① 실정법적 근거: 「행정기본법」 제17조제3항

② 그러나 상대방의 수인한도를 넘는 부담이나 비례원칙을 위반하는 부관은 위법이라고 보아야 한다.

③ 판례

> 행정처분에 이미 부담이 부가되어 있는 상태에서 그 의무의 범위 또는 내용 등을 변경하는 부관의 사후변경은 법률에 명문의 규정이 있거나 그 변경이 미리 유보되어 있는 경우 또는 상대방의 동의가 있는 경우에 한하여 허용되는 것이 원칙이지만, 사정변경으로 인하여 당초에 부담을 부가한 목적을 달성할 수 없게 된 경우에도 그 목적달성에 필요한 범위 내에서 예외적으로 허용된다」(대판 1997.5.30, 97누2627).

5. 부관의 한계

(1) 행정기본법상 기준

> **행정기본법 제17조(부관)**
>
> ④ 부관은 다음 각 호의 요건에 적합하여야 한다.
>
> 1. 해당 처분의 목적에 위배되지 아니할 것
> 2. 해당 처분과 실질적인 관련이 있을 것
> 3. 해당 처분의 목적을 달성하기 위하여 필요한 최소한의 범위일 것

(2) 판례상 기준(대판 1997.3.14, 96누16698)

① 적법해야 하고,

② 이행가능 하여야 하며,

③ 주된 행정행위의 본질을 침해해서는 안 되고,

④ 행정법상의 일반원칙에 위배해서는 안 된다.

⑤ 기타, 주된 행정행위와의 실질적 관련성이 있어야 한다.

Ⅳ. 하자있는 부관과 행정행위의 효력

1. 하자있는 부관의 효력

① 하자가 중대하고 명백한 경우에는 그 부관은 무효이다.

② 그렇지 않은 경우에는 그 부관은 취소할 수 있는 것이 된다.

2. 무효인 부관이 붙은 행정행위의 효력

① 원칙 : 원칙적으로는 부관만이 무효가 될 뿐 본체인 행정행위의 효력에는 아무런 영향도 미치지 않지만, 무효인 부관이 본체인 행정행위의 중요한 요소를 이루는 경우에는(즉, 그러한 부관을 붙이지 않았더라면 그러한 행정행위를 하지 않았을 것이라고 인정되는 경우에는) 본체인 행정행위도 무효가 된다.

② 관련 판례 : 「도로점용허가의 점용기간은 행정행위의 본질적 사항에 해당한다고 볼 것이어서 부관인 점용기간을 정함에 있어서 위법사유가 있다면 이로서 도로점용허가처분 전부가 위법하게 된다」(대판 1985.7.9, 84누604).

3. 취소할 수 있는 부관이 붙은 행정행위의 효력

① 부관이 취소되기까지는 유효한 부관부 행정행위로 존재한다.

② 부관이 독립적으로 취소되면 부관이 무효인 경우와 같이 취급한다.

Ⅴ. 하자있는 부관에 대한 쟁송

1. 부관만의 독립쟁송가능성

① 문제의 의의 : 하자있는 부관만의 취소 등을 구하는 것이 가능한가?

* 부관의 독립가쟁성은 (독립취소가능성과 달리) 소송요건의 문제

② 학설

㉠ 부관전부가능설 : 모든 부관에 대한 독립가쟁성을 인정하는 견해이다.

㉡ 부담독립가능설 : 부담만이 독립쟁송이 가능하다는 설(판례의 입장)

㉢ 분리가능성설 : 부관이 주된 행정행위로부터 분리가능하면 독립하여 쟁송이 가능하다는 설(분리가능성설)

③ 판례

> 현행 행정쟁송제도 아래서는 부관 그 자체만을 독립된 쟁송의 대상으로 할 수 없는 것이 원칙이나, 행정행위의 부관 중에서도 부담인 경우에는 다른 부관과 달리 행정행위의 불가분적인 요소가 아니고 그 존속이 본체인 행정행위의 존재를 전제로 하는 것일 뿐이므로 부담 그 자체로서 행정쟁송의 대상이 될 수 있다고 할 것이다(대판 1992.1.21, 91누1264).

2. 부관만의 독립취소가능성

① 성질설 : 부관의 독립취소 여부는 부관의 위법성 여부에 달려 있다는 견해이다.

② 기속·재량 분리설 : 본체인 행정행위가 기속행위인 경우에는 부관만의 취소가능성을 인정하는 견해이다.

③ 분리가능성설 : 부관이 본체인 행정행위와 분리될 수 있는 경우에 한해서, 즉 부관이 주된 행정행위의 중요한 요소가 아닌 경우에만 부관의 취소 가능성을 인정하는 견해이다.

3. 행정쟁송의 유형

① 부담에 대해서는 부담만의 취소소송을 제기할 수 있다.

② 조건이나 기한의 경우에는 조건이나 기한이 붙지 않은 행정행위를 해줄 것을 구하는 의무이행소송을 생각할 수 있다(판례는 인정하지 않고 있다).

4. 기 타

① 진정일부취소소송 : 부담은 가능하다. 기부채납부 건축허가소송의 경우이다.

② 부진정일부취소소송 : 부관부행정행위를 소의 대상으로 하면서 부관만의 일부취소를 구하는 것으로 판례는 인정하지 않는다.

③ 부관부취소소송 : 부관부행정행위 전체를 소의 대상으로 하고 전부 취소결정이 나면, 판결의 기속력에 의해 행정청의 새로운 처분이 행해지게 되는 경우이다. 일반적인 소송형식이다.

관련 판례

■ 부관의 허용성

1. 기속행위에 붙인 부관의 효력

일반적으로 기속행위나 기속적 재량행위에는 부관을 붙일 수 없고 가사 부관을 붙였다 하더라도 무효이다.

(대법원 1995.6.13, 선고 94다56883 판결【소유권이전등기말소】)

2. 기속행위에 붙인 부담인 부관의 효력

기속행위 내지 기속적 재량행위 행정처분에 부담인 부관을 붙인 경우 일반적으로 그 부관은 무효라 할 것이고 그 부관의 무효화에 의하여 본체인 행정처분 자체의 효력에도 영향이 있게 될 수는 있지만, 그러한 사유는 그 처분을 받은 사람이 그 부담의 이행으로서의 증여의 의사표시를 하게 된 동기 내지 연유로 작용하였을 뿐이므로 취소사유가 될 수 있음은 별론으로 하여도 그 의사표시 자체를 당연히 무효화하는 것은 아니다.

(대법원 1998.12.22, 선고 98다51305 판결【소유권이전등기말소】)

[참고] 서울특별시토지의형질변경등행위허가사무취급요령(1994.5.6. 서울특별시예규 제586호)은 법규로서의 효력이 없는 행정청 내부의 사무처리준칙에 불과하지만, 행정청이 이에 근거하여 토지형질변경 허가처분을 함에 있어서 그 토지의 일정 부분을 기부채납하도록 부관을 붙였다면, 그 내용이 이행가능하고 비례의 원칙 및 평등의 원칙에 적합함과 아울러 그 행정처분의 본질적 효력을 해하지 않는 한 적법하다.

3. 재량행위에 (법령의 근거가 없어도) 부관을 붙일 수 있는지 여부(적극)

재량행위에 있어서는 법령상의 근거가 없다고 하더라도 부관을 붙일 수 있는데, 그 부관의 내용은 적법하고 이행가능 하여야 하며 비례의 원칙 및 평등의 원칙에 적합하고 행정처분의 본질적 효력을 해하지 아니하는 한도의 것이어야 한다.

(대법원 1997.3.14, 선고 96누16698 판결【사용검사신청반려처분취소】)

4. 하천부지 점용허가에 부관을 붙일 수 있는지 여부(적극)

하천부지 점용허가 여부는 관리청의 재량에 속하고 재량행위에 있어서는 법령상의 근거가 없어도 부관을 붙일 것인가의 여부는 당해 행정청의 재량에 속하며, 또한 구 하천법(2004.1.20. 법률 제7101호로 개정되기 전의 것) 제33조 단서가 하천의 점용허가에는 하천의 오염으로 인한 공해 기타 보건위생상 위해를 방지함에 필요한 부관을 붙이도록 규정하고 있으므로, 하천부지 점용허가의 성질의 면으로 보나 법 규정으로 보나 부관을 붙일 수 있음은 명백하다.

(대법원 2008.7.24, 선고 2007두25930, 25947, 25954 판결【보상금】)

5. 주택재건축사업시행 인가의 법적 성질 및 법령상의 제한에 근거하지 않은 부담을 부과할 수

있는지 여부(적극)

주택재건축사업시행의 인가는 상대방에게 권리나 이익을 부여하는 효과를 가진 이른바 수익적 행정처분으로서 법령에 행정처분의 요건에 관하여 일의적으로 규정되어 있지 아니한 이상 행정청의 재량행위에 속하므로, 처분청으로서는 법령상의 제한에 근거한 것이 아니라 하더라도 공익상 필요 등에 의하여 필요한 범위 내에서 여러 조건(부담)을 부과할 수 있다.

(대법원 2007.7.12, 선고 2007두6663 판결【사업시행인가처분일부취소】)

6. 행정청이 수익적 행정처분을 하면서 부관으로 부담을 붙이는 방법

수익적 행정처분에 있어서는 법령에 특별한 근거규정이 없다고 하더라도 그 부관으로서 부담을 붙일 수 있고, 그와 같은 부담은 행정청이 행정처분을 하면서 일방적으로 부가할 수도 있지만 부담을 부가하기 이전에 상대방과 협의하여 부담의 내용을 협약의 형식으로 미리 정한 다음 행정처분을 하면서 이를 부가할 수도 있다.

(대법원 2009.2.12, 선고 2005다65500 판결【약정금】)

7. 행정처분과 실제적 관련성이 없어 부관으로 붙일 수 없는 부담을 사법상 계약의 형식으로 행정처분의 상대방에게 부과할 수 있는지 여부(소극)

공무원이 인·허가 등 수익적 행정처분을 하면서 상대방에게 그 처분과 관련하여 이른바 부관으로서 부담을 붙일 수 있다 하더라도, 그러한 부담은 법치주의와 사유재산 존중, 조세법률주의 등 헌법의 기본원리에 비추어 비례의 원칙이나 부당결부의 원칙에 위반되지 않아야만 적법한 것인바, 행정처분과 부관 사이에 실제적 관련성이 있다고 볼 수 없는 경우 공무원이 위와 같은 공법상의 제한을 회피할 목적으로 행정처분의 상대방과 사이에 사법상 계약을 체결하는 형식을 취하였다면 이는 법치행정의 원리에 반하는 것으로서 위법하다.

(대법원 2009.12.10, 선고 2007다63966 판결【약정금】)

8. 기부채납받은 행정재산에 대한 사용·수익허가의 법적 성질

공유재산의 관리청이 하는 행정재산의 사용·수익에 대한 허가는 순전히 사경제주체로서 행하는 사법상의 행위가 아니라 관리청이 공권력을 가진 우월적 지위에서 행하는 행정처분이라고 보아야 할 것인바, 행정재산을 보호하고 그 유지·보존 및 운용 등의 적정을 기하고자 하는 지방재정법 및 그 시행령 등 관련 규정의 입법 취지와 더불어 잡종재산에 대해서는 대부·매각 등의 처분을 할 수 있게 하면서도 행정재산에 대해서는 그 용도 또는 목적에 장해가 없는 한도 내에서 사용 또는 수익의 허가를 받은 경우가 아니면 이러한 처분을 하지 못하도록 하고 있는 구 지방재정법(1999.1.21. 법률 제5647호로 개정되기 전의 것) 제82조 제1항, 제83조 제2항 등 규정의 내용에 비추어 볼 때 그 행정재산이 구 지방재정법 제75조의 규정에 따라 기부채납받은 재산이라 하여 그에 대한 사용·수익허가의 성질이 달라진다고 할 수는 없다.

(대법원 2001.6.15, 선고 99두509 판결【무상사용허가일부거부처분취소】)

9. 법정부관에 부관의 한계에 대한 일반 원칙이 적용되는지 여부

고시에 정한 허가기준에 따라 보존음료수 제조업의 허가에 붙여진 전량수출 또는 주한외국인에 대한 판매에 한한다는 내용의 조건은 이른바 법정부관으로서 행정청의 의사에 기하여 붙여지는 본래의 의미에서의 행정행위의 부관은 아니므로, 이와 같은 법정부관에 대하여는 행정행위에 부관을 붙일 수 있는 한계에 관한 일반적인 원칙이 적용되지는 않는다.

(대법원 1994.3.8, 선고 92누1728 판결【과징금부과처분취소】)

10. 행정처분의 근거 법령이 개정되어 부관을 붙일 수 없게 된 경우와 부관의 효력

행정청이 수익적 행정처분을 하면서 부가한 부담의 위법 여부는 처분 당시 법령을 기준으로 판단하여야 하고, 부담이 처분 당시 법령을 기준으로 적법하다면 처분 후 부담의 전제가 된 주된 행정처분의 근거 법령이 개정됨으로써 행정청이 더 이상 부관을 붙일 수 없게 되었다 하더라도 곧바로 위법하게 되거나 그 효력이 소멸하게 되는 것은 아니다. 따라서 행정처분의 상대방이 수익적 행정처분을 얻기 위하여 행정청과 사이에 행정처분에 부가할 부담에 관한 협약을 체결하고 행정청이 수익적 행정처분을 하면서 협약상의 의무를 부담으로 부가하였으나 부담의 전제가 된 주된 행정처분의 근거 법령이 개정됨으로써 행정청이 더 이상 부관을 붙일 수 없게 된 경우에도 곧바로 협약의 효력이 소멸하는 것은 아니다.

(대법원 2009.2.12, 선고 2005다65500 판결【약정금】)

11. 허가기간이 연장되기 위하여 그 종기 도래 이전에 연장신청이 있어야 하는지 여부(적극)

일반적으로 행정처분에 효력기간이 정하여져 있는 경우에는 그 기간의 경과로 그 행정처분의 효력은 상실되고, 다만 허가에 붙은 기한이 그 허가된 사업의 성질상 부당하게 짧은 경우에는 이를 그 허가 자체의 존속기간이 아니라 그 허가조건의 존속기간으로 보아 그 기한이 도래함으로써 그 조건의 개정을 고려한다는 뜻으로 해석할 수는 있지만, 그와 같은 경우라 하더라도 그 허가기간이 연장되기 위하여는 그 종기가 도래하기 전에 그 허가기간의 연장에 관한 신청이 있어야 하며, 만일 그러한 연장신청이 없는 상태에서 허가기간이 만료하였다면 그 허가의 효력은 상실된다.

(대법원 2007.10.11, 선고 2005두12404 판결【보전임지전용허가취소처분무효확인】)

■ 부관의 쟁송가능성

12. 부담의 행정쟁송 대상성 여부

행정행위의 부관 중에서도 행정행위에 부수하여 그 행정행위의 상대방에게 일정한 의무를 부과하는 행정청의 의사표시인 부담의 경우에는 다른 부관과는 달리 행정행위의 불가분적인 요소가 아니고 그 존속이 본체인 행정행위의 존재를 전제로 하는 것일 뿐이므로 부담 그 자체로서 행정쟁송의 대상이 될 수 있다.

(대법원 1992.1.21, 선고 91누1264 판결【수토대금부과처분취소】)

13. 행정재산에 대한 사용허가 중 그 기간만 다툴 수 있는지 여부

행정행위의 부관은 부담인 경우를 제외하고는 독립하여 행정소송의 대상이 될 수 없는바, 기부채납받은 행정재산에 대한 사용·수익허가에서 공유재산의 관리청이 정한 사용·수익허가의 기간은 그 허가의 효력을 제한하기 위한 행정행위의 부관으로서 이러한 사용·수익허가의 기간에 대해서는 독립하여 행정소송을 제기할 수 없다.

(대법원 2001.6.15, 선고 99두509 판결【무상사용허가일부거부처분취소】)

■ 부관과 그 이행행위의 관계

14. 부관에 불가쟁력이 생긴 경우 그 이행으로 한 사법상 법률행위의 효력을 다툴 수 있는지 여부(적극)

행정처분에 붙은 부담인 부관이 제소기간의 도과로 확정되어 이미 불가쟁력이 생겼다면 그 하자가 중대하고 명백하여 당연 무효로 보아야 할 경우 외에는 누구나 그 효력을 부인할 수 없을 것이지만, 부담의 이행으로서 하게 된 사법상 매매 등의 법률행위는 부담을 붙인 행정처분과는 어디까지나 별개의 법률행위이므로 그 부담의 불가쟁력의 문제와는 별도로 법률행위가 사회질서 위반이나 강행규정에 위반되는지 여부 등을 따져보아 그 법률행위의 유효 여부를 판단하여야 한다.
(대법원 2009.6.25, 선고 2006다18174 판결【채무부존재확인】)

15. 부관이 무효가 되면 그 부담의 이행으로 한 사법상 법률행위도 당연 무효가 되는지 여부(소극)

행정처분에 부담인 부관을 붙인 경우 부관의 무효화에 의하여 본체인 행정처분 자체의 효력에도 영향이 있게 될 수는 있지만, 그 처분을 받은 사람이 부담의 이행으로 사법상 매매 등의 법률행위를 한 경우에는 그 부관은 특별한 사정이 없는 한 법률행위를 하게 된 동기 내지 연유로 작용하였을 뿐이므로 이는 법률행위의 취소사유가 될 수 있음은 별론으로 하고 그 법률행위 자체를 당연히 무효화하는 것은 아니다.
(대법원 2009.6.25, 선고 2006다18174 판결【채무부존재확인】)

제 6 항 행정행위의 하자

대법원 2017.7.11, 선고 2016두35120 판결

담양군수(A)는 2012.10.18. '담양 메타프로방스 조성사업'에 관하여 甲을 사업시행자로 지정·고시하였다(이 사건 사업시행자 지정처분). 당시 국토계획법령에서 정한 사업시행자 지정요건은 "사업시행자가 도시계획시설사업의 대상인 토지 면적의 3분의 2 이상에 해당하는 토지를 소유하고, 토지소유자 총수의 2분의 1 이상에 해당하는 자의 동의를 얻을 것"으로 되어 있었다. 그러나 사업시행자 지정처분 당시 甲은 대상 토지 면적의 60% 정도만을 취득하고 있었다.
〈문제〉 이 사건 사업시행자 지정처분이 무효인지 여부를 검토하시오.

Ⅰ. 행정행위의 부존재

1. 하자의 유형에 대한 학설 개관

① 부존재, 무효, 취소 ② 무효, 취소

2. 부존재의 의의

행정행위라고 볼 수 있는 외형상의 존재 자체가 없는 경우를 말한다.

3. 부존재의 사유

① 명백한 사인의 행위

② 행정권의 발동으로 볼 수 없는 행위(예; 권유·알선 등)

③ 행정기관내에서 내부적 의사결정이 있을 뿐 아직 외부에 표시되지 않은 경우

④ 행정행위가 취소·철회·실효 등으로 소멸한 경우

4. 무효인 행정행위와의 구별

① 양자의 구별에 대한 긍정설과 부정설의 대립이 있다.

② 구별기준 : 행정행위의 부존재는 행정행위라고 볼 수 있는 외형상의 존재 자체가 없다는 점이고, 무효는 행정행위가 성립하여 외관은 갖추었으나 행정행위의 위법이 중대하고 명백하여 행정행위가 애초부터 효력을 발생하지 않는 경우이다.

③ 구별실익 : 무효인 경우는 행정소송법상의 '무효등확인소송'의 대상이 되고, 행정행위의 전환이 인정되나 행정행위의 부존재는 두 경우 모두 인정되지 않는다는 것이다. 그러나 우리 행정소송법은 제4조에서 무효등확인소송의 개념을 "행정청의 처분등의 효력 유무 또는 존재여부를 확인하는 소송"이라고 하여, 무효와 부존재를 모두 무효등확인소송의 대상으로 보고 있고, 무효와 부존재 모두 실체법적인 효력이 없다는 점에서 구별의 실익이 없다고도 볼 수 있다.

Ⅱ. 무효와 취소의 구별

1. 의 의

① 무효인 행정행위 : 행정행위로서의 외형은 갖추고 있으나, 하자가 중대하고 명백하여 처음부터 행정행위로서의 효력이 전혀 발생하지 않는 행정행위

를 말한다.

② 취소할 수 있는 행정행위 : 행정행위의 성립에 하자가 있음에도 불구하고 권한 있는 기관에 의하여 취소되기까지는 그 효력이 지속되는 행정행위를 말한다.

구 분	무 효	취 소
효력	처음부터 발생하지 않음	취소될 때까지는 효력인정
공정력·구성요건적 효력	인정되지 않음	인정
행정쟁송의 형태	무효확인쟁송	취소쟁송
행정쟁송의 제기요건	제소기간 등 요건충족 불요 (불가쟁력 발생하지 않음)	제소기간 등 요건충족 요 (불가쟁력 발생)
사정재결(사정판결)	불가(무효인 행정행위까지 사정판결을 할 필요는 없음)	가능
선결문제	무효인 행정행위에 대해서는 민·형사소송의 수소법원이 위법성 심사 가능(학설일치)	행정행위의 효력에 대해서는 수소법원(민·형사법원)이 판단하지 못함(공정력)
하자의 승계	독립하여 별개의 법률효과를 가져오는 경우에도 승계	결합하여 하나의 법률효과를 가져오는 경우에만 승계
하자의 치유와 전환	전환 가능	치유 가능

2. 무효와 취소의 구별 실익

행정쟁송의 유형(무효확인소송과 취소소송)과 행정소송법의 규정에 따른 내용(제소기간[무효는 제소기간 없음], 사정판결[무효는 불인정], 간접강제[무효는 불인정, 취소의 경우는 인정]) 등에 있어 행정소송법은 무효와 취소를 구별하여 규정하고 있다(행정소송법의 해당 조문 참조).

Ⅲ. 무효와 취소의 구별 기준

1. 학 설

① 중대명백설 : 중대하고 명백한 하자가 있는 경우가 무효이다(통설). 그 외는 취소할 수 있는 행정행위에 그친다.

㉠ 하자의 중대성

㉡ 하자의 명백성 : 통상인의 정상적인 인식능력을 기준으로 판단한다(외관상 일견명백설).

② 명백성보충요건설 : 하자의 중대성은 필수적 요건이고, 명백성은 가중적 요건이다.

2. 판 례

(1) 구체적 사례

① 주체에 관한 하자

㉠ 무권한자의 처분은 당연무효이다(대판 1997.5.16, 97누2313).

㉡ 내부위임 받은 자가 자신의 이름으로 한 처분은 당연무효이다(대판 1993.5.27, 93누6621).

㉢ 기관위임사무를 조례로 재위임한 경우 그 조례에 근거한 처분은 취소사유에 해당한다(대판 1995.7.11, 94누4615 전원합의체 판결).

㉣ 자치사무를 규칙으로 위임한 경우 그 규칙에 근거한 처분은 취소사유에 해당한다(대판 1997.6.19, 95누8669 전원합의체 판결).

② 절차에 관한 하자

㉠ 관계중앙행정기관의 협의를 결여한 택지개발예정지구지정처분은 취소사유에 해당한다(대판 2000.10.13, 99두653).

㉡ 사전통지나 의결제출의 기회를 부여하지 않은 처분은 취소사유에 해당한다(대판 2009.1.30, 2008두16155).

㉢ 학교환경위생정화구역 내의 금지시설 해제처분을 하면서, 학교환경위생정화위원회의 심의를 거치지 않은 처분은 취소사유에 해당한다

(대판 2007.3.15, 2006두15806).

㉣ 합의제행정기관의 구성에 하자가 있고, 이에 근거하여 결정한 입지결정처분은 당연무효이다(대판 2007.4.12, 2006두20150).

㉤ 환경영향평가를 거치지 않은 경우

(i) 당연무효로 판단한 경우

> [1] 구 환경영향평가법(1999.12.31. 법률 제6095호 환경·교통·재해 등에 관한 영향평가법 부칙 제2조로 폐지) 제1조, 제3조, 제9조, 제16조, 제17조, 제27조 등의 규정 취지는 환경영향평가를 실시하여야 할 사업(이하 '대상사업'이라 한다)이 환경을 해치지 아니하는 방법으로 시행되도록 함으로써 당해 사업과 관련된 환경공익을 보호하려는 데 그치는 것이 아니라, 당해 사업으로 인하여 직접적이고 중대한 환경피해를 입으리라고 예상되는 환경영향평가대상지역 안의 주민들이 전과 비교하여 수인한도를 넘는 환경침해를 받지 아니하고 쾌적한 환경에서 생활할 수 있는 개별적 이익까지도 보호하려는 데에 있는 것이다. 그런데 환경영향평가를 거쳐야 할 대상사업에 대하여 환경영향평가를 거치지 아니하였음에도 불구하고 승인 등 처분이 이루어진다면, 사전에 환경영향평가를 함에 있어 평가대상지역 주민들의 의견을 수렴하고 그 결과를 토대로 하여 환경부장관과의 협의내용을 사업계획에 미리 반영시키는 것 자체가 원천적으로 봉쇄되는바, 이렇게 되면 환경파괴를 미연에 방지하고 쾌적한 환경을 유지·조성하기 위하여 환경영향평가제도를 둔 입법 취지를 달성할 수 없게 되는 결과를 초래할 뿐만 아니라 환경영향평가대상지역 안의 주민들의 직접적이고 개별적인 이익을 근본적으로 침해하게 되므로, 이러한 행정처분의 하자는 법규의 중요한 부분을 위반한 중대한 것이고 객관적으로도 명백한 것이라고 하지 않을 수 없어, 이와 같은 행정처분은 당연무효이다.
> (대법원 2006.6.30, 선고 2005두14363 판결【국방군사시설사업실시계획승인처분무효확인】)

(ii) 취소사유로 판단한 경우

> [4] 하자 있는 행정처분이 당연무효가 되기 위하여는 그 하자가 법규의 중요한 부분을 위반한 중대한 것으로서 객관적으로 명백한 것이어야 하며, 하자가 중대하고 명백한지 여부를 판별할 때에는 그 법규의 목적, 의미, 기능 등을 목적론적으로 고찰함과 동시에 구체적 사안 자체의 특수성에 관하

여도 합리적으로 고찰함을 요한다. 행정청이 어느 법률관계나 사실관계에 대하여 어느 법률의 규정을 적용하여 행정처분을 한 경우에 그 법률관계나 사실관계에 대하여는 그 법률의 규정을 적용할 수 없다는 법리가 명백히 밝혀져 그 해석에 다툼의 여지가 없음에도 행정청이 위 규정을 적용하여 처분을 한 때에는 그 하자가 중대하고도 명백하다고 할 것이나, 그 법률관계나 사실관계에 대하여 그 법률의 규정을 적용할 수 없다는 법리가 명백히 밝혀지지 아니하여 그 해석에 다툼의 여지가 있는 때에는 행정관청이 이를 잘못 해석하여 행정처분을 하였더라도 이는 그 처분 요건사실을 오인한 것에 불과하여 그 하자가 명백하다고 할 수 없다.

[5] 행정청이 사전환경성검토협의를 거쳐야 할 대상사업에 관하여 법의 해석을 잘못한 나머지 세부용도지역이 지정되지 않은 개발사업 부지에 대하여 사전환경성검토협의를 할지 여부를 결정하는 절차를 생략한 채 승인 등의 처분을 한 사안에서, 그 하자가 객관적으로 명백하다고 할 수 없다고 한 사례.

(대법원 2009.9.24, 선고 2009두2825 판결【개발사업시행승인처분취소】)

③ 형식에 관한 하자

㉠ 세액의 산출근거가 기재되지 아니한 물품세 납세고지서에 의한 부과처분은 위법한 것으로서 취소의 대상이다(대판 1984.5.9, 84누116).

㉡ 행정절차법상의 규정을 위반(구술로 고지한 시정보완명령)하여 행하여진 처분은 무효이다(대판 2011.11.10, 2011도11109).

④ 내용에 관한 하자

㉠ 위헌·무효인 시행령에 근거한 처분[개발부담금 부과처분]은 당연무효의 처분이라고 할 수 없다(대판 1997.5.28, 95다15735).

㉡ 위헌·무효인 법률에 근거한 처분의 효력

대법원 1994.10.28. 선고 92누9463 판결【압류처분등무효확인】

【판시사항】

가. 위헌법률에 근거하여 발하여진 행정처분의 효력

나. 확정력이 발생한 행정처분에 위헌결정의 소급효가 미치는지 여부

다. 행정처분의 근거법률이 위헌이라는 이유로 행정처분무효확인의 소가 제기된 경우, 법원의 조치

【판결요지】
가. 법률에 근거하여 행정처분이 발하여진 후에 헌법재판소가 그 행정처분의 근거가 된 법률을 위헌으로 결정하였다면 결과적으로 행정처분은 법률의 근거가 없이 행하여진 것과 마찬가지가 되어 하자가 있는 것이 되나, 하자 있는 행정처분이 당연무효가 되기 위하여는 그 하자가 중대할 뿐만 아니라 명백한 것이어야 하는데, 일반적으로 법률이 헌법에 위반된다는 사정이 헌법재 판소의 위헌결정이 있기 전에는 객관적으로 명백한 것이라고 할 수는 없으므로 헌법재판소의 위헌결정 전에 행정처분의 근거되는 당해 법률이 헌법에 위반된다는 사유는 특별한 사정이 없는 한 그 행정처분의 취소소송의 전제가 될 수 있을 뿐 당연무효사유는 아니라고 봄이 상당하다.
나. 위헌인 법률에 근거한 행정처분이 당연무효인지의 여부는 위헌결정의 소급효와는 별개의 문제로서, 위헌결정의 소급효가 인정된다고 하여 위헌인 법률에 근거한 행정처분이 당연무효가 된다고는 할 수 없고, 오히려 이미 취소소송의 제기기간을 경과하여 확정력이 발생한 행정처분에는 위헌결정의 소급효가 미치지 않는다고 보아야 한다.
다. 어느 행정처분에 대하여 그 행정처분의 근거가 된 법률이 위헌이라는 이유로 무효확인청구의 소가 제기된 경우에는 다른 특별한 사정이 없는 한 법원으로서는 그 법률이 위헌인지 여부에 대하여는 판단할 필요 없이 그 무효확인청구를 기각하여야 한다.

Ⅳ. 하자 있는 행정행위의 치유와 전환

1. 개 설

법치주의에 따르면 하자 있는 행정행위는 무효 또는 취소되어야 하는 것이 옳다. 그러나 법치주의의 요청을 후퇴시킬 만한 다른 법가치가 존재함을 이유로 행정행위의 효력을 유지 시킬 필요가 있는 경우도 있다. 이러한 경우를 위해 등장한 것이 하자의 치유와 전환의 법리이다.

2. 하자의 치유

① 의의 : 성립 당시에는 하자 있는 행정행위가 사후에 하자의 원인인 법정요건이 보완되었거나 취소하지 않아도 될 정도로 경미해진 경우에는 성립 당시의 하자에도 불구하고 유효한 것으로서 다루는 것을 말한다.

> 하자있는 행정행위의 치유나 전환은 행정행위의 성질이나 법치주의의 관점에서 볼 때 원칙적으로 허용될 수 없는 것이지만, 행정행위의 무용한 반복을 피하고 당사자의 법적 안정성을 위해 이를 허용하는 때에도 국민의 권리와 이익을 침해하지 않는 범위에서 구체적 사정에 따라 합목적적으로 인정해야 할 것이다. 과세처분시 납세고지서에 과세표준, 세율, 세액의 산출근거 등이 누락된 경우에는 늦어도 과세처분에 대한 불복여부의 결정 및 불복신청에 편의를 줄 수 있는 상당한 기간내에 보정행위를 하여야 그 하자가 치유된다 할 것이므로, 과세처분이 있은지 4년이 지나서 그 취소소송이 제기된 때에 보정된 납세고지서를 송달하였다는 사실이나 오랜 기간(4년)의 경과로써 과세처분의 하자가 치유되었다고 볼 수는 없다.
> (대법원 1983.7.26, 선고 82누420 판결【법인세등부과처분취소】)

② 처분사유의 추가·변경과는 구별된다.

③ 치유의 대상 : 주로 절차, 형식상의 하자이고 내용상 하자는 치유가 곤란하다고 보아야 한다.

④ 하자의 치유의 사유
　㉠ 요건의 사후 보완 또는 사후 추완
　㉡ 정당한 권한을 가진 관계 행정청의 추인
　㉢ 장기간 방치로 인한 법률관계의 확정
　㉣ 취소를 불허하는 공익상의 요구의 발생

⑤ 치유의 시한 : 쟁송제기 이전까지만 가능하다(다수설, 판례).

⑥ 치유의 효과 : 소급된다.

⑦ 무효인 행정행위의 치유 : 부정된다(다수설, 판례).

3. 무효인 행정행위의 전환

① 의의 : 무효인 행정행위가 다른 행정행위로서의 성립요건을 갖춘 경우에는 유효한 다른 행정행위로서의 효력이 인정되는 것을 말한다.

② 행정소송법상의 처분사유의 추가·변경과는 구별된다.

③ 전환의 요건
　㉠ 전환될 행정행위로서의 성립, 효력요건을 갖출 것
　㉡ 당초의 행정행위와 전환될 행정행위 사이에 요건, 목적, 효과 등에 있어 실질적 공통성이 있을 것

㉢ 당사자가 그 전환을 의욕하는 것으로 인정될 것

㉣ 제3자의 이익을 침해하지 않을 것

㉤ 행위의 중복을 회피하는 의미가 있을 것

④ 전환의 성질 : 그 자체가 하나의 행정행위(따라서 행정쟁송을 통해 다툴 수 있음)가 된다.

⑤ 전환의 효력 : 행정행위의 발령 당시로 소급된다.

⑥ 전환의 한계 : 기속행위를 재량행위로 전환하는 것은 인정되지 않는다.

⑦ 취소할 수 있는 행정행위의 전환 : 부정된다.

예. 민법 제138조(무효행위의 전환) : 무효인 법률행위가 다른 법률행위의 요건을 구비하고 당사자가 그 무효를 알았더라면 다른 법률행위를 하는 것을 의욕 하였으리라고 인정될 때에는 다른 법률행위로서 효력을 가진다.

V. 하자의 승계

1. 문제의 의의

후행행정행위 자체에는 하자가 없더라도 선행행정행위의 하자를 이유로 후행행정행위의 효력을 다툴 수 있는가의 문제이다.

* 전제조건 : ㉠ 선행 행정행위가 무효가 아닐 것 ㉡ 선행 행정행위가 불가쟁력을 발생하고 있을 것 ㉢ 후행 행정행위에는 고유한 하자가 없을 것을 전제로 한다.

2. 학 설

① 선행행위와 후행행위가 서로 결합하여 하나의 효과를 달성하는 경우 : 선행행위의 하자가 후행행위에 승계된다.

② 선행행위와 후행행위가 서로 독립하여 별개의 법률효과를 발생시키는 경우 : 선행행위가 당연무효인 경우를 제외하고는 선행행위의 하자가 후행행위에 승계되지 않는다.

3. 판례의 경향

하자의 승계를 긍정한 판례	하자의 승계를 부정한 판례
① 표준지 지가고시와 토지수용처분 사이(78누227) ② 안경사시험합격무효처분과 안경사면허취소처분 사이(92누4567) ③ 대집행에 있어서 계고, 통지, 실행, 비용납부명령 사이(95누12507) ④ 개별공시지가 결정과 과세처분사이(93누17935) ⑤ 독촉과 가산금, 중가산금 징수처분 사이(86누8542) ⑥ 조세체납처분에 있어서 독촉과 압류 사이(86누8542) ⑦ 보상금증감소송에 있어서 보상금결정처분과 비교표준지공시지가결정 사이(2007두13845)	① 변상판정과 변상명령 사이(63누65) ② 공무원의 직위해제처분과 면직처분사이(84누191) ③ 토지수용에 있어서 사업인정과 수용재결처분 사이(87누35) ④ 과세처분과 체납처분 사이(87누383) ⑤ 도시계획결정과 수용재결처분 사이(87누947) ⑥ 석유액화가스판매업허가처분과 사업개시신고반려처분 사이((90누8756) ⑦ 토지등급결정, 수정처분과 과세처분 사이(93누23565) ⑧ 표준지공시지가결정과 개별공시지가결정 사이(95누11931) ⑨ 표준지공시지가결정과 과세처분사이(96누8895) ⑩ 건물철거명령과 대집행계고처분 사이(97누20502) ⑪ 사업계획승인처분과 도시계획시설변경 및 지적승인고시처분 사이(99두9889) ⑫ 택지개발계획의 승인과 수용재결처분 사이(99두653) ⑬ 보충역편입처분과 공익근무요원소집처분 사이(2001두5422)

Ⅵ. 선행 행정행위의 후행 행정행위에 대한 구속력

1. 선행 행정행위의 후행 행정행위에 대한 구속력의 내용

동일한 효과를 추구하는 행정작용이 여러 단계를 거쳐 행해지는 경우에 선행행위는 후행행위에 대하여 일정 범위 안에서 구속력을 가지며, 그 범위내에서는 선행행위의 위법성을 이유로 후행행위를 다툴 수 없다.

2. 근 거

행정쟁송 제기 기간에 관한 규정(행정소송법 제20조)을 들 수 있다.

3. 하자의 승계와 선행행위의 후행행정행위에 대한 구속력의 한계

대법원 1994.1.25. 선고 93누8542 판결【양도소득세등부과처분취소】

① 두 개 이상의 행정처분이 연속적으로 행하여지는 경우 **선행처분과 후행처분이 서로 결합하여 1개의 법률효과를 완성하는 때**에는 선행처분에 하자가 있으면 그 하자는 후행처분에 승계되므로 선행처분에 불가쟁력이 생겨 그 효력을 다툴 수 없게 된 경우에도 선행처분의 하자를 이유로 후행처분의 효력을 다툴 수 있는 반면/

②-1 **선행처분과 후행처분이 서로 독립하여 별개의 법률효과를 목적으로 하는 때**에는 선행처분에 불가쟁력이 생겨 그 효력을 다툴 수 없게 된 경우에는 선행처분의 하자가 중대하고 명백하여 당연무효인 경우를 제외하고는 선행처분의 하자를 이유로 후행처분의 효력을 다툴 수 없는 것이 원칙이나/

②-2 선행처분과 후행처분이 서로 독립하여 별개의 효과를 목적으로 하는 경우에도 (후행처분의 효력을 다툴 수 없다고 한다면)선행처분의 불가쟁력이나 구속력이 그로 인하여 불이익을 입게 되는 자에게 수인한도를 넘는 가혹함을 가져오며, 그 결과가 당사자에게 예측가능한 것이 아닌 경우에는 국민의 재판받을 권리를 보장하고 있는 헌법의 이념에 비추어 **선행처분의 후행처분에 대한 구속력은 인정될 수 없다**.

4. 구속력과 하자승계론

구속력은 후행 행정행위의 단계에서 후행 행정행위의 전제가 되는 선행 행정행위에 배치되는 주장을 하지 못하는 효력을 말한다. 전형적인 예로서는 원자력발전소 건설허가는 부분허가로 행해지는 모든 선행행위의 후행행위에 대한 구속력은 선행의 부분허가는 후행행위에 구속력을 갖는다는 것이며, 그의 예외라는 것은 사정변경(부분허가 후에 발견된 과학적 지식에 비추어 허가 신청된 원자력시설의 안전성이 보장될 수 없을 때) 등에 따라 후행행위를 함에 있어 선행부분허가의 구속을 받도록 하는 것이 적절하지 않은 경우에 행정청은 선행행위에 구속받지 않고 후행행정행위를 할 수 있다는 것을 말한다.

판례는 하자승계론의 일반론을 적시하면서(위 ②-1) 하자승계불인정의 예외로서 구속력을 설명하고 있다(위 ②-2). 그러나 선행행위의 후행행위에 대한 구속력은 선행행위의 위법을 전제로 하지 않는 점에서 선행행위의 위법가능성을 전제로 하는 하자승계론과 구별된다고 보아야 한다. 이 점에서 위 대법원 판례는 구속력의 문제라기 보다는 하자승계론의 문제라고 보아야 한다.

제7항 행정행위의 폐지·실효

대법원 2017.6.15, 선고 2014두46843 판결

甲은 성남산업단지안의 토지 및 지상 공장을 매수하고, 위 공장에 관하여 성남산업단지관리공단(A)과 입주계약을 체결하였다. A는 甲의 신청에 따라 2012. 1.10. 甲과 입주변경계약을 체결하고, 주 유치업종을 도금업(유치업체 36개)으로 하는 지식산업센터 설립계획을 승인하였다. A는 위 입주변경계약이 산업단지 관리기본계획의 기본 방향에 위배되고 민원을 유발시킨다는 이유로 위 입주변경계약을 취소하였다.

〈문제〉 입주변경계약취소의 법적 성질을 검토하시오.

Ⅰ. 직권취소와 쟁송취소의 구별

1. 의 의

① 직권취소 : 행정청이 직권으로 행하는 것을 말한다.

② 쟁송취소 : 상대방이나 이해관계인의 쟁송제기에 의해 행하는 것을 말한다.

구 별	직권취소	쟁송취소
취소권자	행정청(처분청) 또는 감독청(학설의 다수설 인정)	재결청 또는 법원
목적	행정행위의 적법상태로의 회복	국민의 권익구제 + 행정작용의 위법성 시정

취소사유	위법, 부당 한 경우	위법한 경우(행정소송), 위법·부당한 경우(행정심판)
법적근거	특별한 법적근거를 요하지 않음 (판례 및 학설)	행정심판법, 행정소송법
절차	행정절차법에 따른 절차 행정청의 직권에 의해 개시됨	행정심판법, 행정소송법에 따른 절차
형식	제한이 없음	재결, 판결 등의 형식상의 제한이 있음
대상	수익적 + 부담적 행정행위	주로 부담적 및 복효적 행정행위가 문제가 됨
행사의 제한	조리 및 법일반원칙상의 제한	특별한 제한이 없음(단, 사정재결 및 사정판결 있음)
내용	적극적 변경을 할 수 있음	소극적 변경(소송물에 한정) * 일부취소 인정
취소기간	기간의 제한이 없음 (신뢰보호 등의 의미에서도 제한을 하는 것이 맞다.)	제한 있음 (행정심판법 제27조, 행정소송법 제20조)
효과	부담적 행정행위 : 소급효 긍정 수익적 행정행위인 경우 : 상대방에게 책임이 있는 경우에만 소급	소급효 인정(원칙)

Ⅱ. 취소권의 제한

1. 쟁송취소

사정재판을 제외하고는 쟁송절차에 의해 취소 결정된 처분은 처분청이 취소하여야 한다.

2. 직권취소

행정기본법 제18조(위법 또는 부당한 처분의 취소)

① 행정청은 위법 또는 부당한 처분의 전부나 일부를 소급하여 취소할 수 있다. 다만, 당사자의 신뢰를 보호할 가치가 있는 등 정당한 사유가 있는 경우에는 장래를

향하여 취소할 수 있다.
② 행정청은 제1항에 따라 당사자에게 권리나 이익을 부여하는 처분을 취소하려는 경우에는 취소로 인하여 당사자가 입게 될 불이익을 취소로 달성되는 공익과 비교·형량하여야 한다. 다만, 다음 각 호의 어느 하나에 해당하는 경우에는 그러하지 아니하다.
1. 거짓이나 그 밖의 부정한 방법으로 처분을 받은 경우
2. 당사자가 처분의 위법성을 알고 있었거나 중대한 과실로 알지 못한 경우

① 원칙 : 직권취소의 경우에는 취소에 의하여 달성하려고 하는 '공익상의 필요'와 '상대방의 기득권 존중, 신뢰보호 등 법률상의 안정성' 등의 요청을 비교형량하여, 행정행위를 취소함으로써 얻는 가치가 취소하지 않음으로써 얻는 가치보다 큰 경우에 한하여 취소한다.

② 직권취소가 제한되는 경우
- ㉠ 수익적 행정행위
- ㉡ 행정행위를 취소함으로 인하여 공공복리를 해치게 되는 경우
- ㉢ 준사법적 행정행위(예, 행정심판위원회의 재결, 인사위원회의 결정 등)
- ㉣ 사인의 법률적 행위의 효력을 완성시켜 주는 행정행위(재단법인설립인가 등)
- ㉤ 실권의 경우
- ㉥ 포괄적 신분관계의 설정행위(귀화허가, 공무원의 임명)
- ㉦ 하자의 치유, 전환이 인정되는 경우

③ 직권취소가 허용되는 경우
- ㉠ 행정행위의 하자가 사기, 기망 등 수익자의 주관적·객관적 책임에 기인한 경우
- ㉡ 중대한 공익상의 필요가 있는 경우

3. 일부취소의 가능성

> **대법원 2000.12.12, 선고 99두12243 판결【시정명령등취소】**
> 외형상 하나의 행정처분이라 하더라도 가분성이 있거나 그 처분대상의 일부가 특정될 수 있다면 일부만의 취소도 가능하고 그 일부의 취소는 당해 취소부분에 관하여만 효력이 생기는 것인바, 공정거래위원회가 사업자에 대하여 행한 법위반사실공표명령은 비록 하나의 조항으로 이루어진 것이라고 하여도 그 대상이 된 사업자의 광고행위와 표시행위로 인한 각 법위반사실은 별개로 특정될 수 있어 위 각 법위반사실에 대한 독립적인 공표명령이 경합된 것으로 보아야 할 것이므로, 이 중 표시행위에 대한 법위반사실이 인정되지 아니하는 경우에 그 부분에 대한 공표명령의 효력만을 취소할 수 있을 뿐, 공표명령 전부를 취소할 수 있는 것은 아니다.

Ⅲ. 행정행위의 철회

1. 개 념

하자 없이 유효하게 성립한 행정행위의 효력을 그 효력을 존속시킬 수 없는 새로운 사정(법령의 변경, 사실관계의 변경 등)의 발생으로 인하여 공익상 그 효력을 더 이상 존속시킬 수 없을 경우에 본래의 행정행위의 효력을 장래에 향하여 상실시키는 독립된 행정행위를 말한다.

2. 철회권자

처분청

3. 법적근거

철회권은 본래의 행정처분을 장래에 향하여 실효시키는 것에 지나지 않기 때문에 철회권은 처분권에 당연히 포함되어 있다는 것이 다수설과 판례의 입장이다. 새로운 처분이므로 법적근거가 필요하다는 주장도 있다.

4. 철회 사유

> **행정기본법 제19조(적법한 처분의 철회)**
> ① 행정청은 적법한 처분이 다음 각 호의 어느 하나에 해당하는 경우에는 그 처분의 전부 또는 일부를 장래를 향하여 철회할 수 있다.
> 1. 법률에서 정한 철회 사유에 해당하게 된 경우
> 2. 법령등의 변경이나 사정변경으로 처분을 더 이상 존속시킬 필요가 없게 된 경우
> 3. 중대한 공익을 위하여 필요한 경우
>
> ② 행정청은 제1항에 따라 처분을 철회하려는 경우에는 철회로 인하여 당사자가 입게 될 불이익을 철회로 달성되는 공익과 비교·형량하여야 한다.

① 철회권의 유보

② 상대방의 유책행위에 대한 제재로서의 철회(법령 위반, 의무 위반, 부담의 불이행 등)

③ 사정변경

④ 중대한 공익상의 필요

⑤ 기타 법령이 정한 사실 등

5. 철회권의 제한

① 부담적 행정행위의 철회 : 원칙적으로 행정청의 재량에 속한다.

② 수익적 행정행위의 취소 : 직권취소의 제한에 관한 법리가 적용된다.

6. 철회의 효과

장래효가 있다.

7. 철회의 취소

가능하다.

Ⅳ. 행정행위의 실효

1. 의 의

아무런 하자 없이 유효하게 성립한 행정행위가 일정한 사유의 발생으로 인해 장래에 향해 당연히 소멸하는 것을 말한다.

2. 실효의 사유

① 행정행위의 대상의 소멸(도로점용허가의 대상인 도로의 소멸)

② 해제조건인 부관의 발생

③ 목적의 달성(건축허가의 대상물인 건축물의 완공)

3. 실효의 효과

행정행위의 실효사유가 발생하면 행정행위는 행정청의 특별한 의사표시를 기다릴 것 없이 그 때부터 장래에 향하여 당연히 효력이 소멸한다.

관련 판례

■ 행정행위의 무효

1. 하자 있는 행정처분이 당연무효인지를 판별하는 기준

국토계획법이 사인을 도시·군계획시설사업의 시행자로 지정하기 위한 요건으로 소유 요건과 동의 요건을 둔 취지는 사인이 시행하는 도시·군계획시설사업의 공공성을 보완하고 사인에 의한 일방적인 수용을 제어하기 위한 것이다. 그러므로 만일 국토계획법령이 정한 도시계획시설사업의 대상 토지의 소유와 동의 요건을 갖추지 못하였는데도 사업시행자로 지정하였다면, 이는 국토계획법령이 정한 법규의 중요한 부분을 위반한 것으로서 특별한 사정이 없는 한 그 하자가 중대하다고 보아야 한다.

이 사건 사업시행자 지정 처분은 참가인이 국토계획법령이 정한 사업시행자 지정을 위한 소유요건에 미달하는 59.1%만을 소유하고 있는데도 이루어진 것으로서 그 하자가 중대하다고 보아야 한다. 그리고 국토계획법령은 소유 요건 충족 여부에 대한 판단 기준에 관하여 아무런 규정을 두고 있지 않아 사업시행자 지정 요건 중 소유 요건의 기초가 되는 '소유권'은 민법상 소유권 취득 여부를 기준으로 판단할 수밖에 없다. 신청인이 사실상 소유하는 토지도 이에 포함시켜야 한다고 볼 만한 아무런 법령상 근거가 없으므로 사업시행자 지정을 위한 소유 요건에서 소유권의 의미에 관한 해석에 다툼의 여지도 없다. 따라서 이 사건에서 참가인의 신청 내용 자체에 의하더라도 참가인이 소유 요건을 갖추지 못하였음이 분명하다. 이 사건 사업시행자 지정 처분에서 소유 요건을 충족하지 못한 하자는 중대할 뿐만 아니라 객관적으로 명백하다.

(대법원 2017.7.11, 선고 2016두35120 판결【사업시행계획인가처분취소】)

2. 행정처분에 사실관계를 오인한 중대한 하자가 있는 경우 그 하자가 명백하다고 하기 위한 판단기준

행정처분에 사실관계를 오인한 하자가 있는 경우 그 하자가 중대하다고 하더라도 객관적으로 명백하지 않다면 그 처분을 당연무효라고 할 수 없는바, 하자가 명백하다고 하기 위하여는 그 사실관계 오인의 근거가 된 자료가 외형상 상태성을 결여하거나 또는 객관적으로 그 성립이나 내용의 진정을 인정할 수 없는 것임이 명백한 경우라야 할 것이고 사실관계의 자료를 정확히 조사하여야 비로소 그 하자 유무가 밝혀질 수 있는 경우라면 이러한 하자는 외관상 명백하다고 할 수는 없을 것이다.

(대법원 1992.4.28, 선고 91누6863 판결【한약업사시험합격자결정등취소】)

3. 갑 주식회사의 체납 국세에 관하여, 과세관청이 구 국세기본법 제39조 제1항 제2호 (다)목에 따라 을에게 과세처분을 하였는데, 이후 위 규정에 대해 헌법재판소의 위헌결정이 있었으나 과세관청이 조세채권의 집행을 위해 을의 예금채권에 압류처분을 한 사안

[1] [다수의견] 조세 부과의 근거가 되었던 법률규정이 위헌으로 선언된 경우, 비록 그에 기한 과세처분이 위헌결정 전에 이루어졌고, 과세처분에 대한 제소기간이 이미 경과하여 조세채권이 확정되었으며, 조세채권의 집행을 위한 체납처분의 근거규정 자체에 대하여는 따로 위헌결정이 내려진 바 없다고 하더라도, 위와 같은 위헌결정 이후에 조세채권의 집행을 위한 새로운 체납처분에 착수하거나 이를 속행하는 것은 더 이상 허용되지 않고, 나아가 이러한 위헌결정의 효력에 위배하여 이루어진 체납처분은 그 사유만으로 하자가 중대하고 객관적으로 명백하여 당연무효라고 보아야 한다.

(대법원 2012.2.16, 선고 2010두10907 전원합의체 판결【압류등처분무효확인】)

4. 확정력이 발생한 행정처분에 위헌결정의 소급효가 미치는지 여부

위헌결정의 효력은 그 결정 이후에 당해 법률이 재판의 전제가 되었음을 이유로 법원에 제소된 일반사건에도 미치므로, 당해 법률에 근거하여 행정처분이 발하여진 후에 헌법재판소가 그 행정처분의 근거가 된 법률을 위헌으로 결정하였다면 결과적으로 행정처분은 법률의 근거가 없이 행하여진 것과 마찬가지가 되어 하자가 있는 것이 되나, 이미 취소소송의 제기기간을 경과하여 확정력이 발생한 행정처분의 경우에는 위헌결정의 소급효가 미치지 않는다고 보아야 할 것이다.

(대법원 2002.11.8, 선고 2001두3181 판결【택지초과소유부담금부과처분무효확인】)

5. 위헌법률에 근거하여 발하여진 행정처분의 효력

행정청이 법률에 근거하여 행정처분을 한 후에 헌법재판소가 그 법률을 위헌으로 결정하였다면 그 행정처분은 결과적으로 법률의 근거가 없이 행하여진 것과 마찬가지가 되어 하자가 있다고 할 것이나, 하자 있는 행정처분이 당연무효가 되기 위하여는 그 하자가 중대할 뿐만 아니라 명백한 것이어야 하는데, 일반적으로 법률이 헌법에 위반된다는 사정은 헌법재판소의 위헌결정이 있기 전에는 객관적으로 명백한 것이라고 할 수 없으므로 특별한 사정이 없는 한 이러한 하자는 위 행정처분의 취소사유에 해당할 뿐 당연무효 사유는 아니라고 보아야 한다.

(대법원 2000.6.9, 선고 2000다16329 판결【부당이득금】)

6. 헌법재판소의 위헌결정의 효력이 미치는 범위와 위헌결정의 소급효를 제한할 수 있는지 여부(적극)

헌법재판소의 위헌결정의 효력은 위헌제청을 한 당해 사건, 위헌결정이 있기 전에 이와 동종의 위헌 여부에 관하여 헌법재판소에 위헌제청을 하였거나 법원에 위헌제청신청을 한 사건, 따로 위헌제청신청은 하지 않았지만 당해 법률 또는 법률 조항이 재판의 전제가 되어 법원에 계속중인 사건뿐만 아니라, 위헌결정 이후에 위와 같은 이유로 제소된 일반사건에도 미친다. 그러나 위헌결정의 효력은 그 미치는 범위가 무한정일 수는 없고 다른 법리에 의하여 그 소급효를 제한하는 것까지 부정되는 것은 아니며, 법적 안정성의 유지나 당사자의 신뢰보호를 위하여 불가피한 경우에 위헌결정의 소급효를 제한하는 것은 오히려 법치주의의 원칙상 요청되는 것이다.

(대법원 2009.6.11, 선고 2008두21577 판결【미지급퇴역연금지급】)

7. 상위법령에 위배되는 조례에 근거한 행정처분이 당연무효인지 여부

행정청이 위법하여 무효인 조례를 적용하여 한 행정처분이 당연무효로 되려면 그 규정이 행정처분의 중요한 부분에 관한 것이어서 결과적으로 그에 따른 행정처분의 중요한 부분에 하자가 있는 것으로 귀착되고, 또한 그 규정의 위법성이 객관적으로 명백하여 그에 따른 행정처분의 하자가 객관적으로 명백한 것으로 귀착되어야 하는바, 일반적으로 조례가 법률 등 상위법령에 위반된다는 사정은 그 조례의 규정을 위법하여 무효라고 선언한 대법원의 판결이 선고되지 아니한 상태에서는 그 조례 규정의 위법 여부가 해석상 다툼의 여지가 없을 정도로 명백하였다고 인정되지 아니하는 이상 객관적으로 명백한 것이라 할 수 없으므로, 이러한 조례에 근거한 행정처분의 하자는 취소사유에 해당할 뿐 무효사유가 된다고 볼 수는 없다.

(대법원 2009.10.29, 선고 2007두26285 판결【공법상부당이득금반환청구】)

8. 선행행위가 무효인 경우 후행행위의 효력

적법한 건축물에 대한 철거명령은 그 하자가 중대하고 명백하여 당연무효라고 할 것이고, 그 후행행위인 건축물철거 대집행계고처분 역시 당연무효라고 할 것이다.

(대법원 1999.4.27, 선고 97누6780 판결【건축물철거대집행계고처분취소】)

9. 전결규정에 위반한 행정행위의 효력

전결과 같은 행정권한의 내부위임은 법령상 처분권자인 행정관청이 내부적인 사무처리의 편의를 도모하기 위하여 그의 보조기관 또는 하급 행정관청으로 하여금 그의 권한을 사실상 행사하게 하는 것으로서 법률이 위임을 허용하지 않는 경우에도 인정되는 것이므로, 설사 행정관청 내부의 사무처리규정에 불과한 전결규정에 위반하여 원래의 전결권자 아닌 보조기관 등이 처분권자인 행정관청의 이름으로 행정처분을 하였다고 하더라도 그 처분이 권한 없는 자에 의하여 행하여진 무효의 처분이라고는 할 수 없다.

(대법원 1998.2.27, 선고 97누1105 판결【공유재산대부신청반려처분무효확인】)

10. 취득세 납세의무자의 신고행위의 하자가 당연무효라고 할 수 있는 경우

취득세 신고행위는 납세의무자와 과세관청 사이에 이루어지는 것으로서 취득세 신고행위의 존재를 신뢰하는 제3자의 보호가 특별히 문제되지 않아 그 신고행위를 당연무효로 보더라도 법적 안정성이 크게 저해되지 않는 반면, 과세요건 등에 관한 중대한 하자가 있고 그 법적 구제수단이 국세에 비하여 상대적으로 미비함에도 위법한 결과를 시정하지 않고 납세의무자에게 그 신고행

위로 인한 불이익을 감수시키는 것이 과세행정의 안정과 그 원활한 운영의 요청을 참작하더라도 납세의무자의 권익구제 등의 측면에서 현저하게 부당하다고 볼 만한 특별한 사정이 있는 때에는 예외적으로 이와 같은 하자 있는 신고행위가 당연무효라고 함이 타당하다.

(대법원 2009.2.12, 선고 2008두11716 판결【취득세부과처분무효확인】)

11. 법률관계나 사실관계에 대하여 법률의 규정을 잘못 해석한 행정처분의 하자가 중대하고 명백한지 여부를 판단하는 방법

행정청이 어느 법률관계나 사실관계에 대하여 어느 법률의 규정을 적용하여 행정처분을 한 경우에 그 법률관계나 사실관계에 대하여는 그 법률의 규정을 적용할 수 없다는 법리가 명백히 밝혀져 그 해석에 다툼의 여지가 없음에도 행정청이 위 규정을 적용하여 처분을 한 때에는 그 하자가 중대하고도 명백하다고 할 것이나, 그 법률관계나 사실관계에 대하여 그 법률의 규정을 적용할 수 없다는 법리가 명백히 밝혀지지 아니하여 그 해석에 다툼의 여지가 있는 때에는 행정관청이 이를 잘못 해석하여 행정처분을 하였더라도 이는 그 처분 요건사실을 오인한 것에 불과하여 그 하자가 명백하다고 할 수 없다.

(대법원 2009.9.24, 선고 2009두2825 판결【개발사업시행승인처분취소】)

■ 하자의 승계

12. 과세처분의 선행처분인 개별공시지가결정의 위법을 독립된 위법사유로 주장할 수 있는지 여부(적극)

개별공시지가결정은 이를 기초로 한 과세처분 등과는 별개의 독립된 처분으로서 서로 독립하여 별개의 법률효과를 목적으로 하는 것이나, 개별공시지가는 이를 토지소유자나 이해관계인에게 개별적으로 고지하도록 되어 있는 것이 아니어서 토지소유자 등이 개별공시지가결정 내용을 알고 있었다고 전제하기도 곤란할 뿐만 아니라 결정된 개별공시지가가 자신에게 유리하게 작용될 것인지 또는 불이익하게 작용될 것인지 여부를 쉽사리 예견할 수 있는 것도 아니며, 더욱이 장차 어떠한 과세처분 등 구체적인 불이익이 현실적으로 나타나게 되었을 경우에 비로소 권리구제의 길을 찾는 것이 우리 국민의 권리의식임을 감안하여 볼 때 토지소유자 등으로 하여금 결정된 개별공시지가를 기초로 하여 장차 과세처분 등이 이루어질 것에 대비하여 항상 토지의 가격을 주시하고 개별공시지가결정이 잘못된 경우 정해진 시정절차를 통하여 이를 시정하도록 요구하는 것은 부당하게 높은 주의의무를 지우는 것이라고 아니할 수 없고, 위법한 개별공시지가결정에 대하여 그 정해진 시정절차를 통하여 시정하도록 요구하지 아니하였다는 이유로 위법한 개별공시지가를 기초로 한 과세처분 등 후행 행정처분에서 개별공시지가결정의 위법을 주장할 수 없도록 하는 것은 수인한도를 넘는 불이익을 강요하는 것으로서 국민의 재산권과 재판받을 권리를 보장한 헌법의 이념에도 부합하는 것이 아니라고 할 것이다.

(대법원 1994.1.25. 선고 93누8542 판결【양도소득세등부과처분취소】)

13. 수용보상금 증액을 구하는 소송에서 비교표준지공시지가 결정의 위법을 주장할 수 있는지 여부(적극)

표준지공시지가결정은 이를 기초로 한 수용재결 등과는 별개의 독립된 처분으로서 서로 독립하여 별개의 법률효과를 목적으로 하지만, 표준지공시지가는 이를 인근 토지의 소유자나 기타 이해관계인에게 개별적으로 고지하도록 되어 있는 것이 아니어서 인근 토지의 소유자 등이 표준지

공시지가결정 내용을 알고 있었다고 전제하기가 곤란할 뿐만 아니라, 인근 토지 소유자는 보상금 산정의 기준이 되는 표준지가 어느 토지인지를 알 수 없으므로, 인근 토지 소유자가 표준지의 공시지가가 확정되기 전에 이를 다투는 것은 불가능하다. 따라서 표준지공시지가결정이 위법한 경우에는 그 자체를 행정소송의 대상이 되는 행정처분으로 보아 그 위법 여부를 다툴 수 있음은 물론, 수용보상금의 증액을 구하는 소송에서도 선행처분으로서 그 수용대상 토지 가격 산정의 기초가 된 비교표준지공시지가결정의 위법을 독립한 사유로 주장할 수 있다.

(대법원 2008.8.21, 선고 2007두13845 판결【토지보상금】)

■ 행정행위의 취소와 철회

14. 행정행위(침익적 행위) 취소의 효력

국세기본법 제26조 제1호는 부과의 취소를 국세납부의무 소멸사유의 하나로 들고 있으나, 그 부과의 취소에 하자가 있는 경우의 부과의 취소의 취소에 대하여는 법률이 명문으로 그 취소요건이나 그에 대한 불복절차에 대하여 따로 규정을 둔 바도 없으므로, 설사 부과의 취소에 위법사유가 있다고 하더라도 당연무효가 아닌 한 일단 유효하게 성립하여 부과처분을 확정적으로 상실시키는 것이므로, 과세관청은 부과의 취소를 다시 취소함으로써 원부과처분을 소생시킬 수는 없고 납세의무자에게 종전의 과세대상에 대한 납부의무를 지우려면 다시 법률에서 정한 부과절차에 좇아 동일한 내용의 새로운 처분을 하는 수밖에 없다.

(대법원 1995.3.10, 선고 94누7027 판결【상속세부과처분취소등】)

15. 행정행위(수익적 행위) 취소의 효력

행정처분이 취소되면 그 소급효에 의하여 처음부터 그 처분이 없었던 것과 같은 효과를 발생하게 되는바, 행정청이 의료법인의 이사에 대한 이사취임승인취소처분(제1처분)을 직권으로 취소(제2처분)한 경우에는 그로 인하여 이사가 소급하여 이사로서의 지위를 회복하게 되고, 그 결과 위 제1처분과 제2처분 사이에 법원에 의하여 선임결정된 임시이사들의 지위는 법원의 해임결정이 없더라도 당연히 소멸된다.

(대법원 1997.1.21, 선고 96누3401 판결【법인임원취임승인신청거부처분취소등】)

16. 행정행위 직권취소의 한계

산업단지관리공단의 지위, 입주계약 및 변경계약의 효과, 입주계약 및 변경계약 체결 의무와 그 의무를 불이행한 경우의 형사적 내지 행정적 제재, 입주계약해지의 절차, 해지통보에 수반되는 법적 의무 및 그 의무를 불이행한 경우의 형사적 내지 행정적 제재 등을 종합적으로 고려하면, 입주변경계약 취소는 행정청인 관리권자로부터 관리업무를 위탁받은 산업단지관리공단이 우월적 지위에서 입주기업체들에게 일정한 법률상 효과를 발생하게 하는 것으로서 항고소송의 대상이 되는 행정처분에 해당한다.

일정한 행정처분으로 국민이 일정한 이익과 권리를 취득하였을 경우에 종전 행정처분에 하자가 있음을 전제로 직권으로 이를 취소하는 행정처분은 이미 취득한 국민의 기존 이익과 권리를 박탈하는 별개의 행정처분으로, 취소될 행정처분에 하자가 있어야 하고, 나아가 행정처분에 하자가 있다고 하더라도 취소해야 할 공익상 필요와 취소로 당사자가 입게 될 기득권과 신뢰보호 및 법률생활 안정의 침해 등 불이익을 비교·교량한 후 공익상 필요가 당사자가 입을 불이익을 정당화할 만큼 강한 경우에 한하여 취소할 수 있는 것이며, 하자나 취소해야 할 필요성에 관한 증명책임은 기존 이익과 권리를 침해하는 처분을 한 행정청에 있다. 이러한 신뢰보호와 이익형량의 취지는 구 산업집적활성화 및 공장설립에 관한 법률(2013.3.23. 법률 제11690호로 개정되기 전의 것)에 따른 입주계약 또는 변경계약을 취소하는 경우에도 마찬가지로 적용될 수 있다.

(대법원 2017.6.15, 선고 2014두46843 판결【입주변경계약취소처분등취소】)

17. 행정행위 철회의 효과를 소급시킬 수 있는 여부

영유아보육법 제30조 제5항 제3호에 따른 평가인증의 취소는 평가인증 당시에 존재하였던 하자가 아니라 그 이후에 새로이 발생한 사유로 평가인증의 효력을 소멸시키는 경우에 해당하므로, 법적 성격은 평가인증의 '철회'에 해당한다. 그런데 행정청이 평가인증을 철회하면서 그 효력을 철회의 효력발생일 이전으로 소급하게 하면, 철회 이전의 기간에 평가인증을 전제로 지급한 보조금 등의 지원이 그 근거를 상실하게 되어 이를 반환하여야 하는 법적 불이익이 발생한다. 이는 장래를 향하여 효력을 소멸시키는 철회가 예정한 법적 불이익의 범위를 벗어나는 것이다. 이처럼 행정청이 평가인증이 이루어진 이후에 새로이 발생한 사유를 들어 영유아보육법 제30조 제5항에 따라 평가인증을 철회하는 처분을 하면서도, 평가인증의 효력을 과거로 소급하여 상실시키기 위해서는, 특별한 사정이 없는 한 영유아보육법 제30조 제5항과는 별도의 법적 근거가 필요하다.

(대법원 2018.6.28, 선고 2015두58195 판결【평가인증취소처분취소】)

18. 하지의 치유와 직권취소의 구별

행정청은 행정소송이 계속되고 있는 때에도 직권으로 그 처분을 변경할 수 있고, 행정소송법 제22조 제1항은 이를 전제로 처분변경으로 인한 소의 변경에 관하여 규정하고 있다. 점용료 부과처분에 취소사유에 해당하는 흠이 있는 경우 도로관리청으로서는 당초 처분 자체를 취소하고 흠을 보완하여 새로운 부과처분을 하거나, 흠 있는 부분에 해당하는 점용료를 감액하는 처분을 할 수 있다. 한편 흠 있는 행정행위의 치유는 원칙적으로 허용되지 않을 뿐 아니라, 흠의 치유는 성립 당시에 적법한 요건을 갖추지 못한 흠 있는 행정행위를 그대로 존속시키면서 사후에 그 흠의 원인이 된 적법 요건을 보완하는 경우를 말한다. 그런데 앞서 본 바와 같은 흠 있는 부분에 해당하는 점용료를 감액하는 처분은 당초 처분 자체를 일부 취소하는 변경처분에 해당하고, 그 실질은 종래의 위법한 부분을 제거하는 것으로서 흠의 치유와는 차이가 있다.

(대법원 2019.1.17, 선고 2016두56721, 56738 판결【도로점용료부과처분취소·도로점용료부과처분취소】)

제 3 절 행정계획

대법원 2003.9.23, 선고 2001두10936 판결

군수(A)는 甲이 제출한 폐기물처리사업계획에 대한 적정통보를 하였다. 위 사업계획의 대상지역은 국토계획법상 용도지역이 농림지역이므로 폐기물처리업허가가 불가능하였다. A는 甲의 국토이용계획변경승인신청에 근거하여 이 사건 부동산 일대의 토지에 대한 용도지역을 준도시지역(시설용지지구)으로 변경하기 위한 공람공고를 하였다. 이 사건 부동산 인근에 거주하는 주민들이 폐기물처리시설의 설치를 반대하는 집단 민원을 제기하자, A는 甲에게 주민들의 민원을 이유로 甲의 국토이용계획변경승인신청을 반려하였다(이 사건 거부처분).

〈문제〉 甲에게 국토이용계획변경신청권이 인정되는지 여부를 검토하시오.

제 1 항 행정계획의 관념

1. 개 념

행정주체가 일정한 행정 활동을 위한 목표를 설정하고 서로 관련되는 행정수단을 종합·조정함으로써 목표로 제시된 장래의 일정한 시점에서의 일정한 질서를 실현하기 위한 활동기준 또는 그 설정행위를 의미한다.

행정청은 행정계획 중 국민의 권리·의무에 직접 영향을 미치는 계획을 수립하거나 변경·폐지할 때에는 관련된 여러 이익을 정당하게 형량하여야 한다(행정절차법 제40조의4).

대법원 1996.11.29, 선고 96누8567 판결【도시계획시설결정처분무효확인등】

【판결요지】

행정계획이라 함은 행정에 관한 전문적·기술적 판단을 기초로 하여 도시의 건설·정비·개량 등과 같은 특정한 행정목표를 달성하기 위하여 서로 관련되는 행정수단을 종합·조정함으로써 장래의 일정한 시점에 있어서 일정한 질서를 실현하기 위한 활동기준으로 설정된 것으로서, 도시계획법 등 관계 법령에는 추상적인 행정목표와 절차만이 규정되어 있을 뿐 행정계획의 내용에 대하여는 별다른 규정을 두

> 고 있지 아니하므로 행정주체는 구체적인 행정계획을 입안·결정함에 있어서 비교적 광범위한 형성의 자유를 가진다고 할 것이지만, 행정주체가 가지는 이와 같은 형성의 자유는 무제한적인 것이 아니라 그 행정계획에 관련되는 자들의 이익을 공익과 사익 사이에서는 물론이고 공익 상호간과 사익 상호간에도 정당하게 비교교량하여야 한다는 제한이 있는 것이고, 따라서 행정주체가 행정계획을 입안·결정함에 있어서 이익형량을 전혀 행하지 아니하거나 이익형량의 고려 대상에 마땅히 포함시켜야 할 사항을 누락한 경우 또는 이익형량을 하였으나 정당성·객관성이 결여된 경우에는 그 행정계획결정은 재량권을 일탈·남용한 것으로서 위법하다.

2. 기 능

① 목표설정기능 ② 행정수단의 종합화기능 ③ 행정과 국민의 매개적 기능(예측가능성 부여기능, 유도적 기능)

3. 종 류

① 구속적 계획

㉠ 국민에 대한 구속적 계획(국토의 계획 및 이용에 관한 법률 제2조의 '도시관리계획')

㉡ 타 계획에 대한 구속적 계획(국토종합계획, 도시기본계획 등)

㉢ 관계행정기관에 대한 구속적 계획(예산의 운용계획 등)

② 비구속적 계획 : 행정 내부의 장기계획 등

4. 법적 성질 - 처분성 여부

① 학설 : 입법행위설, 독자성설, 행정행위설, 개별적 결정설 등

② 판례

㉠ 도시관리계획결정은 처분성을 인정(대판 1982.3.9, 80누105)한다.

㉡ 하수도(기반시설) 정비계획은 처분성을 부정(대판 2002.5.17., 2001두10578)한다.

5. 행정계획의 효력

① 효력 요건

㉠ 행정계획을 법률, 법규명령, 조례의 형식으로 정하는 경우 : 공포, 특별한 규정이 없는 한 공포한 날로부터 20일이 경과함으로써 효력이 발생한다.

㉡ 행정계획을 그 밖의 형식으로 정하는 경우 : 고시, 특별한 규정이 없는 한 고시와 동시에 효력이 발생한다.

② 행정계획의 효력

㉠ 집중효 ㉡ 배제효 ㉢ 구속효

6. 계획재량과 형량명령

① 계획법규범의 특색 : 목적 프로그램

② 계획재량은 통상의 행위재량보다 재량의 범위가 넓다.

③ 형량명령 : 계획재량을 행사함에 있어서는 관련된 제 이익, 즉 공익과 사익, 공익 상호간 및 사익 상호간을 정당하게 형량 할 것이 요구된다.

④ 형량의 하자 : 형량의 해태, 형량의 흠결, 오형량

제 2 항 행정계획과 권리구제

1. 행정계획과 권리구제

① 행정쟁송을 통한 권리구제의 곤란성 : 행정계획은 그 성격상 처분성 인정이 어려울 수 있고, 계획 수립시 재량이 넓게 인정되어 행정쟁송을 통한 권리구제는 어렵다고 보아야 한다.

② 행정상 손해전보

③ 헌법소원 : 가능성 긍정(헌재)

④ 계획변경청구 : 불가하다는 것이 원칙이다.

대법원 2003.9.26, 선고 2003두5075 판결【국토이용계획변경신청불허처분취소】

국민의 적극적 신청행위에 대하여 행정청이 그 신청에 따른 행위를 하지 않겠다고 거부한 행위가 항고소송의 대상이 되는 행정처분에 해당하는 것이라고 하려면, 그 신청한 행위가 공권력의 행사 또는 이에 준하는 행정작용이어야 하고, 그 거부행위가 신청인의 법률관계에 어떤 변동을 일으키는 것이어야 하며, 그 국민에게 그 행위발동을 요구할 법규상 또는 조리상의 신청권이 있어야만 한다(대법원 1998.7.10. 선고 96누14036 판결 등 참조).

그런데 국토이용관리법상 주민이 국토이용계획의 변경에 대하여 신청을 할 수 있다는 규정이 없을 뿐만 아니라, 국토건설종합계획의 효율적인 추진과 국토이용질서를 확립하기 위한 국토이용계획은 장기성, 종합성이 요구되는 행정계획이어서 그 계획이 일단 확정된 후에 어떤 사정의 변동이 있다고 하여 지역주민이나 일반 이해관계인에게 일일이 그 계획의 변경을 신청할 권리를 인정하여 줄 수 없고(대법원 1995.4.28. 선고 95누627 판결 참조), 원심이 확정한 사실관계를 기록에 비추어 보면, 이 사건에서 원고의 국토이용계획변경신청과 관련하여 피고 시장 등이 보여 준 일련의 행위가 위 계획변경승인에 대한 공적 견해를 표명한 것이라고 볼 수 없으며, 그럼에도 불구하고 원고가 위 변경승인을 받을 것으로 신뢰하였다면 원고에게 귀책사유가 있으므로 신뢰보호의 원칙은 적용되지 않는다고 할 것이니, 원고에게 신뢰보호원칙에 기한 조리상 국토이용계획변경신청권을 인정할 수도 없다.

2. 계획보장청구권

① 내용 : 계획존속청구권, 계획준수청구권, 손해전보청구권 등이 있다.

② 인정여부 : 행정계획에 대한 포괄적인 계획보장청구권은 부정되나, 세부적인 계획 수립 후의 계획준수청구권은 신뢰보호의 원칙에 입각하여 인정할 수도 있을 것이다.

제3항 행정계획의 통제

Ⅰ. 행정내부적 통제

1. 절차상 통제(예. 행정계획이 처분적 성격을 가지는 경우에는 행정절차법의 적용이 검토되어야 함)

2. 감독권에 의한 통제
3. 공무원에 의한 심사
4. 국무총리행정심판위원회에 의한 통제

Ⅱ. 국회에 의한 통제

1. 입법을 통한 직접적 통제
2. 간접적 통제(국회법 제98조의2를 통한 간접 통제, 국정감사 및 조사 등)

Ⅲ. 법원에 의한 통제

1. 사법심사가능성

행정계획의 성격상 처분성이 인정되어 사법심사의 대상이 될 가능성은 적다. 그러나 구체적인 행정계획에 대해서는 그 처분성을 인정하기도 한다(예, 도시관리계획결정 등).

2. 형성의 자유(계획재량)

계획재량에 있어 사실의 오인, 평등·비례원칙의 위반, 목적위반, 他事고려 등이 있을 시에는 위법 또는 부당한 행정계획이 된다.

Ⅳ. 국민에 의한 통제

1. 계획 과정에 국민의 참여
2. 계획의 보장

[1] 대법원 1997.9.26, 선고 96누10096 판결【택지개발예정지구지정처분취소등】
【판결요지】
[3] 택지개발 예정지구 지정처분은 건설교통부장관이 법령의 범위 내에서 도시지

역의 시급한 주택난 해소를 위한 택지를 개발·공급할 목적으로 주택정책상의 전문적·기술적 판단에 기초하여 행하는 일종의 행정계획으로서 재량행위라고 할 것이므로 그 재량권의 일탈·남용이 없는 이상 그 처분을 위법하다고 할 수 없다.
[4] 행정주체가 택지개발 예정지구 지정 처분과 같은 행정계획을 입안·결정하는 데에는 비록 광범위한 계획재량을 갖고 있지만 행정계획에 관련된 자들의 이익을 공익과 사익 사이에서는 물론, 공익 상호간과 사익 상호간에도 정당하게 비교·교량하여야 하고 그 비교·교량은 비례의 원칙에 적합하도록 하여야 하는 것이므로, 만약 이익형량을 전혀 하지 아니하였거나 이익형량의 고려대상에 포함시켜야 할 중요한 사항을 누락한 경우 또는 이익형량을 하기는 하였으나 그것이 <u>비례의 원칙에 어긋나게 된 경우에는 그 행정계획은 재량권을 일탈·남용한 위법한 처분</u>이다. 또 여기서 비례의 원칙(과잉금지의 원칙)이란 어떤 행정목적을 달성하기 위한 수단은 그 목적달성에 유효·적절하고 또한 가능한 한 최소침해를 가져오는 것이어야 하며 아울러 그 수단의 도입으로 인한 침해가 의도하는 공익을 능가하여서는 아니된다는 헌법상의 원칙을 말하는 것인데, 어떠한 지역의 토지들을 토지구획정리사업법에 의한 구획정리의 방식이나 택지개발촉진법에 의한 택지개발의 방식 또는 도시계획법에 의한 일단의 주택지조성의 방식 중 어느 방식으로 개발할 것인지의 여부는 각 방식의 특성, 당해 토지들의 입지조건이나 개발당시의 사회·경제적 여건, 사업의 목표 등 각각의 특성에 따라 결정하여야 할 것이다.

[2] 대법원 2003.9.23, 선고 2001두10936 판결【국토이용계획변경승인거부처분취소】
【판결요지】
[1] 국민의 적극적 신청행위에 대하여 행정청이 그 신청에 따른 행위를 하지 않겠다고 거부한 행위가 항고소송의 대상이 되는 행정처분에 해당하는 것이라고 하려면, 그 신청한 행위가 공권력의 행사 또는 이에 준하는 행정작용이어야 하고, 그 거부행위가 신청인의 법률관계에 어떤 변동을 일으키는 것이어야 하며, 그 국민에게 그 행위발동을 요구할 법규상 또는 조리상의 신청권이 있어야만 한다.
[2] 구 국토이용관리법(2002.2.4. 법률 제6655호 국토의계획및이용에관한법률 부칙 제2조로 폐지)상 주민이 국토이용계획의 변경에 대하여 신청을 할 수 있다는 규정이 없을 뿐만 아니라, 국토건설종합계획의 효율적인 추진과 국토이용질서를 확립하기 위한 국토이용계획은 장기성, 종합성이 요구되는 행정계획이어서 원칙적으로는 그 계획이 일단 확정된 후에 어떤 사정의 변동이 있다고 하여 그러한 사유만으로는 지역주민이나 일반 이해관계인에게 일일이 그 계획의 변경을 신청할 권리를 인정하여 줄 수는 없을 것이지만, 장래 일정한 기간 내에 관계 법령이 규정하

는 시설 등을 갖추어 일정한 행정처분을 구하는 신청을 할 수 있는 법률상 지위에 있는 자의 국토이용계획변경신청을 거부하는 것이 실질적으로 당해 행정처분 자체를 거부하는 결과가 되는 경우에는 예외적으로 그 신청인에게 국토이용계획변경을 신청할 권리가 인정된다고 봄이 상당하므로, 이러한 신청에 대한 거부행위는 항고소송의 대상이 되는 행정처분에 해당한다.

[3] 대법원 2004.4.28, 선고 2003두1806 판결【도시계획시설변경입안의제안거부처분취소】

【판결요지】

[1] 구 도시계획법(2002.2.4. 법률 제6655호 국토의계획및이용에관한법률 부칙 제2조로 폐지)은 도시계획의 수립 및 집행에 관하여 필요한 사항을 규정함으로써 공공의 안녕질서를 보장하고 공공복리를 증진하며 주민의 삶의 질을 향상하게 함을 목적으로 하면서도 도시계획시설결정으로 인한 개인의 재산권행사의 제한을 줄이기 위하여, 도시계획시설부지의 매수청구권, 도시계획시설결정의 실효에 관한 규정과 아울러 도시계획 입안권자인 특별시장·광역시장·시장 또는 군수로 하여금 5년마다 관할 도시계획구역 안의 도시계획에 대하여 그 타당성 여부를 전반적으로 재검토하여 정비하여야 할 의무를 지우고, 도시계획입안제안과 관련하여서는 주민이 입안권자에게 '1. 도시계획시설의 설치·정비 또는 개량에 관한 사항 2. 지구단위계획구역의 지정 및 변경과 지구단위계획의 수립 및 변경에 관한 사항'에 관하여 '도시계획도서와 계획설명서를 첨부'하여 도시계획의 입안을 제안할 수 있고, 위 입안제안을 받은 입안권자는 그 처리결과를 제안자에게 통보하도록 규정하고 있는 점 등과 헌법상 개인의 재산권 보장의 취지에 비추어 보면, <u>도시계획구역 내 토지 등을 소유하고 있는 주민으로서는 입안권자에게 도시계획입안을 요구할 수 있는 법규상 또는 조리상의 신청권이 있다고 할 것이고, 이러한 신청에 대한 거부행위는 항고소송의 대상이 되는 행정처분에 해당한다</u>.

[2] 일반주거지역 내에 자동차 및 중기운전학원을 설치하도록 한 도시계획시설결정이 당시의 관계 법령상 적법하다고 한 사례.

제4절 공법상 계약

대법원 2015.8.27, 선고 2015두41449 판결【판결요지】

중소기업기술정보진흥원장(A)은 甲과 중소기업 정보화지원사업의 지원에 관한 협약을 체결하였다. 이후 A는 甲에게 귀책사유 있는 사업실패로 인해 협약이 해지되었으니 이미 지급받은 정부지원금을 반환하여 줄 것을 甲에게 통보하였다(이 사건 환수통보). 참고로, 구 「중소기업 기술혁신 촉진법」에는 중소기업 정보화지원사업의 추진 및 소요 비용출연 등에 관한 규정을 두고 있었으나, 지원금 지급요건 또는 환수 등에 관하여는 아무런 규정을 두고 있지 않았다.

〈문제〉 이 사건 환수통보가 행정처분인지 여부를 검토하시오.

1. 의 의

공법적 효과의 발생을 목적으로 복수당사자 간의 반대 방향의 의사표시의 합치로 성립하는 비권력적 행위를 말한다. 공법상 계약은 현대 행정의 특징의 하나이며 새로운 행정의 행위형식의 하나라 할 수 있다.

공법상 계약은 공법적 효과를 발생시킨다는 점에서 행정행위와 공통점이 있다. 그러나 공법상 계약은 의사의 대등성을 전제로 복수당사자 간의 의사표시의 합치로 성립하는 쌍방행위임에 반해, 행정행위는 행정주체의 우월한 일방적 의사결정에 의하여 행하여지는 단독행위라는 점에서 차이가 있다. 또한 후술하는 바와 같이, 계약에 있어 일정한 제한이나 조건이 가능하다는 점에서 순수한 사적 계약과 본질적인 차이를 가진다.

「행정기본법」 제27조 제1항에서는 공법관계에서도 공법상 계약이 허용됨을 규정함으로써 공법상 계약에 관한 일반적인 법적 근거를 마련하였다. 하지만 '행정행위에 갈음하는 공법상 계약'에 관한 내용 등 공법상 계약의 구체적 내용에 관해서는 규정을 따로 두고 있지 않다.

대법원 2015. 8. 27. 선고 2015두41449 판결 [정보화지원사업참여제한처분무효확인]
행정청이 자신과 상대방 사이의 법률관계를 일방적인 의사표시로 종료시켰다고 하더라도 곧바로 의사표시가 행정청으로서 공권력을 행사하여 행하는 행정처분이라고 단정할 수는 없고, 관계 법령이 상대방의 법률관계에 관하여 구체적으로 어떻게 규정하고 있는지에 따라 의사표시가 항고소송의 대상이 되는 행정처분에 해당하는지 아니면 공법상 계약관계의 일방 당사자로서 대등한 지위에서 행하는 의사표시인지를 개별적으로 판단하여야 한다.

2. 공법상 계약의 유형

(1) 행정주체 간의 공법상 계약

국가와 공공단체 또는 공공단체 상호 간의 공법적 효과 발생을 목적으로 체결하는 계약이다. 하천이나 도로와 같은 공물의 관리나 경비의 부담을 대상으로 하는 지방자치단체 간의 협의가 이에 해당한다(예: 「도로법」 제24조, 「하천법」 제9조).

(2) 공무수탁사인과 사인(私人) 간의 공법상 계약

토지보상법상 사인인 사업시행자와 토지소유자 간의 협의를 들 수 있다. 그러나 판례는 이를 사법상 계약으로 보고 있다.

대법원 2004.9.24, 2002다68713 판결 [(구) 공공용지의취득및손실보상에관한특례법상 협의취득의 성질]
(구) 공공용지의취득및손실보상에관한특례법(2002.2.4. 법률 제6656호로 폐지되기 전의 것)은 사업시행자가 토지 등의 소유자로부터 토지 등의 협의취득 및 그 손실보상의 기준과 방법을 정한 법으로서, 이에 의한 협의취득 또는 보상합의는 공공기관이 사경제주체로서 행하는 사법상 매매 내지 사법상 계약의 실질을 가진다.

(3) 행정주체와 사인 간의 공법상 계약

가장 일반적인 공법상 계약의 형태이다. 대표적으로는 「국세기본법」 제2조 제12호에 의한 납세보증계약, 「국유재산법」·「지방재정법」에 의한 공법상의 증여계약에 의한 공용부담으로서의 기부채납, 「사회기반시설에 대한 민간투자법」

에 의한 사회간접자본시설의 건설과 운영을 대상으로 하는 실시협약, 지방자치단체와 사인 간의 환경관리협약, 과학기술기본법령상의 사업협약(대판 2014.12.11, 2012두28704 참조) 등을 들 수 있다.

공법상의 계약은 공법적 효과의 발생을 목적으로 하는 계약을 의미하므로, 국가나 지방자치단체가 주체가 되는 물품조달계약이나 건설도급계약 등은 「국가재정법」, 「지방재정법」, 「공유재산법」, 「국가를 당사자로 하는 계약에 관한 법률」, 「지방자치단체를 당사자로 하는 법률」 등에 의하여 공법적인 규제와 통제의 대상이 되지만, 그 성질은 사법상 계약으로 보아야 한다. 국·공유재산의 임대차, 매매계약, 영조물의 이용관계도 대부분 사법상 계약이다.

> 대법원 2020.5.14, 2018다298409 판결 [매매대금반환]
> 국가가 당사자가 되는 이른바 공공계약에 사적 자치와 계약자유의 원칙 등 사법의 원리가 적용되는지 여부(원칙적 적극)
> 국가계약법에 따라 국가가 당사자가 되는 이른바 공공계약은 사경제 주체로서 상대방과 대등한 위치에서 체결하는 사법상 계약으로서 본질적인 내용은 사인 간의 계약과 다를 바가 없으므로, 그에 관한 법령에 특별한 정함이 있는 경우를 제외하고는 사적 자치와 계약자유의 원칙 등 사법의 원리가 그대로 적용된다.

> 대법원 2019.10.17, 2018두60588 판결 [고정비미집행액회수조치통보무효확인등]
> 지방자치단체가 사인과 체결한 시설 위탁운영협약의 법적 성격
> "이 사건 협약은 지방자치단체인 피고가 사인인 원고 등에게 이 사건 시설의 운영을 위탁하고 그 위탁운영비용을 지급하는 것을 내용으로 하는 용역계약으로서, 상호 대등한 입장에서 당사자의 합의에 따라 체결한 사법상 계약에 해당한다(대판 2017.1.25, 2015다205796 등 참조). … 이 사건 협약에 따른 위탁운영비용 정산 의무의 존부는 민사 법률관계에 해당하므로 이를 소송물로 다투는 소송은 민사소송에 해당한다. 그러나 원심이 이 사건 소송을 행정소송 절차로 진행하였더라도, 행정사건의 심리절차는 행정소송의 특수성을 감안하여 행정소송법이 정하고 있는 특칙이 적용될 수 있는 점을 제외하고는 민사소송 절차와 큰 차이가 없으므로, 특별한 사정이 없는 한 민사사건을 행정소송 절차로 진행한 것 자체가 위법하다고 볼 것은 아니다(대판 2018.2.13, 2014두11328 등 참조).

3. 특수성

① 실체법적 특수성

㉠ 법적합성 : 법률우위는 적용되나 법률유보의 원칙은 적용되지 않는다.

㉡ 계약자유의 제한 : 공익을 전제로 하는 행정법의 특성상 사법(私法)상의 완전한 계약자유의 원칙은 적용되지 않는다. 따라서 계약의 체결이나 변경, 계약의 해제 등에 있어, 행정주체는 공익상의 사유로 일방적으로 계약을 변경하거나 해제할 수 있도록 한다든지, 상대방의 경우는 공익상의 사유가 아닌 한 계약해제권이 제한되도록 하는 경우가 있을 수 있다.

㉢ 사정변경

ⓐ 기준이 된 사정이 본질적으로 변경된 경우에는 계약의 해제, 해지 및 내용 변경이 인정된다.

ⓑ 국민의 일상생활에 필요불가결한 재화나 서비스의 공급을 내용으로 하는 공법상 계약은 행정주체라고 하여도 수급자 측에 부정이 있을 때나 그 밖의 정당한 사유가 있는 경우 이외는 해제할 수 없는 경우처럼, 행정주체에게도 계약의 해제가 제한될 수 있다. 다만 그 같은 경우 행정주체는 요금 기타 공급 조건을 일방적으로 변경할 수 있다.

㉣ 계약의 하자 : 공법상 계약에 하자가 있으면 무효가 되는 것이 원칙이다.

② 절차법적 특수성

㉠ 행정청은 법령 등을 위반하지 아니하는 범위에서 행정목적을 달성하기 위하여 필요한 경우에는 공법상 법률관계에 관한 계약을 체결할 수 있다. 이 경우 계약의 목적 및 내용을 명확하게 적은 계약서를 작성하여야 한다(행정기본법 제27조제1항). 행정청은 공법상 계약의 상대방을 선정하고 계약 내용을 정할 때 공법상 계약의 공공성과 제3자의 이해관계를 고려하여야 한다(동조 제2항).

ⓐ 자력강제권은 원칙적으로 부인된다.

ⓑ 다만, 법률의 근거가 있거나 당사자 간 사전 합의가 있으면 가능

하다고 볼 것이다.

㉡ 쟁송절차 : 공법상 계약에 따른 권리·의무의 확인 또는 이행청구소송은 공법상 당사자소송에 의한다(행정소송규칙 제19조제4호).

대법원 1996.5.31, 선고 95누10617 판결
【공중보건의사전문직공무원채용계약해지처분취소등】

관계 법령의 규정내용에 미루어 보면 현행 실정법이 전문직공무원인 공중보건의사의 채용계약 해지의 의사표시는 일반공무원에 대한 징계처분과는 달라서 항고소송의 대상이 되는 처분 등의 성격을 가진 것으로 인정되지 아니하고, 일정한 사유가 있을 때에 관할 도지사가 채용계약 관계의 한쪽 당사자로서 대등한 지위에서 행하는 의사표시로 취급하고 있는 것으로 이해되므로, 공중보건의사 채용계약 해지의 의사표시에 대하여는 대등한 당사자간의 소송 형식인 공법상의 당사자소송으로 그 의사표시의 무효확인을 청구할 수 있는 것이지, 이를 항고소송의 대상이 되는 행정처분이라는 전제하에서 그 취소를 구하는 항고소송을 제기할 수는 없다.

관련 판례

■ 공법상 계약

1. 시립합창단원 위촉의 공법상 계약 해당 여부

지방자치법 등의 규정에 의하면, 광주광역시립합창단의 활동은 지방문화 및 예술을 진흥시키고자 하는 광주광역시의 공공적 업무수행의 일환으로 상임단원은 일반공무원에 준하여 매일 상근하고 단원의 복무규율이 정하여져 있으며, 일정한 해촉사유가 있는 경우에만 해촉되고, 단원의 보수에 대하여 지방공무원의 보수에 관한 규정을 준용하는 점 등에서는 단원의 지위가 지방공무원과 유사한 면이 있으나, 한편 단원의 위촉기간이 정하여져 있고 재위촉이 보장되지 아니하며, 불이익처분에 대한 행정심판 등의 불복절차에 관한 규정이 준용되지도 아니하는 점 등을 종합하여 보면, 광주광역시문화예술회관장의 단원 위촉은 광주광역시문화예술회관장이 행정청으로서 공권력을 행사하여 행하는 행정처분이 아니라 공법상의 근무관계의 설정을 목적으로 하여 광주광역시와 단원이 되고자 하는 자 사이에 대등한 지위에서 의사가 합치되어 성립하는 공법상 근로계약에 해당한다고 보아야 할 것이다.

(대법원 2001.12.11, 선고 2001두7794 판결【합창단재위촉거부처분취소】)

2. 중소기업 정보화지원사업에 따른 지원금 출연을 위하여 중소기업청장이 체결하는 협약의 법적 성질(공법상 계약)

중소기업기술정보진흥원장이 갑 주식회사와 중소기업 정보화지원사업 지원대상인 사업의 지원에 관한 협약을 체결하였는데, 협약이 갑 회사에 책임이 있는 사업실패로 해지되었다는 이유로 협약에서 정한 대로 지급받은 정부지원금을 반환할 것을 통보한 사안에서, 중소기업 정보화지원사업에 따른 지원금 출연을 위하여 중소기업청장이 체결하는 협약은 공법상 대등한 당사자 사이의 의사표시의 합치로 성립하는 공법상 계약에 해당하는 점, (중략) 협약의 해지 및 그에 따른 환수 통보는 공법상 계약에 따라 행정청이 대등한 당사자의 지위에서 하는 의사표시로 보아야 하고, 이를 행정청이 우월한 지위에서 행하는 공권력의 행사로서 행정처분에 해당한다고 볼 수는 없다고 한 사례.

(대법원 2015.8.27, 선고 2015두41449 판결【정보화지원사업참여제한처분무효확인】)

3. [1] 공공기관운영법령에 따른 입찰참가자격제한 조치가 행정처분에 해당하는지 여부(적극); [2] 공공기관의 어떤 제재조치가 계약에 따른 제재조치에 해당하기 위한 요건

[1] 공공기관운영법 제39조 제2항과 그 하위법령에 따른 입찰참가자격제한 조치는 '구체적 사실에 관한 법집행으로서의 공권력의 행사'로서 행정처분에 해당한다. 공공기관운영법은 공공기관을 공기업, 준정부기관, 기타공공기관으로 구분하고(제5조), 그중에서 공기업, 준정부기관에 대해서는 입찰참가자격제한처분을 할 수 있는 권한을 부여하였다.

[2] 계약에 따른 제재조치는 법령에 근거한 공권력의 행사로서의 제재처분과는 법적 성질을 달리한다.

그러나 공공기관의 어떤 제재조치가 계약에 따른 제재조치에 해당하려면 일정한 사유가 있을 때 그러한 제재조치를 할 수 있다는 점을 공공기관과 그 거래상대방이 미리 구체적으로 약정하였어야 한다. 공공기관이 여러 거래업체들과의 계약에 적용하기 위하여 거래업체가 일정한 계약상 의무를 위반하는 경우 장래 일정 기간의 거래제한 등의 제재조치를 할 수 있다는 내용을 계약특수조건 등의 일정한 형식으로 미리 마련하였다고 하더라도, 약관의 규제에 관한 법률 제3조에서 정한 바와 같이 계약상대방에게 그 중요 내용을 미리 설명하여 계약내용으로 편입하는 절차를 거치지 않았다면 계약의 내용으로 주장할 수 없다(대판 2020.5.28, 2017두66541[공급자등록취소무효확인등청구]).

4. 공기업·준정부기관의 계약상대방에 대한 입찰참가자격 제한 조치가 법령에 근거한 행정처분인지 계약에 근거한 권리행사인지 판단하는 방법

이때에는 공기업·준정부기관이 계약상대방에게 통지한 문서의 내용과 해당 조치에 이르기까지의 과정을 객관적·종합적으로 고찰하여 판단하여야 한다. 그럼에도 불구하고 공기업·준정부기관이 법령에 근거를 둔 행정처분으로서의 입찰참가자격 제한 조치를 한 것인지 아니면 계약에 근거한 권리행사로서의 입찰참가자격 제한 조치를 한 것인지가 여전히 불분명한 경우에는, 그에 대한 불복방법 선택에 중대한 이해관계를 가지는 그 조치 상대방의 인식가능성 내지 예측가능성을 중요하게 고려하여 규범적으로 이를 확정함이 타당하다.

5. [1] 조달청장이 수요기관으로부터 계약 체결을 요청받아 그에 따라 체결하는 계약의 성격; [2] 준정부기관으로부터 계약 체결 업무를 위탁받은 조달청장이 국가계약법 제27조 제1항에 따라 계약상대방에 대하여 입찰참가자격 제한 처분을 할 수 있는지 여부(적극)

"[1] 조달청장이 조달사업에 관한 법률 제5조의2 제1항 또는 제2항에 따라 수요기관으로부터 계약 체결을 요청받아 그에 따라 체결하는 계약은, 국가가 당사자가 되고 수요기관은 수익자에 불과한 '제3자를 위한 계약'에 해당한다.

[2] … 국가가 수익자인 수요기관을 위하여 국민을 계약상대자로 하여 체결하는 요청조달계약에

는 다른 법률에 특별한 규정이 없는 한 당연히 국가를 당사자로 하는 계약에 관한 법률(이하 '국가계약법')이 적용된다.

그러나 위 법리에 의하여 요청조달계약에 적용되는 국가계약법 조항은 국가가 사경제 주체로서 국민과 대등한 관계에 있음을 전제로 한 사법(私法)관계에 관한 규정에 한정되고, 고권적 지위에서 국민에게 침익적 효과를 발생시키는 행정처분에 관한 규정까지 당연히 적용된다고 할 수 없다. 특히 요청조달계약에 있어 조달청장은 수요기관으로부터 요청받은 계약 업무를 이행하는 것에 불과하므로, 조달청장이 수요기관을 대신하여 국가계약법 제27조 제1항에 규정된 입찰참가자격 제한 처분을 할 수 있으려면 그에 관한 수권의 근거 또는 수권의 취지가 포함된 업무 위탁에 관한 근거가 법률에 별도로 마련되어 있어야 한다.… 공공기관운영법 제44조 제2항은 국가계약법상의 입찰참가자격 제한 처분의 수권 취지가 포함된 업무 위탁에 관한 근거 규정에 해당한다.

이러한 법리와 관련 규정의 내용 및 취지에 비추어 보면, 준정부기관으로부터 공공기관운영법 제44조 제2항에 따라 계약 체결 업무를 위탁받은 조달청장은 국가계약법 제27조 제1항에 따라 입찰참가자격 제한 처분을 할 수 있는 권한이 있다고 봄이 타당하다(대판 2017.12.28, 2017두39433[입찰참가자격제한처분취소])."

6. 법률상의 요건과 절차를 거치지 않고 체결한 지방자치단체의 사법상 계약의 효력(무효)

구 지방재정법(2005.8.4. 법률 제7663호로 전부 개정되기 전의 것) 제63조 및 국가를 당사자로 하는 계약에 관한 법률 제11조 제1항, 제2항에 의하면 지방자치단체가 계약을 체결하고자 할 때에는 계약의 목적, 계약금액, 이행기간, 계약보증금, 위험부담, 지체상금 기타 필요한 사항을 명백히 기재한 계약서를 작성하여야 하고, 그 담당공무원과 계약상대자가 계약서에 기명·날인 또는 서명함으로써 계약이 확정된다고 규정하고 있는바, 위 각 규정의 취지에 의하면 지방자치단체가 사경제의 주체로서 사인과 사법상의 계약을 체결함에 있어서는 위 법령에 따른 계약서를 따로 작성하는 등 그 요건과 절차를 이행하여야 하고, 설사 지방자치단체와 사인 사이에 사법상의 계약 또는 예약이 체결되었다 하더라도 위 법령상의 요건과 절차를 거치지 않은 계약 또는 예약은 그 효력이 없다.

(대법원 2009.12.24, 선고 2009다51288 판결【손해배상(기)등】)

7. 국가가 당사자가 되는 공공계약이라도 공법관계로 보는 경우

국책사업인 '한국형 헬기 개발사업'(Korean Helicopter Program, 이하 'KHP사업'이라 한다)에 개발주관사업자 중 하나로 참여하여 국가 산하 중앙행정기관인 방위사업청과 '한국형헬기 민군겸용 핵심구성품 개발협약'을 체결한 갑 주식회사가 협약을 이행하는 과정에서 환율변동 및 물가상승 등 외부적 요인 때문에 협약금액을 초과하는 비용이 발생하였다고 주장하면서 국가를 상대로 초과비용의 지급을 구하는 민사소송을 제기한 사안에서, 과학기술기본법 제11조, 구 국가연구개발사업의 관리 등에 관한 규정(2010.8.11. 대통령령 제22328호로 전부 개정되기 전의 것, 이하 '국가연구개발사업규정'이라 한다) 제2조 제1호, 제7호, 제7조 제1항, 제10조, 제15조, 제20조, 항공우주산업개발 촉진법 제4조 제1항 제2호, 제2항, 제3항 등의 입법 취지와 규정 내용, 위 협약에서 국가는 갑 회사에 '대가'를 지급한다고 규정하고 있으나 이는 국가연구개발사업규정에 근거하여 국가가 갑 회사에 연구경비로 지급하는 출연금을 지칭하는 데 다름 아닌 점, 위 협약에 정한 협약금액은 정부의 연구개발비 출연금과 참여기업의 투자금 등으로 구성

되는데 위 협약 특수조건에 의하여 참여기업이 물가상승 등을 이유로 국가에 협약금액의 증액을 내용으로 하는 협약변경을 구하는 것은 실질적으로는 KHP사업에 대한 정부출연금의 증액을 요구하는 것으로 이에 대하여는 국가의 승인을 얻도록 되어 있는 점, 위 협약은 정부와 민간이 공동으로 한국형헬기 민·군 겸용 핵심구성품을 개발하여 기술에 대한 권리는 방위사업이라는 점을 감안하여 국가에 귀속시키되 장차 기술사용권을 갑 회사에 이전하여 군용 헬기를 제작·납품하게 하거나 또는 민간 헬기의 독자적 생산기반을 확보하려는 데 있는 점, KHP사업의 참여기업인 갑 회사로서도 민·군 겸용 핵심구성품 개발사업에 참여하여 기술력을 확보함으로써 향후 군용 헬기 양산 또는 민간 헬기 생산에서 유리한 지위를 확보할 수 있게 된다는 점 등을 종합하면, 국가연구개발사업규정에 근거하여 국가 산하 중앙행정기관의 장과 참여기업인 갑 회사가 체결한 위 협약의 법률관계는 공법관계에 해당하므로 이에 관한 분쟁은 행정소송으로 제기하여야 한다. (대법원 2017.11.9, 선고 2015다215526 판결【정산금청구】)

제5절 공법상 사실행위

Ⅰ. 공법상 사실행위

1. 의 의

도로 건설, 행정 안내 등과 같이 법적 효과의 발생을 목적으로 하는 것이 아니라, 직접 어떠한 사실상의 효과나 결과를 목적으로 하는 행정작용을 말한다. 위법한 사실행위에 대한 권리구제가 문제된다.

Ⅱ. 행정지도

1. 행정지도의 정의

행정기관이 그 소관사무의 범위에서 일정한 행정 목적을 실현하기 위하여 특정인에게 일정한 행위를 하거나 하지 아니하도록 지도, 권고, 조언 등을 하는 행정작용을 말한다(행정절차법 제2조 제3호). 사실행위이며 법적효과는 없다. 그러나 입법의 규정 내용에 따라 구속력을 가질 수도 있다. 현실적으로는 사실상의 구속력을 가지고 있다고 보는 것이 옳을 것이다.

2. 행정지도와 행정구제

① 행정쟁송 : 처분성 인정 안 된다.

행정사건소송법상의 처분개념 또는 소의 이익의 확대가 근래 학설의 동향이므로, 규제적 행정지도에 대해서는 그 처분성을 긍정할 여지가 있다.

② 행정상 손해전보 : 손해배상, 손실보상의 가능성에 대해서는 학설의 대립이 있다. 행정지도라 하더라도 사실상의 강제가 인정되어지는 경우에는 국가배상법상의 요건을 충족하고 있으면 긍정하여야 할 것이다.

③ 헌법소원 : 권력적 행정지도에 대한 헌법소원의 제기는 가능하다.

④ 의견제출 : 사전구제수단으로 행정지도에 대해 의견을 제출할 수 있다.

3. 행정절차법상의 행정지도

① 행정지도의 원칙 : 행정지도는 그 목적 달성에 필요한 최소한도에 그쳐야 하며, 행정지도의 상대방의 의사에 반하여 부당하게 강요하여서는 아니 된다(제48조제1항).

행정기관은 행정지도의 상대방이 행정지도에 따르지 아니하였다는 것을 이유로 불이익한 조치를 하여서는 아니 된다(제48조제2항).

② 행정지도의 방식 : 행정지도를 하는 자는 그 상대방에게 그 행정지도의 취지 및 내용과 신분을 밝혀야 한다(제49조제1항).

행정지도가 말로 이루어지는 경우에 상대방이 제1항의 사항을 적은 서면의 교부를 요구하면 그 행정지도를 하는 자는 직무 수행에 특별한 지장이 없으면 이를 교부하여야 한다(제49조제2항).

③ 의견제출 : 행정지도의 상대방은 해당 행정지도의 방식·내용 등에 관하여 행정기관에 의견제출을 할 수 있다(제50조).

④ 다수인을 대상으로 하는 행정지도 : 행정기관이 같은 행정목적을 실현하기 위하여 많은 상대방에게 행정지도를 하려는 경우에는 특별한 사정이 없으면 행정지도에 공통적인 내용이 되는 사항을 공표하여야 한다(제51조).

관련 판례

■ 사실행위

1. 항고소송의 대상이 되는 행정처분의 의미

항고소송의 대상이 되는 행정처분이라 함은 행정청의 공법상 행위로서 특정사항에 대하여 법규에 의한 권리의 설정 또는 의무의 부담을 명하며 기타 법률상 효과를 발생케 하는 등 국민의 구체적 권리의무에 직접적 변동을 초래하는 행위를 말하고 행정권 내부에서의 행위나 알선, 권유, 사실상의 통지 등과 같이 상대방 또는 기타 관계자들의 법률상 지위에 직접적인 법률적 변동을 일으키지 아니하는 행위는 항고소송의 대상이 될 수 없다고 해석하여야 한다.

(대법원 1993.10.26, 선고 93누6331 판결【급수공사비등부과처분취소】)

2. 사업자등록 직권말소행위의 행정처분성(소극)

부가가치세법상의 사업자등록은 과세관청으로 하여금 부가가치세의 납세의무자를 파악하고 그 과세자료를 확보케 하려는 데 입법취지가 있는 것으로서, 이는 단순한 사업사실의 신고로서 사업자가 소관 세무서장에게 소정의 사업자등록신청서를 제출함으로써 성립되는 것이고, 사업자등록증의 교부는 이와 같은 등록사실을 증명하는 증서의 교부행위에 불과한 것이며, 부가가치세법

제5조 제5항에 의하면 사업자가 폐업하거나 또는 신규로 사업을 개시하고자 하여 사업개시일 전에 등록한 후 사실상 사업을 개시하지 아니하게 되는 때에는 과세관청이 직권으로 이를 말소하도록 하고 있는데, 사업자등록의 말소 또한 폐업사실의 기재일 뿐 그에 의하여 사업자로서의 지위에 변동을 가져오는 것이 아니라는 점에서 과세관청의 사업자등록 직권말소행위는 불복의 대상이 되는 행정처분으로 볼 수가 없다.

(대법원 2000.12.22, 선고 99두6903 판결【사업자등록말소처분취소】)

3. 수갑 및 포승사용행위의 법적 성질

구속된 피의자가 검사조사실에서 수갑 및 포승을 시용한 상태로 피의자신문을 받도록 한 이 사건 수갑 및 포승 사용행위는 이미 종료된 권력적 사실행위로서 행정심판이나 행정소송의 대상으로 인정되기 어려워 헌법소원심판을 청구하는 외에 달리 효과적인 구제방법이 없으므로 보충성의 원칙에 대한 예외에 해당한다.

(헌법재판소 2005.5.26, 선고 2001헌마728 결정)

■ 행정지도

4. 행정지도의 한계

이른바 행정지도라 함은 행정주체가 일정한 행정목적을 실현하기 위하여 권고 등과 같은 비강제적인 수단을 사용하여 상대방의 자발적 협력 내지 동의를 얻어내어 행정상 바람직한 결과를 이끌어내는 행정활동으로 이해되고, 따라서 적법한 행정지도로 인정되기 위하여는 우선 그 목적이 적법한 것으로 인정될 수 있어야 할 것이므로, 주식매각의 종용이 정당한 법률적 근거 없이 자의적으로 주주에게 제재를 가하는 것이라면 이 점에서 벌써 행정지도의 영역을 벗어난 것이라고 보아야 할 것이다.

(대법원 1994.12.13, 선고 93다49482 판결【주식인도】)

5. 행정지도에 의한 국가배상청구 가부

국가배상법이 정한 배상청구의 요건인 '공무원의 직무'에는 권력적 작용만이 아니라 행정지도와 같은 비권력적 작용도 포함되며 단지 행정주체가 사경제주체로서 하는 활동만 제외된다.

(대법원 1998.7.10, 선고 96다38971 판결【손해배상(기)】)

6. 한계를 일탈하지 않은 행정지도로 인하여 상대방에게 손해가 발생한 경우 행정기관의 손해배상책임 여부(소극)

행정지도가 강제성을 띠지 않은 비권력적 작용으로서 행정지도의 한계를 일탈하지 아니하였다면, 그로 인하여 상대방에게 어떤 손해가 발생하였다 하더라도 행정기관은 그에 대한 손해배상책임이 없다.

(대법원 2008.9.25, 선고 2006다18228 판결【손해배상(기)】)

7. 교육인적자원부장관의 국·공립대학총장들에 대한 학칙시정요구가 헌법소원의 대상이 되는 공권력행사인지 여부(적극)

교육인적자원부장관의 대학총장들에 대한 이 사건 학칙시정요구는 고등교육법 제6조 제2항, 동법시행령 제4조 제3항에 따른 것으로서 그 법적 성격은 대학총장의 임의적인 협력을 통하여 사실상의 효과를 발생시키는 행정지도의 일종이지만, 그에 따르지 않을 경우 일정한 불이익조치를 예정하고 있어 사실상 상대방에게 그에 따를 의무를 부과하는 것과 다를 바 없으므로 단순한 행정지도로서의 한계를 넘어 규제적·구속적 성격을 상당히 강하게 갖는 것으로서 헌법소원의 대상이 되는 공권력의 행사라고 볼 수 있다.

(헌재 2003.6.26, 2002헌마337, 2003헌마7·8)

제 5 장 행정절차법

제 1 절 행정절차 일반론

1. 의 의

행정절차라 함은 행정 활동을 함에 있어서 거치는 사전통지, 의견청취, 이유제시 등 사전절차를 말한다. 오늘날 행정의 통제 수단으로 적극 활용되고 있다.

2. 행정절차의 필요성

① 적법절차의 원리

② 민주주의의 원리

③ 행정의 적정화

④ 사전적 권리구제에서 사법적(司法的)구제로의 구제 절차 보완

⑤ 행정의 능률성

3. 행정절차의 발달

① 영국 : 자연적 정의의 원칙을 중심으로 발전하였고, 1958년 「심판법 및 심문법」이 제정되었다.

② 미국 : 적법절차의 원칙을 중심으로 발전하였고, 1946년 연방행정절차법(APA)을 제정하여 운영하고 있다.

③ 독일 : 1977년부터 행정절차법이 시행되고 있다. 행정기본법의 역할을 수행하고 있다.

④ 일본 : 행정수속법이 1994년 10월부터 시행되고 있다.

4. 행정절차의 내용

① 개관 : 사전통지 → 청문 → 결정 및 결정이유의 제시

② 사전통지(Notice) : 처분 특히 불이익처분을 하기 전에 미리 그 처분의 내용을 알리는 것을 말한다.

③ 청문(Hearing) : 행정청이 어떠한 처분을 행하기 전에 당사자와 이해관계인등의 의견을 직접 듣고 증거를 조사하는 절차를 말한다.

④ 이유제시

㉠ 이유제시의 필요성 : 설명·설득기능(명료화기능)·권리구제기능·당사자를 양해·만족시키는 기능, 법원의 부담을 경감시키는 기능을 한다.

㉡ 법적 근거 : 행정절차법 제23조

㉢ 이유제시의 정도 : 처분의 근거가 되는 법령·구체적 사실과 당해 처분과의 관계가 적시 되어야 한다.

㉣ 이유제시의 치유 가능성에 대해서는 다툼이 있다(아래 6.② 참조).

5. 행정절차의 헌법적 근거

① 문제의 의의 : 청문절차를 거치지 않거나 이유제시가 없는 행정처분을 헌법을 근거로 하여 위법으로 볼 수 있는가?

② 학설

㉠ 헌법원리근거설(민주국가, 인간의 존엄과 가치 등)

㉡ 적법절차조항근거설(헌법 제12조 제1항의 적법절차조항, 다수설)

③ 판례 : 헌법 제12조상의 적법절차조항을 행정절차의 헌법적 근거로 보는 경향(헌재결 1992.12.24, 92헌가8)이 있다.

6. 행정절차의 하자

① 절차상 하자의 독자적 위법사유성

㉠ 문제의 의의 : 절차상 하자를 독자적 위법사유로 볼 수 있는가? 즉 실체적 하자의 유무와 관계없이 절차상의 하자만을 이유로 행정행위를

취소할 수 있는가의 문제이다.

ⓛ 학설 : 적극설(다수설) · 소극설 · 절충설(재량행위에의 경우에는 인정, 기속행위의 경우에는 부정)이 있다.

ⓒ 판례 : (기속행위 · 재량행위 불문)절차상 하자만을 이유로 취소 가능하다.

② 절차상 하자의 치유

국민의 권익을 침해하지 않는 한도에서 구체적 사정에 따라 인정된다는 제한적 긍정설이 다수설·판례의 입장이다.

7. 하자치유의 시기

(1) 학설

학설은 하자 치유부정설, 행정쟁송제기이전시설, 행정소송제기이전시설, 쟁송종결시설 등이 있으나, 행정쟁송제기이전시설이 통설의 입장이다.

(2) 판례

하자의 치유의 시기와 관련하여 판례는 쟁송제기이전시설을 취한 것으로 보인다.

대법원 1984.04.10. 선고 83누393 판결

세액산출근거가 누락된 납세고지서에 의한 과세처분의 하자의 치유를 허용하려면 늦어도 과세처분에 대한 불복여부의 결정 및 불복신청에 편의를 줄 수 있는 상당한 기간내에 하여야 한다고 할 것이므로 위 과세처분에 대한 전심절차가 모두 끝나고 상고심의 계류중에 세액산출근거의 통지가 있었다고 하여 이로써 위 과세처분의 하자가 치유되었다고는 볼 수 없다.

제 2 절 우리나라 행정절차법의 주요 내용

Ⅰ. 개 관

① 처분 절차 중심으로 구성되어 있다.

② 처분, 행정지도 등 한정된 행정행위만을 대상으로 하고 있다.

Ⅱ. 통칙적 규정

대법원 2018.3.13, 선고 2016두33339 판결

甲은 육군3사관학교에 입학한 사관생도인데, 동료 생도들에 대한 각종 폭언·욕설·인격 모독행위, 성 군기 위반 등 비위행위로 징계 절차에 회부되었다. 甲의 소송대리인 변호사 乙은 甲과 함께 육군3사관학교 생도대 훈육위원회의 심의 및 학교교육운영위원회의에 참석하고자 하였으나 모두 거부되었고, 甲만이 출석하여 진술하였다. 육군3사관학교장은 학교교육운영위원회의 의결 결과에 따라 甲에게 퇴학처분을 하였다.

〈문제〉 위 퇴학 처분의 적법 여부를 검토하시오.

1. 목적과 적용 범위

(1) 목적(제1조) : 행정의 공정성·투명성 및 신뢰성을 확보하고, 국민의 권익을 보호한다.

(2) 적용 범위(제3조) : 처분·신고·행정상 입법예고·행정예고 및 행정지도의 절차에 관하여 다른 법률에 특별한 규정이 있는 경우를 제외하고는 행정절차법이 적용된다.

(3) 행정절차법의 적용이 배제되는 경우

① 국회 또는 지방의회의 의결을 거치거나 동의 또는 승인을 얻어 행하는 사항

② 법원 또는 군사법원의 재판에 의하거나 그 집행으로 행하는 사항

③ 헌법재판소의 심판을 거쳐 행하는 사항
④ 각급 선거관리위원회의 의결을 거쳐 행하는 사항
⑤ 감사원이 감사위원회의의 결정을 거쳐 행하는 사항
⑥ 형사·행형 및 보안처분 관계 법령에 의하는 행하는 사항
⑦ 국가안전보장·국방·외교 또는 통일에 관한 사항 중 행정절차를 거칠 경우 국가의 중대한 이익을 현저히 해할 우려가 있는 사항
⑧ 심사청구·해양안전심판·조세심판·특허심판·행정심판 기타 불복절차에 의한 사항
⑨ 병역법에 의한 징집·소집, 외국인의 출입국·난민인정·귀화, 공무원인사관계법령에 의한 징계 기타 처분 또는 이해조정을 목적으로 법령에 의한 알선·조정·중재·재정 기타 처분 등 당해 행정작용의 성질상 행정절차를 거치기 곤란하거나 불필요하다고 인정되는 사항과 행정절차에 준하는 절차를 거친 사항으로서 대통령령으로 정하는 사항

2. 신의성실 및 신뢰보호(제4조)

(1) 신의성실의 원칙(제1항)

(2) 신뢰보호의 원칙(제2항)

3. 행정청의 관할 및 협조

(1) 행정청의 관할(제6조)

① 관할 행정청에의 이송 : 관할에 속하지 아니하는 사안을 접수·이송 받은 경우에는 지체 없이 이를 관할 행정청에 이송, 그 사실을 신청인에게 통지한다.
② 관할의 결정 : 행정청의 관할이 분명하지 아니하는 경우에는 당해 행정청을 공통으로 감독하는 상급행정청이, 공통으로 감독하는 상급행정청이 없는 경우에는 각 상급행정청의 협의로 그 관할을 결정한다.
  * 협의가 성립되지 아니한 때에는 행정각부 장관의 주관쟁의로 되어 최종적으로 국무회의의 심의를 거쳐 대통령이 결정한다.

(2) 행정청 간의 협조(제7조)

4. 행정응원(제8조)

(1) 행정응원을 요청할 수 있는 경우

① 법령 등의 이유로 독자적인 직무수행이 어려운 경우

② 인원·장비의 부족 등 사실상의 이유로 독자적인 직무수행이 어려운 경우

③ 다른 행정청에 소속되어 있는 전문기관의 협조가 필요한 경우

④ 다른 행정청이 관리하고 있는 문서(전자문서를 포함), 통계 등 행정자료가 직무수행을 위하여 필요한 경우

⑤ 다른 행정청의 응원을 받아 처리하는 것이 보다 능률적이고 경제적인 경우

(2) 행정응원의 거부

① 다른 행정청이 보다 능률적이거나 경제적으로 응원할 수 있는 명백한 이유가 있는 경우

② 행정응원으로 인하여 고유의 직무수행이 현저히 지장 받을 것으로 인정되는 명백한 이유가 있는 경우

(3) 지휘·감독

행정응원을 위해 파견된 직원은 응원을 요청한 행정청의 지휘·감독을 받는다.

(4) 비용부담

행정응원에 소요되는 비용은 응원을 요청한 행정청이 부담, 부담금액 및 부담방법은 응원을 요청한 행정청과 응원을 행하는 행정청이 협의하여 결정한다.

5. 당사자등

(1) 의 의

행정청의 처분에 대하여 직접 그 상대가 되는 당사자와 행정청이 직권 또는 신청에 의하여 행정절차에 참여하게 한 이해관계인을 말한다.

(2) 당사자등의 자격(제9조)

① 자연인 ② 법인 또는 법인 아닌 사단이나 재단 ③ 기타, 다른 법령 등에 의하여 권리의무의 주체가 될 수 있는 자

(3) 지위의 승계(제10조)

당사자등이 사망하였을 때는 상속인·당사자등의 권리 또는 이익을 승계한 자, 당사자등이 법인을 합병한 때에는 합병 후 존속하는 법인이나 합병 후 새로 설립된 법인 등이 당사자등의 지위를 승계한다.

(4) 대표자(제11조)

① 대표자의 선정 : 다수의 당사자등이 공동으로 행정절차에 관한 행위를 하는 때에 대표자를 선정할 수 있다.
② 대표자의 선정 요청 : 당사자등이 대표자를 선정하지 않는 경우 등에는 행정청은 3인 이내의 대표자를 선정하여 줄 것을 요청할 수 있으며, 당사자등이 대표자의 선정요청에 응하지 아니한 때에는 행정청이 직접 선정할 수 있다.
③ 대표자의 권한 : 대표자는 행정절차에 관한 모든 행위를 할 수 있다. 다만 행정절차를 끝맺는 행위에 있어서는 당사자등의 동의를 요한다.
  * 대표자가 있는 경우에는 당사자등은 그 대표자를 통하여서만 행정절차에 관한 행위를 할 수 있다.

(5) 대리인(제12조)

① 당사자등의 배우자, 직계존속·비속 또는 형제자매, ② 당사자가 법인인 경우에는 법인의 임직원, ③ 변호사 등을 대리인으로 선임이 가능하다.

(6) 대표자·대리인의 통지(제13조)

당사자등이 대표자 또는 대리인을 선정하거나 선임한 때에는 지체 없이 그 사실을 행정청에 통지한다.

6. 송 달

(1) 송달(제14조)

① 개관 : 우편·교부 또는 정보통신망 이용 등의 방법에 의하여 송달한다.

② 교부에 의한 송달 : 수령확인서를 받고 문서를 교부함으로써 행한다. 송달하는 장소에서 송달받을 자를 만나지 못한 때에는 그 사무원·피용자 또는 동거자에게 교부할 수 있다.

③ 정보통신망을 이용한 송달 : 송달받을 자가 동의하는 경우에 한하며, 이 경우 송달받을 자는 송달받을 전자우편주소 등을 지정하여야 한다.

④ 공고에 의한 송달 : 송달받을 자의 주소 등을 통상의 방법으로 확인할 수 없거나 송달이 불가능한 경우에는 관보·공보·게시판·일간신문 중 하나 이상에 공고하고 인터넷에도 공고하여야 한다.

(2) 송달의 효력 발생(제15조)

① 원칙 : 송달받을 자에게 도달됨으로써 효력이 발생한다.

② 전자문서에 의한 송달 : 송달받을 자가 지정한 컴퓨터 등에 입력된 때에 도달된 것으로 본다.

③ 공고에 의한 송달 : 공고일부터 14일이 경과한 때에 효력이 발행한다.

Ⅲ. 처분절차

대법원 2016.10.27, 선고 2016두41811 판결

경기도 가평군 담당공무원 乙은 현장조사에서 교육시설용도인 건물이 무단증축 및 용도 변경되어 숙박시설로 이용되고 있음을 확인하였고, 甲도 건축법 위반사실을 인정하였다. 乙은 현장조사 과정에서 甲에게 건축법 위반행위에 대해 시정명령이 나갈 것이고 이를 이행하지 않으면 이행강제금이 부과될 것이라고 설명하면서 甲으로부터 위반 경위에 대한 답변을 들은 다음 확인서에 甲의 확인서명을 받았다. 당시 乙은 甲에게 별도의 사전통지나 의견진술기회를 부여하지 아니하였다. 현장조사 다음 날 가평군수는 甲에게 건축법 제79조에 따라 원상복구를 명하는 시정명령을 하였다.

〈문제〉 위 시정명령의 적법 여부를 검토하시오.

1. 통 칙

(1) 처분기준의 설정·공표(제20조)

① 원칙 : 행정청은 처분기준을 당해 처분의 성질에 비추어 될 수 있는 한 구체적으로 정하여 공표하여야 하며, 당사자등은 공표된 처분기준이 불명확한 경우 당해 행정청에 대하여 그 해석 또는 설명을 요청할 수 있다.

② 예외 : ㉠ 처분기준을 공표하는 것이 당해 처분의 성질상 현저히 곤란하거나 ㉡ 공공의 안전 또는 복리를 현저히 해하는 것으로 인정될만한 상당한 이유가 있는 경우

(2) 처분의 이유제시(제23조)

① 원칙 : 처분을 하는 때에는 당사자에게 그 근거와 이유를 제시

② 예외

㉠ 신청내용을 모두 그대로 인정하는 처분인 경우

㉡ 단순·반복적인 처분 또는 경미한 처분으로서 당사자가 그 이유를 명백히 알 수 있는 경우

㉢ 긴급을 요하는 경우

(3) 처분의 방식(제24조)

① 서면주의가 원칙이다. 다른 법령 등에 특별한 규정이 있는 경우를 제외하고는 문서로 하여야 하며, 전자문서로 하는 경우에는 당사자등의 동의를 필요로 한다. 위반 시에는 무효가 된다(대판 2011.11.10, 2011도11109).

② 예외 : 신속을 요하거나 사안이 경미한 경우에는 구술 등으로 가능하며, 당사자의 요청이 있는 때에는 지체 없이 처분에 관한 문서를 주어야 한다.

(4) 고지(제26조)

① 처분에 관하여 행정심판을 제기할 수 있는지 여부 ② 기타 불복을 할 수 있는지 여부 ③ 청구절차 ④ 청구기간 ⑤ 기타 필요한 사항

2. 신청에 의한 처분절차

(1) 처분의 신청(제17조)

① 신청의 방식 – 문서주의 : 처분을 구하는 신청은 문서로 함이 원칙이다. 전자문서로 신청하는 경우에는 행정청의 컴퓨터 등에 입력된 때에 신청한 것으로 본다.

* 신청인의 행정청에 대한 의사표시는 명시적이고 확정적이어야 한다(대판 2004.10.15, 2003두13243).

② 신청의 의무적 접수 : 행정청은 신청이 있는 때에는 다른 법령 등에 특별한 규정이 있는 경우를 제외하고는 그 접수를 보류 또는 거부하거나 부당하게 되돌려 보내서는 아니 되며, 신청을 접수한 경우에는 신청인에게 접수증을 주어야 한다.

③ 행정청의 보완요구 : 행정청은 신청에 구비서류 미비 등의 흠이 있는 경우에는 보완에 필요한 상당한 기간을 정하여 지체 없이 신청인에게 보완을 요구하여야 한다.

④ 신청인에 의한 보완 : 신청인은 처분이 있기 전에는 신청의 내용을 보완, 변경, 취하할 수 있다.

(2) 다수의 행정청이 관여하는 처분(제18조)

(3) 처리기간의 설정·공표(제19조)

① 처리기간의 설정: 행정청은 처분의 처리기간을 종류별로 미리 정하여 공표하여야 한다.

② 처리기간의 연장 : 부득이한 사유로 제1항의 규정에 의한 처리기간 내에 처리하기 곤란한 경우에는 당해 처분의 처리기간의 범위 내에서 1회에 한하여 연장이 가능하다.

③ 신속처리 요구권 : 행정청이 정당한 처리기간 내에 처리하지 않을 경우 신청인은 신속한 처리의 요청을 할 수 있다.

3. 불이익처분의 절차

(1) 처분의 사전통지(제21조)

① 처분의 사전통지 : 당사자에게 의무를 과하거나 권익을 제한하는 처분을 하는 경우에는 미리 처분의 제목 등을 당사자등에게 통지하여야 한다.

* 신청에 대한 거부처분은 사전통지의 대상이 아니다(대판 2003.11.27, 2003두 674 참조).

> 신청에 따른 처분이 이루어지지 아니한 경우에는 아직 당사자에게 권익이 부과되지 아니하였으므로 특별한 사정이 없는 한 신청에 대한 거부처분이라고 하더라도 직접 당사자의 권익을 제한하는 것은 아니어서 신청에 대한 거부처분을 여기에서 말하는 '당사자의 권익을 제한하는 처분'에 해당한다고 할 수 없는 것이어서 처분의 사전통지대상이 된다고 할 수 없다.
> (대법원 2003.11.28. 선고 2003두674 판결【임용거부처분취소】)

② 사전통지의 생략(제4항)

㉠ 공공의 안전 또는 복리를 위하여 긴급히 처분을 할 필요가 있는 경우

㉡ 법령 등이 요구한 자격이 없거나 없어지게 되면 반드시 일정한 처분을 하여야 하는 경우에 그 자격이 없거나 없어지게 된 사실이 법원의 재판 등에 의하여 객관적으로 증명된 때

㉢ 의견청취가 현저히 곤란하거나 명백히 불필요하다고 인정될 상당한 이유가 있는 경우

㉣ 사전통지를 하지 아니하는 경우 행정청은 처분을 할 때 당사자등에게 통지를 하지 아니한 사유를 알려야 한다. 다만, 신속한 처분이 필요한 경우에는 처분 후 그 사유를 알릴 수 있다.

③ 처분의 전제가 되는 사실이 법원의 재판 등에 의하여 객관적으로 증명된 경우 등 사전통지를 하지 아니할 수 있는 구체적인 사항은 다음과 같다(제5항, 동법 시행령 제13조).

㉠ 급박한 위해의 방지 및 제거 등 공공의 안전 또는 복리를 위하여 긴급한 처분이 필요한 경우

㉡ 법원의 재판 또는 준사법적 절차를 거치는 행정기관의 결정 등에 따라 처분의 전제가 되는 사실이 객관적으로 증명되어 처분에 따른 의견청취가 불필요하다고 인정되는 경우

㉢ 의견청취의 기회를 줌으로써 처분의 내용이 미리 알려져 현저히 공익을 해치는 행위를 유발할 우려가 예상되는 등 해당 처분의 성질상 의견청취가 현저하게 곤란한 경우

㉣ 법령 또는 자치법규에서 준수하여야 할 기술적 기준이 명확하게 규정되고, 그 기준에 현저히 미치지 못하는 사실을 이유로 처분을 하려는 경우로서 그 사실이 실험, 계측, 그 밖에 객관적인 방법에 의하여 명확히 입증된 경우

㉤ 법령 또는 자치법규에서 일정한 요건에 해당하는 자에 대하여 점용료·사용료 등 금전급부를 명하는 경우 법령등에서 규정하는 요건에 해당함이 명백하고, 행정청의 금액산정에 재량의 여지가 없거나 요율이 명확하게 정하여져 있는 경우 등 해당 처분의 성질상 의견청취가 명백히 불필요하다고 인정될 만한 상당한 이유가 있는 경우

(2) 의견청취(제22조)

① 청문 : 다른 법령 등에서 청문을 실시하도록 규정하고 있거나 행정청이 필요하다고 인정하는 경우, 인허가 등의 취소(신분·자격의 박탈, 법인 등의 설립허가의 취소)를 하는 경우에 청문을 실시한다.

② 공청회 : 다른 법령 등에서 공청회를 개최하도록 규정하고 있거나 당해 처분의 영향이 광범위하여 널리 의견을 수렴할 필요가 있다고 행정청이 인정하는 경우에 공청회를 개최한다.

③ 의견제출 : 청문 또는 공청회를 개최하는 경우 외에는 당사자등에게 의견 제출의 기회를 주어야 한다.

4. 청 문

(1) 청문의 사전통지(제21조제2항)

처분의 제목 등을 청문이 시작되는 날부터 10일전까지 당사자등에게 통지한다.

(2) 청문 주재자(제28조)

① 선정 : 소속직원 또는 대통령령이 정하는 자격을 가진 자 중에서 선정한다.

② 신분보장 : 청문 주재자는 독립하여 공정하게 직무를 수행하며, 직무수행상의 이류로 본인의 의사에 반하여 신분상 어떠한 불이익도 받지 않는다.

(3) 청문 주재자의 제척·기피·회피(제28조)

① 제척 : 청문 주재자가 행정절차법이 정하는 제척사유에 해당하는 경우

② 기피 : 청문 주재자에게 공정한 청문 진행을 할 수 없는 사정이 있는 경우 당사자등은 행정청에 기피신청을 할 수 있으며, 이 경우 행정청은 청문을 정지하고 그 신청이 이유가 있다고 인정하는 때에는 당해 청문 주재자를 지체 없이 교체하여야 한다.

③ 회피 : 청문 주재자는 제척 또는 기피사유에 해당하는 경우에는 행정청의 승인을 얻어 스스로 청문의 주재를 회피할 수 있다.

(4) 청문의 공개(제30조)

청문은 당사자의 공개신청이 있거나 청문주재자가 필요하다고 인정하는 경우 이를 공개할 수 있다. 다만 공익 또는 제3자의 정당한 이익을 현저히 해할 우려가 있는 경우에는 공개하여서는 아니 된다.

(5) 청문의 진행(제31조)

① 의견진술 및 증거제출 : 당사자등은 의견을 진술하고 증거를 제출할 수 있으며, 참고인·감정인 등에 대하여 질문할 수 있다. 당사자등이 의견서를 제출한 경우에는 그 내용을 출석하여 진술한 것으로 본다.

② 청문의 계속 : 청문을 계속할 경우에는 행정청은 당사자등에게 다음 청

문의 일시 및 장소를 서면으로 통지하여야 하며, 당사자등이 동의하는 경우에는 전자문서로 통지할 수 있다. 다만, 청문에 출석한 당사자등에게는 당해 청문일에 청문주재자가 구술로 통지할 수 있다.

(6) 청문의 병합·분리(제32조)

행정청은 직권 또는 당사자의 신청에 의하여 수 개의 사안을 병합하거나 분리하여 청문을 실시할 수 있다.

(7) 증거조사(제33조)

① 직권조사 : 청문 주재자는 신청 또는 직권에 의하여 필요한 조사를 할 수 있으며, 당사자등이 주장하지 아니한 사실에 대하여도 조사할 수 있다.

② 증거조사의 방법 : ㉠ 문서·장부·물건 등 증거자료의 수집, ㉡ 참고인·감정인등에 대한 질문, ㉢ 검증 또는 감정·평가 및 ㉣ 기타 필요한 조사

③ 문서제출 등 : 청문 주재자는 필요하다고 인정하는 때에는 관계행정청에 대하여 필요한 문서의 제출 또는 의견의 진술을 요구할 수 있으며, 이 경우 관계 행정청은 직무 수행상 특별한 지장이 없는 한 이에 응하여야 한다.

(8) 청문조서(제34조)

청문 주재자는 청문조서를 작성하여야 한다. 당사자등은 청문 조서의 기재내용을 열람·확인, 이의가 있을 때에는 정정을 요구할 수 있다.

(9) 청문의 종결(제35조)

① 청문의 종결

㉠ 당해 사안에 대하여 당사자등의 의견진술·증거조사가 충분히 이루어졌다고 인정되는 경우

㉡ 당사자등의 전부 또는 일부가 정당한 사유 없이 청문기일에 출석하지 아니하거나 (제31조 제3항의 규정에 의한) 의견서를 제출하지 아니한 경우

㉢ 당사자등의 전부 또는 일부가 정당한 사유로 인하여 청문기일에 출

석하지 못하거나 (제31조 제3항의 규정에 의한) 의견서를 제출하지 못한 경우에 있어서 상당한 기간을 정하여 이들에게 의견진술 및 증거제출을 요구한 후 기간이 경과한 때

② 청문 주재자의 의견서작성 등 : 청문 주재자는 청문을 마친 때에는 청문주재자의 의견서를 작성하여, 청문조서 등과 함께 행정청에 지체 없이 제출한다.

(10) 청문결과의 반영(제35조의2)

행정청은 청문조서, 청문 주재자의 의견서 등을 충분히 검토하고 상당한 이유가 있다고 인정하는 경우에는 청문결과를 반영하여야 한다.

(11) 청문의 재개(제36조)

행정청은 청문을 마친 후 처분을 할 때까지 새로운 사정이 발견되어 청문을 재개할 필요가 있다고 인정하는 때에는 제출받은 청문조서 등을 되돌려 보내고 청문의 재개를 명할 수 있다.

(12) 문서의 열람 및 비밀유지(제37조)

① 문서의 열람 : 당사자등은 청문의 통지가 있는 날부터 청문이 끝날 때까지 행정청에 대하여 당해 사안의 조사결과에 관한 문서 기타 당해 처분과 관련되는 문서의 열람 또는 복사를 요청할 수 있으며, 행정청은 다른 법령에 의해 공개가 제한되는 경우를 제외하고는 이를 거부할 수 없다. 한편 행정청은 복사에 따른 비용을 요청한 자에게 부담시킬 수 있다.

② 비밀유지 : 누구든지 청문을 통하여 알게 된 사생활 또는 경영상이나 거래상의 비밀을 정당한 이유 없이 누설하거나 다른 목적으로 사용하여서는 아니 된다.

5. 공청회

(1) 의의

행정청이 공개적인 토론을 통하여 어떠한 행정작용에 대하여 당사자등, 전

문 지식과 경험을 가진 자 기타 일반인으로부터 의견을 널리 수렴하는 절차를 말한다.

(2) 공청회의 개최(제38조)

공청회 개최 14일전까지 일정한 사항을 당사자등에게 통지, 관보·공보·인터넷 또는 일간신문 등에 공고하는 등의 방법으로 알려야 한다.

(3) 전자공청회(제38조의2)

① 전자공청회의 실시 : 행정청은 공청회와 병행하여서만 정보통신망을 이용한 공청회(전자공청회)를 실시할 수 있음

② 정보통신망의 구축·운영 : 행정청은 전자공청회를 실시하는 경우 의견제출 및 토론참여가 가능하도록 적절한 처리능력을 갖춘 정보통신망을 구축·운영하여야 한다.

③ 의견제출 및 토론참여 : 전자공청회를 실시하는 경우에는 누구든지 정보통신망을 이용하여 의견제출을 하거나 제출된 의견 등에 대한 토론에 참여할 수 있다.

(4) 공청회의 주재자 등(제38조의3)

① 공청회의 주재자 : 공청회의 주재자는 당해 공청회의 사안과 관련된 분야에 전문적 지식이 있거나 그 분야에서 종사한 경험이 있는 자 중에서 행정청이 지명·위촉한다.

② 공청회의 발표자 : 발표를 신청한 자 중에서 행정청이 선정한다.

③ 공정성의 확보 : 공청회의 주재자·발표자의 지명·위촉·선정함에 있어 공정성이 확보 될 수 있도록 하여야 한다.

(5) 공청회의 진행(제39조)

① 발표내용의 제한 등 : 공청회의 주재자는 공청회를 공정하게 진행하여야 하며, 공청회의 원활한 진행을 위하여 발표내용 제한, 질서유지를 위하여 발언중지·퇴장명령들의 조치를 할 수 있다.

② 질의·답변 : 공청회의 주재자는 발표자 상호간에 질의 및 답변을 할 수 있도록 하여야 하며, 방청인에게도 의견을 제시할 기회를 주어야 한다.

③ 발표자는 공청회의 내용과 직접 관련된 사항에 한하여 발표하여야 한다.

(6) 공청회 및 전자공청회 결과의 반영(제39조의2)

행정청은 처분을 함에 있어서 공청회·전자공청회 및 정보통신망 등을 통하여 제시된 사실 및 의견이 상당한 이유가 있다고 인정하는 경우에는 이를 반영하여야 한다.

6. 의견제출

(1) 의의

행정청이 어떠한 행정작용을 하기에 앞서 당사자등이 의견을 제시하는 절차로서 청문이나 공청회에 해당하지 아니하는 절차이다.

(2) 의견제출(제27조)

① 당사자등은 처분 전에 그 처분의 관할행정청에 서면·구술·정보통신망을 이용하여 의견제출을 할 수 있다. 이 경우 자신의 주장을 입증하기 위한 증거자료 등을 첨부할 수 있다.

② 당사자등이 정당한 이유 없이 의견제출 기한 내에 의견제출을 하지 아니한 경우에는 의견이 없는 것으로 본다.

(3) 의견제출의 반영(제27조의2)

행정청은 처분을 함에 있어서 당사자등이 제출한 의견이 상당한 이유가 있다고 인정하는 경우에는 이를 반영하여야 한다.

Ⅳ. 신고·행정상 입법예고·행정예고·행정지도·국민참여의 확대

1. 신고(제40조)

(1) 필요 사항의 게시 : 법령 등에서 (행정청에 대하여 일정한 사항을 통지함으로써 의무가 끝나는)신고를 규정하고 있는 경우 신고를 관장하는 행정청은 신고에 필요한 구비서류와 접수기관 기타 법령 등에 의한 신고에 필요한 사항을 게시하거나(인터넷을 통한 게시를 포함)이에 대한 편람을 비치하여 누구나 열람할 수 있도록 하여야 한다.

(2) **신고 의무의 이행** : 신고가 법정의 요건을 갖춘 경우에는 신고서가 접수기관에 도달 된 때에 신고의 의무가 이행된 것으로 본다.

(3) **행정청의 보완요구 등** : 행정청은 법정의 요건을 갖추지 못한 신고서가 제출된 경우 지체 없이 상당한 기간을 정하여 신고인에게 보완을 요구하여야 하며, 신고인이 동 기간 내에 보완을 하지 아니한 때에는 그 이유를 명시하여 당해 신고서를 되돌려 보내야 한다.

2. 행정상 입법예고

(1) 행정상 입법예고(제41조)

① 원칙 : 법령 등을 제정·개정·폐지하고자 할 때에는 당해 입법안을 마련한 행정청은 이를 예고하여야 한다.

② 예외

㉠ 입법내용이 국민의 권리·의무 또는 일상생활과 관련이 없는 경우,

㉡ 입법이 긴급을 요하는 경우,

㉢ 상위법령 등의 단순한 집행을 위한 경우,

㉣ 예고함이 공익에 현저히 불리한 영향을 미치는 경우 및

㉤ 입법내용의 성질 그 밖의 사유로 예고의 필요가 없거나 곤란하다고 판단되는 경우에는 입법예고를 아니할 수 있다.

(2) 예고방법(제42조)

① 예고방법 : 행정청은 입법안의 취지, 주요내용 또는 전문을 관보·공보나 인터넷·신문·방송 등의 방법으로 널리 공고하여야 한다.

② 열람·복사의 요청 : 행정청은 예고된 입법안의 전문에 대하여 열람 또는 복사의 요청이 있는 때에는 특별한 사유가 없는 한 이에 응하여야 하며, 이 경우 복사에 따른 비용을 요청한 자에게 부담시킬 수 있다.

③ 예고절차 : 대통령령을 입법예고하는 경우에는 국회 소관상임위원회에 제출한다.

④ 의견수렴 : 행정청은 예고된 입법안에 대하여 전자공청회 등을 통하여 널리 의견을 수렴할 수 있다.

(3) 예고기간(제43조)

예고할 때 정하되, 특별한 사정이 없는 한 20일 이상으로 한다.

(4) 의견제출 및 처리(제44조)

누구든지 예고된 입법안에 대하여 그 의견을 제출할 수 있으며, 행정청은 당해 입법안에 대한 의견이 제출된 경우 특별한 사유가 없는 한 이를 존중하여 처리하여야 한다. 행정청은 의견을 제출한 자에게 그 제출된 의견의 처리결과를 통지하여야 한다.

(5) 공청회(제45조)

행정청은 입법안에 관하여 공청회를 개최할 수 있다.

3. 행정예고

(1) 행정예고(제46조)

① 원칙 : 행정청은 ㉠ 국민생활에 매우 큰 영향을 주는 사항, ㉡ 많은 국민의 이해가 상충되는 사항, ㉢ 많은 국민에게 불편이나 부담을 주는 사항, ㉣ 기타 널리 국민의 의견수렴이 필요한 사항에 대한 정책·제도 및 계획을 수립·시행하거나 변경하고자 하는 때에는 이를 예고하여야 한다.

② 예외 : 예고로 인하여 공공의 안전 또는 복리를 현저히 해할 우려가 있거나 기타 예고하기 곤란한 특별한 사유가 있는 경우에는 예고하지 아니할 수 있다.

(2) 행정예고기간 등

① 예고내용의 성격 등을 고려하여 정하되, 특별한 사정이 없는 한 20일 이상으로 한다.

② 법령 등의 입법을 포함하는 행정예고는 입법예고로 갈음할 수 있다.

4. 행정지도

제4장 제5절 공법상의 사실행위 편 참조

5. 국민참여의 확대

(1) 국민참여 확대 노력(제52조)

행정청은 행정과정에 국민의 참여를 확대하기 위하여 다양한 참여방법과 협력의 기회를 제공하도록 노력하여야 한다.

(2) 전자적 정책토론(제53조)

① 행정청은 국민에게 영향을 미치는 주요 정책 등에 대하여 국민의 다양하고 창의적인 의견을 널리 수렴하기 위하여 정보통신망을 이용한 정책토론(이하 이 조에서 "전자적 정책토론"이라 한다)을 실시할 수 있다.

V. 보 칙

(1) 비용의 부담(제54조)

행정절차에 소요되는 비용은 행정청이 부담한다. 다만 당사자등이 자기를 위하여 스스로 지출한 비용은 그러하지 아니하다.

(2) 참고인들에 대한 비용지급(제55조)

행정절차의 진행에 필요한 참고인·감정인 등에 예산의 범위 안에서 여비와 일당을 지급할 수 있음

(3) 협조요청(제56조)

행정자치부장관(제4장의 경우에는 법제처장을 말한다)은 이 법의 효율적인 운영을 위하여 노력하여야 하며, 필요한 경우에는 그 운영 상황과 실태를 확인할 수 있고, 관계 행정청에 관련 자료의 제출 등 협조를 요청할 수 있다.

관련 판례

■ 행정절차의 의의 및 대상

1. 행정상 적법절차의 원칙

헌법 제12조 제3항 본문은 동조 제1항과 함께 적법절차원리의 일반조항에 해당하는 것으로서, 형사절차상의 영역에 한정되지 않고 입법, 행정 등 국가의 모든 공권력의 작용에는 절차상의 적법성 뿐만 아니라 법률의 구체적 내용도 합리성과 정당성을 갖춘 실체적인 적법성이 있어야 한다는 적법절차의 원칙을 헌법의 기본원리로 명시하고 있는 것이다.

(헌재 1992.12.24, 92헌가8)

2. 행정절차법 제3조 제1항의 규정 취지

행정절차법 제3조 제1항은 "행정절차에 관하여 다른 법률에 특별한 규정이 있는 경우를 제외하고는 이 법이 정하는 바에 의한다."고 규정하고 있는바, 이는 행정절차법이 행정절차에 관한 일반법임을 밝힘과 아울러, 매우 다양한 형식으로 행하여지는 행정작용에 대하여 일률적으로 행정절차법을 적용하는 것이 적절하지 아니함을 고려하여, 다른 법률이 행정절차에 관한 특별한 규정을 적극적으로 두고 있는 경우이거나 다른 법률이 명시적으로 행정절차법의 규정을 적용하지 아니한다고 소극적으로 규정하고 있는 경우에는 행정절차법의 적용을 배제하고 다른 법률의 규정을 적용한다는 뜻을 밝히고 있는 것이다.

(대법원 2002.2.5, 선고 2001두7138 판결【취임승인취소처분등취소】)

3. 영업자지위승계신고 수리처분시 종전의 영업자에 대한 행정절차 실시 여부(제3회 변시 출제)

행정절차법 제21조 제1항, 제22조 제3항 및 제2조 제4호의 각 규정에 의하면, 행정청이 당사자에게 의무를 과하거나 권익을 제한하는 처분을 함에 있어서는 당사자등에게 처분의 사전통지를 하고 의견제출의 기회를 주어야 하며, 여기서 당사자라 함은 행정청의 처분에 대하여 직접 그 상대가 되는 자를 의미한다 할 것이고, 행정청이 구 식품위생법 규정에 의하여 영업자지위승계신고를 수리하는 처분은 종전의 영업자의 권익을 제한하는 처분이라 할 것이고 따라서 종전의 영업자는 그 처분에 대하여 직접 그 상대가 되는 자에 해당한다고 봄이 상당하므로, 행정청으로서는 위 신고를 수리하는 처분을 함에 있어서 행정절차법 규정 소정의 당사자에 해당하는 종전의 영업자에 대하여 위 규정 소정의 행정절차를 실시하고 처분을 하여야 한다.

(대법원 2003.2.14, 선고 2001두7015 판결【유흥주점영업자지위승계수리처분취소】)

4. 공무원인 인사관계 법령에 의한 처분에 관한 사항에 대하여 행정절차법의 적용이 배제되는 범위

행정과정에 대한 국민의 참여와 행정의 공정성, 투명성 및 신뢰성을 확보하고 국민의 권익을 보호함을 목적으로 하는 행정절차법의 입법목적과 행정절차법 제3조 제2항 제9호의 규정 내용 등에 비추어 보면, 공무원 인사관계 법령에 의한 처분에 관한 사항 전부에 대하여 행정절차법의 적용이 배제되는 것이 아니라 성질상 행정절차를 거치기 곤란하거나 불필요하다고 인정되는 처분이나 행정절차에 준하는 절차를 거치도록 하고 있는 처분의 경우에만 행정절차법의 적용이 배제된다.

(대법원 2007.9.21, 선고 2006두20631 판결【진급낙천처분취소】)

5. 국가공무원법상 직위해제처분에는 행정절차법 적용배제

국가공무원법상 직위해제처분은 구 행정절차법(2012.10.22. 법률 제11498호로 개정되기 전의 것) 제3조 제2항 제9호, 구 행정절차법 시행령(2011.12.21. 대통령령 제23383호로 개정되기 전의 것) 제2조 제3호에 의하여 당해 행정작용의 성질상 행정절차를 거치기 곤란하거나 불필요하다고 인정되는 사항 또는 행정절차에 준하는 절차를 거친 사항에 해당하므로, 처분의 사전통지 및 의견청취 등에 관한 행정절차법의 규정이 별도로 적용되지 않는다.

(대법원 2014.5.16, 선고 2012두26180 판결【직위해제처분취소】)

6. 육군3사관학교 생도에 대한 퇴학처분에 대해 행정절차법 적용

행정절차법 제3조 제2항, 행정절차법 시행령 제2조 등 행정절차법령 관련 규정들의 내용을 행정의 공정성, 투명성 및 신뢰성을 확보하고 국민의 권익보호를 목적으로 하는 행정절차법의 입법 목적에 비추어 보면, 행정절차법의 적용이 제외되는 공무원 인사관계 법령에 의한 처분에 관한 사항이란 성질상 행정절차를 거치기 곤란하거나 불필요하다고 인정되는 처분이나 행정절차에 준하는 절차를 거치도록 하고 있는 처분에 관한 사항만을 말하는 것으로 보아야 한다. 이러한 법리는 '공무원 인사관계 법령에 의한 처분'에 해당하는 육군3사관학교 생도에 대한 퇴학처분에도 마찬가지로 적용된다. 그리고 행정절차법 시행령 제2조 제8호는 '학교·연수원 등에서 교육·훈련의 목적을 달성하기 위하여 학생·연수생들을 대상으로 하는 사항'을 행정절차법의 적용이 제외되는 경우로 규정하고 있으나, 이는 교육과정과 내용의 구체적 결정, 과제의 부과, 성적의 평가, 공식적 징계에 이르지 아니한 질책·훈계 등과 같이 교육·훈련의 목적을 직접 달성하기 위하여 행하는 사항을 말하는 것으로 보아야 하고, 생도에 대한 퇴학처분과 같이 신분을 박탈하는 징계처분은 여기에 해당한다고 볼 수 없다.

(대법원 2018.3.13, 선고 2016두33339 판결【퇴교처분취소】)

7. 외국인에 대한 사증발급거부처분에 대해 행정절차법 적용

행정절차법 제3조 제2항 제9호, 행정절차법 시행령 제2조 제2호 등 관련 규정들의 내용을 행정의 공정성, 투명성, 신뢰성을 확보하고 처분상대방의 권익보호를 목적으로 하는 행정절차법의 입법 목적에 비추어 보면, 행정절차법의 적용이 제외되는 '외국인의 출입국에 관한 사항'이란 해당 행정작용의 성질상 행정절차를 거치기 곤란하거나 거칠 필요가 없다고 인정되는 사항이나 행정절차에 준하는 절차를 거친 사항으로서 행정절차법 시행령으로 정하는 사항만을 가리킨다. '외국인의 출입국에 관한 사항'이라고 하여 행정절차를 거칠 필요가 당연히 부정되는 것은 아니다.

외국인의 사증발급 신청에 대한 거부처분은 당사자에게 의무를 부과하거나 적극적으로 권익을 제한하는 처분이 아니므로, 행정절차법 제21조 제1항에서 정한 '처분의 사전통지'와 제22조 제3항에서 정한 '의견제출 기회 부여'의 대상은 아니다. 그러나 사증발급 신청에 대한 거부처분이 성질상 행정절차법 제24조에서 정한 '처분서 작성·교부'를 할 필요가 없거나 곤란하다고 일률적으로 단정하기 어렵다. 또한 출입국관리법령에 사증발급 거부처분서 작성에 관한 규정을 따로 두고 있지 않으므로, 외국인의 사증발급 신청에 대한 거부처분을 하면서 행정절차법 제24조에 정한 절차를 따르지 않고 '행정절차에 준하는 절차'로 대체할 수도 없다.

(대법원 2019.7.11, 선고 2017두38874 판결【사증발급거부처분취소】)

■ 처분기준의 설정·공표

8. 처분기준의 설정 및 공표의 범위

행정절차법 제20조는 제1항에서 "행정청은 필요한 처분기준을 해당 처분의 성질에 비추어 되도록 구체적으로 정하여 공표하여야 한다. 처분기준을 변경하는 경우에도 또한 같다."라고 정하면서, 제2항에서 "제1항에 따른 처분기준을 공표하는 것이 해당 처분의 성질상 현저히 곤란하거나 공공의 안전 또는 복리를 현저히 해치는 것으로 인정될 만한 상당한 이유가 있는 경우에는 처분기준을 공표하지 아니할 수 있다."라고 정하고 있다. 이와 같이 행정청으로 하여금 처분기준을 구체적으로 정하여 공표하도록 한 것은 해당 처분이 가급적 미리 공표된 기준에 따라 이루어질 수 있도록 함으로써 해당 처분의 상대방으로 하여금 결과에 대한 예측가능성을 높이고 이를 통하여 행정의 공정성, 투명성, 신뢰성을 확보하며 행정청의 자의적인 권한행사를 방지하기 위한 것이다. 그러나 처분의 성질상 처분기준을 미리 공표하는 경우 행정목적을 달성할 수 없게 되거나 행정청에 일정한 범위 내에서 재량권을 부여함으로써 구체적인 사안에서 개별적인 사정을 고려하여 탄력적으로 처분이 이루어지도록 하는 것이 오히려 공공의 안전 또는 복리에 더 적합한 경우도 있다. 그러한 경우에는 행정절차법 제20조 제2항에 따라 처분기준을 따로 공표하지 않거나 개략적으로만 공표할 수도 있다.

공증인법 제15조의2에 따른 공증인가는 지역별 사정과 공증수요를 고려하여 결정하여야 하므로 성질상 처분기준을 공표하는 것이 현저히 곤란한 경우에 해당한다.

(대법원 2019.12.13, 선고 2018두41907 판결【인가공증인인가신청반려처분취소청구의소】)

■ 이유제시

9. 세목별 과세표준 및 세율 등을 표시하지 않은 납세고지서에 의한 부과처분의 효력

사업연도의 소득에 대한 법인세와 토지 등의 양도에 대한 특별부가세는 별개의 과세단위를 이루고 있는 것이므로 사업연도 소득에 대한 법인세부과처분과 토지 등 양도에 대한 특별부가세부과처분은 별개의 과세처분이라 할 것이어서, 법인의 부동산 양도소득에 대하여 법인세와 특별부가세를 부과, 고지할 경우 납세고지서에는 그 세목과 과세표준 및 세율 등의 세액산출근거를 별도로 기재하여 고지하여야 한다.

(대법원 2002.11.13, 선고 2001두1543 판결【법인세등부과처분취소】)

10. 거부처분에서 이유제시의 정도

행정청이 토지형질변경허가신청을 불허하는 근거규정으로 '도시계획법시행령 제20조'를 명시하지 아니하고 '도시계획법'이라고만 기재하였으나, 신청인이 자신의 신청이 개발제한구역의 지정목적에 현저히 지장을 초래하는 것이라는 이유로 구 도시계획법시행령(2000.7.1. 대통령령 제16891호로 전문 개정되기 전의 것) 제20조 제1항 제2호에 따라 불허된 것임을 알 수 있었던 경우, 그 불허처분이 위법하지 아니하다고 한 사례.

(대법원 2002.5.17, 선고 2000두8912 판결【토지형질변경불허가처분취소】)

11. 침익적 처분에서 이유제시의 정도(구체성이 완화된 판례)

행정절차법 제23조 제1항은 행정청이 처분을 하는 때에는 당사자에게 그 근거와 이유를 제시하도록 규정하고 있고, 이는 행정청의 자의적 결정을 배제하고 당사자로 하여금 행정구제절차에서

적절히 대처할 수 있도록 하는 데 그 취지가 있다. 따라서 처분서에 기재된 내용과 관계 법령 및 당해 처분에 이르기까지의 전체적인 과정 등을 종합적으로 고려하여, 처분 당시 당사자가 어떠한 근거와 이유로 처분이 이루어진 것인지를 충분히 알 수 있어서 그에 불복하여 행정구제절차로 나아가는 데에 별다른 지장이 없었던 것으로 인정되는 경우에는 처분서에 처분의 근거와 이유가 구체적으로 명시되어 있지 않았다 하더라도 그로 말미암아 그 처분이 위법한 것으로 된다고 할 수는 없다.

① 이 사건 처분서에 행정처분의 기준이 되는 근거 법령을 분명히 제시하고 있고, ② 그 처분사유를 '이 사건 사업 감리 시 전자도로지도의 오프라인 편집기능 등이 부실하게 개발된 것을 알면서도 적정하게 개발된 것으로 사실과 다르게 이 사건 확인보고서를 작성한 것'이라고 밝혔으며, ③ 전자도로지도의 오프라인 편집기능은 노드·링크 작업 중 노드·링크 편집과 관련된 것이므로 위와 같은 내용만으로 원고는 자신이 수행한 여러 감리 중 어떠한 부분이 어떠한 사유로 문제 되었는지 충분히 알 수 있다고 판단될 뿐 아니라, 이 사건 처분에 이르는 과정에서 원고가 조사받은 내용 등을 종합하여 볼 때 이 사건 처분 당시 원고가 어떠한 근거와 이유로 처분이 이루어진 것인지를 충분히 알 수 있었으므로, 이 사건 처분에 행정절차법 제23조 제1항의 규정을 위반한 절차상 위법이 없다고 보았다.

(대법원 2013.11.14, 선고 2011두18571 판결【업무정지처분취소】)

■ 사전통지

12. 신청에 대한 거부처분은 행정절차법 제21조 제1항 소정의 처분의 사전통지대상이 아니다.

(대법원 2003.11.28, 선고 2003두674 판결【임용거부처분취소】)

13. 일반처분인 도로구역변경처분은 사전통지대상이 아님

행정절차법 제2조 제4호가 행정절차법의 당사자를 행정청의 처분에 대하여 직접 그 상대가 되는 당사자로 규정하고, 도로법 제25조 제3항이 도로구역을 결정하거나 변경할 경우 이를 고시에 의하도록 하면서, 그 도면을 일반인이 열람할 수 있도록 한 점 등을 종합하여 보면, 도로구역을 변경한 이 사건 처분은 행정절차법 제21조 제1항의 사전통지나 제22조 제3항의 의견청취의 대상이 되는 처분은 아니라고 할 것이다.

(대법원 2008.6.12, 선고 2007두1767 판결【도로구역변경고시취소】)

14. 사전통지를 하지 않은 처분의 효력

행정절차법 제21조 제1항, 제4항, 제22조 제1항 내지 제4항에 의하면, 행정청이 당사자에게 의무를 과하거나 권익을 제한하는 처분을 하는 경우에는 미리 처분하고자 하는 원인이 되는 사실과 처분의 내용 및 법적 근거, 이에 대하여 의견을 제출할 수 있다는 뜻과 의견을 제출하지 아니하는 경우의 처리방법 등의 사항을 당사자등에게 통지하여야 하고, 다른 법령 등에서 필요적으로 청문을 실시하거나 공청회를 개최하도록 규정하고 있지 아니한 경우에도 당사자등에게 의견제출의 기회를 주어야 하되, 당해 처분의 성질상 의견청취가 현저히 곤란하거나 명백히 불필요하다고 인정될 만한 상당한 이유가 있는 경우 등에는 처분의 사전통지나 의견청취를 하지 아니할 수 있도록 규정하고 있으므로, 행정청이 침해적 행정처분을 함에 있어서 당사자에게 위와 같은 사전통지를 하거나 의견제출의 기회를 주지 아니하였다면 사전통지를 하지 않거나 의견제출의 기회를 주지 아니하여도 되는 예외적인 경우에 해당하지 아니하는 한 그 처분은 위법하여 취

소를 면할 수 없다.

(대법원 2000.11.14, 선고 99두5870 판결【지하수개발이용수리취소및원상복구명령취소】)

15. 체납자에게 공매통지를 하지 않은 경우를 그 공매처분이 위법한지 여부(적극)

국세징수법이 압류재산을 공매할 때 공고와 별도로 체납자 등에게 공매통지를 하도록 한 이유는, 체납자 등에게 공매절차가 유효한 조세부과처분 및 압류처분에 근거하여 적법하게 이루어지는지 여부를 확인하고 이를 다툴 수 있는 기회를 주는 한편, 국세징수법이 정한 바에 따라 체납세액을 납부하고 공매절차를 중지 또는 취소시켜 소유권 또는 기타의 권리를 보존할 수 있는 기회를 갖도록 함으로써, 체납자 등이 감수하여야 하는 강제적인 재산권 상실에 대응한 절차적인 적법성을 확보하기 위한 것이다. 따라서 체납자 등에 대한 공매통지는 국가의 강제력에 의하여 진행되는 공매에서 체납자 등의 권리 내지 재산상의 이익을 보호하기 위하여 법률로 규정한 절차적 요건이라고 보아야 하며, 공매처분을 하면서 체납자 등에게 공매통지를 하지 않았거나 공매통지를 하였더라도 그것이 적법하지 아니한 경우에는 절차상의 흠이 있어 그 공매처분은 위법하다.

(대법원 2008.11.20, 선고 2007두18154 전원합의체 판결【매각결정취소】)

■ 의견제출의 기회 제공

16. 퇴직연금의 환수결정시 의견진술의 기회를 주지 아니한 경우, 행정절차법 위반여부(소극)

퇴직연금의 환수결정은 당사자에게 의무를 과하는 처분이기는 하나, 관련 법령에 따라 당연히 환수금액이 정하여지는 것이므로, 퇴직연금의 환수결정에 앞서 당사자에게 의견진술의 기회를 주지 아니하여도 행정절차법 제22조 제3항이나 신의칙에 어긋나지 아니한다.

(대법원 2000.11.28, 선고 99두5443 판결【퇴직급여환수금반납고지처분등취소】)

■ 청 문

17. 청문절차를 결여한 허가취소처분의 적법 여부

구 공중위생법(1999.2.8. 법률 제5839호 공중위생관리법 부칙 제2조로 폐지), 행정절차법의 각 규정을 종합하면, 행정청이 유기장업허가를 취소하기 위하여는 청문을 실시하여야 하고, 다만 행정절차법 제22조 제4항, 제21조 제4항에서 정한 예외 사유에 해당하는 경우에는 청문을 실시하지 아니할 수 있으며, 행정청이 선정한 청문주재자는 청문을 주재하고, 당사자등의 출석 여부, 진술의 요지 및 제출된 증거, 청문주재자의 의견 등을 기재한 청문조서를 작성하여 청문을 마친 후 지체 없이 청문조서 등을 행정청에 제출하며, 행정청은 제출받은 청문조서 등을 검토하고 상당한 이유가 있다고 인정하는 경우에는 청문결과를 적극 반영하여 행정처분을 하여야 하는바, 이러한 청문절차에 관한 각 규정과 행정처분의 사유에 대하여 당해 영업자에게 변명과 유리한 자료를 제출할 기회를 부여함으로써 위법사유의 시정 가능성을 고려하고 처분의 신중과 적정을 기하려는 청문제도의 취지에 비추어 볼 때, 행정청이 침해적 행정처분을 함에 즈음하여 청문을 실시하지 않아도 되는 예외적인 경우에 해당하지 않는 한 반드시 청문을 실시하여야 하고, 그 절차를 결여한 처분은 위법한 처분으로서 취소 사유에 해당한다.

(대법원 2001.4.13, 선고 2000두3337 판결【영업허가취소처분취소】)

18. 청문을 실시하지 않을 수 있는 사유의 판단 기준

행정절차법 제21조 제4항 제3호는 침해적 행정처분을 할 경우 청문을 실시하지 않을 수 있는

사유로서 "당해 처분의 성질상 의견청취가 현저히 곤란하거나 명백히 불필요하다고 인정될 만한 상당한 이유가 있는 경우"를 규정하고 있으나, 여기에서 말하는 '의견청취가 현저히 곤란하거나 명백히 불필요하다고 인정될 만한 상당한 이유가 있는지 여부'는 당해 행정처분의 성질에 비추어 판단하여야 하는 것이지, 청문통지서의 반송 여부, 청문통지의 방법 등에 의하여 판단할 것은 아니며, 또한 행정처분의 상대방이 통지된 청문일시에 불출석하였다는 이유만으로 행정청이 관계 법령상 그 실시가 요구되는 청문을 실시하지 아니한 채 침해적 행정처분을 할 수는 없을 것이므로, 행정처분의 상대방에 대한 청문통지서가 반송되었다거나, 행정처분의 상대방이 청문일시에 불출석하였다는 이유로 청문을 실시하지 아니하고 한 침해적 행정처분은 위법하다.

(대법원 2001.4.13, 선고 2000두3337 판결【영업허가취소처분취소】)

19. 행정청과 당사자가 의견청취절차를 배제하는 조항을 둔 경우의 효력

행정청이 당사자와 사이에 도시계획사업의 시행과 관련한 협약을 체결하면서 관계 법령 및 행정절차법에 규정된 청문의 실시 등 의견청취절차를 배제하는 조항을 두었다고 하더라도, 국민의 행정참여를 도모함으로써 행정의 공정성·투명성 및 신뢰성을 확보하고 국민의 권익을 보호한다는 행정절차법의 목적 및 청문제도의 취지 등에 비추어 볼 때, 위와 같은 협약의 체결로 청문의 실시에 관한 규정의 적용을 배제할 수 있다고 볼 만한 법령상의 규정이 없는 한, 이러한 협약이 체결되었다고 하여 청문의 실시에 관한 규정의 적용이 배제된다거나 청문을 실시하지 않아도 되는 예외적인 경우에 해당한다고 할 수 없다.

(대법원 2004.7.8, 선고 2002두8350 판결【유희시설조성사업협약해지및사업시행자지정 거부처분취소】)

20. 처분상대방이 법위반사실의 시인이나 의견을 진술할 기회가 있었다는 사정만으로 의견청취절차가 배제되는지 여부(소극)

행정절차법 제21조 제1항, 제3항, 제4항, 제22조에 의하면, 행정청이 당사자에게 의무를 부과하거나 권익을 제한하는 처분을 하는 경우에는 미리 '처분의 제목', '처분하려는 원인이 되는 사실과 처분의 내용 및 법적 근거', '이에 대하여 의견을 제출할 수 있다는 뜻과 의견을 제출하지 아니하는 경우의 처리방법', '의견제출기관의 명칭과 주소', '의견제출기한' 등의 사항을 당사자 등에게 통지하여야 하고, 의견제출기한은 의견제출에 필요한 상당한 기간을 고려하여 정하여야 하며, 다른 법령 등에서 필수적으로 청문을 하거나 공청회를 개최하도록 규정하고 있지 아니한 경우에도 당사자 등에게 의견제출의 기회를 주어야 하며, 다만 '해당 처분의 성질상 의견청취가 현저히 곤란하거나 명백히 불필요하다고 인정될 만한 상당한 이유가 있는 경우' 등에 한하여 처분의 사전통지나 의견청취를 하지 아니할 수 있다. 따라서 행정청이 침해적 행정처분을 하면서 당사자에게 사전통지를 하거나 의견제출의 기회를 주지 아니하였다면, 사전통지나 의견제출의 예외적인 경우에 해당하지 아니하는 한, 처분은 위법하여 취소를 면할 수 없다.

그리고 여기에서 '의견청취가 현저히 곤란하거나 명백히 불필요하다고 인정될 만한 상당한 이유가 있는 경우'에 해당하는지는 해당 행정처분의 성질에 비추어 판단하여야 하며, 처분상대방이 이미 행정청에 위반사실을 시인하였다거나 처분의 사전통지 이전에 의견을 진술할 기회가 있었다는 사정을 고려하여 판단할 것은 아니다.

(대법원 2016.10.27, 선고 2016두41811 판결【시정명령처분취소등】)

■ 절차적 하자의 치유

21. 청문서 도달기간을 다소 어겼지만 방어의 기회를 충분히 가진 경우 하자의 치유 여부(적극)

행정청이 식품위생법상의 청문절차를 이행함에 있어 소정의 청문서 도달기간을 지키지 아니하였다면 이는 청문의 절차적 요건을 준수하지 아니한 것이므로 이를 바탕으로 한 행정처분은 일단 위법하다고 보아야 할 것이지만 이러한 청문제도의 취지는 처분으로 말미암아 받게 될 영업자에게 미리 변명과 유리한 자료를 제출할 기회를 부여함으로써 부당한 권리침해를 예방하려는 데에 있는 것임을 고려하여 볼 때, 가령 행정청이 청문서 도달기간을 다소 어겼다하더라도 영업자가 이에 대하여 이의하지 아니한 채 스스로 청문일에 출석하여 그 의견을 진술하고 변명하는 등 방어의 기회를 충분히 가졌다면 청문서 도달기간을 준수하지 아니한 하자는 치유되었다고 봄이 상당하다.

(대법원 1992.10.23, 선고 92누2844 판결【영업허가취소처분취소】)

제 6 장 정보공개법과 개인정보 보호법

제 1 절 행정정보공개제도

I. 행정정보공개의 이론

1. 개 설

① 행정정보공개의 이념 : 국민의 알 권리(Right to Know)를 통한 행정의 공정·민주화의 실현에 있다.

② 필요성 : 정보면에서의 무기의 평등을 통한 행정의 투명성을 담보함에 있다.

2. 알 권리의 내용

① 정보수령방해배제청구권 : 일반적으로 접근할 수 있는 정보원으로부터 정보를 얻을 수 있는 권리를 말한다.

② 정보공개청구권(이하 참조)

3. 행정정보공개청구권

① 의의 : 개인이 공공기관에 대하여 그 보유정보를 열람 또는 복사하게 하는 등의 방법으로 공개할 것을 청구하는 권리로 헌법상의 '알 권리'에서 유래한다.

② 행정정보공개청구권의 헌법상의 직접권리성 : 헌법재판소는 인정한다.

> 국민의 알 권리, 특히 국가정보에의 접근의 권리는 우리 헌법상 기본적으로 표현의 자유와 관련하여 인정되는 것으로 그 권리의 내용에는 일반 국민 누구나 국가에 대하여 보유·관리하고 있는 정보의 공개를 청구할 수 있는 이른바 일반적인 정

보공개청구권이 포함되고, 이 청구권은 공공기관의 정보공개에 관한 법률이 시행되기 전에는 구 사무관리규정(1997.10.21. 대통령령 제15498호로 개정되기 전의 것) 제33조 제2항과 행정정보공개운영지침에서 구체화되어 있었다.
(대법원 1999.9.21, 선고 97누5114 판결【정보공개거부처분취소】)

③ 행정정보공개청구권의 헌법적 근거

㉠ 헌법 제21조의 표현의 자유에서 도출하는 견해이다.

㉡ 헌법 제10조의 인간으로서의 존엄과 가치에서 찾는 견해이다.

㉢ 표현의 자유·국민주권의 원리·인간다운생활을 할 권리에서 찾는 견해이다.

4. 행정정보공개의 법제화

① 외국의 입법례 : 미국의 정보자유법(Freedom of Information Act, FOIA)·미국의 정부일조법(회의공개법, Government in the Sunshine Act)

② 우리나라의 경우 : 「공공기관의 정보공개에 관한 법률」이 1996년 제정되어 시행 중이다.

Ⅱ. 공공기관의 정보공개에 관한 법률의 주요 내용

대법원 2016.11.10, 선고 2016두44674 판결

남양주시 불법주·정차단속원으로 재직 중인 甲은 2013.6.30. 남양주시장(A)에게 지출결의서 및 증빙서류(신용카드 사본 등)에 대하여 전자파일 형태로 정보통신망을 통하여 송신하는 방법으로 공개할 것을 청구하였다. A는 2013.7.10. 甲에게 "신청인은 남양주시 자동차관리과 소속 직원이므로 남양주시 자동차관리과 사무실에 직접 방문하여 지출결의서사본 등을 수령하라"는 내용의 통보를 하였다(이 사건 통보).
〈문제〉 이 사건 통보가 처분인지 여부를 검토하시오.

1. 통 칙

(1) 목적(제1조)

이 법은 공공기관이 보유·관리하는 정보에 대한 국민의 공개 청구 및 공공기관의 공개 의무에 관하여 필요한 사항을 정함으로써 국민의 알권리를 보장하고 국정에 대한 국민의 참여와 국정 운영의 투명성을 보장함을 목적으로 한다.

(2) 적용 범위(제4조)

① 원칙 : 정보의 공개에 관하여는 다른 법률에 특별한 규정이 있는 경우를 제외하고는 「공공기관의 정보공개에 관한 법률」이 정하는 바에 의한다.

* 정보의 의미 : 공공기관이 직무상 작성 또는 취득하여 관리하고 있는 문서(전자문서를 포함한다)·도면·사진·필름·테이프·슬라이드 및 그 밖에 이에 준하는 매체 등에 기록된 사항을 의미한다.

② 예외 : 국가안전보장과 관련된 정보분석을 목적으로 수집되거나 작성된 정보에 대하여는 동법이 적용되지 아니한다.

2. 정보의 공개

(1) 정보공개의 원칙 등(제3조·제9조)

① 원칙 : 공공기관이 보유·관리하는 정보는 공개하여야 하는바, 여기서 '공공기관'이란 국가기관, 지방자치단체, 공공기관의 운영에 관한 법률 제2조의 규정에 의한 기관 기타 대통령령이 정하는 기관을 말한다.

* 「공공기관의 정보공개에 관한 법률시행령」 제2조는 '법 제2조 제3호에서 기타 대통령령이 정하는 기관'을 ㉠ 각급 학교, ㉡ 지방공사 및 지방공단, ㉢ 법령의 요건에 적합한 기관으로 지방자치단체의 조례로 정하는 기관, ㉣ 특수법인, ㉤ 국가 또는 지방자치단체로부터 보조금을 받는 사회복지법인 및 사회복지사업을 하는 비영리법인으로 규정한다.

② 예외: 비공개대상정보(법 제9조 제1항 단서)

㉠ 다른 법률 또는 법률이 위임한 명령에 의하여 비밀 또는 비공개 사항으로 규정된 정보(제1호)

㉡ 국가안정보장·국방·통일·외교관계 등에 관한 사항으로서 공개될 경우 국가의 중대한 이익을 현저히 해칠 우려가 있다고 인정되는 정보(제2호)

㉢ 공개될 경우 국민의 생명·신체 및 재산의 보호에 현저한 지장을 초래할 우려가 있다고 인정되는 정보(제3호)

㉣ 진행 중인 재판에 관련된 정보와 범죄의 예방, 수사, 공소의 제기 및 유지, 형의 집행, 교정, 보안처분에 관한 사항으로 공개될 경우 그 직무수행을 현저히 곤란하게 하거나 형사피고인의 공정한 재판을 받을 권리를 침해한다고 인정할 만한 상당한 이유가 있는 정보(제4호)

㉤ 감사·감독·검사·시험·규제·입찰계약·기술개발·인사관리·의사결정과정 또는 내부검토과정에 있는 사항 등으로서 공개될 경우 업무의 공정한 수행이나 연구·개발에 현저한 지장을 초래한다고 인정할만한 상당한 이유가 있는 정보(제5호)

㉥ 해당 정보에 포함되어 있는 성명·주민등록번호 등 개인에 관한 사항으로서 공개될 경우 법인 등의 정당한 이익을 현저히 해할 우려가 있다고 인정되는 정보(제6호)

㉦ 법인·단체 또는 개인의 경영상·영업상 비밀에 관한 사항으로서 공개될 경우 법인 등의 정당한 이익을 현저히 해할 우려가 있다고 인정되는 정보(제7호)

㉧ 공개될 경우 부동산 투기, 매점매석 등으로 특정인에게 이익 또는 불이익을 줄 우려가 있다고 인정되는 정보(제8호)

(2) 정보공개청구권자(제5조)

① 모든 국민

② 정보공개를 청구할 수 있는 외국인의 자격은 대통령령으로 정한다.

㉠ 국내에 일정한 장소를 두고 거주하거나 학술 연구를 위하여 일시적으로 체류하는 자

㉡ 국내에 사무소를 두고 있는 법인 또는 단체

(3) 정보공개의 청구 방법(제10조)

정보공개청구서를 제출하거나 구술로써 정보공개를 청구할 수 있다.

(4) 정보공개 여부의 결정(제11조)

① 공개 여부의 결정 기간 : 정보공개 청구를 받은 날부터 10일 이내에 공개 여부를 결정, 다만 부득이한 사유로 이 기간 이내에 공개 여부를 결정할 수 없는 때에는 그 기간의 만료일 다음 날부터 기산하여 10일 이내의 범위에서 공개 여부 결정 기간을 연장할 수 있다.

② 비공개결정 : 정보공개를 청구한 날부터 20일 이내에 공공기관이 공개 여부를 결정하지 아니한 때에는 이를 비공개의 결정, 즉 거부처분으로 보고 20일이 경과한 날부터 30일 이내에 해당 공공기관에 문서로 이의 신청을 할 수 있다(제18조 제1항).

③ 오로지 공공기관의 담당공무원을 괴롭힐 목적으로 청구하는 것은 권리의 남용에 해당한다(대판 2006.8.24, 2004두2783).

(5) 정보공개심의회(제12조)

① 설치·운영 : 정보공개여부 등의 심의를 위하여 정보공개심의회를 설치·운영한다.

② 구성 : 위원장 1인을 포함하여 5인 내지 7인의 위원으로 구성, 위원장을 제외한 위원은 소속공무원, 임·직원 또는 외부전문가로 지명 또는 위촉하되 그 중 2분의 1은 당해 국가기관 등의 업무 또는 정보공개의 업무에 관한 지식을 가진 외부전문가로 위촉한다.

(6) 정보공개 여부 결정의 통지(제13조)

① 정보의 공개를 결정한 경우 : 공개 일시·공개 장소 등을 명시하여 청구인에게 통지, 정보를 공개함에 있어 당해 정보의 원본이 오손 또는 파손될 우려가 있는 경우 등에는 당해 정보의 사본·복제물을 공개할 수 있다.

② 정보의 비공개 결정을 한 경우 : 그 내용을 청구인에게 지체 없이 문서로 통지, 이 경우 비공개이유·불복방법 및 불복절차를 구체적으로 명시하여야 한다.

(7) 부분 공개(제14조)

공개청구한 정보가 비공개 대상 정보와 공개 가능한 부분이 혼합되어 있는 경우에는 공개 청구의 취지에 어긋나지 아니하는 범위 안에서 두 부분을 분리할 수 있는 때에는 비공개 대상 정보에 해당하는 부분을 제외하고 공개하여야 한다.

(8) 정보의 전자적 공개(제15조)

① 전자적 형태로 보유·관리하는 정보에 대하여 청구인이 전자적 형태로 공개하여 줄 것을 요청하는 경우에는 당해 정보의 성질상 현저히 곤란한 경우를 제외하고는 청구인의 요청에 응하여야 한다.

② 전자적 형태로 보유·관리하지 아니하는 정보에 대하여 청구인이 전자적 형태로 공개하여 줄 것을 요청한 경우에는 정상적인 업무수행에 현저한 지장을 초래하거나 당해 정보의 성질이 훼손될 우려가 없는 한 정보를 전자적 형태로 변환하여 공개할 수 있다.

(9) 즉시 처리가 가능한 정보의 공개(제16조)

① 즉시 또는 구술처리가 가능한 정보는 정보공개여부결정에 관한 절차를 거치지 아니하고 공개하여야 한다.

② 즉시 또는 구술 처리가 가능한 정보

㉠ 법령 등에 의하여 공개를 목적으로 작성된 정보

㉡ 일반 국민에게 알리기 위하여 작성된 각종 홍보자료

㉢ 공개하기로 결정된 정보로서 공개에 오랜 시간이 걸리지 아니하는 정보

㉣ 그 밖에 공공기관의 장이 정하는 정보

(10) 비용 부담(제17조)

① 정보의 공개 및 우송에 소요되는 비용은 실비의 범위에서 청구인이 부담한다.

② 공개를 청구하는 정보의 사용 목적이 공공복리의 유지·증진을 위하여 필요하다고 인정되는 경우에는 비용을 감면할 수 있다.

3. 공공기관의 의무

(1) 관련 법령의 정비 등(제6조)

① 관련 법령의 정비는 정보공개청구 및 공개를 위한 필수적 전제조건이다. 따라서 공공기관은 소관 법령을 정비하여야 한다.

② 정보공개시스템의 구축 : 공공기관은 정보관리체계를 정비하고, 정보공개업무 주관부서 및 담당 인력을 적정하게 두어야 하며, 정보통신망을 활용한 정보공개시스템 등을 구축하도록 노력하여야 한다.

(2) 행정정보의 공표 등(제7조)

공공기관은 다음에 열거하는 정보에 대하여는 공개의 구체적 범위, 공개의 주기·시기 및 방법 등을 미리 정하여 공표하고, 이에 따라 정기적으로 공개하여야 한다.

① 국민생활에 매우 큰 영향을 미치는 정책에 관한 정보

② 국가의 시책으로 시행하는 공사(工事) 등 대규모의 예산이 투입되는 사업에 관한 정보

③ 예산 집행의 내용과 사업평가 결과 등 행정 감시를 위하여 필요한 정보

④ 그 밖에 공공기관의 장이 정하는 정보

(3) 정보목록의 작성·비치 등(제8조)

공공기관은 당해 기관이 보유·관리하는 정보에 대하여 정보목록을 작성·비치하고, 그 목록을 정보통신망을 활용한 정보공개시스템 등을 통하여 공개하여야 한다.

4. 불복구제절차

(1) 이의신청(제18조)

① 정보공개청구인은 공공기관의 비공개 또는 부분 공개의 결정에 대하여 불복이 있거나 정보공개 청구 후 20일이 경과하도록 정보공개 결정이 없는 때에는 공공기관으로부터 정보공개 여부의 결정 통지를 받은 날 또는 정보공개 청구 후 20일이 경과한 날부터 30일 이내에 당해 공공

기관에 문서로 이의신청을 할 수 있다.

② 공공기관은 이의신청을 받은 날부터 7일 이내에 그 이의신청에 대하여 결정하고 그 결과를 청구인에게 지체 없이 문서로 통지하여야 한다. 다만, 부득이한 사유로 정해진 기간 이내에 결정할 수 없는 때에는 그 기간의 만료일 다음 날부터 기산하여 7일 이내의 범위에서 연장할 수 있으며, 연장 사유를 청구인에게 통지하여야 한다.

(2) 행정심판(제19조)

청구인이 정보공개와 관련한 공공기관의 결정에 대하여 불복이 있거나 정보공개 청구 후 20일이 경과하도록 정보공개 결정이 없는 때에는 행정심판법에서 정하는 바에 따라 행정심판을 청구할 수 있다. 이 경우 국가 및 지방자치단체 외의 공공기관의 결정에 대한 감독행정기관은 관계 중앙행정기관의 장 또는 지방자치단체의 장으로 한다.

(3) 행정소송(제20조)

① 청구인이 정보공개와 관련한 공공기관의 결정에 대하여 불복이 있거나 정보공개 청구 후 20일이 경과하도록 정보공개 결정이 없는 때에는 행정소송법에서 정하는 바에 따라 행정소송을 제기할 수 있다.

② 재판장은 필요하다고 인정하면 당사자를 참여시키지 아니하고 제출된 공개 청구 정보를 비공개로 열람·심사할 수 있다.

③ 재판장은 행정소송의 대상이 제9조 제1항 제2호에 따른 정보 중 국가안전보장·국방 또는 외교관계에 관한 정보의 비공개 또는 부분 공개 결정처분인 경우에 공공기관이 그 정보에 대한 비밀 지정의 절차, 비밀의 등급·종류 및 성질과 이를 비밀로 취급하게 된 실질적인 이유 및 공개를 하지 아니하는 사유 등을 입증하면 해당 정보를 제출하지 아니하게 할 수 있다.

(4) 제3자의 이의신청 등(제21조)

① 제11조 제3항에 따라 공개 청구된 사실을 통지받은 제3자는 그 통지를 받은 날부터 3일 이내에 해당 공공기관에 대하여 자신과 관련된 정보를 공개하지 아니할 것을 요청할 수 있다.

② 제1항에 따른 비공개 요청에도 불구하고 공공기관이 공개 결정을 할 때에는 공개 결정 이유와 공개 실시일을 분명히 밝혀 지체 없이 문서로 통지하여야 하며, 제3자는 해당 공공기관에 문서로 이의신청을 하거나 행정심판 또는 행정소송을 제기할 수 있다. 이 경우 이의신청은 통지를 받은 날부터 7일 이내에 하여야 한다.

③ 공공기관은 제2항에 따른 공개 결정일과 공개 실시일 사이에 최소한 30일의 간격을 두어야 한다.

5. 보 칙

(1) 정보공개위원회(제22조·제23조)

① 설치 : 정보공개에 관한 다음의 사항을 심의·조정하기 위하여 행정자치부장관 소속으로 정보공개위원회를 둔다.

㉠ 정보공개에 관한 정책의 수립 및 제도 개선에 관한 사항

㉡ 정보공개에 관한 기준 수립에 관한 사항

㉢ 공공기관의 정보공개 운영 실태 평가 및 그 결과 처리에 관한 사항

㉣ 그 밖에 정보공개에 관하여 대통령령이 정하는 사항

② 구성 등 : 위원장과 부위원장 각 1인을 포함한 9인의 위원으로 구성한다. 이 경우 위원장을 포함한 5인은 공무원이 아닌 자로 위촉하여야 한다. 한편 위원장·부위원장 및 위원의 임기는 2년으로 하되, 연임할 수 있다.

(2) 제도 총괄(제24조)

행정자치부장관은 이 법에 의한 정보공개제도의 정책수립 및 제도 개선사항 등에 관한 기획·총괄업무를 관장한다.

(3) 국회에의 보고(제26조)

행정자치부장관은 전년도의 정보공개 운영에 관한 보고서를 매년 정기국회 개회 전까지 국회에 제출하여야 한다.

(4) 위임 규정(제27조)

이 법 시행에 필요한 사항은 국회규칙·대법원규칙·헌법재판소규칙·중앙선거관리위원회규칙 및 대통령령으로 정한다.

대법원 2007.6.1, 선고 2006두20587 판결【행정정보공개청구거부처분취소】

【판시사항】

[1] 구 공공기관의 정보공개에 관한 법률상 당해 정보를 공공기관이 보유·관리하고 있다는 점에 관한 증명책임 및 그 증명의 정도

[2] 대한주택공사의 아파트 분양원가 산출내역에 관한 정보는, 그 공개로 위 공사의 정당한 이익을 현저히 해할 우려가 있다고 볼 수 없어 구 공공기관의 정보공개에 관한 법률 제7조 제1항 제7호에서 정한 비공개대상정보에 해당하지 않는다고 한 사례

【주 문】

상고를 기각한다. 상고비용은 피고가 부담한다.

【이 유】

상고이유를 본다.

1. 상고이유 제1점에 대하여

구 공공기관의 정보공개에 관한 법률(2004.1.29. 법률 제7127호로 전문 개정되기 전의 것, 이하 '정보공개법'이라 한다)에 의한 정보공개제도는 공공기관이 보유·관리하는 정보를 그 상태대로 공개하는 제도라는 점 등에 비추어 보면, 당해 정보를 공공기관이 보유·관리하고 있다는 점에 관하여 정보공개를 구하는 자에게 입증책임이 있다할 것이지만, 그 입증의 정도는 그러한 정보를 공공기관이 보유·관리하고 있을 상당한 개연성이 있다는 점을 증명하면 족하다 할 것이다(대법원 2005.1.28. 선고 2002두12854 판결 참조). (이하 생략)

2. 상고이유 제2점에 대하여

가. 정보공개법 제2조 제1호, 제3조에 의하면, 공공기관이 직무상 작성하여 관리하고 있는 정보는 정보공개법이 정하는 바에 따라 공개하여야 하는 것인바, 이 사건 정보는 피고가 주택건설사업과 분양업무라는 직무와 관련하여 작성하고 관리하는 정보임이 기록상 분명하므로, 정보공개법의 적용대상인 정보에 해당한다고 할 것이다.

따라서 이 사건 정보는 피고가 사경제의 주체라는 지위에서 행한 사업과 관련된 정보이니 정보공개법이 적용될 여지가 없다는 피고의 상고이유의 주장은 이유 없다.

(이하 생략)

관련 판례

■ 정보공개청구권자

1. 기관이 아닌 개인이 타인에 관한 정보의 공개를 청구하는 경우 적용되는 법률

기관이 아닌 개인이 타인에 관한 정보의 공개를 청구하는 경우에는 구 공공기관의 개인정보보호에 관한 법률(2007.5.17. 법률 제8448호로 개정되기 전의 것)에 의할 것이 아니라, 공공기관의 정보공개에 관한 법률 제9조 제1항 제6호에 따라 개인에 관한 정보의 공개 여부를 판단하여야 한다.

(대법원 2010.2.25, 선고 2007두9877 판결【정보공개거부처분취소등】)

2. 정보공개청구권자로서의 국민의 범위

공공기관의정보공개에관한법률 제6조 제1항은 "모든 국민은 정보의 공개를 청구할 권리를 가진다."고 규정하고 있는데, 여기에서 말하는 국민에는 자연인은 물론 법인, 권리능력 없는 사단·재단도 포함되고, 법인, 권리능력 없는 사단·재단 등의 경우에는 설립목적을 불문하며, 한편 정보공개청구권은 법률상 보호되는 구체적인 권리이므로 청구인이 공공기관에 대하여 정보공개를 청구하였다가 거부처분을 받은 것 자체가 법률상 이익의 침해에 해당한다.

(대법원 2003.12.12, 선고 2003두8050 판결【사본공개거부처분취소】)

3. 청구인이 정보공개거부처분의 취소를 구할 법률상의 이익이 있는지 여부(적극)

국민의 정보공개청구권은 법률상 보호되는 구체적인 권리이므로, 공공기관에 대하여 정보의 공개를 청구하였다가 공개거부처분을 받은 청구인은 행정소송을 통하여 그 공개거부처분의 취소를 구할 법률상의 이익이 있다.

(대법원 2003.3.11, 선고 2001두6425 판결【행정정보비공개결정처분취소】)

4. 지방자치단체가 정보공개청구권자에 해당하는지 여부(소극)

공공기관의 정보공개에 관한 법률은 국민을 정보공개청구권자로, 지방자치단체를 국민에 대응하는 정보공개의무자로 상정하고 있다고 할 것이므로, 지방자치단체는 공공기관의 정보공개에 관한 법률 제5조에서 정한 정보공개청구권자인 '국민'에 해당되지 아니한다.

(서울행정법원 2005.10.12, 선고 2005구합10484 판결: 확정【정보비공개결정처분취소】)

5. 공공기관이 정보를 보유하고 있지 아니한 경우 소의 이익(부정)

정보공개를 구하는 자가 공개를 구하는 정보를 행정기관이 보유·관리하고 있을 상당한 개연성이 있다는 점을 입증함으로써 족하다 할 것이지만, 공공기관이 그 정보를 보유·관리하고 있지 아니한 경우에는 특별한 사정이 없는 한 정보공개거부처분의 취소를 구할 법률상의 이익이 없다.

(대법원 2006.1.13, 선고 2003두9459 판결【행정정보비공개결정처분취소】)

■ 정보공개 의무자

6. 사립대학교가 정보공개의무자에 해당하는지 여부(적극)

정보공개 의무기관을 정하는 것은 입법자의 입법형성권에 속하고, 이에 따라 입법자는 구 공공기관의 정보공개에 관한 법률(2004.1.29. 법률 제7127호로 전문 개정되기 전의 것) 제2조 제3호에서 정보공개 의무기관을 공공기관으로 정하였는바, 공공기관은 국가기관에 한정되는 것이 아니라 지방자치단체, 정부투자기관, 그 밖에 공동체 전체의 이익에 중요한 역할이나 기능을 수

행하는 기관도 포함되는 것으로 해석되고, 여기에 정보공개의 목적, 교육의 공공성 및 공·사립 학교의 동질성, 사립대학교에 대한 국가의 재정지원 및 보조 등 여러 사정을 고려해 보면, 사립 대학교에 대한 국비 지원이 한정적·일시적·국부적이라는 점을 고려하더라도, 같은 법 시행령 (2004.3.17. 대통령령 제18312호로 개정되기 전의 것) 제2조 제1호가 정보공개의무를 지는 공공기관의 하나로 사립대학교를 들고 있는 것이 모법인 구 공공기관의 정보공개에 관한 법률의 위임 범위를 벗어났다거나 사립대학교가 국비의 지원을 받는 범위 내에서만 공공기관의 성격을 가진다고 볼 수 없다.

(대법원 2006.8.24, 선고 2004두2783 판결【정보공개거부처분취소】)

7. 정보를 공개할 의무가 있는 '특별법에 의하여 설립된 특수법인'에 해당하는지 여부의 판단 기준

어느 법인이 공공기관의 정보공개에 관한 법률 제2조 제3호 등에 따라 정보를 공개할 의무가 있는 '특별법에 의하여 설립된 특수법인'에 해당하는가는, 국민의 알권리를 보장하고 국정에 대한 국민의 참여와 국정운영의 투명성을 확보하고자 하는 위 법의 입법 목적을 염두에 두고, 당해 법인에게 부여된 업무가 국가행정업무이거나, 이에 해당하지 않더라도 그 업무 수행으로써 추구하는 이익이 당해 법인 내부의 이익에 그치지 않고 공동체 전체의 이익에 해당하는 공익적 성격을 갖는지 여부를 중심으로 개별적으로 판단하되, 당해 법인의 설립근거가 되는 법률이 법인의 조직구성과 활동에 대한 행정적 관리·감독 등에서 민법이나 상법 등에 의하여 설립된 일반 법인과 달리 규율한 취지, 국가나 지방자치단체의 당해 법인에 대한 재정적 지원·보조의 유무와 그 정도, 당해 법인의 공공적 업무와 관련하여 국가기관·지방자치단체 등 다른 공공기관에 대한 정보공개청구와는 별도로 당해 법인에 대하여 직접 정보공개청구를 구할 필요성이 있는지 여부 등을 종합적으로 고려하여야 한다.

(대법원 2010.4.29, 선고 2008두5643 판결【정보비공개결정취소】)

8. 한국방송공사(KBS)는 특별법에 의해 설립된 특수법인으로서 정보공개의무가 있는 공공기관에 해당한다.

(대법원 2010.12.23, 선고 2008두13101 판결【정보공개거부처분취소】)

9. 국민으로부터 정보공개 요구를 받은 경우 공공기관이 취해야 할 조치

국민의 '알권리', 즉 정보에의 접근·수집·처리의 자유는 자유권적 성질과 청구권적 성질을 공유하는 것으로서 헌법 제21조에 의하여 직접 보장되는 권리이고, 그 구체적 실현을 위하여 제정된 공공기관의 정보공개에 관한 법률도 제3조에서 공공기관이 보유·관리하는 정보를 원칙적으로 공개하도록 하여 정보공개의 원칙을 천명하고 있고, 위 법 제9조가 예외적인 비공개사유를 열거하고 있는 점에 비추어 보면, 국민으로부터 보유·관리하는 정보에 대한 공개를 요구받은 공공기관으로서는 위 법 제9조 제1항 각 호에서 정하고 있는 비공개사유에 해당하지 않는 한 이를 공개하여야 하고, 이를 거부하는 경우라 할지라도 대상이 된 정보의 내용을 구체적으로 확인·검토하여 어느 부분이 어떠한 법익 또는 기본권과 충돌되어 위 각 호의 어디에 해당하는지를 주장·증명하여야만 하며, 여기에 해당하는지 여부는 비공개에 의하여 보호되는 업무수행의 공정성 등의 이익과 공개에 의하여 보호되는 국민의 알권리의 보장과 국정에 대한 국민의 참여 및 국정운영의 투명성 확보 등의 이익을 비교·교량하여 구체적인 사안에 따라 개별적으로 판단하여야 한다.

(대법원 2009.12.10, 선고 2009두12785 판결【정보공개거부처분취소】)

■ 정보공개의 대상과 방법

10. 전자적 형태로 보유·관리하는 정보가 공개대상이 되는지 여부(적극)

공공기관의 정보공개에 관한 법률에 의한 정보공개제도는 공공기관이 보유·관리하는 정보를 그 상태대로 공개하는 제도이지만, 전자적 형태로 보유·관리되는 정보의 경우에는, 그 정보가 청구인이 구하는 대로는 되어 있지 않다고 하더라도, 공개청구를 받은 공공기관이 공개청구대상정보의 기초자료를 전자적 형태로 보유·관리하고 있고, 당해 기관에서 통상 사용되는 컴퓨터 하드웨어 및 소프트웨어와 기술적 전문지식을 사용하여 그 기초자료를 검색하여 청구인이 구하는 대로 편집할 수 있으며, 그러한 작업이 당해 기관의 컴퓨터 시스템 운용에 별다른 지장을 초래하지 아니한다면, 그 공공기관이 공개청구대상정보를 보유·관리하고 있는 것으로 볼 수 있고, 이러한 경우에 기초자료를 검색·편집하는 것은 새로운 정보의 생산 또는 가공에 해당한다고 할 수 없다.

(대법원 2010.2.11, 선고 2009두6001 판결【정보공개거부처분취소】)

11. 공공기관이 그 공개방법을 선택할 재량권이 있는지 여부(소극)

공공기관의정보공개에관한법률 각 규정을 종합하면, 정보공개를 청구하는 자가 공공기관에 대해 정보의 사본 또는 출력물의 교부의 방법으로 공개방법을 선택하여 정보공개청구를 한 경우에 공개청구를 받은 공공기관으로서는 같은 법 제8조 제2항에서 규정한 정보의 사본 또는 복제물의 교부를 제한할 수 있는 사유에 해당하지 않는 한 정보공개청구자가 선택한 공개방법에 따라 정보를 공개하여야 하므로 그 공개방법을 선택할 재량권이 없다고 해석함이 상당하다.

(대법원 2003.12.12, 선고 2003두8050 판결【사본공개거부처분취소】)

12. 비공개대상정보와 공개가 가능한 부분이 분리되는 경우의 판결

공개를 거부한 정보에 비공개대상정보에 해당하는 부분과 공개가 가능한 부분이 혼합되어 있고 공개청구의 취지에 어긋나지 아니하는 범위 안에서 두 부분을 분리할 수 있음을 인정할 수 있을 때에는, 위 정보 중 공개가 가능한 부분을 특정하고 판결의 주문에 행정청의 위 거부처분 중 공개가 가능한 정보에 관한 부분만을 취소한다고 표시하여야 한다.

(대법원 2003.3.11, 선고 2001두6425 판결【행정정보비공개결정처분취소】)

13. 공개청구 대상 정보가 원본이어야 하는지 여부(소극)

공공기관의 정보공개에 관한 법률상 공개청구의 대상이 되는 정보란 공공기관이 직무상 작성 또는 취득하여 현재 보유·관리하고 있는 문서에 한정되는 것이기는 하나, 그 문서가 반드시 원본일 필요는 없다.

(대법원 2006.5.25, 선고 2006두3049 판결【사건기록등사불허가처분취소】)

14. 공공기관이 정보를 보유·관리 여부에 관한 증명책임의 소재

정보공개제도는 공공기관이 보유·관리하는 정보를 그 상태대로 공개하는 제도로서 공개를 구하는 정보를 공공기관이 보유·관리하고 있을 상당한 개연성이 있다는 점에 대하여 원칙적으로 공개청구자에게 증명책임이 있다고 할 것이지만, 공개를 구하는 정보를 공공기관이 한 때 보유·관리하였으나 후에 그 정보가 담긴 문서 등이 폐기되어 존재하지 않게 된 것이라면 그 정보를 더 이상 보유·관리하고 있지 아니하다는 점에 대한 증명책임은 공공기관에게 있다.

(대법원 2004.12.9, 선고 2003두12707 판결【정보공개거부처분취소】)

15. 정보의 부분 공개가 허용되는 경우

법원이 행정기관의 정보공개거부처분의 위법 여부를 심리한 결과 공개를 거부한 정보에 비공개사유에 해당하는 부분과 그렇지 않은 부분이 혼합되어 있고, 공개청구의 취지에 어긋나지 않는 범위 안에서 두 부분을 분리할 수 있음을 인정할 수 있을 때에는 공개가 가능한 정보에 국한하여 일부취소를 명할 수 있다. 이러한 정보의 부분 공개가 허용되는 경우란 그 정보의 공개방법 및 절차에 비추어 당해 정보에서 비공개대상정보에 관련된 기술 등을 제외 혹은 삭제하고 나머지 정보만을 공개하는 것이 가능하고 나머지 부분의 정보만으로도 공개의 가치가 있는 경우를 의미한다.

(대법원 2009.12.10, 선고 2009두12785 판결【정보공개거부처분취소】)

16. 개괄적 사유만을 들어 정보공개를 거부할 수 있는지 여부(소극)

구 공공기관의 정보공개에 관한 법률(2013.8.6. 법률 제11991호로 개정되기 전의 것, 이하 '정보공개법'이라 한다) 제13조 제4항은 공공기관이 정보를 비공개하는 결정을 한 때에는 비공개이유를 구체적으로 명시하여 청구인에게 그 사실을 통지하여야 한다고 규정하고 있다. 정보공개법 제1조, 제3조, 제6조는 국민의 알 권리를 보장하고 국정에 대한 국민의 참여와 국정운영의 투명성을 확보하기 위하여 공공기관이 보유·관리하는 정보를 모든 국민에게 원칙적으로 공개하도록 하고 있다. 그러므로 국민으로부터 보유·관리하는 정보에 대한 공개를 요구받은 공공기관으로서는, 정보공개법 제9조 제1항 각호에서 정하고 있는 비공개사유에 해당하지 않는 한 이를 공개하여야 한다. 이를 거부하는 경우라 할지라도, 대상이 된 정보의 내용을 구체적으로 확인·검토하여, 어느 부분이 어떠한 법익 또는 기본권과 충돌되어 정보공개법 제9조 제1항 몇 호에서 정하고 있는 비공개사유에 해당하는지를 주장·증명하여야만 하고, 그에 이르지 아니한 채 개괄적인 사유만을 들어 공개를 거부하는 것은 허용되지 아니한다.

(대법원 2018.4.12, 선고 2014두5477 판결【정보공개거부처분취소청구의소】)

17. 특정한 정보공개방법으로 청구할 수 있는 법률상 신청권 인정

구 공공기관의 정보공개에 관한 법률(2013.8.6. 법률 제11991호로 개정되기 전의 것, 이하 '구 정보공개법'이라고 한다)은, 정보의 공개를 청구하는 이(이하 '청구인'이라고 한다)가 정보공개방법도 아울러 지정하여 정보공개를 청구할 수 있도록 하고 있고, 전자적 형태의 정보를 전자적으로 공개하여 줄 것을 요청한 경우에는 공공기관은 원칙적으로 요청에 응할 의무가 있고, 나아가 비전자적 형태의 정보에 관해서도 전자적 형태로 공개하여 줄 것을 요청하면 재량판단에 따라 전자적 형태로 변환하여 공개할 수 있도록 하고 있다. 이는 정보의 효율적 활용을 도모하고 청구인의 편의를 제고함으로써 구 정보공개법의 목적인 국민의 알 권리를 충실하게 보장하려는 것이므로, 청구인에게는 특정한 공개방법을 지정하여 정보공개를 청구할 수 있는 법령상 신청권이 있다.

따라서 공공기관이 공개청구의 대상이 된 정보를 공개는 하되, 청구인이 신청한 공개방법 이외의 방법으로 공개하기로 하는 결정을 하였다면, 이는 정보공개청구 중 정보공개방법에 관한 부분에 대하여 일부 거부처분을 한 것이고, 청구인은 그에 대하여 항고소송으로 다툴 수 있다.

(대법원 2016.11.10, 선고 2016두44674 판결【정보공개거부처분취소】)

18. 우회적 방법에 의한 공개가 정보공개법상 공개인지 여부(소극)

구 공공기관의 정보공개에 관한 법률 시행령(2013.11.13. 대통령령 제24837호로 개정되기 전의 것, 이하 '정보공개법 시행령'이라고 한다) 제14조 제1항은 문서·도면사진 등은 열람 또는 사본의 교부의 방법 등에 의하도록 하고 있고, 제2항은 공공기관은 정보를 공개함에 있어서 본인 또는 그 정당한 대리인임을 직접 확인할 필요가 없는 경우에는 청구인의 요청에 의하여 사본 등을 우편으로 송부할 수 있도록 정하고 있다. 따라서 청구인이 정보공개거부처분의 취소를 구하는 소송에서 공공기관이 청구정보를 증거 등으로 법원에 제출하여 법원을 통하여 그 사본을 청구인에게 교부 또는 송달되게 하여 결과적으로 청구인에게 정보를 공개하는 셈이 되었다고 하더라도, 이러한 우회적인 방법은 정보공개법이 예정하고 있지 아니한 방법으로서 정보공개법에 의한 공개라고 볼 수는 없으므로, 당해 정보의 비공개결정의 취소를 구할 소의 이익은 소멸되지 않는다.

정보공개법 제9조 제1항 제5호에서 규정하고 있는 '공개될 경우 업무의 공정한 수행에 현저한 지장을 초래한다고 인정할 만한 상당한 이유가 있는 경우'라 함은 같은 법 제1조의 정보공개제도의 목적 및 제9조 제1항 제5호의 규정에 의한 비공개대상정보의 입법 취지에 비추어 볼 때 공개될 경우 업무의 공정한 수행이 객관적으로 현저하게 지장을 받을 것이라는 고도의 개연성이 존재하는 경우를 의미하고, 여기에 해당하는지 여부는 비공개에 의하여 보호되는 업무수행의 공정성 등의 이익과 공개에 의하여 보호되는 국민의 알권리의 보장과 국정에 대한 국민의 참여 및 국정운영의 투명성 확보 등의 이익을 비교·교량하여 구체적인 사안에 따라 신중하게 판단되어야 한다. 이 사건 심리생리검사 의뢰에 관한 발송대장을 공개함으로 인하여 심리생리검사 등에 관한 업무의 공정한 수행이 객관적으로 현저하게 지장을 받을 것이라는 고도의 개연성이 존재한다고 보기 어렵다.

(대법원 2016.12.15, 선고 2012두11409, 11416 판결【정보공개거부처분취소·정보공개거부처분취소】)

■ 비공개 대상 정보

19. '법률에 의한 명령'의 의미

공공기관의정보공개에관한법률 제1조, 제3조, 헌법 제37조의 각 취지와 행정입법으로는 법률이 구체적으로 범위를 정하여 위임한 범위 안에서만 국민의 자유와 권리에 관련된 규율을 정할 수 있는 점 등을 고려할 때, 공공기관의정보공개에관한법률 제7조 제1항 제1호 소정의 '법률에 의한 명령'은 법률의 위임규정에 의하여 제정된 대통령령, 총리령, 부령 전부를 의미한다기보다는 정보의 공개에 관하여 법률의 구체적인 위임 아래 제정된 법규명령(위임명령)을 의미한다.

(대법원 2003.12.11, 선고 2003두8395 판결【정보공개거부처분취소】)

20. 검찰보존사무규칙에 기한 정보공개거부의 적법성

구 정보공개법 제7조 제1항 제1호 소정의 '법률에 의한 명령'은 법률의 위임규정에 의하여 제정된 대통령령, 총리령, 부령 전부를 의미한다기보다는 정보의 공개에 관하여 법률의 구체적인 위임 아래 제정된 법규명령(위임명령)을 의미한다고 보아야 할 것인바, 검찰보존사무규칙(1996.5.1. 법무부부령 제425호로 개정된 것)은 비록 법무부령으로 되어 있으나, 그 중 불기소사건기록 등의 열람·등사에 대하여 제한하고 있는 부분은 위임 근거가 없어 행정기관 내부의 사무처리준칙으로서 행정규칙에 불과하므로, 위 규칙에 의한 열람·등사의 제한을 구 정보공개법 제7조 제1항 제1호의 '다른 법률 또는 법률에 의한 명령에 의하여 비공개사항으로 규정된 경우'에 해당한다고 볼 수 없다.

(대법원 2004.9.23, 선고 2003두1370 판결【부작위위법확인】[공보불게재])

21. 한·일 군사정보보호협정 등 관련 쟁점 정보는 비공개대상정보(제2호: 안보, 국방, 통일, 외교 관련 정보)

한·일 군사정보보호협정, 한·일 상호군수지원협정 관련 쟁점 정보는 협정들의 체결과 관련한 우리나라의 대응전략이나 일본 측의 입장에 관한 내용이 그대로 노출되어 우리나라가 향후 유사한 협정을 체결할 때에 협정 상대 국가들의 교섭 정보로 활용될 수 있는 여지가 충분할 뿐만 아니라 상대국과의 외교적 신뢰관계에 심각한 타격을 줄 수 있는 점 등에 비추어 보면, 구 정보공개법 제9조 제1항 제2호에서 정한 비공개대상정보에 해당한다.

이 사건 처분 당시 한·일 군사정보보호협정은 가서명만 이루어진 단계였고, 한·일 상호군수지원협정은 합의문이 도출되지 않은 단계였다. 따라서 이 사건 쟁점 정보가 공개된다면 이해관계자들의 각종 요구 등으로 협정문이 당초 예정과 다르게 수정되거나 협정 자체가 무산되는 결과를 초래할 가능성이 있고, 그 과정에서 실무자들의 발언 내용이 외부에 공표된다면, 협상에 임하는 실무자들은 견해를 달리하는 사람들이나 단체 등으로부터 거센 공격을 받을 가능성이 크므로 그에 따른 심리적 압박으로 인하여 특정한 입장에 영합하는 쪽으로 발언을 하거나 아예 침묵으로 일관하는 등의 상황이 발생함으로써 국익에 반하는 결과를 초래할 가능성이 충분한 점 등에 비추어 보면, 이 사건 쟁점 정보는 구 정보공개법 제9조 제1항 제5호에서 정한 비공개대상정보에도 해당한다.

(대법원 2019.1.17, 선고 2015두46512 판결【정보공개거부처분취소】)

22. 보안관찰 관련 통계자료는 비공개대상정보(제3호: 국민의 생명, 신체, 재산 보호 침해 관련 정보)

[다수의견] 보안관찰처분을 규정한 보안관찰법에 대하여 헌법재판소도 이미 그 합헌성을 인정한 바 있고, 보안관찰법 소정의 보안관찰 관련 통계자료는 우리나라 53개 지방검찰청 및 지청관할 지역에서 매월 보고된 보안관찰처분에 관한 각종 자료로서, 보안관찰처분대상자 또는 피보안관찰자들의 매월별 규모, 그 처분시기, 지역별 분포에 대한 전국적 현황과 추이를 한눈에 파악할 수 있는 구체적이고 광범위한 자료에 해당하므로 '통계자료'라고 하여도 그 함의(함의)를 통하여 나타내는 의미가 있음이 분명하여 가치중립적일 수는 없고, 그 통계자료의 분석에 의하여 대남 공작활동이 유리한 지역으로 보안관찰처분대상자가 많은 지역을 선택하는 등으로 위 정보가 북한정보기관에 의한 간첩의 파견, 포섭, 선전선동을 위한 교두보의 확보 등 북한의 대남전략에 있어 매우 유용한 자료로 악용될 우려가 없다고 할 수 없으므로, 위 정보는 공공기관의정보공개에관한법률 제7조 제1항 제2호 소정의 공개될 경우 국가안전보장·국방·통일·외교관계 등 국가의 중대한 이익을 해할 우려가 있는 정보, 또는 제3호 소정의 공개될 경우 국민의 생명·신체 및 재산의 보호 기타 공공의 안전과 이익을 현저히 해할 우려가 있다고 인정되는 정보에 해당한다.

(대법원 2004.3.18, 선고 2001두8254 전원합의체 판결【정보비공개결정처분취소】)

23. '진행 중인 재판에 관련된 정보'의 범위(제4호)

법원 이외의 공공기관이 정보공개법 제9조 제1항 제4호에서 정한 '진행 중인 재판에 관련된 정보'에 해당한다는 사유로 정보공개를 거부하기 위하여는 반드시 그 정보가 진행 중인 재판의 소송기록 자체에 포함된 내용일 필요는 없다. 그러나 재판에 관련된 일체의 정보가 그에 해당하는 것은 아니고 진행 중인 재판의 심리 또는 재판결과에 구체적으로 영향을 미칠 위험이 있는 정보에 한정된다고 보는 것이 타당하다.

(대법원 2011.11.24, 선고 2009두19021 판결【정보공개거부처분취소】)

24. 교도소 관련 정보 중 비공개심사/의결 부분은 비공개대상정보(제4호: 재판, 수사 등 관련 정보)

공공기관의 정보공개에 관한 법률 제9조 제1항 제4호에서 비공개대상으로 규정한 '형의 집행, 교정에 관한 사항으로서 공개될 경우 그 직무수행을 현저히 곤란하게 하는 정보'란 당해 정보가 공개될 경우 재소자들의 관리 및 질서유지, 수용시설의 안전, 재소자들에 대한 적정한 처우 및 교정·교화에 관한 직무의 공정하고 효율적인 수행에 직접적이고 구체적으로 장애를 줄 고도의 개연성이 있고, 그 정도가 현저한 경우를 의미한다.

교도소에 수용 중이던 재소자가 담당 교도관들을 상대로 가혹행위를 이유로 형사고소 및 민사소송을 제기하면서 그 증명자료 확보를 위해 '근무보고서'와 '징벌위원회 회의록' 등의 정보공개를 요청하였으나 교도소장이 이를 거부한 사안에서, 근무보고서는 공공기관의 정보공개에 관한 법률 제9조 제1항 제4호에 정한 비공개대상정보에 해당한다고 볼 수 없고, 징벌위원회 회의록 중 비공개 심사·의결 부분은 위 법 제9조 제1항 제5호의 비공개사유에 해당하지만 재소자의 진술, 위원장 및 위원들과 재소자 사이의 문답 등 징벌절차 진행 부분은 비공개사유에 해당하지 않는다고 보아 분리 공개가 허용된다.

(대법원 2009.12.10, 선고 2009두12785 판결【정보공개거부처분취소】)

25. 시험 업무의 공정한 수행에 현저한 지장을 초래하는지 여부의 판단 기준

공공기관의정보공개에관한법률 제7조 제1항 제5호 소정의 시험정보로서 공개될 경우 업무의 공정한 수행에 현저한 지장을 초래하는지 여부는 법 및 시험정보를 공개하지 아니할 수 있도록 하고 있는 입법취지, 당해 시험 및 그에 대한 평가행위의 성격과 내용, 공개의 내용과 공개로 인한 업무의 증가, 공개로 인한 파급효과 등을 종합하여 개별적으로 판단되어야 한다.

(대법원 2003.3.14, 선고 2000두6114 판결【답안지열람거부처분취소】)

26. '공개될 경우 업무의 공정한 수행에 현저한 지장을 초래한다고 인정할 만한 상당한 이유가 있는 경우'의 의미 및 그 판단 기준

공공기관의 정보공개에 관한 법률 제9조 제1항 제5호에서 규정하고 있는 '공개될 경우 업무의 공정한 수행에 현저한 지장을 초래한다고 인정할 만한 상당한 이유가 있는 경우'란, 공공기관의 정보공개에 관한 법률 제1조의 정보공개제도의 목적 및 공공기관의 정보공개에 관한 법률 제9조 제1항 제5호의 규정에 의한 비공개대상정보의 입법 취지에 비추어 볼 때 공개될 경우 업무의 공정한 수행이 객관적으로 현저하게 지장을 받을 것이라는 고도의 개연성이 존재하는 경우를 의미한다고 할 것이고, 여기에 해당하는지 여부는 비공개에 의하여 보호되는 업무수행의 공정성 등의 이익과 공개에 의하여 보호되는 국민의 알권리의 보장과 국정에 대한 국민의 참여 및 국정운영의 투명성 확보 등의 이익을 비교·교량하여 구체적인 사안에 따라 신중하게 판단되어야 한다.

(대법원 2010.6.10, 선고 2010두2913 판결【정보공개거부처분취소】)

27. 문제은행 출제방식을 채택하고 있는 치과의사 국가시험의 문제지와 정답지가 비공개 대상정보에 해당하는지 여부(적극)

치과의사 국가시험에서 채택하고 있는 문제은행 출제방식이 출제의 시간·비용을 줄이면서도 양질의 문항을 확보할 수 있는 등 많은 장점을 가지고 있는 점, 그 시험문제를 공개할 경우 발생하게 될 결과와 시험업무에 초래될 부작용 등을 감안하면, 위 시험의 문제지와 그 정답지를 공개하는 것은 시험업무의 공정한 수행이나 연구·개발에 현저한 지장을 초래한다고 인정할 만한 상당한 이유가 있는 경우에 해당하므로, 공공기관의 정보공개에 관한 법률 제9조 제1항 제5호에 따라 이를 공개하지 않을 수 있다.

(대법원 2007.6.15, 선고 2006두15936 판결【정보공개거부처분취소】)

28. '형의 집행, 교정에 관한 사항'의 의미

구 공공기관의정보공개에관한법률(2004.1.29. 법률 제7127호로 전문 개정되기 전의 것) 제7조 제1항 제4호에서 비공개대상으로 규정한 '형의 집행, 교정에 관한 사항으로서 공개될 경우 그 직무수행을 현저히 곤란하게 하는 정보'라 함은 당해 정보가 공개될 경우 재소자들의 관리 및 질서유지, 수용시설의 안전, 재소자들에 대한 적정한 처우 및 교정·교화에 관한 직무의 공정하고 효율적인 수행에 직접적이고 구체적으로 장애를 줄 고도의 개연성이 있고, 그 정도가 현저한 경우를 의미한다고 할 것이며, 여기에 해당하는지 여부는 비공개에 의하여 보호되는 업무수행의 공정성 등의 이익과 공개에 의하여 보호되는 국민의 알권리의 보장과 국정에 대한 국민의 참여 및 국정운영의 투명성 확보 등의 이익을 비교·교량하여 구체적인 사안에 따라 개별적으로 판단되어야 한다.

(대법원 2004.12.9, 선고 2003두12707 판결【정보공개거부처분취소】)

29. '의사결정과정에 있는 사항'에 준하는 사항으로서 비공개대상정보에 해당성

공공기관의정보공개에관한법률상 비공개대상정보의 입법 취지에 비추어 살펴보면, 같은 법 제7조 제1항 제5호에서의 '감사·감독·검사·시험·규제·입찰계약·기술개발·인사관리·의사결정과정 또는 내부검토과정에 있는 사항'은 비공개대상정보를 예시적으로 열거한 것이라고 할 것이므로 의사결정과정에 제공된 회의관련자료나 의사결정과정이 기록된 회의록 등은 의사가 결정되거나 의사가 집행된 경우에는 더 이상 의사결정과정에 있는 사항 그 자체라고는 할 수 없으나, 의사결정과정에 있는 사항에 준하는 사항으로서 비공개대상정보에 포함될 수 있다.

(대법원 2003.8.22, 선고 2002두12946 판결【정보공개거부처분취소】)

30. '공개하는 것이 공익을 위하여 필요하다고 인정되는 정보'에 해당하는지 여부

공공기관의정보공개에관한법률 제7조 제1항 제6호 단서 (다)목 소정의 '공개하는 것이 공익을 위하여 필요하다고 인정되는 정보'에 해당하는지 여부는 비공개에 의하여 보호되는 개인의 사생활 보호 등의 이익과 공개에 의하여 보호되는 국정운영의 투명성 확보 등의 공익을 비교·교량하여 구체적 사안에 따라 신중히 판단하여야 한다.

(대법원 2003.3.11, 선고 2001두6425 판결【행정정보비공개결정처분취소】)

31. 피의자신문조서 등에 기재된 피의자의 인적사항 이외의 진술내용이 비공개대상정보인 경우(제6호: 이름, 주민등록번호 등 개인정보)

[다수의견] 공공기관의 정보공개에 관한 법률(이하 '정보공개법'이라 한다)의 개정 연혁, 내용 및 취지 등에 헌법상 보장되는 사생활의 비밀 및 자유의 내용을 보태어 보면, 정보공개법 제9조 제1항 제6호 본문의 규정에 따라 비공개대상이 되는 정보에는 구 공공기관의 정보공개에 관한 법률(2004.1.29. 법률 제7127호로 전부 개정되기 전의 것, 이하 같다)의 이름·주민등록번호 등 정보 형식이나 유형을 기준으로 비공개대상정보에 해당하는지를 판단하는 '개인식별정보'뿐만 아니라 그 외에 정보의 내용을 구체적으로 살펴 '개인에 관한 사항의 공개로 개인의 내밀한 내용의 비밀 등이 알려지게 되고, 그 결과 인격적·정신적 내면생활에 지장을 초래하거나 자유로운 사생활을 영위할 수 없게 될 위험성이 있는 정보'도 포함된다고 새겨야 한다. 따라서 불기소처분 기록 중 피의자신문조서 등에 기재된 피의자 등의 인적사항 이외의 진술내용 역시 개인의 사생활의 비밀 또는 자유를 침해할 우려가 인정되는 경우 정보공개법 제9조 제1항 제6호 본문 소정의 비공개대상에 해당한다.

(대법원 2012.6.18, 선고 2011두2361 전원합의체 판결【정보공개청구거부처분취소】)

32. 공개가 공익을 위해 필요하다고 보지 않은 사례

공무원의 주민등록번호와 공무원이 직무와 관련 없이 개인적인 자격으로 간담회·연찬회 등 행사에 참석하고 금품을 수령한 정보는 공공기관의정보공개에관한법률 제7조 제1항 제6호 단서 (다)목에서 정한 '공개하는 것이 공익을 위하여 필요하다고 인정되는 정보'에 해당하지 않는다.

(대법원 2004.8.20, 선고 2003두8302 판결【사본공개거부처분취소】)

33. 법인등의 정당한 이익을 해할 우려가 있는 정보

법인등이 거래하는 금융기관의 계좌번호에 관한 정보는 법인등의 영업상 비밀에 관한 사항으로서 공개될 경우 법인등의 정당한 이익을 현저히 해할 우려가 있다고 인정되는 정보에 해당한다

(대법원 2004.8.20, 선고 2003두8302 판결【사본공개거부처분취소】)

34. 행정소송과정에서 정보공개거부처분사유의 추가

당초의 정보공개거부처분사유인 공공기관의정보공개에관한법률 제7조 제1항 제4호 및 제6호의 사유는 새로이 추가된 같은 항 제5호의 사유와 기본적 사실관계의 동일성이 인정되지 않는다.

(대법원 2003.12.11, 선고 2001두8827 판결【정보공개청구거부처분취소】)

35. 정보공개청구권의 남용

국민의 정보공개청구는 정보공개법 제9조에 정한 비공개 대상 정보에 해당하지 아니하는 한 원칙적으로 폭넓게 허용되어야 하지만, 실제로는 해당 정보를 취득 또는 활용할 의사가 전혀 없이 정보공개 제도를 이용하여 사회통념상 용인될 수 없는 부당한 이득을 얻으려 하거나, 오로지 공공기관의 담당공무원을 괴롭힐 목적으로 정보공개청구를 하는 경우처럼 권리의 남용에 해당하는 것이 명백한 경우에는 정보공개청구권의 행사를 허용하지 아니하는 것이 옳다.

교도소에 복역 중인 갑이 지방검찰청 검사장에게 자신에 대한 불기소사건 수사기록 중 타인의 개인정보를 제외한 부분의 공개를 청구하였으나 검사장이 구 공공기관의 정보공개에 관한 법률(2013.8.6. 법률 제11991호로 개정되기 전의 것) 제9조 제1항 등에 규정된 비공개 대상 정보에 해당한다는 이유로 비공개 결정을 한 사안에서, 갑은 위 정보에 접근하는 것을 목적으로 정보공개를 청구한 것이 아니라, 청구가 거부되면 거부처분의 취소를 구하는 소송에서 승소한 뒤 소송비용 확정절차를 통해 자신이 그 소송에서 실제 지출한 소송비용보다 다액을 소송비용으로 지

급받아 금전적 이득을 취하거나, 수감 중 변론기일에 출정하여 강제노역을 회피하는 것 등을 목적으로 정보공개를 청구하였다고 볼 여지가 큰 점 등에 비추어 갑의 정보공개청구는 권리를 남용하는 행위로서 허용되지 않는다고 한 사례.
(대법원 2014.12.24, 선고 2014두9349 판결【정보비공개결정처분취소】)

■ 자기정보결정권

36. 헌법 10조 및 17조와 자기정보결정권

헌법 제10조는 "모든 국민은 인간으로서의 존엄과 가치를 가지며, 행복을 추구할 권리를 가진다. 국가는 개인이 가지는 불가침의 기본적 인권을 확인하고 이를 보장할 의무를 진다."고 규정하고, 헌법 제17조는 "모든 국민은 사생활의 비밀과 자유를 침해받지 아니한다."라고 규정하고 있는바, 이들 헌법 규정은 개인의 사생활 활동이 타인으로부터 침해되거나 사생활이 함부로 공개되지 아니할 소극적인 권리는 물론, 오늘날 고도로 정보화된 현대사회에서 자신에 대한 정보를 자율적으로 통제할 수 있는 적극적인 권리까지도 보장하려는 데에 그 취지가 있는 것으로 해석된다.
(대법원 1998.7.24, 선고 96다42789 판결【손해배상(기)】)

제2절 개인정보 보호법

1. 법률의 내용

(1) 개인정보 보호법의 적용대상을 공공·민간부문의 모든 개인정보처리자로 한다(제2조).

① 공공기관뿐만 아니라 비영리단체 등 업무상 개인정보파일을 운용하기 위하여 개인정보를 처리하는 자는 모두 이 법에 따른 개인정보 보호규정을 준수하도록 하고, 전자적으로 처리되는 개인정보 외에 수기(手記) 문서까지 개인정보의 보호범위에 포함한다.

② 그 동안 개인정보 보호 관련 법률 적용을 받지 않았던 사각지대를 해소함으로써 국가사회 전반의 개인정보 보호수준을 제고하기 위한 것이다.

(2) 개인정보 보호위원회 설치(제7조·제8조)

① 개인정보 보호 기본계획, 법령 및 제도 개선 등 개인정보에 관한 주요 사항을 심의·의결하기 위하여 대통령 소속으로 위원장 1명, 상임위원 1명을 포함한 15명 이내의 위원으로 구성하는 개인정보 보호위원회를 두고, 개인정보 보호위원회에 사무국을 설치한다.

② 개인정보 보호와 관련한 중요 사항에 대하여 의사결정의 신중성·전문성·객관성을 확보하기 위한 것이다.

(3) 개인정보의 수집, 이용, 제공 등 단계별 보호기준 마련(제15조부터 제22조까지)

① 개인정보를 수집, 이용하거나 제3자에게 제공할 경우에는 정보주체의 동의 등을 얻도록 하고, 개인정보의 수집·이용 목적의 달성 등으로 불필요하게 된 때에는 지체 없이 개인정보를 파기하도록 한다.

② 개인정보의 수집, 이용, 제공, 파기에 이르는 각 단계별로 개인정보처리자가 준수하여야 할 처리기준을 구체적으로 규정함으로써 법규의 실효성이 높아지고 개인정보의 안전한 처리를 가능하도록 하기 위한 것이다.

(4) 고유식별정보의 처리제한 강화(제24조)

① 주민등록번호 등 법령에 의하여 개인을 고유하게 구별하기 위해 부여된 고유식별정보는 원칙적으로 처리를 금지하고, 별도의 동의를 얻거나 법령에 의한 경우 등에 한하여 제한적으로 예외를 인정하는 한편, 대통령령으로 정하는 개인정보처리자는 홈페이지 회원가입 등 일정한 경우 주민등록번호 외의 방법을 반드시 제공하도록 의무화한다.

② 주민등록번호의 광범위한 사용 관행을 제한함으로써 주민등록번호 오·남용을 방지하는 한편, 고유 식별정보에 대한 보호를 한층 강화하기 위한 것이다.

(5) 영상정보처리기기의 설치제한 근거마련(제25조)

① 영상정보처리기기 운영자는 일반적으로 공개된 장소에 범죄예방 등 특정 목적으로만 영상정보처리기기를 설치할 수 있도록 한다.

② 영상정보처리기기의 설치·운영 근거를 구체화함으로써, 폐쇄회로 텔레비전 등 영상정보처리기기의 무분별한 설치를 방지하여 개인영상정보 보호를 강화하기 위한 것이다.

(6) 개인정보영향평가제도 도입(제33조)

① 개인정보처리자는 개인정보파일의 구축·확대 등이 개인정보 보호에 영향을 미칠 우려가 크다고 판단될 경우 자율적으로 영향평가를 수행할 수 있도록 하되, 공공기관은 정보주체의 권리침해 우려가 큰 일정한 사유에 해당될 때에는 영향평가 수행을 의무화한다.

② 개인정보 침해로 인한 피해는 원상회복 등 사후 권리구제가 어려우므로 영향평가의 실시로 미리 위험요인을 분석하고 이를 조기에 제거하여 개인정보 유출 및 오·남용 등의 피해를 효과적으로 예방하기 위한 것이다.

(7) 개인정보 유출사실의 통지·신고제도 도입(제34조)

① 개인정보처리자는 개인정보 유출 사실을 인지하였을 경우 지체 없이 해당 정보주체에게 관련 사실을 통지하고, 일정 규모 이상의 개인정보가 유출된 때에는 전문기관에 신고하도록 하는 한편, 피해의 최소화를

위해 필요한 조치를 하도록 한다.

② 개인정보 유출로 인한 피해의 확산 방지를 위한 신속한 조치 및 정보주체의 효과적 권리 구제 등에 기여하기 위함이다.

(8) 정보주체의 권리 보장(제35조부터 제39조까지)

① 정보주체에게 개인정보의 열람청구권, 정정·삭제 청구권, 처리정지 요구권 등을 부여하고, 그 권리행사 방법 등을 규정하여, '개인정보 자기결정권'을 명문화 하였다.

② 정보주체의 권리를 명확히 규정함으로써 정보주체가 훨씬 용이하게 개인정보에 대한 자기통제권을 실현하기 위한 것이다.

(9) 개인정보 분쟁조정위원회 설치 및 집단분쟁조정제도의 도입(제40조부터 제50조까지)

① 개인정보에 관한 분쟁조정 업무를 신속하고 공정하게 처리하기 위하여 개인정보 분쟁조정위원회를 두고, 개인정보 분쟁조정위원회의 조정결정에 대해 수락한 경우 재판상 화해의 효력을 부여하며, 개인정보 피해가 대부분 대량·소액 사건인 점을 고려하여 집단분쟁조정제도를 도입하였다.

② 개인정보 관련 분쟁의 공정하고 조속한 해결 및 개인정보처리자의 불법, 오·남용으로 인한 피해의 신속한 구제를 통해 정보주체의 권익 보호를 위한 것이다.

(10) 단체소송의 도입(제51조부터 제57조까지)

① 개인정보처리자로 하여금 개인정보의 수집·이용·제공 등에 대한 준법정신과 경각심을 높이고, 동일·유사 개인정보 소송에 따른 사회적 비용을 절감하기 위해 개인정보 단체소송제도를 도입하였다.

② 다만, 단체소송이 남발되는 것을 막기 위해 단체소송 전에 반드시 집단분쟁조정제도를 거치도록 하고 단체소송의 대상을 권리침해 행위의 중단·정지 청구소송으로 제한하였다.

(11) 개인정보 침해사실의 신고(제62조)

① 개인정보처리자로부터 권리 또는 이익을 침해받은 자는 행정안전부장관에게 그 침해사실을 신고할 수 있으며, 행정안전부장관은 신고 접수 및 업무처리 지원을 위해 개인정보 침해신고센터를 설치·운영하도록 하였다.

② 개인정보 침해사실을 신고하고 상담할 수 있는 창구를 마련하여 정보주체의 신속한 권리구제와 고충처리를 위한 것이다.

2. 시행상의 문제점

본 법은 원칙적으로 주민등록번호 등의 고유식별정보의 처리를 금하면서, 정보주체의 별도 동의 및 법령의 근거가 있는 등의 경우에만 예외적으로 허용하고 있다(제24조). 또한 개인정보의 최소한의 수집을 규정하고 있다(제3조).

그러나 「정보통신망법」 및 「공직선거법」 등에는 주민등록번호 등(i-pin 등과 같은 고유식별번호 포함)의 활용을 전제로 인터넷 실명제를 여전히 규정하고 있다. 그리고 「전자상거래 등에서의 소비자보호에 관한 법률」 제6조제2항은 거래기록 보존의 목적에서, 「게임산업진흥에 관한 법률」 제12조의3은 청소년 보호의 목적(소위 셧 다운제)에서, 주민등록번호를 활용한 인정 및 보존을 규정하고 있다. 이는 「개인정보 보호법」의 원칙과 일정한 모순을 보여주고 있는 점이다.

빅데이터 시대를 맞이하여 개인정보의 상업목적에의 이용이 급증하면서 개인정보 보호의 문제는 새로운 전기를 맞이하고 있다.

제 7 장 행정의 실효성확보수단

제 1 절 행정벌

Ⅰ. 행정벌의 의의

1. 개 념

행정법상 의무 위반에 대하여 일반통치권에 근거하여 과하는 제재로서의 처벌을 말한다.

2. 기 능

① 행정법규의 실효성 확보 ② 행정법상의 의무이행 확보

3. 타 개념과의 구별

① 징계벌과의 구별
   ㉠ 구별의 기준 : 행정벌은 일반통치권에 의하여, 징계벌은 개별 법률의 수권에 의한다.
   ㉡ 행정벌과 징계벌의 병과는 가능하다(일사부재리의 원칙에 저촉 안 됨).
② 집행벌과의 구별(후술 제2절 Ⅱ. 이행강제금 참조)
③ 형사벌과의 구별
   ㉠ 구별의 기준 : 비행의 성질이 행정벌은 법정범이고, 형사벌은 자연범이다.
   * 행정벌에 관한 법규는 행위규범과 재판규범을 아울러 규정하는 것이 일반적이고, 형벌에 관한 법규는 재판규범만을 규정하는 것이 일반적이라고 볼 수 있다.
   ㉡ 구별의 실익－형사벌은 형법상의 벌을 과하지만, 행정벌은 질서벌

(과태료) 부과도 가능하고, 형법 제16조의 위법성 인식가능성의 판단에 있어서도 행정벌은 형사벌에 비하여 위법성의 인식가능성이 없는 경우가 넓게 인정될 수 있다. 또한 범죄 행위자 이외에 관련 법인 등도 처벌하는 양벌규정을 둘 수 있다.

㉢ 구별이 상대화 되어가는 경향이 있다.

Ⅱ. 행정벌과 죄형법정주의

1. 행정형벌과 죄형법정주의의

죄형법정주의는 행정형벌에도 그대로 적용한다.

2. 행정질서벌과 죄형법정주의

① 행정질서벌에의 죄형법정주의의 적용 여부 : 헌법재판소는 부정한다.

> 죄형법정주의는 무엇이 범죄이며 그에 대한 형벌이 어떠한 것인가는 국민의 대표로 구성된 입법부가 제정한 법률로써 정하여야 한다는 원칙인데, 부동산등기특별조치법 제11조 제1항 본문 중 제2조 제1항에 관한 부분이 정하고 있는 과태료는 행정상의 질서유지를 위한 행정질서벌에 해당할 뿐 형벌이라고 할 수 없어 죄형법정주의의 규율대상에 해당 되지 아니한다(헌재결 1998.5.28. 96헌바83).

② 조례로 행정질서벌(과태료)을 과할 수 있다(지방자치법 제34조제1항).

Ⅲ. 행정벌의 종류

1. 행정형벌과 행정질서벌의 이동(異同)

구 분	행정형벌	행정질서벌
성 질	직접적으로 행정목적 침해	간접적으로 행정목적 침해
수 단	형법상의 형벌	과태료

형법총칙	적용	적용안됨
과벌절차	① 원칙 : 형사소송법절차에 따라 법원이 부과 ② 예외 : 통고처분(즉결심판), 조세범, 관세범, 교통사범 등	① 원칙 : 질서위반행위규제법에 따라 법원이 부과 ② 예외(주무관청이 부과)

* 행정법규 위반행위에 대하여 어떠한 제재를 가할 것인가는 입법자의 재량에 속한다(헌재결 1994.4.28, 91헌바14).

2. 행정형벌과 행정질서벌의 병과 가능성

① 대법원은 행정형벌과 행정질서벌의 병과를 인정한다(대판 1996.4.12, 96도158).

② 헌법재판소는 이중처벌금지의 원칙에 위배되지 않는다고 한다(헌재결 1994.6.30, 92헌바38).

> 구 건축법 제54조 제1항에 의한 형사처벌의 대상이 되는 범죄의 구성요건은 당국의 허가 없이 건축행위 또는 건축물의 용도변경행위를 한 것이고, 동법 제56조의2 제1항에 의한 과태료는 건축법령에 위반되는 위법건축물에 대한 시정명령을 받고도 건축주 등이 이를 시정하지 아니할 때 과하는 것이므로, 양자는 처벌 내지 제재대상이 되는 기본적 사실관계로서의 행위를 달리하는 것이다. 그리고 전자가 무허가건축행위를 한 건축주 등의 행위 자체를 위법한 것으로 보아 처벌하는 것인 데 대하여, 후자는 위법건축물의 방치를 막고자 행정청이 시정조치를 명하였음에도 건축주 등이 이를 이행하지 아니한 경우에 행정명령의 실효성을 확보하기 위하여 제재를 과하는 것이므로 양자는 그 보호법익과 목적에서도 차이가 있고, 또한 무허가건축행위에 대한 형사처벌시에 위법건축물에 대한 시정명령의 위반행위까지 평가된다고 할 수 없으므로 시정명령위반행위가 무허가건축행위의 불가벌적 사후행위라고 할 수도 없다. 이러한 점에 비추어 구 건축법 제54조 제1항에 의한 무허가건축행위에 대한 형사처벌과 동법 제56조2 제1항에 의한 과태료의 부과는 헌법 제13조 제1항이 금지하는 이중처벌에 해당한다고 할 수 없다.

Ⅳ. 통고처분(행정형벌의 과벌 절차에 대한 예외)

1. 의의 및 성질

법률이 정하는 일정한 행정범을 범한 심증이 확실한 때에 그에 대한 벌금, 과료, 몰수 또는 추징금에 상당하는 금액을 일정한 장소에 납부하도록 통고하는 행정행위를 말한다. 주로 조세범, 출입국관리사범, 교통사범 등에 인정되고 있다. 이는 정식재판에 갈음하여 간이·신속을 주안으로 하여 상대방의 동의를 조건으로 하는 준사법적 성질의 행정행위이다.

통고처분의 효과는 범칙자가 통고처분을 받은 날부터 소정의 기간 안에 통고된 내용을 이행함으로써 통고처분은 확정판결과 같은 효력을 발생하고, 그 결과 일사부재리의 원칙이 적용된다. 그러나 소정의 기간 내에 범칙자가 통고 내용을 이행하지 아니하면 당해 통고처분은 당연히 효력을 상실하고, 통고처분을 한 행정청은 지체 없이 고발하여야 한다.

한편, 통고처분을 행정행위로 보고, 국민의 권리구제를 위해서는 통고처분도 항고소송의 대상이 되는 처분으로 볼 필요가 있다는 주장도 있다. 통고처분에 불복하면 곧바로 형사절차로 이행되도록 하여 형사절차에서 다투라고 하는 것은 너무 가혹하다는 이유에서이다.

2. 통고처분의 위헌성 여부

통고처분이 국민의 헌법상의 재판받을 권리를 침해한다는 위헌설에 대해, 헌법재판소는 통고처분의 합헌성을 인정하고 있다(헌재결 1999.5.28, 96헌바4).

3. 통고처분의 기능

① 전과자의 발생 방지　　　② 법원의 부담 완화

4. 통고처분의 처분성

판례에 의하면 통고처분의 처분성은 부정된다. 따라서 행정소송의 대상이 될 수 없다.

> 도로교통법 제118조에서 규정하는 경찰서장의 통고처분은 행정소송의 대상이 되는 행정처분이 아니므로 그 처분의 취소를 구하는 소송은 부적법하고, 도로교통법상의 통고처분을 받은 자가 그 처분에 대하여 이의가 있는 경우에는 통고처분에 따른 범칙금의 납부를 이행하지 아니함으로써 경찰서장의 즉결심판청구에 의하여 법원의 심판을 받을 수 있게 될 뿐이다(대판 1995.6.29, 95누4674).

5. 통고처분이 인정되는 범죄

조세범, 관세범, 출입국관리사범, 도로교통사범 등에 주로 적용된다.

V. 행정질서벌

1. 행정질서위반행위의 정의

「질서위반행위규제법」에 의하면, '질서위반행위'란 법률(지방자치단체의 조례를 포함한다. 이하 같다)상의 의무를 위반하여 과태료를 부과하는 행위를 말한다. 다만, 다음 각 목의 어느 하나에 해당하는 행위를 제외한다(제2조제1호).

가. 대통령령으로 정하는 사법(私法)상·소송법상 의무를 위반하여 과태료를 부과하는 행위

나. 대통령령으로 정하는 법률에 따른 징계사유에 해당하여 과태료를 부과하는 행위

2. 행정질서벌과 형법총칙

행절질서벌에는 형법총칙이 적용되지 않는다. 「질서위반행위규제법」에 따르면 고의 또는 과실이 없는 질서위반행위에 대해서는 과태료를 부과할 수 없게 된다(동법 제7조 참조).

3. 국가가 과하는 행정질서벌

① 원칙 : 과태료에 처할 자의 주소지를 관할하는 지방법원이 질서위반행위규제법에 따라 결정으로 부과, 법원의 과태료결정에 불복하는 자는 즉시항고

를 할 수 있다(질서위반행위규제법 제4장 질서위반행위의 재판 및 집행).

㉠ 과태료부과처분에 대한 불복 : 「질서위반행위규제법」에 의한다.

㉡ 과태료부과처분의 성질 : 司法행위

② 예외 : 과태료를 1차적으로 주무관청이 직접 부과징수하는 경우도 있다.

4. 과태료부과처분에 대한 불복

「질서위반행위규제법」에 따르면 행정청의 과태료의 부과에 대한 불복절차는 다음과 같다.

① 행정청의 과태료에 불복하는 당사자는 과태료 부과 통지를 받은 날부터 60일 이내에 행정청에 서면으로 이의제기를 할 수 있다(동법 제20조).
② 이의제기를 받은 행정청은 이의제기를 받은 날로부터 14일 이내에 이에 대한 의견 및 증빙서류를 첨부하여 관할 법원에 통보하여야 한다(동법 제21조).
③ 당사자의 주소지의 지방법원 또는 그 지원이 과태료재판을 하게 된다(동법 제4장).

5. 과태료부과처분의 성질

행정소송의 대상이 되는 행정처분이 아니다(대법원 2012.10.11, 선고 2010다85102).

6. 지방자치단체가 과하는 행정질서벌

조례로써 과태료를 부과할 수 있다(지방자치법 제34조제1항). 조례에 기한 과태료의 부과 여부 및 그 당부는 최종적으로는 「질서위반행위규제법」에 의한 절차에 의하여 판단된다.

7. 과태료의 부과징수권과 소멸시효

과태료부과징수권에는 소멸시효에 관한 규정이 적용될 수 없음이 과거의 판례였으나, 「질서위반행위규제법」의 제정으로 5년간 징수하지 아니하거나 집행하지 아니하면 시효로 인하여 소멸한다.

질서위반행위규제법 제15조(과태료의 시효) : 과태료는 행정청의 과태료 부과처분이나 법원의 과태료 재판이 확정된 후 5년간 징수하지 아니하거나 집행하지 아니하면 시효로 인하여 소멸한다.

제2절 행정상 강제집행

Ⅰ. 대집행

> **대법원 1996.6.28, 선고 96누4374 판결**
> 甲은 이 사건 아파트 주민들의 휴식공간에 있는 수목을 임의로 제거하고 그곳에 자신의 유치원을 위한 어린이 놀이시설을 설치한 다음 주민들의 접근을 차단하는 철제울타리를 설치하였다. 인천광역시 남구청장(A)은 甲에게 주택건설촉진법 제38조 제2항(공동주택 부대시설 등에 대한 무허가 용도외 사용의 금지) 위반을 이유로 원상복구명령을 하였다(위 법률에 원상복구명령에 관한 조항은 없음). 甲이 위 명령에 응하지 아니하자, A는 재차 원상복구명령을 하면서 기한까지 이행하지 않을 때에는 대집행하겠다는 내용의 계고장을 발송하였다(이 사건 처분).
> 〈문제〉 위 처분의 적법 여부를 검토하시오.

1. 개 설

① 의무자가 법령에 의해 직접 명령되거나, 법령에 근거한 행정처분에 의해 의무자에게 작위의무가 주어진 경우, 그 작위의무가 대체적 작위의무일 경우, 그 작위의무를 이행하지 않은 경우에 당해 행정청이 스스로 또는 제3자로 하여금 의무자가 하여야 할 행위를 하게 함으로써 의무의 이행이 있은 것과 동일한 상태를 실현시킨 후, 그 비용을 의무자로부터 징수하는 것을 말한다. 집행은 행정대집행법이 정한 절차에 따른다.

② 법적 근거 : 행정기본법 제30조, 행정대집행법 제1조(목적), 제3조(대집행의 절차), 제6조(비용징수) 등 참조

> **[대집행의 의의 및 범위와 특정방법]**
> 행정대집행법이 정하는 대집행은 법률에 의하여 직접 명령되었거나 법률에 의거한 행정청의 명령에 의한 행위로서 타인이 대신하여 할 수 있는 행위를 의무자가 이행하지 아니하는 경우에 당해 행정청이 스스로 그 행위를 하거나 제3자로 하여금 대신케 하고 그 비용을 의무자로부터 징수하는 제도이므로 행정청이 행정대집행법 제3조 제1항에 의한 대집행계고를 함에 있어서는 의무자가 스스로 이행하지 아니

하는 경우에 대집행할 행위의 내용과 범위가 구체적으로 특정되어야 함은 소론과 같으나 그 행위의 범위 및 내용은 반드시 대집행계고서에 의하여서만 특정되어야 하는 것이 아니고 계고처분 전후에 송달된 문서나 기타 사정을 종합하여 행위의 내용이 특정되면 족하다
(대법원 1985.12.24, 선고 85누314 판결【무허가건물철거계고처분취소】

2. 대집행의 요건

① 대체적 작위의무의 불이행이 있을 것

㉠ 토지·건물의 인도에 대한 대집행의 가능성 : 부정

㉡ 건물 철거의무에 퇴거의무도 포함되어 있다고 보아야 하며, 위력에 의한 방해시에는 경찰관직무집행법이나 형법상 경찰관의 도움을 받을 수 있다.

대법원 2017.4.28, 선고 2016다213916 판결【건물퇴거】

[1] 관계 법령상 행정대집행의 절차가 인정되어 행정청이 행정대집행의 방법으로 건물의 철거 등 대체적 작위의무의 이행을 실현할 수 있는 경우에는 따로 민사소송의 방법으로 그 의무의 이행을 구할 수 없다. 한편 건물의 점유자가 철거의무자일 때에는 건물철거의무에 퇴거의무도 포함되어 있는 것이어서 별도로 퇴거를 명하는 집행권원이 필요하지 않다.

[2] 행정청이 행정대집행의 방법으로 건물철거의무의 이행을 실현할 수 있는 경우에는 건물철거 대집행 과정에서 부수적으로 건물의 점유자들에 대한 퇴거 조치를 할 수 있고, 점유자들이 적법한 행정대집행을 위력을 행사하여 방해하는 경우 형법상 공무집행방해죄가 성립하므로, 필요한 경우에는 '경찰관 직무집행법'에 근거한 위험발생 방지조치 또는 형법상 공무집행방해죄의 범행방지 내지 현행범체포의 차원에서 경찰의 도움을 받을 수도 있다.

② 다른 수단으로는 그 이행을 확보하기 곤란할 것

③ 그 불이행을 방치함이 심히 공익을 해치는 것으로 인정될 것

㉠ 불이행의 방치가 심히 공익을 해한다고 본 사례 : 허가 없이 무단 확장된 부분이 상당히 큰 데다가 도로 쪽 전면으로 돌출되어 있어 쉽게 발견되고, 기존에 설정된 도시계획선을 침범하고 있는 경우(대

판 1992. 8.14, 92누3885)

㉡ 불이행의 방치가 심히 공익을 해하지 않는다고 본 사례 : 건축허가 면적보다 0.02평방 미터 정도만 초과하여 이웃의 대지를 침범하게 된 경우(대판 1992.3.12., 90누10070)

[부작위의무로부터 위반결과의 시정을 위한 작위의무가 도출되는지 여부]

행정대집행법 제2조에 따르면 대집행계고처분을 하기 위하여는 법령에 의하여 직접 명령되거나 법령에 근거한 행정청의 명령에 의한 의무자의 대체적 작위의무 위반행위가 있어야 한다. 따라서 단순한 부작위의무의 위반, 즉 관계 법령에 정하고 있는 절대적 금지나 허가를 유보한 상대적 금지를 위반한 경우에는 당해 법령에서 그 위반자에 대하여 위반에 의하여 생긴 유형적 결과의 시정을 명하는 행정처분의 권한을 인정하는 규정을 두고 있지 아니한 이상, 법치주의의 원리에 비추어 볼 때 위와 같은 부작위의무로부터 그 의무를 위반함으로써 생긴 결과를 시정하기 위한 작위의무를 당연히 끌어낼 수는 없으며, 또 위 금지규정으로부터 작위의무, 즉 위반결과의 시정을 명하는 권한이 당연히 추론되는 것도 아니다.
(대법원 1996.6.28. 선고 96누4374 판결【유치원시설물철거대집행계고처분취소】)

3. 요건사실의 존재에 대한 입증책임

대집행권자인 처분청에 있다.

4. 대집행의 절차

① 계고

㉠ 성질 : 준법률행위적 행정행위(통지)

㉡ 내용 및 범위가 특정이 되어야 한다.

㉢ 판례는 철거명령과 계고처분을 1장의 문서로서 동시에 할 수 있다고 본다(대판 1992.6.12, 91누13564).

㉣ 비상시, 위험이 절박한 경우 등에는 생략이 가능하다.

② 대집행영장에 의한 통지

㉠ 성질 : 통지행위

㉡ 비상시, 위험이 절박한 경우 등에는 생략이 가능하다.

③ 대집행의 실행

㉠ 성질 : 권력적 사실행위

㉡ 수인의무위반자에 대한 실력행사의 가능성 : 부정설(종래의 다수설)
⇒ 공무집행방해죄의 적용이나 경찰관직무집행법의 적용에 의지하는 경향이 있다.

예) 대집행의 실행을 위한 필요최소한의 범위내에서 인정될 필요가 있다(통설).

④ 비용징수

[표 7-1] 대집행의 절차

구분	대집행의 계고	대집행영장의 통지	대집행의 실행	비용징수
의의	상당한 이행기간을 정하여 그 기한까지 이행하지 않을 때에는 대집행한다는 뜻을 문서로써 알리는 행위(구두에 의함은 무효)	의무자가 계고의 지정기한까지 의무를 이행하지 아니할 경우 당해 행정청은 대집행영장으로 대집행의 시기, 책임자의 성명, 집행계산액을 통지해야 하는 행위	물적인 실력을 행사하여 의무이행상태를 실현하는 행위(집행책임자는 증표를 휴대하여 이해관계인에게 제시)	대집행에 실제로 소요된 비용액과 납기일을 정해서 의무자에게 문서로써 그 납부를 명해야 하는 행위(미납시 국세징수법에 의해 강제징수)
법적 성질	준법률행위적 행정행위 중 의사의 <u>통지(통설, 판례)</u> 또는 작위의무를 부과하는 <u>하명(일부견해)</u>	준법률행위적 행정행위 중 <u>통지</u>	<u>권력적 사실행위</u>(수인하명+권력적사실행위)	비용납부명령(금전급부의무를 명하는 <u>하명</u>)

5. 대집행에 대한 불복

① 실행전의 단계

㉠ 계고·대집행영장에 의한 통지 : 행정행위로 행정쟁송의 대상이 된다.

* 제2차, 제3차의 계고처분은 행정쟁송의 대상이 될 수 없다.

㉡ 대집행의 실행 : 비교적 장기간에 걸쳐서 행해지는 경우에는 행정

쟁송의 대상이 된다.

② 실행 후의 단계 : 대집행의 실행이 완료된 후에는 소의 이익이 없으므로 행정쟁송으로 다툴 수 없음이 원칙이다.

[선행 계고처분의 위법성을 들어 대집행 비용납부명령의 취소를 구할 수 있는지 여부]
대집행의 계고·대집행영장에 의한 통지·대집행의·실행·대집행에 요한 비용의 납부명령 등은, 타인이 대신하여 행할 수 있는 행정의무의 이행을 의무자의 비용부담하에 확보하고자 하는, 동일한 행정목적을 달성하기 위하여 단계적인 일련의 절차로 연속하여 행하여지는 것으로서, 서로 결합하여 하나의 법률효과를 발생시키는 것이므로, 선행처분인 계고처분이 하자가 있는 위법한 처분이라면, 비록 하자가 중대하고도 명백한 것이 아니어서 당연무효의 처분이라고 볼 수 없고 대집행의 실행이 이미 사실행위로서 완료되어 계고처분의 취소를 구할 법률상 이익이 없게 되었으며, 또 대집행비용납부명령 자체에는 아무런 하자가 없다 하더라도, 후행처분인 대집행비용납부명령의 취소를 청구하는 소송에서 청구원인으로 선행처분인 계고처분이 위법한 것이기 때문에 그 계고처분을 전제로 행하여진 대집행비용납부명령도 위법한 것이라는 주장을 할 수 있다.
(대법원 1993.11.9. 선고 93누14271 판결【건물철거대집행계고처분취소】)

Ⅱ. 이행강제금(집행벌)

대법원 2016.7.14. 선고 2015두46598 판결
甲은 건축허가를 받지 않고 자기 소유의 공장 건물을 증축하는 공사를 하였다. 동작구청장(A)은 甲에게 무단 증축 부분의 자진철거를 명령하고, 위 명령의 불이행에 따른 이행강제금을 부과하자, 甲은 철거명령 등의 취소를 구하는 소를 제기하였다. A는 소송이 진행되는 동안 이행강제금을 부과하지 않고 있다가 위 소송이 甲의 패소로 확정되자, 필요한 절차를 거친 후 2011.12.22. 甲에게 2011년에 부과할 부분 외에 2008년, 2009년, 2010년에 부과했어야 할 부분까지 포함하여 총 4회분에 해당하는 이행강제금을 부과하였다.
〈문제〉 이행강제금 부과처분의 적법 여부를 검토하시오.

1. 의 의

비대체적 작위의무 또는 부작위의무의 불이행이 있는 경우에 일정한 기한까지 의무를 이행하지 않으면 과태료 등을 과할 것을 계고함으로써 의무자에게 심리적 압박을 가하여 그 의무의 이행을 간접적으로 강제하는 수단을 말한다.

* 근래에는 대체적 작위의무도 이행강제금의 대상이 될 수 있음이 인정되는 추세에 있음을 주의할 것.

[행정청은 개별사건에 있어서 위반내용, 위반자의 시정의지 등을 반영하여 대집행과 이행강제금을 합리적 재량에 의해 선택적으로 활용할 수 있다. 헌재 2004.2.26, 2001헌바80, 84 등 병합 참조]

2. 근 거

「행정기본법」 제31조, 「건축법」 제80조

행정기본법 제31조(이행강제금의 부과)

① 이행강제금 부과의 근거가 되는 법률에는 이행강제금에 관한 다음 각 호의 사항을 명확하게 규정하여야 한다. 다만, 제4호 또는 제5호를 규정할 경우 입법목적이나 입법취지를 훼손할 우려가 크다고 인정되는 경우로서 대통령령으로 정하는 경우는 제외한다.

1. 부과·징수 주체 (이하 생략)

② 행정청은 다음 각 호의 사항을 고려하여 이행강제금의 부과 금액을 가중하거나 감경할 수 있다.

1. 의무 불이행의 동기, 목적 및 결과
2. 의무 불이행의 정도 및 상습성
3. 그 밖에 행정목적을 달성하는 데 필요하다고 인정되는 사유 (이하 생략)

건축법 제80조(이행강제금)

① 허가권자는 제79조제1항에 따라 시정명령을 받은 후 시정기간 내에 시정명령을 이행하지 아니한 건축주등에 대하여는 그 시정명령의 이행에 필요한 상당한 이행기한을 정하여 그 기한까지 시정명령을 이행하지 아니하면 다음 각 호의 이행강제금을 부과한다. (생략)

1. 건축물이 제55조와 제56조에 따른 건폐율이나 용적률을 초과하여 건축된 경우

> 또는 허가를 받지 아니하거나 신고를 하지 아니하고 건축된 경우에는 「지방세법」에 따라 해당 건축물에 적용되는 1제곱미터의 시가표준액의 100분의 50에 해당하는 금액에 위반면적을 곱한 금액 이하의 범위에서 위반 내용에 따라 대통령령으로 정하는 비율을 곱한 금액
> 2. (생략)
> ② (생략)
> ③ 허가권자는 제1항 및 제2항에 따른 이행강제금을 부과하기 전에 제1항 및 제2항에 따른 이행강제금을 부과 · 징수한다는 뜻을 미리 문서로써 계고하여야 한다.
> ④ (생략)
> ⑤ 허가권자는 **최초의 시정명령이 있었던 날을 기준으로 하여 1년에 2회 이내의 범위에서** 해당 지방자치단체의 조례로 정하는 횟수만큼 그 시정명령이 이행될 때까지 반복하여 제1항 및 제2항에 따른 이행강제금을 부과·징수할 수 있다.
> ⑥ (생략)
> ⑦ 허가권자는 제4항에 따라 이행강제금 부과처분을 받은 자가 이행강제금을 납부기한까지 내지 아니하면 「**지방행정제재·부과금의 징수 등에 관한 법률**」에 따라 징수한다.

3. 성 격

① 행정벌과의 병과가 가능하다.

② 일사부재리의 원칙과의 관계 : 의무불이행의 상태가 계속되는 한 반복하여 부과가 가능하다.

4. 이행강제금납부의무 불이행시의 강제조치

법률의 규정에 따른 강제징수가 일반적이다.

5. 이행강제금부과처분에 대한 불복

근거 법률의 규정에 따른다. 근거 법률은 크게 다음과 같은 두 종류로 불복절차를 정하고 있다.

① 근거 법률이 이행강제금 부과처분에 대한 불복방법에 대하여 아무런 규정을 두고 있지 않은 경우는 이행강제금 부과처분에 대하여 행정쟁송을 제기할

수 있다.

예) 「건축법」 상 이행강제금의 부과처분에 대한 불복 : 행정쟁송 제기 가능 (건축법 제80조)

② 「비송사건절차법」에 의한 특별 절차가 근거 법률에 있는 경우는 그 절차에 따른다(예 : 부과권자에게 이의제기 → 관할 법원에의 통보 → 비송사건절차법에 의한 재판에 의하는 경우(농지법 제65조)).

이 경우에는 이행강제금의 부과처분은 행정쟁송의 대상이 되지 않는다(사법절차에 의한 司法행위).

Ⅲ. 직접강제

1. 의 의

행정상 의무의 불이행이 있는 경우에 의무자의 신체나 재산에 직접적으로 실력을 가함으로써 의무의 이행이 있는 것과 동일한 상태를 실현하는 작용을 말한다(예 : 영업소의 폐쇄조치, 외국인의 강제퇴거 등).

* 직접강제의 대상이 되는 의무는 작위의무, 부작위의무, 수인의무를 불문한다.

2. 성 질

① 행정상 즉시강제와의 구별 : 직접강제는 '의무불이행'을 전제로 하는 점에서 행정상 즉시강제와 구별된다.

② 대집행과의 구별

㉠ 대상이 되는 의무의 종류 : 직접강제는 일체의 의무불이행에 대한 강제수단이지만, 대집행은 대체적 작위의무의 불이행에 대한 강제수단이다.

㉡ 비용부담 : 직접강제의 비용은 행정청이 부담하지만, 대집행의 비용은 의무자가 부담한다.

㉢ 제3자에 의한 대행 가능성 : 직접강제의 경우에는 행정청 자신이 하

여야 하지만, 대집행은 제3자로 하여금 이행하도록 할 수 있다. 제3자에 의한 타자집행이 가능하고 이때의 제3자와 행정청과의 관계는 私法관계(계약관계)로 본다.

3. 실정법적 근거

> **행정기본법 제32조(직접강제)**
> ① 직접강제는 행정대집행이나 이행강제금 부과의 방법으로는 행정상 의무 이행을 확보할 수 없거나 그 실현이 불가능한 경우에 실시하여야 한다.
> ② 직접강제를 실시하기 위하여 현장에 파견되는 집행책임자는 그가 집행책임자임을 표시하는 증표를 보여 주어야 한다.
> ③ 직접강제의 계고 및 통지에 관하여는 제31조제3항 및 제4항을 준용한다.

직접강제의 일반법적 근거는「행정기본법」제32조이다. 종래에는 개별법에 예외적으로만 인정되었지만 근래에 들어 ① 공중위생 ② 의약품제조 ③ 안전관리 및 ④ 환경행정 분야 등에서 그 수가 급증하고 있는 실정이다.

4. 한 계

행정법상의 일반원칙 및 광의의 비례원칙의 적용 하에서 '최후의 수단'으로 활용되어야 한다.

5. 구 제

행정상 쟁송(권력적사실행위, 상대방에게 수인의무를 요구한다는 점에서 법적행위)에 의하거나, 국가배상 및 결과제거청구가 가능하다.

Ⅳ. 행정상 강제징수

대법원 2011.3.24, 선고 2010두25527 판결
강남세무서장(A)은 양도소득세 체납을 이유로 甲소유의 부동산을 압류한 다음, 1996.10.15. 위 부동산에 관한 압류등기를 마쳤다. A는 2007.12.24. 한국자산관리공사(B)에게 위 부동산에 대한 공매대행을 의뢰하였고, 2007.12.26. 甲에게 공매대행 의뢰 사실을 알렸으며, B는 2008.2.13. 甲에게 위 부동산에 관하여 일괄공매를 한다는 사실을 통지하였다. 甲은 압류처분이 무효이므로 A를 대행한 B가 甲에게 한 공매통지도 무효라고 주장하면서, A를 피고로 하여 이 사건 압류처분 및 이 사건 공매통지의 무효확인을 구하는 소를 제기하였다.
〈문제〉 이 사건 소가 적법한지 여부를 검토하시오.

1. 의 의

행정법상의 금전급부의무의 불이행이 있는 경우에 행정청이 의무자의 재산에 실력을 가하여 의무의 이행이 있었던 것과 동일한 상태를 실현하는 작용을 말한다.

2. 근 거

「국세징수법」이 행정상 강제징수의 실질적 일반법이다.

3. 행정상 강제징수의 절차

① 개관 : 독촉과 체납처분(재산의 압류, 압류재산의 매각, 청산)의 절차에 따른다.

② 독촉

성질은 준법률행위적 행정행위(통지행위)이다.

③ 재산의 압류

㉠ 의의 : 의무자의 재산에 대한 법률상 및 사실상의 처분을 금지시키고, 그를 확보하는 강제보전행위이다.

㉡ 성질 : 항고쟁송의 대상이 되는 처분으로 보는 견해가 유력하다.

㉢ 압류대상재산 : 의무자의 소유로서 금전적 가치 있는 모든 재산이 해당된다.

* 압류재산의 가액이 징수할 국세액을 초과한다고 하여 압류가 당연무효가 되는 것은 아니다(대판 1986.11.11, 86누479).

㉣ 압류의 금지 : 생활상 없어서는 아니 될 의복·침구·가구 및 주방기구, 3개월간의 식료·연료, 인장, 족보, 훈장, 수학상 필요한 서적과 기구, 발명 또는 저작에 관한 것으로서 공표되지 아니한 것 등

㉤ 압류의 제한 : 급료, 임금, 봉급, 퇴직금, 퇴직연금 등

㉥ 압류의 효력

ⓐ 압류재산의 법률상 사실상 처분의 금지

ⓑ 압류재산으로부터 생기는 천연과실 또는 법정과실에도 미친다.

㉦ 압류의 해제 : 국세납부 등의 경우 반드시 압류를 해제하여야 한다.

④ 매각(공매, 환가)

㉠ 의의 : 체납자의 압류재산을 금전으로 환가하는 행위

㉡ 성질 : 대리행위

* 자산관리공사가 부동산을 매각하기로 한 결정, 공매통지는 처분성 부정

㉢ 매각의 방법

ⓐ 입찰 또는 경매에 의함(원칙)

ⓑ 예외적으로 수의계약, 이 경우 수의계약은 사법상 계약

⑤ 청산(충당, 배분) : 체납처분비 → 가산금 → 국세의 순으로 징수한다.

4. 체납처분의 중지 및 결손처분

① 체납처분의 중지 : 총 재산의 추산가액이 체납처분비에 충당하고 나머지가 생길 여지가 없을 때

② 결손처분

㉠ 체납처분을 중지한 경우

㉡ 체납처분의 결과 배분금액이 체납액에 부족한 때

㉢ 국세징수권의 소멸시효가 완성한 때 등

5. 행정상 강제징수에 대한 구제

국세징수법상의 특칙에 유의해야 한다.

[표 7-2] 행정상 강제징수의 절차

구분	독 촉	체 납 처 분		
		압 류	매 각	청 산
의의	공법상의 금전급부 의무의 이행을 최고하고 불이행하는 경우에는 체납 처분할 것을 예고하는 의사의 통지	체납자의 재산에 대한 법률상·사실상 처분을 금지함으로써 국세징수를 확보하는 강제집행작용	압류재산은 통화를 제외하고는 매각을 통하여 금전으로 환가해야 함	체납처분에 의해 수령한 금전을 체납세금·담보채권에 배분하고, 잔여가 있으면 체납자에게 되돌려주는 작용
내용	ⓐ <u>준법률행위적 행정행위(의사의 통지)</u> ⓑ 체납처분의 전제요건, 채권소멸시효 중단효과	ⓐ <u>권력적 사실행위</u> ⓑ 사실상·법률상 처분금지의 효력발생 ⓒ 납부·충당·공매중지·부과취소시압류해제	ⓐ 원칙적으로 경매·입찰 등의 공매 처분 <u>(성질은 공법상대리, 판례는 행정처분)</u> ⓑ 예외적으로 수의계약	ⓐ 체납처분비용, 가산금, 국세의 순위로 우선 징수 ⓑ 배분 후 잔여금이 있으면 체납자에게 반환하고, 부족하면 법령에 따른 배분순위와 배분금액에 따라 배분

관련 판례

■ 대집행의 요건

1. 공법상 의무이행에 대한 민사소송 소구가능 여부(소극)

구 토지수용법(1999.2.8. 법률 제5909호로 개정되기 전의 것) 제18조의2 제2항에 의하면 사업인정의 고시가 있은 후에는 고시된 토지에 공작물의 신축, 개축, 증축 또는 대수선을 하거나 물건을 부가 또는 증치하고자 하는 자는 미리 도지사의 허가를 받도록 되어 있고, 한편 구 도로법(1999.2.8. 법률 제5894호로 개정되기 전의 것) 제74조 제1항 제1호에 의하면 관리청은 같은 법 또는 이에 의한 명령 또는 처분에 위반한 자에 대하여는 공작물의 개축, 물건의 이전 기타 필요한 처분이나 조치를 명할 수 있다고 되어 있으므로 토지에 관한 도로구역 결정이 고시된 후 구 토지수용법(1999.2.8. 법률 제5909호로 개정되기 전의 것) 제18조의2 제2항에 위반하여 공작물을 축조하고 물건을 부가한 자에 대하여 관리청은 이러한 위반행위에 의하여 생긴 유형적 결과의 시정을 명하는 행정처분을 하여 이에 따르지 않는 경우에는 행정대집행의 방법으로 그 의무내용을 실현할 수 있는 것이고, 이러한 행정대집행의 절차가 인정되는 경우에는 따로 민사소송의 방법으로 공작물의 철거, 수거 등을 구할 수는 없다.

(대법원 2000.5.12, 선고 99다18909 판결【토지인도등】)

2. 협의취득시 철거의무의 약정을 한 경우, 대집행의 대상 여부(소극)

행정대집행법상 대집행의 대상이 되는 대체적 작위의무는 공법상 의무이어야 할 것인데, 구 공공용지의 취득 및 손실보상에 관한 특례법(2002.2.4. 법률 제6656호 공익사업을 위한 토지 등의 취득 및 보상에 관한 법률 부칙 제2조로 폐지)에 따른 토지 등의 협의취득은 공공사업에 필요한 토지 등을 그 소유자와의 협의에 의하여 취득하는 것으로서 공공기관이 사경제주체로서 행하는 사법상 매매 내지 사법상 계약의 실질을 가지는 것이므로, 그 협의취득시 건물소유자가 매매대상 건물에 대한 철거의무를 부담하겠다는 취지의 약정을 하였다고 하더라도 이러한 철거의무는 공법상의 의무가 될 수 없고, 이 경우에도 행정대집행법을 준용하여 대집행을 허용하는 별도의 규정이 없는 한 위와 같은 철거의무는 행정대집행법에 의한 대집행의 대상이 되지 않는다.

(대법원 2006.10.13, 선고 2006두7096 판결【건물철거대집행계고처분취소】)

3. 행정대집행이 인정되지 않는 경우 민사상 강제집행절차 활용 가능 여부(적극)

피수용자 등이 기업자에 대하여 부담하는 수용대상 토지의 인도의무에 관한 구 토지수용법(2002.2.4. 법률 제6656호 공익사업을 위한 토지 등의 취득 및 보상에 관한 법률 부칙 제2조로 폐지) 제63조, 제64조, 제77조 규정에서의 '인도'에는 명도도 포함되는 것으로 보아야 하고, 이러한 명도의무는 그것을 강제적으로 실현하면서 직접적인 실력행사가 필요한 것이지 대체적 작위의무라고 볼 수 없으므로 특별한 사정이 없는 한 행정대집행법에 의한 대집행의 대상이 될 수 있는 것이 아니다.

구 토지수용법(2002.2.4. 법률 제6656호 공익사업을 위한 토지 등의 취득 및 보상에 관한 법률 부칙 제2조로 폐지) 제63조의 규정에 따라 피수용자 등이 기업자에 대하여 부담하는 수용대상 토지의 인도 또는 그 지장물의 명도의무 등이 비록 공법상의 법률관계라고 하더라도, 그 권리를 피보전권리로 하는 명도단행가처분은 그 권리에 끼칠 현저한 손해를 피하거나 급박한 위험을 방지하기 위하여 또는 그 밖의 필요한 이유가 있을 경우에는 허용될 수 있다.

(대법원 2005.8.19, 선고 2004다2809 판결【가처분이의】)

4. 점유이전의 강제실현이 대집행의 대상이 되는지 여부(소극)

도시공원시설인 매점에 대한 점유자의 점유를 배제하고 그 점유이전을 받는 데 있다고 할 것인데, 이러한 의무는 그것을 강제적으로 실현함에 있어 직접적인 실력행사가 필요한 것이지 대체적 작위의무에 해당하는 것은 아니어서 직접강제의 방법에 의하는 것은 별론으로 하고 행정대집행법에 의한 대집행의 대상이 되는 것은 아니다.

(대법원 1998.10.23, 선고 97누157 판결【시설물철거대집행계고처분취소】)

5. 불법건축물에 대한 계고처분의 요건

건축법에 위반하여 증·개축함으로써 철거의무가 있더라도 행정대집행법 제2조에 의하여 그 철거의무를 대집행하기 위한 계고처분을 하려면 다른 방법으로는 그 이행의 확보가 어렵고, 그 불이행을 방치함이 심히 공익을 해하는 것으로 인정되는 경우에 한한다.
(대법원 1989.7.11, 선고 88누11193 판결【건물철거대집행계고처분취소】)

6. 대집행의 요건으로서의 공익

건축법에 위반된 무단증축으로 인근주민의 사생활의 평온을 침해할 우려가 있게 되었으나 종전의 상태에 비하여 그 침해의 정도가 크게 증대되었다고는 볼 수 없고, 공익에 영향을 주지 아니하여 건축법 위반 건물부분에 대한 철거대행계고처분이 위법하다.
(대법원 1991.8.27, 선고 91누5136 판결【건물철거대집행계고처분취소】)

■ 계 고

7. 자진철거명령과 대집행을 1장의 문서로 알린 경우의 적법성

계고서라는 명칭의 1장의 문서로서 일정기간 내에 위법건축물의 자진철거를 명함과 동시에 그 소정기한 내에 자진철거를 하지 아니할 때에는 대집행할 뜻을 미리 계고한 경우라도 건축법에 의한 철거명령과 행정대집행법에 의한 계고처분은 독립하여 있는 것으로서 각 그 요건이 충족되었다.
(대법원 1992.6.12, 선고 91누13564 판결【건물철거대집행계고처분취소】)

8. 반복된 계고의 대상적격

건물의 소유자에게 위법건축물을 일정기간까지 철거할 것을 명함과 아울러 불이행할 때에는 대집형한다는 내용의 철거대집행 계고처분을 고지한 후 이에 불응하자 다시 제2차, 제3차 계고서를 발송하여 일정기간까지의 자진철거를 촉구하고 불이행하면 대집행을 한다는 뜻을 고지하였다면 행정대집행법상의 건물철거의무는 제1차 철거명령 및 계고처분으로서 발생하였고 제2차, 제3차의 계고처분은 새로운 철거의무를 부과한 것이 아니고 다만 대집행기한의 연기통지에 불과하므로 행정처분이 아니다.
(대법원 1994.10.28, 선고 94누5144 판결【건축물자진철거계고처분취소】)

9. 행정기관의 권한유월행위에 기한 계고의 효력

행정기관의 권한유월의 행위는 무권한 행위로서 원칙적으로 무효이고, 선행행위가 부존재하거나 무효인 경우에는 그 하자는 당연히 후행행위에 승계되어 후행행위도 무효로 된다. 그런데 주택건설촉진법은 그 위반행위에 대하여 벌칙규정만을 두고 있을 뿐, 건축법 제69조 등과 같은 부작위의무 위반행위에 대하여 대체적 작위의무로 전환하는 규정을 두고 있지 아니하므로 위 금지규정으로부터 그 위반결과의 시정을 명하는 원상복구명령을 할 수 있는 권한이 도출되는 것은 아니다. 결국 행정청의 원고에 대한 원상복구명령은 권한 없는 자의 처분으로 무효라고 할 것이고, 위 원상복구명령이 당연무효인 이상 후행처분인 계고처분의 효력에 당연히 영향을 미쳐 그 계고처분 역시 무효로 된다.
(대법원 1996.6.28, 선고 96누4374 판결【유치원시설물철거대집행계고처분취소】)

■ 대집행에 대한 구제

10. 대집행이 완료된 경우 처분의 취소를 구할 법률상 이익

대집행계고처분 취소소송의 변론종결 전에 대집행영장에 의한 통지절차를 거쳐 사실행위로서 대

집행의 실행이 완료된 경우에는 행위가 위법한 것이라는 이유로 손해배상이나 원상회복 등을 청구하는 것은 별론으로 하고 처분의 취소를 구할 법률상 이익은 없다.

(대법원 1993.6.8, 선고 93누6164 판결【건물철거대집행계고처분취소】)

11. 대집행계고처분의 요건 및 주장·입증책임

건축법에 위반하여 건축한 것이어서 철거의무가 있는 건물이라 하더라도 그 철거의무를 대집행하기 위한 계고처분을 하려면 다른 방법으로는 이행의 확보가 어렵고 불이행을 방치함이 심히 공익을 해하는 것으로 인정될 때에 한하여 허용되고 이러한 요건의 주장·입증책임은 처분 행정청에 있다.

(대법원 1996.10.11, 선고 96누8086 판결【불법건축물원상복구계고처분취소】)

12. 건물철거명령에 대한 불가쟁력 발생 후 후행행위에 대한 쟁송가능성

법률에 의거한 행정청의 무허가건물철거명령에 대하여 소원이나 소송제기 등 소구절차를 거치지 아니하여 이미 선행행위가 적법인 것으로 확정된 경우에는 후행행위인 대집행계고처분에서는 위 건물이 무허가건물이 아닌 적법한 건축물이라는 주장이나 그러한 사실인정을 하지 못한다.

(대법원 1975.12.9, 선고 75누218 판결【대집행계고처분취소】)

■ 집행벌(이행강제금)

13. 대체적 작위의무에 이행강제 가능 여부

행정대집행은 대체적 작위의무에 대한 강제집행수단으로, 이행강제금은 부작위의무나 비대체적 작위의무에 대한 강제집행수단으로 이해되어 왔으나, 이는 이행강제금제도의 본질에서 오는 제약은 아니며, 이행강제금은 대체적 작위의무의 위반에 대하여도 부과될 수 있다. 현행 건축법상 위법건축물에 대한 이행강제수단으로 대집행과 이행강제금(제83조 제1항)이 인정되고 있는데, 양 제도는 각각의 장·단점이 있으므로 행정청은 개별사건에 있어서 위반내용, 위반자의 시정의지 등을 감안하여 대집행과 이행강제금을 선택적으로 활용할 수 있으며, 이처럼 그 합리적인 재량에 의해 선택하여 활용하는 이상 중첩적인 제재에 해당한다고 볼 수 없다.

(헌재 2004.2.26, 2001헌바80 등 병합)

14. 이행강제금의 승계 여부(소극)

구 건축법(2005.11.8. 법률 제7696호로 개정되기 전의 것)상의 이행강제금은 구 건축법의 위반행위에 대하여 시정명령을 받은 후 시정기간 내에 당해 시정명령을 이행하지 아니한 건축주 등에 대하여 부과되는 간접강제의 일종으로서 그 이행강제금 납부의무는 상속인 기타의 사람에게 승계될 수 없는 일신전속적인 성질의 것이므로 이미 사망한 사람에게 이행강제금을 부과하는 내용의 처분이나 결정은 당연무효이고, 이행강제금을 부과받은 사람의 이의에 의하여 비송사건절차법에 의한 재판절차가 개시된 후에 그 이의한 사람이 사망한 때에는 사건 자체가 목적을 잃고 절차가 종료한다.

(대법원 2006.12.8.자 2006마470 결정【건축법위반이의】)

15. 의무이행이 있는 경우 이행강제금을 부과할 수 있는지 여부(소극)

건축법상의 이행강제금은 시정명령의 불이행이라는 과거의 위반행위에 대한 제재가 아니라, 의무자에게 시정명령을 받은 의무의 이행을 명하고 그 이행기간 안에 의무를 이행하지 않으면 이

행강제금이 부과된다는 사실을 고지함으로써 의무자에게 심리적 압박을 주어 의무의 이행을 간접적으로 강제하는 행정상의 간접강제 수단에 해당한다. 이러한 이행강제금의 본질상 시정명령을 받은 의무자가 이행강제금이 부과되기 전에 그 의무를 이행한 경우에는 비록 시정명령에서 정한 기간을 지나서 이행한 경우라도 이행강제금을 부과할 수 없다.

(대법원 2018.1.25, 선고 2015두35116 판결【가설건축물존치기간연장신고반려처분취소등】)

16. 시정명령의 이행 기회가 제공되지 아니한 과거의 기간에 대한 이행강제금까지 한꺼번에 부과할 수 있는지 여부(소극)

비록 건축주 등이 장기간 시정명령을 이행하지 아니하였더라도, 그 기간 중에는 시정명령의 이행 기회가 제공되지 아니하였다가 뒤늦게 시정명령의 이행 기회가 제공된 경우라면, 시정명령의 이행 기회 제공을 전제로 한 1회분의 이행강제금만을 부과할 수 있고, 시정명령의 이행 기회가 제공되지 아니한 과거의 기간에 대한 이행강제금까지 한꺼번에 부과할 수는 없다. 그리고 이를 위반하여 이루어진 이행강제금 부과처분은 과거의 위반행위에 대한 제재가 아니라 행정상의 간접강제 수단이라는 이행강제금의 본질에 반하여 구 건축법 제80조 제1항, 제4항 등 법규의 중요한 부분을 위반한 것으로서, 그러한 하자는 중대할 뿐만 아니라 객관적으로도 명백하다.

(대법원 2016.7.14, 선고 2015두46598 판결【이행강제금부과처분무효확인등】)

17. 농지법상 이행강제금 부과처분이 항고소송의 대상이 되는지 여부(소극)

농지법은 농지 처분명령에 대한 이행강제금 부과처분에 불복하는 자가 그 처분을 고지받은 날부터 30일 이내에 부과권자에게 이의를 제기할 수 있고, 이의를 받은 부과권자는 지체 없이 관할 법원에 그 사실을 통보하여야 하며, 그 통보를 받은 관할 법원은 비송사건절차법에 따른 과태료 재판에 준하여 재판을 하도록 정하고 있다(제62조 제1항, 제6항, 제7항). 따라서 농지법 제62조 제1항에 따른 이행강제금 부과처분에 불복하는 경우에는 비송사건절차법에 따른 재판절차가 적용되어야 하고, 행정소송법상 항고소송의 대상은 될 수 없다.

(대법원 2019.4.11, 선고 2018두42955 판결【기타이행강제금부과처분취소】)

■ 강제징수

18. 공매통지가 행정처분인지 여부(소극)

국세징수법이 압류재산을 공매할 때에 공고와 별도로 체납자 등에게 공매통지를 하도록 한 이유는, 체납자 등으로 하여금 공매절차가 유효한 조세부과처분 및 압류처분에 근거하여 적법하게 이루어지는지 여부를 확인하고 이를 다툴 수 있는 기회를 주는 한편, 국세징수법이 정한 바에 따라 체납세액을 납부하고 공매절차를 중지 또는 취소시켜 소유권 또는 기타의 권리를 보존할 수 있는 기회를 갖도록 함으로써 체납자 등이 감수하여야 하는 강제적인 재산권 상실에 대응한 절차적인 적법성을 확보하기 위한 것으로 보아야 하고, 따라서 체납자 등에 대한 공매통지는 국가의 강제력에 의하여 진행되는 공매에서 체납자 등의 권리 내지 재산상의 이익을 보호하기 위하여 법률로 규정한 절차적 요건이라고 보아야 하며, 공매처분을 하면서 체납자 등에게 공매통지를 하지 않았거나 공매통지를 하였더라도 그것이 적법하지 아니한 경우에는 절차상의 흠이 있어 그 공매처분이 위법하게 되는 것이지만, 공매통지 자체가 그 상대방인 체납자 등의 법적 지위나 권리·의무에 직접적인 영향을 주는 행정처분에 해당한다고 할 것은 아니므로 다른 특별한 사정이 없는 한 체납자 등은 공매통지의 결여나 위법을 들어 공매처분의 취소 등을 구할 수 있는 것이지 공매통지 자체를 항고소송의 대상으로 삼아 그 취소 등을 구할 수는 없다.
(대법원 2011.3.24, 선고 2010두25527 판결【양도소득세부과처분취소】)

19. 공매통지의 흠과 공매처분의 효력

체납자는 국세징수법 제66조에 의하여 직접이든 간접이든 압류재산을 매수하지 못함에도, 국세징수법이 압류재산을 공매할 때 공고와 별도로 체납자 등에게 공매통지를 하도록 한 이유는, 체납자 등에게 공매절차가 유효한 조세부과처분 및 압류처분에 근거하여 적법하게 이루어지는지 여부를 확인하고 이를 다툴 수 있는 기회를 주는 한편, 국세징수법이 정한 바에 따라 체납세액을 납부하고 공매절차를 중지 또는 취소시켜 소유권 또는 기타의 권리를 보존할 수 있는 기회를 갖도록 함으로써, 체납자 등이 감수하여야 하는 강제적인 재산권 상실에 대응한 절차적인 적법성을 확보하기 위한 것이다. 따라서 체납자 등에 대한 공매통지는 국가의 강제력에 의하여 진행되는 공매에서 체납자 등의 권리 내지 재산상의 이익을 보호하기 위하여 법률로 규정한 절차적 요건이라고 보아야 하며, 공매처분을 하면서 체납자 등에게 공매통지를 하지 않았거나 공매통지를 하였더라도 그것이 적법하지 아니한 경우에는 절차상의 흠이 있어 그 공매처분은 위법하다. 다만, 공매통지의 목적이나 취지 등에 비추어 보면, 체납자 등은 자신에 대한 공매통지의 하자만을 공매처분의 위법사유로 주장할 수 있을 뿐 다른 권리자에 대한 공매통지의 하자를 들어 공매처분의 위법사유로 주장하는 것은 허용되지 않는다.
(대법원 2008.11.20, 선고 2007두18154 전원합의체 판결【매각결정취소】)

제3절 행정상 즉시강제

1. 개 념

행정법상의 의무의 부과 및 그의 불이행을 전제함이 없이 직접 개인의 신체 또는 재산에 실력을 가함으로써 행정상 필요한 상태를 실현시키는 행정작용이다.

[행정상 즉시강제의 의의 및 한계]

행정상 즉시강제란 행정강제의 일종으로서 목전의 급박한 행정상 장해를 제거할 필요가 있는 경우에, 미리 의무를 명할 시간적 여유가 없을 때 또는 그 성질상 의무를 명하여 가지고는 목적달성이 곤란할 때에, 직접 국민의 신체 또는 재산에 실력을 가하여 행정상 필요한 상태를 실현하는 작용이며, 법령 또는 행정처분에 의한 선행의 구체적 의무의 존재와 그 불이행을 전제로 하는 행정상 강제집행과 구별된다. 행정강제는 행정상 강제집행을 원칙으로 하며, 법치국가적 요청인 예측가능성과 법적 안정성에 반하고, 기본권 침해의 소지가 큰 권력작용인 행정상 즉시강제는 어디까지나 예외적인 강제수단이라고 할 것이다. 이러한 행정상 즉시강제는 엄격한 실정법상의 근거를 필요로 할 뿐만 아니라, 그 발동에 있어서는 법규의 범위 안에서도 다시 행정상의 장해가 목전에 급박하고, 다른 수단으로는 행정목적을 달성할 수 없는 경우이어야 하며, 이러한 경우에도 그 행사는 필요 최소한도에 그쳐야 한다. (헌재 2002.10.31, 2000헌가12)

2. 법적성질

권력적 사실행위로 처분성이 인정된다.

3. 근 거

행정기본법 제33조(즉시강제)

① 즉시강제는 다른 수단으로는 행정목적을 달성할 수 없는 경우에만 허용되며, 이 경우에도 최소한으로만 실시하여야 한다.

> ② 즉시강제를 실시하기 위하여 현장에 파견되는 집행책임자는 그가 집행책임자임을 표시하는 증표를 보여 주어야 하며, 즉시강제의 이유와 내용을 고지하여야 한다.

① 일반법적 근거는 「행정기본법」 제33조이다.

② 개별 실정법적 근거 : 「경찰관직무집행법」 및 기타 개별법에 의한다.

4. 수 단

① 대인적 강제수단(감염병의 예방 및 관리에 관한 법률상 강제입원과 강제격리, 동법 제49조 제1항 제14호 등)

대물적 강제수단(소방기본법상 물건의 제거, 식품위생법상 물건의 폐기 등)

대가택적 강제수단(경찰관직무집행법상 위험방지를 위한 출입 등)

* 종래 대가택적 강제에 해당한다고 설명되어 오던 것들은 오늘날에는 행정조사의 예로 논의되기도 한다.

② 「경찰관직무집행법」 상의 강제수단(제4조 보호조치, 제5조 위험발생의 방지, 제7조 위험방지를 위한 출입 등), 개별법상의 강제수단

5. 행정상 즉시강제의 한계

① 실체적 한계

㉠ 법규상의 한계 : 실정법상의 근거가 필요하다.

㉡ 조리상의 한계

ⓐ 현재성 : 행정상의 장해가 목전에 급박할 것

ⓑ 보충성 : 다른 수단으로는 행정 목적을 달성할 수 없을 때

ⓒ 비례원칙에 따른 한계 : 적합성, 필요성, 상당성의 원칙

ⓓ 소극목적성 : 사회공공의 안녕·질서의 유지를 위하여 필요한도내에 그칠 것

② 절차적 한계－영장주의와의 관계

㉠ 영장불요설 : 판례의 입장(헌재 2002.10.31. 2000헌가12)

㉡ 영장필요설

㉢ 절충설 : 영장주의는 행정상 즉시강제에도 원칙적으로 적용되어야

하나, 행정목적 달성에 불가피하다고 인정할만한 합리적 사유가 있는 경우에는 영장주의에 대한 예외를 인정할 수밖에 없다는 설(다수설)

* 위법한 즉시강제로 인한 신체의 구속에 대해 인신보호제도의 활용은 가능하다(헌법 12조6항).

[인신보호법]

제1조(목적) 이 법은 위법한 행정처분 또는 사인(私人)에 의한 시설에의 수용으로 인하여 부당하게 인신의 자유를 제한당하고 있는 개인의 구제절차를 마련함으로써 「헌법」이 보장하고 있는 국민의 기본권을 보호하는 것을 목적으로 한다.

제2조(정의) ① 이 법에서 "피수용자"란 자유로운 의사에 반하여 국가, 지방자치단체, 공법인 또는 개인, 민간단체 등이 운영하는 의료시설·복지시설·수용시설·보호시설(이하 "수용시설"이라 한다)에 수용·보호 또는 감금되어 있는 자를 말한다. 다만, 형사절차에 따라 체포·구속된 자, 수형자 및 「출입국관리법」에 따라 보호된 자는 제외한다.

6. 행정상 즉시강제에 대한 구제

① 적법한 즉시강제에 대한 구제

㉠ 손실보상

㉡ 긴급피난

② 위법한 즉시강제에 대한 구제

㉠ 행정소송 : 행정상 즉시강제는 성질상 단기간에 행해지는 조치로서 소의 이익이 없는 경우가 많으므로, 이는 즉시강제가 비교적 장기간에 걸쳐서 행해지는 경우에 가능하다.

㉡ 손해배상청구(가장 적절한 구제절차라 할 수 있다.)

㉢ 정당방위

㉣ 헌법소원

㉤ 기타의 수단 : 공무원의 책임, 직권에 의한 취소, 청원, 고소·고발 등이 있다.

제4절 행정조사

대법원 2017.3.16, 선고 2014두8360 판결

춘천세무서 소속 세무공무원 5명은 甲에 대한 탈세제보에 따라 甲의 사업장을 방문하여 2005년 제1기부터 2008년 제1기까지의 매출금액에 관한 확인서를 작성받는 등의 현장조사를 실시하였다(제1차 조사). 춘천세무서장(A)은 甲이 타인 명의 계좌로 제품판매대금을 송금 받는 방법으로 부가가치세에 관한 매출을 누락하였다고 보아 甲에 대한 세무조사를 실시하였다(제2차 조사). A는 제2차 조사 결과에 따라 2009.6.1. 甲에게 2005년 제1기부터 2008년 제1기까지의 부가가치세를 부과하였다(이 사건 처분).

〈문제〉 이 사건 처분의 적법 여부를 검토하시오.

1. 의 의

① 개념 : 행정기관이 정책을 결정하거나 직무를 수행하는 데 필요한 정보나 자료를 수집하기 위하여 현장조사·문서열람·시료채취 등을 하거나 조사대상자에게 보고요구·자료제출요구 및 출석·진술요구를 행하는 활동을 말한다(행정조사기본법 제2조제1항).

* 즉시강제와의 구별 : ① 준비적·보조적 수단, ② 실력행사의 문제

② 성질 : 사실행위

2. 행정조사의 근거

① 법률유보의 문제 :

㉠ 권력적 행정조사(특히 개인정보의 수집을 목적으로 하는 조사)의 경우에는 법률의 수권이 필요하다.

㉡ 비권력적 행정조사는 별도의 법적 근거 없이도 가능(행정조사기본법 제5조 참조) 하다.

② 실정법적 근거 : 실질적인 일반법으로 「행정조사기본법」이 있다.

3. 행정조사의 한계

① 실체적 한계(행정조사기본법 제4조 참조)

㉠ 비례의 원칙 : 조사목적을 달성하는데 필요한 최소한의 범위안에서 실시, 다른 목적 등을 위하여 조사권 남용불가

㉡ 조사대상자의 선정 : 조사목적에 적합하도록 조사대상자 선정

㉢ 중복조사의 금지 : 유사하거나 동일한 사안에 대하여는 공동조사 실시

㉣ 법령위반에 대한 처벌보다는 법령 등을 준수하도록 유도하는 데 중점

㉤ 행정조사내용의 공표금지 등

㉥ 다른 목적으로의 사용금지

② 절차적 한계

㉠ 증표의 휴대·제시(행정조사기본법 제11조제3항)

㉡ 영장주의의 문제

4. 행정조사의 유형

① 방법에 의한 구분 : ㉠ 직접조사 ㉡ 간접조사

② 대상에 의한 구분 : ㉠ 대인적 조사 ㉡ 대물적 조사 ㉢ 대가택적 조사

* 불심검문(예, 세무조사)은 종래 행정상 즉시강제의 수단으로 설명되어 왔으나 오늘날은 행정조사에 해당하는 것으로 설명되는 추세에 있다.

③ 성질(수단)에 의한 구분 : ㉠ 권력적 행정조사 ㉡ 비권력적 행정조사

5. 행정조사의 방법

① 출석·진술 요구(행정조사기본법 제9조)

㉠ 출석요구서의 발송 ㉡ 출석일시의 변경신청

② 보고요구와 자료제출의 요구(행정조사기본법 제10조)

㉠ 보고요구서의 발송 ㉡ 자료제출요구서의 발송

③ 현장조사

㉠ 현장출입조사서의 발송

㉡ 현장조사의 시간적 제한: 현장조사는 해가 뜨기 전이나 해가 진 뒤에는 할 수 없다. 다만, 조사대상자가 동의한 경우 등에는 그러하지 아니하다.

④ 시료채취(행정조사기본법 제12조)

㉠ 시료의 소유자 및 관리자의 정상적인 경제활동을 방해하지 아니하는 범위 안에서 최소 한도에 그쳐야 한다.

㉡ 시료채취로 조사대상자에게 손실을 입힌 때에는 손실보상을 하여야 한다.

6. 행정조사의 법적 문제

① 사전절차의 문제

㉠ 원칙 – 조사의 사전통지 : 조사일시·장소·대상 및 조사이유 등을 사전에 통지하여야 한다.

㉡ 예외 – 조사의 사전통지의 생략 : 조사의 성질상 사전에 통지를 하게 되면 적절한 조사가 불가능한 경우에는 조사의 사전통지에 대한 예외를 인정(행정조사기본법 제17조 참조)한다.

② 위법한 조사의 문제

행정조사가 위법하게 행하여진 경우에도 이를 기초로 한 행정작용(특히 행정행위)이 당연히 위법한 것이 되는 것은 아니다. 그러나 법이 요구하는 요건을 무시하여 행정조사로 볼 수 없을 정도의 위법한 행정조사에 기초하여 행해진 행정행위는 위법성이 인정될 수 있다.

> 세무조사대상의 기준과 선정방식에 관한 구 국세기본법(2006.12.30. 법률 제8139호로 개정되기 전의 것, 이하 '구 국세기본법'이라 한다) 제81조의5가 도입된 배경과 취지, 구 국세기본법 제81조의5가 포함된 제7장의2에 관한 구 국세기본법과 개별 세법의 관계 등을 종합하여 보면, 구 국세기본법 제81조의5가 마련된 이후에는 개별 세법이 정한 질문·조사권은 구 국세기본법 제81조의5가 정한 요건과 한계 내에서만 허용된다.
> 또한 구 국세기본법 제81조의5가 정한 세무조사대상 선정사유가 없음에도 세무조

> 사대상으로 선정하여 과세자료를 수집하고 그에 기하여 과세처분을 하는 것은 적법절차의 원칙을 어기고 구 국세기본법 제81조의5와 제81조의3 제1항을 위반한 것으로서 특별한 사정이 없는 한 과세처분은 위법하다.
> (대법원 2014.6.26, 선고 2012두911 판결【국세부과취소】)

7. 권력적 행정조사의 실효성확보수단에 관한 문제

① 상대방이 행정조사에 대한 수인의무를 거부하는 경우에는 그 실효성을 담보하기 위해서는 직접강제의 수단을 활용하는 방법과 행정벌을 부과하는 방법이 있다. 보통 두 가지를 병과 한다. 예를 들어 「식품위생법」 제17조에 근거하여 식품조사를 위한 영업소출입을 거부하는 경우에는 대가택강제를 가하여 행정조사를 하거나, 동법 제77조에 따라 행정벌을 부과할 수 있다.

② 상대방이 행정조사를 거부하는 경우에 대해서는 두 설이 있다.

ⓐ 소극설 : 법률이 행정조사를 위한 주거나 영업소출입에 대한 근거규정을 두었다고 할지라도 상대방이 이를 거부하는 경우에, 법에서 이를 명시적으로 허용하는 경우를 제외하고는 실력행사에 의한 행정조사를 할 수 없다는 입장이다.

ⓑ 적극설 : 행정조사를 위한 주거나 영업소의 출입은 그 자체가 상대방의 의사여부에 불문하고 행해지는 강제조사이기 때문에, 상대방이 자신의 수인의무에 위반하여 거부하는 경우 비례의 원칙의 한계내에서 실력행사를 할 수 있다고 보는 것이 타당하다고 본다.

ⓒ 사견 : 공무원의 적법한 행정조사 목적을 위한 출입·질문 등을 상대방이 거부하는 경우에는, 실정법이 명시적으로 규정하고 있지 않는 한 간접적 강제(예 : 영업허가의 철회)는 할 수 없을 뿐만 아니라 상대방의 신체나 재산에 대한 간접적 실력행사도 허용되지 않는다고 봄이 바람직하다(부당결부금지의 원칙).

[표 7-3] 행정상 즉시강제와 행정조사

구분	대집행의 계고	비용징수
발생법계	독일법계에서 유래	영미법계에서 유래
목 적	개인의 신체나 재산에 대하여 직접 실력을 가하여 행정상 필요한 결과를 실현시키는 것(결과실현)	행정상 필요한 결과 그 자체가 목적이 아니라 행정작용을 위한 자료를 수집하는 준비적·보조적 수단의 성질(자료수집)
방 법	직접적인 실력행사를 통하여 스스로 일정한 상태를 실현	직접적인 실력행사가 아니라 행정벌 등의 방법을 통하여 행정조사를 수인시키는데 불과
성 질	권력적 사실행위(물리적·집행적 사실행위)	권력적 혹은 비권력적 사실행위
긴급성 요부	긴급성 요함	반드시 긴급성을 요하는 것은 아님
법적 근거	ⓐ 경찰관직무집행법이 대표적 법률 ⓑ 개별벌 : 식품위생법, 소방법, 감염병예방법, 검역법, 마약류관리법 등	ⓐ 일반법 : 행정조사기본법 ⓑ 개별법 : 식품위생법, 국세징수법, 소득세법, 생활보호법 등
수 단	보호조치, 임시영치, 강제파괴, 부패식품·약품 등의 무상폐기조치, 원조강제 등	불심검문, 임검, 가택수색, 소득세법상 질문·조사, 근로감독관의 사업장·기숙사 임검·질문조사, 부패식품 조사를 위한 무상수거 등

제 5 절 행정의 실효성 확보를 위한 새로운 수단

Ⅰ. 과징금

1. 의의 및 성질

① 의의 : 행정법상의 의무위반자에게 당해 위반행위로 경제적 이익이 발생한 경우에 행정청이 그 이익을 박탈하기 위하여 과하는 금전적 제재를 말한다.

② 성질 : 행정의 실효성을 확보하기 위한 새로운 수단으로 행정벌과 병과가 가능하다.

2. 유 형

① 전형적 과징금

② 변형적 과징금 : 인허가사업을 시행하는 자가 행정법규를 위반한 경우 그 위반자에 대하여 사업의 취소나 정지를 명하는 것에 갈음하여 사업을 계속할 수 있게 하되 사업을 계속함으로써 얻는 이익을 박탈하는 금전상 제재로 활용되는 경우를 말한다.

3. 과징금의 유용성

① 일반 공중에 대한 불편을 초래함 없이 의무위반자에 대한 제재가 가능하다.

② 벌금의 형식을 취하지 않음으로써 전과자 양산을 방지할 수 있다.

4. 법적근거

과징금에 대한 일반법적 근거는 행정기본법 제28조이다.

> **행정기본법 제28조(과징금의 기준)**
> ① 행정청은 법령등에 따른 의무를 위반한 자에 대하여 법률로 정하는 바에 따라

그 위반행위에 대한 제재로서 과징금을 부과할 수 있다.
② 과징금의 근거가 되는 법률에는 과징금에 관한 다음 각 호의 사항을 명확하게 규정하여야 한다.
1. 부과·징수 주체
2. 부과 사유
3. 상한액
4. 가산금을 징수하려는 경우 그 사항
5. 과징금 또는 가산금 체납 시 강제징수를 하려는 경우 그 사항

반드시 법률에 구체적인 근거가 있어야 한다.

[독점규제 및 공정거래에 관한 법률 제6조(과징금)]
공정거래위원회는 시장지배적사업자가 남용행위를 한 경우에는 당해 사업자에 대하여 대통령령이 정하는 매출액(大統領令이 정하는 事業者의 경우에는 營業收益을 말한다. 이하 같다)에 100분의 3을 곱한 금액을 초과하지 아니하는 범위안에서 과징금을 부과할 수 있다. 다만, 매출액이 없거나 매출액의 산정이 곤란한 경우로서 대통령령이 정하는 경우(이하 "賣出額이 없는 경우등"이라 한다)에는 10억원을 초과하지 아니하는 범위안에서 과징금을 부과할 수 있다.

5. 과징금의 부과·징수

① 행정청이 부과하고 「국세징수법」에 의해 징수한다.

② 과징금을 행정청이 부과·징수하는 것에 대해서 위헌성을 지적하는 견해도 있으나 헌법재판소는 합헌성을 인정한다(헌재결 2003.7.24, 2001헌가25).

6. 과징금에 대한 주요 판례 정리

① 과징금부과처분이 법이 정한 한도액을 초과하여 위법할 경우 법원으로서는 그 전부를 취소할 수밖에 없고, 그 한도액을 초과한 부분이나 법원이 적정하다고 인정되는 부분을 초과한 부분만을 취소할 수 없다(대판 1998.4.10, 98두2270).

② 과징금 채무는 대체적 급부가 가능한 의무이므로 위 과징금을 부과 받은 자가 사망한 경우 그 상속인에게 포괄승계 된다(대판 1999.5.14, 99두35).

③ 과징금 액수가 법정 상한비율을 초과하지 않는다고 하더라도 그 사원 판매행위로 인하여 취득한 이익의 규모를 크게 초과하여 그 매출액에 육박하게 된 경우, 불법적인 경제적 이익의 박탈이라는 과징금 부과의 기본적 성격과 그 사원 판매행위의 위법성의 정도에 비추어 볼 때 그 과징금 부과처분은 비례의 원칙에 위배된 재량권의 일탈·남용에 해당 한다(대판 2001.2.9., 2000두6006).

Ⅱ. 가산금·가산세

1. 가산금

① 의의 : 행정법상의 금전급부의무의 불이행에 대해서 과해지는 금전적 제재. 국세기본법의 경우 체납 국세의 100분의 3에 해당하는 가산금을 징수(동법 제21조)한다.

② 성질 : 가산금은 미납 부분에 대한 지연이자의 성격을 띤다.

국유재산 등의 관리청이 하는 행정재산의 사용·수익허가에 따른 사용료에 대하여는 국유재
산법 제25조 제3항의 규정에 의하여 국세징수법 제21조, 제22조가 규정한 가산금과 중가산금을 징수 할 수 있다 할 것이고, 위 가산금과 중과산금은 위 사용료가 납부기한까지 납부되지 않은 경우 미납분에 관한 지연이자의 의미로 부과되는 부대세의 일종이다(대판 2006.3.9, 2004다31074).

2. 가산세

① 의의 : 조세법상의 의무 위반에 대해 과해지는 금전상의 제재로서 조세의 일종이다.

② 성질 : 가산세는 납세의무의 성실한 이행을 확보하는 수단인 점에서 행정벌과 확연히 구분, 따라서 동일한 납세의무위반에 대해 가산세와 행정벌의 병과가 인정될 수 있다.

[국세기본법 제2조]

4. '**가산세**'(**加算稅**)란 세법에서 규정하는 의무의 성실한 이행을 확보하기 위하여 세법에 따라 산출한 세액에 가산하여 징수하는 금액을 말한다. 다만, 가산금은 포함하지 아니한다.

5. '**가산금**'(**加算金**)이란 국세를 납부기한까지 납부하지 아니한 경우에 「국세징수법」에 따라 고지세액(告知稅額)에 가산하여 징수하는 금액과 납부기한이 지난 후 일정 기한까지 납부하지 아니한 경우에 그 금액에 다시 가산하여 징수하는 금액을 말한다.

Ⅲ. 공 표

1. 개 념

행정법상의 의무 위반이 있는 경우에 그의 성명·위반 사실 등을 일반인이 알 수 있도록 공개하여 명예를 위협함으로써 의무이행을 간접적으로 강제하는 수단이다.

2. 공표의 성질

사실행위(권력성을 동반하는 경우엔 '권력적 사실행위')이다.

3. 공표의 근거

① 이론적 근거 : 원칙적으로 법적 근거를 요한다.

② 실정법적 근거

㉠ 고위공직자의 재산공개를 규정하고 있는 「공직자윤리법」 제8조의 2.

㉡ 고액체납자의 명단공개제도를 규정하고 있는 「국세기본법」 제85조의 5.

㉢ 위해식품 등의 공표를 규정하고 있는 「식품위생법」 제56조의 2.

4. 공표와 권리구제

① 국민의 공표청구권(알 권리)

② 위법한 공표에 대한 구제수단

㉠ 동일 매스컴을 통한 행정청의 정정 공고

㉡ 행정상 손해배상의 청구

㉢ 공표행위의 처분성 인정 여부와 불복수단 : 공표에 대한 취소소송의 가능성(공표행위의 처분성)에 대하여는 긍정설과 부정설로 학설이 대립한다. ⓐ 긍정설에 의하면 공표행위를 권력적 사실행위 내지는 형식적 행정행위로 보아 처분성을 인정한다. ⓑ 부정설은 처분성을 부정하고 구제수단으로는 공법상 당사자소송(명단공표의 금지를 구하는 이행소송이나 명단공표의 금지를 구하는 소송)이나, 공표행위 전 예방적 금지소송을 도입할 것을 주장한다.

㉣ 공표를 행한 공무원의 형사책임

공표의 위법성의 문제 : 민사상으로 타인의 명예를 훼손하는 행위를 한 경우에도 그것이 공공의 이해에 관한 사항으로서 오로지 공공의 이익을 위한 것일 때에는 진실한 사실이라는 증명이 있으면 그 행위에 위법성이 없고, 또한 그 증명이 없더라도 행위자가 그것이 진실이라고 믿을 만한 상당한 이유가 있는 경우에는 위법성이 없다고 보아야 할 것이다(대판 1998.7.14, 96다17257).

Ⅳ. 고액체납자의 명단공개제도

1. 명단공개의 대상 등

「국세기본법」, 「지방세법」에서 그 예를 찾을 수 있다.

① 체납발생일로부터 1년이 경과한 국세가 5억원 이상인 상습세금채납자의 그 인적사항·체납액 등(국세기본법 제85조의5).

② 대통령령으로 정하는 불성실기부금수령단체의 인적사항·국세추징명세 등

단, 체납된 국세가 이의신청·심사청구 등 불복청구 중에 있는 경우에는 그러하지 아니하다.

2. 국세정보공개심의위원회의 설치

체납자 또는 불성실기부금수령단체의 인적 사항·체납 또는 국세추징명세 등

에 대한 공개 여부를 심의하기 위하여 국세청에 국세정보 공개심의위원회를 둔다.

3. 명단공개의 절차(국세의 경우)

지방세의 경우는 「지방세법」에 따라 공개한다.

① 소명기회의 부여

② 공개대상자의 선정 : 통지일부터 6월이 경과한 후 위원회로 하여금 체납액의 납부이행 또는 기부금영수증 발급명세의 작성·보관 의무 이행 등을 감안하여 체납자 또는 불성실기부금단체 명단공개여부를 재심의 하게 한 후 공개대상자를 선정한다.

4. 명단공개의 방법

공개는 관보개제·국세정보통신망 또는 관할세무서 게시판에 게시하는 방법에 의한다.

[표 7-4] 명단공표

구 분	내 용
의 의	행정법상 의무위반 또는 의무불이행이 있는 경우 행정청이 그의 성명·위반사실등을 일반에 공개하여 명예 또는 신용의 침해를 위협함으로써 그에 따르는 사회적 비난이라는 간접적·심리적 강제로 그 의무이행을 확보하려는 제도(고액조세체납자의 명단·사업명의 공표, 공해배출업소 명단의 공개 등) [종류] (명예, 신용 등 권리의 침해에 대한 수인을 요구하는, 하명적 성격을 가진 공표 – 권력적 사실행위로서 처분성이 인정 정보제공적 성격을 가진 공표 – 사실행위로서 처분성이 부정된다.
법적 근거	아직 일반법적 근거가 없지만, 실정법상 「아동·청소년의 성보호에관한법률」·「자원의 절약과 재활용 촉진에 관한 법률」·「식품위생법」 등 약간의 개별법에서 그 법적 근거를 찾아볼 수 있으며, 국세청훈령인 국세징수사무처리규정(제66조)에서도 고액체납자의 명단공표를 규정
장 점	ⓐ 절차의 제약 없이 간략하고 신속하게 발동(공권력의 행사가 아님) ⓑ 행정형벌은 과형절차가 복잡하므로 공표가 보다 경제적 ⓒ 실효성이 높고 직접 물리력을 행사하지 아니하고 목적달성
문제점	ⓐ 공표가 남용될 경우 구제 곤란 ⓑ 개인 프라이버시권과의 조화문제

V. 공급거부·관허사업의 제한

1. 공급거부

① 의의 : 행정법상의 의무를 위반한 자 등에 대하여 일정한 행정상의 서비스나 재화의 공급을 거부하는 행정조치를 말한다.

② 법적 근거 : 필요하다.

③ 공급거부의 한계

㉠ 부당결부금지의 원칙 ㉡ 비례의 원칙

④ 구제수단 : 급부의 방식에 따라 행정소송과 민사소송으로 구제받을 수 있다.

2. 관허사업의 제한

① 일반적인 관허사업의 제한 : 국세를 체납한 경우 세무서장이 허가·인가·면허 및 등록과 그 갱신을 요하는 사업의 주무관서에 당해 납세자에 대하여 그 허가 등을 하지 아니할 것을 요구함으로써 행정법상 의무의 준수 또는 의무의 이행을 확보하는 간접적 강제수단을 말한다(국세징수법 제7조).

＊ 부당결부금지의 원칙 위반 문제가 발생

② 관련된 특정 관허사업의 제한 : 「약사법」을 위반한 약사에 대하여 약사면허를 취소하거나 정지하는 경우가 있다(약사법 제71조).

관련 판례

■ 행정조사

1. 재조사가 금지되는 세무조사의 판단기준

세무공무원의 조사행위가 재조사가 금지되는 '세무조사'에 해당하는지 여부는 조사의 목적과 실시경위, 질문조사의 대상과 방법 및 내용, 조사를 통하여 획득한 자료, 조사행위의 규모와 기간 등을 종합적으로 고려하여 구체적 사안에서 개별적으로 판단할 수밖에 없을 것인데, 세무공무원의 조사행위가 사업장의 현황 확인, 기장 여부의 단순 확인, 특정한 매출사실의 확인, 행정민원서류의 발급을 통한 확인, 납세자 등이 자발적으로 제출한 자료의 수령 등과 같이 단순한 사실관계의 확인이나 통상적으로 이에 수반되는 간단한 질문조사에 그치는 것이어서 납세자 등으로서도 손쉽게 응답할 수 있을 것으로 기대되거나 납세자의 영업의 자유 등에도 큰 영향이 없는 경우에는 원칙적으로 재조사가 금지되는 '세무조사'로 보기 어렵지만, 조사행위가 실질적으로 과세표준과 세액을 결정 또는 경정하기 위한 것으로서 납세자 등의 사무실·사업장·공장 또는 주소지 등에서 납세자 등을 직접 접촉하여 상당한 시일에 걸쳐 질문하거나 일정한 기간 동안의 장부·서류·물건 등을 검사·조사하는 경우에는 특별한 사정이 없는 한 재조사가 금지되는 '세무조사'로 보아야 할 것이다.

국세청 소속 세무공무원이 옥제품 도매업체를 운영하면서 제품을 판매하는 갑이 현금매출 누락 등의 수법으로 세금을 탈루한다는 제보를 받고 먼저 현장조사(이하 '제1차 조사'라 한다)를 하고 그 결과 갑이 부가가치세에 관한 매출을 누락하였다고 보아 세무조사(이하 '제2차 조사'라 한다)를 한 후 부가가치세 부과처분을 한 사안에서, 세무공무원이 국세청 훈령인 구 조사사무처리규정(2010.3.30. 국세청 훈령 제1838호로 개정되기 전의 것)에서 정한 '현지확인'의 절차에 따라 제1차 조사를 하였다고 하더라도, 그것은 실질적으로 갑의 총 매출누락 금액을 확인하기 위하여 갑의 사업장에서 갑이나 직원들을 직접 접촉하여 9일간에 걸쳐 매출사실에 대하여 포괄적으로 질문조사권을 행사하고 과세자료를 획득하는 것이어서 재조사가 금지되는 '세무조사'로 보아야 하므로, 제2차 조사는 구 국세기본법(2010.1.1. 법률 제9911호로 개정되기 전의 것) 제81조의4 제2항에 따라 금지되는 재조사에 해당하므로 그에 기초하여 이루어진 처분이 위법한데도 이와 달리 제1차 조사는 '현지확인'에 해당할 뿐이고 제2차 조사는 현지확인 결과를 토대로 한 최초의 세무조사로 보아야 한다는 이유로 처분이 적법하다고 본 원심판결에 법리 오해의 위법이 있다고 한 사례.

(대법원 2017.3.16, 선고 2014두8360 판결【부가가치세및종합소득세부과처분취소】)

2. 세무조사결정이 행정처분인지 여부(적극)

부과처분을 위한 과세관청의 질문조사권이 행해지는 세무조사결정이 있는 경우 납세의무자는 세무공무원의 과세자료 수집을 위한 질문에 대답하고 검사를 수인하여야 할 법적 의무를 부담하게 되는 점, 세무조사는 기본적으로 적정하고 공평한 과세의 실현을 위하여 필요한 최소한의 범위 안에서 행하여져야 하고, 더욱이 동일한 세목 및 과세기간에 대한 재조사는 납세자의 영업의 자유 등 권익을 심각하게 침해할 뿐만 아니라 과세관청에 의한 자의적인 세무조사의 위험마저 있으므로 조세공평의 원칙에 현저히 반하는 예외적인 경우를 제외하고는 금지될 필요가 있는 점, 납세의무자로 하여금 개개의 과태료 처분에 대하여 불복하거나 조사 종료 후의 과세처분에 대하여만 다툴 수 있도록 하는 것보다는 그에 앞서 세무조사결정에 대하여 다툼으로써 분쟁을 조기에 근본적으로 해결할 수 있는 점 등을 종합하면, 세무조사결정은 납세의무자의 권리·의무에 직접 영향을 미치는 공권력의 행사에 따른 행정작용으로서 항고소송의 대상이 된다.

(대법원 2011.3.10, 선고 2009두23617, 23624 판결【세무조사결정처분취소·종합소득세등부과처분취소】)

■ 과징금

3. 과징금 부과의 성격 및 그 산정 방법

하도급거래 공정화에 관한 법률상의 과징금 부과가 제재적 성격을 가진 것이기는 하여도 기본적으로는 하도급거래 공정화에 관한 법률 위반행위에 의하여 얻은 불법적인 경제적 이익을 박탈하기 위하여 부과되는 것이고, 위 법이 준용하는 독점규제 및 공정거래에 관한 법률 제55조의3 제

1항에서도 이를 고려하여 과징금을 부과할 때 위반행위의 내용과 정도, 기간과 횟수 외에 위반행위로 인하여 취득한 이익의 규모 등도 아울러 참작하도록 규정하고 있으므로, 과징금의 액수는 당해 위반행위의 구체적 태양 등에 기하여 판단되는 그 위법성의 정도뿐 아니라 그로 인한 이득액의 규모와도 상호 균형을 이루어야 하고, 이러한 균형을 상실할 경우에는 비례의 원칙에 위배되어 재량권의 일탈·남용에 해당할 수가 있다.
(대법원 2010.1.14, 선고 2009두11843 판결【시정명령등취소】)

■ 행정벌

4. 행정단속법규 경우 명시적 규정 없이 과실범으로 처벌할 수 있는지 여부

행정상의 단속을 주안으로 하는 법규라 하더라도 '명문규정이 있거나 해석상 과실범도 벌할 뜻이 명확한 경우'를 제외하고는 형법의 원칙에 따라 '고의'가 있어야 벌할 수 있다.
(대법원 2010.2.11, 선고 2009도9807 판결【업무상과실치사·공중위생관리법위반】)

■ 기타 실효성 확보수단

5. 위법 건축물에 대한 단전 및 전화통화 단절조치 요청행위의 행정처분성

항고소송의 대상이 되는 행정처분이라 함은 행정청의 공법상의 행위로서 특정 사항에 대하여 법규에 의한 권리의 설정 또는 의무의 부담을 명하거나 기타 법률상 효과를 발생하게 하는 등 국민의 권리의무에 직접 관계가 있는 행위를 가리키는 것이고, 행정권 내부에서의 행위나 알선, 권유, 사실상의 통지 등과 같이 상대방 또는 기타 관계자들의 법률상 지위에 직접적인 법률적 변동을 일으키지 아니하는 행위 등은 항고소송의 대상이 되는 행정처분이 아니다. 건축법 제69조 제2항, 제3항의 규정에 비추어 보면, 행정청이 위법 건축물에 대한 시정명령을 하고 나서 위반자가 이를 이행하지 아니하여 전기·전화의 공급자에게 그 위법 건축물에 대한 전기·전화공급을 하지 말아 줄 것을 요청한 행위는 권고적 성격의 행위에 불과한 것으로서 전기·전화공급자나 특정인의 법률상 지위에 직접적인 변동을 가져오는 것은 아니므로 이를 항고소송의 대상이 되는 행정처분이라고 볼 수 없다.
(대법원 1996.3.22, 선고 96누433 판결【시정명령처분등취소】)

제 2 편

행정상 손해배상과 손실보상

제 1 절 손해배상제도

제 1 항 일반론

① 국가무책임의 원칙 : 근대국가 성립 당시에는 주권면책론, 위임이론에 기초한 국가무책임의 원칙이 지배적이었다.

② 행정상 손해배상제도의 성립 : 국가무책임의 원리를 극복하는 과정에서 각국의 행정상 손해배상제도에 차이가 발생하였다.

제 2 항 우리나라의 행정상 손해배상제도

Ⅰ. 위법한 직무행위로 인한 배상책임

1. 국가배상책임의 헌법적 보장

공무원의 직무상 불법행위로 손해를 받은 국민은 법률이 정하는 바에 의하여 국가 또는 공공단체에 정당한 배상을 청구할 수 있다. 이 경우 공무원 자신의 책임은 면제되지 않는다(헌법 제29조제1항).

① 배상청구권의 주체 : 국민

② 배상책임의 주체 : 헌법은 국가 또는 공공단체로 규정

* 국가배상법상의 배상책임자 (국가 또는 지방자치단체)와의 차이점에 주목할 필요가 있다.

③ 국가배상책임의 유형 : 헌법은 공무원의 직무상 불법행위로 인한 배상책임만 인정한다.

2. 국가배상법의 적용범위

국가배상에 관한 특별법 → 국가배상법 → 민법의 순서로 적용된다.

(예 : 자동차손해배상보장법 적용의 경우, 자동차손해배상보장법의 요건을 먼저 심사 한 뒤 국가배상법을 적용. 제2조 1문 후단부분 참조)

3. 국가배상에 관한 특별법

① 무과실책임을 인정하고 있는 법 : 「감염병의 예방 및 관리에 관한 법률」(제71조제2항), 「자동차손해배상보장법」(제3조), 「산업재해보상보호법」(제3조), 「원자력손해배상법」(제3조), 「공무원연금법」(제35조)

② 배상책임의 범위 또는 손해배상액을 경감하거나, 정형화하고 있는 법 : 「우편법」(제38조), 「철도법」(제72조)

* 철도법 제72조(화물의 멸실·훼손 또는 연착으로 인한 손해배상책임) ① 화물의 멸실·훼손 또는 연착으로 인한 철도경영자의 손해배상책임에 관하여는 상법 제135조의 규정을 적용한다.

③ 제1항의 규정에 의한 손해배상의 절차에 관하여는 대통령령으로 정한다.

4. 국가배상법의 법적 성격

① 학설 : 공법설과 사법설이 대립하고 있다.

② 판례 : 사법설에 따르고 있다(대판 1972.10.10, 69다701).

5. 국가배상법의 내용

① 배상책임의 유형 : ㉠ 공무원의 직무상 불법행위로 인한 배상(제2조), ㉡ 영조물의 설치, 관리의 하자로 인한 배상(제5조)

② 상호주의 : 외국인이 피해자인 경우 상호의 보증이 있는 한도에서만 적용한다(제7조).

Ⅱ. 공무원의 직무상 불법행위로 인한 손해배상책임의 요건

1. 공무원

① 의의 : 국가공무원법, 지방공무원법상의 공무원과 공무를 수탁 받은 사인(私人)도 공무원에 해당하고, 그 외에 널리 공무를 위탁 받아 종사하는 모든 자(예 : 소집중인 향토예비군대원, 교통할아버지)를 포함한다.

* 여기서의 공무의 위탁에는 일시적이고 한정적인 것도 포함된다.

② 국가배상법상의 공무원이 아니라고 판시한 예 : 의용소방대원(78다584 판결), 법령에 의해 대집행권한을 위탁받은 한국토지공사(2007다82950) 등

③ 국가배상법의 공무원이라고 판시한 예 : 소집중인 향토예비군 대원, 교통할아버지 등

④ 기관의 공무원에의 포함 여부 : 국민의 권리구제 확대 차원에서 긍정하는 것이 옳다.

2. 직무를 집행하면서

대법원 2004.4.9, 선고 2002다10691 판결

경남 고성군(A)은 ㈜관광호텔(丙)과 A소유 토지에 관광호텔을 건축하기로 하는 부지대부계약을 체결하였으나, 공사 진행 중 丙의 부도로 위 계약이 해지되었다. A는 甲을 포함한 丙의 채권자들에게 공사대금 정산금을 집행공탁한다는 내용의 공탁통지안내문을 발송하였다. 甲은 丙에 대한 채권의 인낙조서 등본을 제출하였을 뿐, A를 제3채무자로 하는 채권가압류명령 등을 제출하지 아니하여 위 집행공탁 대상자에서 제외되었다. 甲은 A를 상대로 한 손해배상소송에서 "A 소속 공무원 乙이 甲으로부터 공탁금 배당과 관련한 질의를 받았음에도 채권가압류명령 등 필요한 서류를 알려 주지 아니하여 배당을 받지 못하도록 하였다."고 주장하였다.
〈문제〉 A의 배상책임이 인정되는 여부를 검토하시오.

① 의의 : 민법상의 '직무에 관하여'와 같은 의미이다.

② 직무행위의 범위 : 권력작용 외에 '관리작용'도 포함(광의설)된다.

* 사경제의 주체로서 행하는 것만 제외, 비권력적 행위도 해당된다.

③ 직무행위의 내용 : 입법, 사법, 행정(법적 행위·사실행위)의 모든 작용이 포함된다.

㉠ 입법작용 : 곤란, 예외적 인정(국회사무처 직원의 배상청구)

㉡ 사법작용 : 심급제도의 본질, 판결의 확정력확보로 인해 인정되기 곤란, 예외적 인정(헌법소원심판 청구기간을 오인하여 잘못 각하결정함으로써 청구인으로 하여금 본안판단을 받을 기회를 상실하게 한 경우)

④ 부작위의 문제 : 종래 행정편의주의의 지배로 배상책임이 부인되어 왔으나, 재량권의 영으로의 수축이론, 공무원 책임에 대한 판례의 적극적 해석 등의 영향으로 으로 부작위의 위법성인정이 과거에 비해 보다 폭넓게 인정되고 있는 추세이다.

대법원 2005.6.10, 선고 2002다53995 판결【손해배상(기)】

공무원의 부작위로 인한 국가배상책임을 인정하기 위하여는 공무원의 작위로 인한 국가배상책임을 인정하는 경우와 마찬가지로 '공무원이 그 직무를 집행함에 당하여 고의 또는 과실로 법령에 위반하여 타인에게 손해를 가한 때'라고 하는 국가배상법 제2조 제1항의 요건이 충족되어야 할 것인바, 여기서 '법령에 위반하여'라고 하는 것이 엄격하게 형식적 의미의 법령에 명시적으로 공무원의 작위의무가 규정되어 있는데도 이를 위반하는 경우만을 의미하는 것은 아니고, 국민의 생명, 신체, 재산 등에 대하여 절박하고 중대한 위험상태가 발생하였거나 발생할 우려가 있어서 국민의 생명, 신체, 재산 등을 보호하는 것을 본래적 사명으로 하는 국가가 초법규적·일차적으로 그 위험 배제에 나서지 아니하면 국민의 생명, 신체, 재산 등을 보호할 수 없는 경우에는 형식적 의미의 법령에 근거가 없더라도 국가나 관련 공무원에 대하여 그러한 위험을 배제할 작위의무를 인정할 수 있을 것이나, 그와 같은 절박하고 중대한 위험상태가 발생하였거나 발생할 우려가 있는 경우가 아닌 한, 원칙적으로 공무원이 관련 법령대로만 직무를 수행하였다면 그와 같은 공무원의 부작위를 가지고 '고의 또는 과실로 법령에 위반'하였다고 할 수는 없을 것이므로, 공무원의 부작위로 인한 국가배상책임을 인정할 것인지 여부가 문제되는 경우에 관련 공무원에 대하여 작위의무를 명하는 법령의 규정이 없다면 공무원의 부작위로 인하여 침해된 국민의 법익 또는 국민에게 발생한 손해가 어느 정도 심각하고 절박한 것인지, 관련 공무원이 그와 같은 결과를 예견하여 그 결과를 회피하기 위한 조치를 취할 수 있는 가능성이 있는지 등을 종합적으로 고려하여 판단하여야 한다(대법원 1998.10.13, 선고 98다18520 판결, 2001.4.24, 선고 2000다57856 판결 등).

[판례의 부작위에 의한 국가배상책임의 접근 방식]
① 합리성차원의 방식 : 방치 트랙트 사건(대법원 98다16809 판결). [경찰관이 그 권한을 행사하여 필요한 조치를 취하지 아니하는 것이 **현저하게 불합리하다고 인정되는 경우**에는 그러한 권한의 불행사는 직무상의 의무를 위반한 것이 되어 위법하게 된다.]
[행정청 등에 그러한 규제·감독권한이 부여된 취지·목적에 비추어 보아 **그 불행사가 현저하게 불합리하다고 인정되지 않는 한…**]
② 재량축소론적 접근방식 : 대법원 79다2341 판결[자치단체로서는 의당 주민들의 복리를 위하여 주택가 내에 돌출하여 위험이 예견되는 자연암벽을 사전에 제거하여야 할 의무도 부담한다고 할 것인데 그 **의무를 해태한 부작위로 인하여 붕괴사고가 일어나서 주민들이 손해를 입었다면** 그 자치단체로서는 국가배상법 제2조에 의한 책임을 면할 수 없다고 봄이 상당하다]. 그 외, 대법원 98다18520 판결(에이즈양성 판정의 불통지사건) 등.

④ 직무행위의 판단기준 : 외형설, 직무집행의 의사는 필요 없다.

3. 고의, 과실(중과실, 경과실 포함)

대법원 2010.4.29, 선고 2009다97925 판결
甲은 국유재산에 대한 사용·수익허가를 받은 후 정육점 영업 준비를 하면서 충남 계룡시 담당공무원 乙에게 영업신고에 관해 문의하였다. 乙은 관련 행정관청에 문의하고, 농림부 국립수의과학검역원 발행의 "축산물가공처리법령 질의·응답집"을 검토하여 같은 장소에서 영업하였던 기존 업자의 폐업신고가 되지 않은 경우 甲의 영업신고를 수리할 수 없다고 통보하였다. 甲은 영업신고를 마치지 못한 채 정육점 영업을 개시하였으나, 乙로부터 미신고 영업으로 고발할 수 있다는 통지를 받고 영업을 중단하였다. 참고로 축산물판매업 신고의 경우 법령에서 정한 시설기준 등 요건을 갖추어 신고하면 수리처분 등 별단의 조치를 기다릴 필요 없이 그 접수시에 신고의 효력이 발생한다고 보아야 한다.
〈문제〉 계룡시의 배상책임이 인정되는지 여부를 검토하시오.

① 고의, 과실의 판단기준 : 당해 공무원을 기준으로 판단한다.
② 과실관련 특수문제 – 법령, 판례의 부지
　㉠ 법령해석에 필요한 지식의 결핍에 근거한 직무행위 – 과실 인정

ⓒ 학설, 판례가 귀일되지 못한 경우－과실 부정

③ 과실의 객관화

㉠ 주의의무 내용의 고도화 : 과실을 객관적인 주의의무위반으로 파악(대판 1987.9.22, 87다카1164)

㉡ 위법성과 과실의 일원화 : 양자 중 어느 하나만 인정되면 다른 요건은 당연히 인정한다.

㉢ 조직과실 : 가해공무원의 특정은 필요 없다.

> 이 사건 사고는 피고 소속 성명불상 전투경찰대원이 시위진압 과정에서 최루탄을 사용하면서 그 사용에 대한 안전수칙을 지키지 아니한 잘못으로 인하여 발생하였다고 할 것 이므로 피고는 피고 소속 공무원인 위 전투경찰대원의 직무집행상의 과실로 인한 이 사건 사고로 원고가 입은 모든 손해를 배상할 책임이 있다(서울지법 1988.9.21, 88가합2327).

④ 입증책임 : 원고인 피해자(원칙), 일응 추정의 법리의 문제가 있다.

4. 법령의 위반(=위법)

① 법령위반에 관한 학설

㉠ 결과위법성설 : 위법성이란 가해행위의 결과인 손해의 불법을 의미하므로 위법성 판단은 국민이 받은 손해가 결과적으로 수인되어야 할 것인가의 여부가 기준이 된다.

㉡ 행위위법성설

ⓐ 협의의 행위위법성설 : 취소소송의 소송물과 마찬가지로 행위 자체의 법에의 위반으로 위법성을 파악한다. 즉, 국가배상법상의 위법을 엄격한 의미의 법령위반으로 볼 뿐 단순히 공서양속 또는 신의성실, 권리남용금지 등의 위반은 국가배상법상의 위법에 포함되지 않는다고 한다.

ⓑ 광의의 행위위법성설 : 국가배상법상의 위법을 행위 자체의 법에 위반뿐만 아니라 명문의 규정이 없더라도 공권력행사의 근거법규 및 각 행정 분야에서의 자연법적 객관적 법질서를 종합적

으로 고려할 때 인정되는 공무원의 '직무상 일반적 손해방지의무'의 위반을 포함하는 개념으로 이해하는 견해이다.

ⓒ 상대적 위법성설 : 위법성을 행위자체의 위법뿐만 아니라 피침해이익의 성격과 침해의 정도 및 가해행위의 태양 등을 종합적으로 고려하여 행위가 객관적 정당성을 결한 경우를 의미한다고 보는 견해이다. 이 견해는 행위위법성설과 결과불법설을 함께 고려하는 견해이다. 즉 공무원의 행위가 법령에 위반되는가도 고려하면서 또한 이러한 법령위반행위가 피해자에게 어떠한 결과를 야기 시키는가를 동시에 고려하는 견해이다.

ⓔ 직무의무위반설 : 위법성을 공무원의 직무의무위반으로 보는 견해이다. 취소소송에서의 위법성은 행정작용측면에서만 위법여부를 판단하지만 국가배상책임에서는 행정작용과 행정작용을 한 자와의 유기적 관련성 속에서 위법성 여부를 판단한다는 것이다.

* 위법성 판단기준으로 법령은 성문법 이외에 불문법과 일반 원칙이 포함된다고 보지만(다수설, 판례) 행정규칙 위반이 법령 위반에 포함되는지는 해당한다는 견해(다수설)와 부인(판례)하는 견해가 대립한다.

영업허가 취소처분이 나중에 행정심판에 의하여 재량권을 일탈한 위법한 처분임이 판명되어 취소되었다고 하더라도 그 처분이 당시 시행되던 공중위생법시행규칙에 정하여진 행정처분의 기준에 따른 것인 이상 그 영업허가 취소처분을 한 행정청 공무원에게 그와 같은 위법한 처분을 한 데 있어 어떤 직무집행상의 과실이 있다고 할 수 없다(대판 1994.11.8., 94다26141).

② 결어 : 국가배상법상의 위법을 엄격한 의미의 법령위반뿐만 아니라 인권존중, 권리남용금지, 신의성실, 공서양속 등의 위반도 포함하여 널리 그 행위가 객관적으로 정당성을 결여하고 있음을 의미하는 광의의 행위위법설이 종래의 다수설, 판례이다.

③ 판례는 결과위법설에 대하여는 부정적 입장을 분명히 밝힌 바 있으며(대판 1977.7.25, 94다2480 참조), 근래에는 상대적 위법성설에 따른 것으로 볼 수 있는 판례(대판 2000.5.12, 99다70600)도 나오고 있는 실정이다.

5. 타인에 대한 손해의 발생

> **대법원 2003.4.25, 선고 2001다59842 판결**
> 고대장은 자신의 성명을 '고중장'으로 변개한 호적등본 1통을 변조하고, 주소지를 서울 강남구 역삼동으로 옮긴 후 역삼동사무소에서 주민등록상 성명정정신고를 하였다. 동사무소 직원은 주민등록표 원본 및 인감대장상의 성명을 변조된 호적등본에 따라 '고중장'으로 정정하고 '고중장' 명의의 주민등록증을 발급하였는데, 이 과정에서 주민등록법령상 반드시 하도록 되어 있는 '고중장'의 본적지 구청장에 대한 주민등록사항 정정내용 통보를 하지 아니하였다.
> 고대장은 약속어음을 할인 받으면서 위 주민등록증으로 발급받은 고중장 명의 허위의 인감증명서 등을 이용하여 고중장 소유의 부동산에 대해 채권최고액 12억 원의 근저당권설정등기를 경료하여 주었다.
> 〈문제〉 강남구의 배상책임이 인정되는지 여부를 검토하시오.

① 타인 : 가해자인 공무원과 그의 가해행위에 관여한 자 이외의 모든 사람이다.

② 손해

㉠ 적극적 손해, 소극적 손해 불문

㉡ 재산적 손해, 비재산적 손해 불문

㉢ 반사적 이익의 침해는 불포함

㉣ 공공일반의 이익에 대한 침해 역시 불포함

> ① 국민의 이익과 관련된 것이라도 직접 국민 개개인의 이익을 위한 것이 아니라 전체적으로 공공 일반의 이익을 도모하기 위한 것이라면, 그 의무에 위반하여 국민에게 손해를 가하여도 국가 또는 지방자치단체는 배상책임을 부담하지 아니한다. ② 국민이 법령에 정하여진 수질기준에 미달한 상수원수로 생산된 수돗물을 마심으로써 건강상의 위해 발생에 대한 염려 등에 따른 정신적 고통을 받았다고 하더라도 이러한 사정만으로는 국가 또는 지방자치단체가 국민에게 손해배상책임을 부담하지 아니한다(대판 2001.10.23, 99다36280).

③ 상당인과관계

㉠ 의의 : 객관적으로 보아 어떠한 선행사실로부터 일반적으로 초래되는 후행사실이 발생하는 범위안에서 법률이 요구하는 인과관계를

인정하는 것을 말한다.

㉡ 상당인과관계의 존재를 인정한 예 : 군산시 윤락가화재사건(대판 2008. 4.10, 2005다48994 판결), 무장공비색출체포를 위한 대간첩 작전수행과 관련하여 군경공무원들의 직무유기행위와 국민의 사망 사이(대판 1971.4.6, 71다124 판결)

㉢ 상당인과관계의 존재를 부정한 예 : 삼풍백화점 붕괴사고와 서초구청 소속 공무원들의 직무의무 위반행위 사이(대판 1999.12.21, 98다29797 판결)

Ⅲ. 직무행위의 판단기준

1. 직무행위의 판단기준

① 직무행위 자체는 물론 객관적으로 직무의 범위에 속한다고 판단되는 행위 및 직무행위와 밀접한 관련이 있는 행위가 포함된다.

② 직무행위인지 여부는 공무원에게 직무집행의 의사가 있는지의 여부와는 관계없이, 객관적으로 직무행위의 '외관'을 갖추고 있는지의 여부를 기준으로 판단(외형설·외관주의) 된다.

2. 판례의 경향

직무행위와 관련 있는 것으로 판시된 사례	직무행위와 관련 없는 것으로 판시된 사례
① 상관의 명에 의한 이삿짐 운반 ② 자신소유의 오토바이를 몰고 다음날 실시 예정인 군사훈련에 대비하여 훈련지역일대를 살피고 귀대하던 중 사고를 일으킨 경우 ③ 소속부대장의 명에 따라 개인소유의 차량을 빌려 예하부대로 출장 갔다가 퇴근시간이 되어 자신의 집으로 운행하던 중 사고가 발생한 경우 ④ 운전병이 관용차를 가지고 상관을 귀대시키고 오던 중 친지와 음주 후 대리운전을 시키다가 사고가 발생한 경우	① 통상적으로 근무하는 근무지로 출근하기 위한 자기소유 자동차운행 ② 부대이탈후 민간인 사살 ③ 가솔린불법처분 중 발화 ④ 결혼식참석을 위한 군용차운행 ⑤ 압류도중의 절도행위 ⑥ 불법휴대 카빈총으로 보리밭의 꿩사냥 ⑦ 군의관의 포경수술 ⑧ 사원에 기한 불법행위 ⑨ 군인의 휴식시간 중 비둘기 사냥 ⑩ 사적 행위(예 싸움, 상호장난) 등

⑤ 감방 또는 교도소에서의 사형(私刑) ⑥ 훈계권행사로서의 기합 ⑦ 실탄사격교육훈련도중 군인의 휴식 중 평사격 ⑧ 수사도중의 고문행위 ⑨ 직무와 관련된 수뢰행위 ⑩ 학군단소속차량의 그 학교교수의 장례식 참석을 위한 차량의 운행 등 ⑪ 헌병대영창에서 탈주한 군인들이 민가에 침입하여 저지른 범죄행위 등 ⑫ 인사공무원이 위조공무원증을 만든 행위	

* 국가배상법상의 위법성 개념과 취소소송에서의 위법성 개념의 관계

> 1. 국가배상법상의 위법성개념과 취소소송에서의 위법성개념의 관계
> ① 일원설 : 국가배상법상의 위법개념과 취소소송의 그것은 동일한 개념
> ② 이원설 : 국가배상법상의 위법개념이 취소소송에서의 위법성은 다른 개념(혹은 보다 넓은 개념)
> 2. 취소소송의 판결과 국가배상청구소송과의 관계(기판력과의 관계)
> ① 전면적 기판력긍정설 : 국가배상법상의 위법성개념과 취소소송에서의 위법성개념을 동일한 개념으로 보는 협의의 행위위법설에 따르면 취소소송의 판결의 기판력은 (인용판결·기각 판결을 불문하고) 국가배상청구소송에 미친다.
> ② 제한적 기판력긍정설 : 국가배상법의 위법성개념을 취소소송에 있어서의 위법성개념보다 넓은 것으로 보는 광의의 행위위법설에 따르면 취소소송의 '인용판결'의 기판력은 국가배상청구소송에 미치지만, 취소소송의 기각판결의 기판력은 국가배상청구소송에 미치지 않는다.
> ③ 전면적 기판력부정설 : 국가배상법의 위법성개념과 취소소송에 있어서의 위법개념을 전혀 다른 개념으로 보는 학설에 따르면 취소소송의 판결의 기판력은 국가배상청구소송에 미치지 않는다.

국가배상의 위법성을 오히려 엄격하게 보는 것이 판례의 경향이다. 대판 2003.12.11, 2001다65236(공인회계사시험); 대판 2003.11.27, 2001다33789, 33796, 33802, 33819 판결(사법시험 제1차 시험). 취소소송에서는 위법성이 인정되어 취소판결이 선고, 확정되었으나 그 후 제기된 국가배상청구소송에서는 '객관적 정당성'이 상실되지 않았다는 이유로 위법성을 부정하였다.

Ⅳ. 손해배상의 범위

1. 원 칙

공무원의 가해행위와 상당인과관계에 있는 모든 손해에 대해 배상하는 것이 원칙이다.

2. 생명, 신체의 침해에 대한 특례

①「국가배상법」 제3조의 성질

㉠ 기준규정설 : 국가배상법 제3조는 단순한 기준에 불과하고 구체적 사정에 따라서는 배상액을 증감하는 것도 가능하다는 견해이다(다수설, 판례).

㉡ 제한규정설(한정액설) : 국가배상법 제3조는 손해배상액의 상한을 규정한 제한규정으로 보는 견해이다.

② 재산권침해에 대한 위자료의 지급가능성 :「국가배상법」 제3조는 생명·신체에 대한 침해로 인한 위자료의 지급만을 규정하고 있으나 동조가 재산권 침해로 인한 위자료의 지급의무를 배제하는 것은 아니다(대판 1990.12.21, 90다6033).

3. 손익상계

피해자가 손해를 입은 동시에 이익을 얻은 경우에는 손해배상액에서 그 이익에 상당하는 금액을 공제한다(예. 과실상계).

4. 중간이자의 공제

유족배상 및 장래에 필요한 요양비를 일시에 청구하는 경우에는 중간이자를 공제하여야 하며, 이 경우 중간이자의 공제방식은 단 할인법(호프만식)에 의한다.

Ⅴ. 군인, 군무원 등에 대한 특례

> **대법원 2002.5.10, 선고 2000다39735 판결**
> 甲은 입대 후 상급자로부터의 지속적인 폭행 및 폭언 등으로 인해 군병원에서 정신분열증 판정을 받고 전역하였다. 甲은 전역 후 아무런 조치를 취하지 않고 있다가 주변의 권유로 대한민국을 상대로 손해배상청구를 하였다. 甲이 국가유공자예우 등에 관한 법률과 군인연금법이 정하는 상이등급 및 장애등급에 해당함이 분명하여 위 법률 규정에 의해 보상을 받을 수 있었음에도 아무런 권리행사를 하지 아니하여 위 법률에 따른 보상금청구권의 소멸시효가 완성된 경우 甲의 배상청구가 인정될 수 있는지 여부를 검토하시오.

1. 근거 규정

군인, 군무원, 경찰공무원 또는 향토예비군대원이 전투, 훈련 기타 직무집행과 관련하여 전사, 순직 또는 공상 등을 입은 경우에 다른 법령의 규정에 의하여 재해보상금, 유족연금, 상이연금 등의 보상을 지급받을 수 있을 때에는 「국가배상법」 및 「민법」에 의한 손해배상을 청구할 수 없다(헌법 제29조 제2항, 국가배상법 제2조 제1항 단서).

판례는 직무집행과 관련하여 공상을 입은 군인 등이 먼저 「국가배상법」에 따라 손해배상금을 지급받은 다음, 「보훈보상대상자 지원에 관한 법률」이 정한 보상금 등 보험 급여의 지급을 청구하는 경우, 「국가배상법」에 따라 손해배상을 받았다는 이유로 그 지급을 거절할 수 없다고 하였다(대판 2017.2.3, 2015두60075[보훈급여금지급정지처분등취소의 소]).

2. 적용 대상자

군인, 군무원, 경찰공무원 및 향토예비군대원 등이 있다.

① 전투경찰순경은 여기서의 경찰공무원에 해당하여 이중배상이 부정된다(헌재결 1996.6.13, 94헌마118).

② 경비교도와 공익근무요원은 이중배상이 제한되는 자에 속하지 않는다(대판 1998.2.10, 97다45914, 대판 1997.3.28, 97다4036).

3. 전투, 훈련 등 직무집행

경찰공무원의 경찰서지서 숙직실에서의 사망에 대하여는 배상가능성이 인정된다(대판 1979.1.30., 77다2389).

4. 국가배상법 제2조 제1항 단서의 실질적 위헌성 여부

① 학설 : ㉠ 이중배상금지를 이유로 합헌이라는 견해와, ㉡ 사회보장제도와 국가배상간의 이질성을 논거로 위헌이라는 견해의 대립한다.

② 판례 : 합헌성을 인정한다(향토예비군대원의 국가배상청구권이 문제되었던 헌재결 1996.6.13, 94헌바20 참조).

Ⅵ. 배상책임자

1. 원 칙

국가 또는 지방자치단체가 배상책임을 진다.

2. 선임감독자와 비용부담자가 일치하지 않는 경우

① 피해자는 양자에 대해 선택적으로 배상을 청구할 수 있다.

② 비용부담자가 배상한 경우 선임감독자에 대하여 구상권을 가진다.

* 비용부담자의 의미에 대하여는 형식적 비용부담자 외에 실질적 비용부담자를 포함시킬 수 있다는 것(병합설)이 판례의 입장이다.

3. 지방자치단체의 사무처리에 대한 배상책임

① 원칙

㉠ 자치사무의 처리로 발생한 손해에 대하여는 지방자치단체

㉡ 위임사무의 처리로 인하여 발생한 손해에 대하여는 궁극적으로 위임자가 배상책임

② 비용부담자의 배상책임을 인정한 예

국가사무로 규정되어 있는 개간허가와 개간허가의 취소사무는 이른바 기관위임사무라 할 것이고, 이러한 경우 군수는 그 사무의 귀속주체인 국가 산하 행정기관의 지위에서 그 사무를 처리하는 것에 불과하므로, 군수 또는 군수를 보조하는 공무원이 위임사무처리에 있어 고의 또는 과실로 타인에게 손해를 가하였다 하더라도 원칙적으로 군에는 국가배상책임이 없고 그 사무의 귀속주체인 국가가 손해배상책임을 지는 것이며, 다만 국가배상법 제6조에 의하여 군이 비용을 부담한다고 볼 수 있는 경우에 한하여 국가와 함께 손해배상 책임을 부담한다(대판 2000.5.12, 99다7060).

Ⅶ. 배상책임의 성질

1. 학 설

① 대위책임설 : 국가배상책임을 국가 등이 가해자인 공무원을 대신하여 부담하는 대위책임의 성질을 갖는 것으로 보는 견해이다.

② 자기책임설 : 국가 등의 배상책임은 그 기관인 공무원의 행위라는 형식을 통하여 직접 자기의 책임으로 부담하는 것이라는 견해이다.

③ 절충설 : 공무원의 고의·중과실에 의한 행위에 대한 국가 등의 배상책임은 대위책임, 경과실에 의한 행위에 대한 국가 등의 배상책임은 자기책임이라는 견해이다.

구분	대위책임설	자기책임설	절충설(중간설, 판례)
법적 성질	공무원의 위법한 직무행위로 인한 손해배상책임은 원칙적으로 공무원이 져야 하지만, 피해자에 대한 충실한 배상을 위하여 국가 등이 가해자인 공무원을 대신하여 배상책임을 지는 데 불과하다는 것(우리나라 행정법학자들의 전통적 견해)	국가의 배상책임은 공무원의 책임을 대신하여 지는 것이 아니고, 그의 기관이 공무원의 행위를 통하여 직접 자기의 책임으로 부담한다는 것(우리나라 헌법학자들의 다수 견해)	공무원의 고의 중과실에 대한 국가의 배상책임은 대위책임이지만, 경과실의 경우에는 자기책임의 성질을 가진다는 것

논거	ⓐ 공무원의 위법행위는 국가 등의 대리인으로서 수권에 위반해서 행한 행위이기 때문에 국가 등은 책임지지 않는다. ⓑ 국가배상법 제 2조 제 1항은 공무원 자신의 불법행위책임을 전제로 하고 있다. ⓒ 국가의 가해공무원에 대한 구상권이 인정되고 있다.	ⓐ 국가는 공무원을 통하여 행위를 하는 것이기 때문에 그로 인한 효과는 위법적법을 불문하고 국가에 귀속되어야 한다. ⓑ 헌법이나 국가배상법 규정에 '공무원에 대신하여'라는 표현이 없다. ⓒ 공무원 자신에 관한 헌법규정, 공무원에 대한 구상권 제한에 관한 국가배상법 규정은 국가의 배상책임의 성질과는 직접적으로 무관하다.	ⓐ 고의·중과실의 경우에만 공무원에 대한 구상권을 인정한다. ⓑ 경과실에 대한 경우는 구상권을 인정하지 않는다.

2. 판 례

절충설의 입장이다.

① 공무원이 직무를 수행함에 있어 경과실로 타인에게 손해를 입힌 경우에는 공무원의 행위는 여전히 국가 등의 기관의 행위로 보아 그로 인하여 발생한 손해에 대한 배상책임도 전적으로 국가 등에만 귀속시키고 공무원 개인에게는 그로 인한 책임을 부담시키지 아니하여 공무원의 공무집행의 안정성을 확보하고,

② 공무원의 위법행위가 고의·중과실에 기한 경우에는 국가 등에게 그 책임을 귀속시킬 수 없으므로 공무원 개인에게 불법행위로 인한 손해배상 책임을 부담시키되, 다만 이러한 경우에도 그 행위의 외관을 객관적으로 관찰하여 공무원의 직무집행으로 보여 질 때에는 국가 등이 공무원 개인과 중첩적으로 배상책임을 부담하되 국가 등이 배상책임을 지는 경우에는 공무원 개인에게 구상할 수 있도록 함으로써 궁극적으로 그 책임이 공무원 개인에게 귀속되도록 하려는 것이라고 봄이 합당하다(대판 1996.2.15., 95다38677).

Ⅷ. 공무원의 배상책임

1. 공무원에 대한 구상

① 공무원에 대한 구상
㉠ 공무원에게 '고의 또는 중과실'이 있는 경우에만 구상 가능하다.
㉡ 공무원의 사기저하·사무정체의 방지를 위한다.

② 배상책임의 성질과 구상
㉠ 대위책임설에 의하면 구상은 당연하다.
㉡ 자기책임설에 의하는 경우에도 구상은 가능하다. 즉 공무원은 채무불이행책임에 유사한 내부적 변상책임을 부담한다.

2. 국가에 대한 구상권 청구문제

① 공동불법행위자인 사인의 국가에 대한 구상권 청구 가능성 : 대법원은 부정설의 입장이다.
㉠ 종래의 대법원 판례 : 사인이 직무집행 중인 군인 등과 공동불법행위자로서 가담하여 직무집행 중인 다른 군인 등에게 공상을 입힌 결과 그 피해자에게 공동불법행위로 인한 손해를 전부 배상한 경우 공동불법행위자인 사인이 다른 공동불법행위자인 군인 등의 부담부분에 관하여 국가에 대하여 구상권을 행사하는 것은 허용되지 않는다는 입장으로 일관하여 왔다.
㉡ 대법원 판례의 변경 : 공동불법행위자 등이 부진정연대채무자로서 각자 피해자의 손해 전부를 배상할 의무를 부담하는 공동불법행위의 일반적인 경우와는 달리 예외적으로 민간인은 피해 군인 등에 대하여 그 손해 중 국가 등이 민간인에 대한 구상의무를 부담한다면 그 내부적인 관계에서 부담하여야 할 부분을 제외한 나머지 자신의 부담부분에 한하여 손해배상의무를 부담하고, 국가 등에 대하여서는 그 귀책부분의 구상을 청구할 수 없다고 판시하여, 민간인의 손해배상의무감축이론을 채택하였다(2001.2.15, 96다42420).

* 판례는 공동불법행위의 책임 분담에 관한 논리에 따르고 있으므로, 국가에 대한 구상금 자체는 문제되지 않는다.

㉢ 헌법재판소의 결정(헌재는 긍정설의 입장) : 국가배상법 제2조 제1항 단서 헌법소원사건에서, 동 조항부분은 일반 국민이 직무집행 중인 군인과의 공동불법행위로 직무집행 중인 다른 군인에게 공상을 입혀 그 피해자에게 공동의 불법행위로 인한 손해를 배상한 다음 공동불법행위자인 군인의 부담부분에 관하여 국가에 대하여 구상권을 행사하는 것은 허용하지 아니한다고 해석하는 한 헌법에 위반된다고 한정위헌 선언을 하였다.

[국가배상법 제2조 제1항 단서 중 군인에 관련되는 부분의 위헌 여부]

국가배상법 제2조 제1항 단서 중 군인에 관련되는 부분을, 일반국민이 직무집행 중인 군인과의 공동불법행위로 직무집행 중인 다른 군인에게 공상을 입혀 그 피해자에게 공동의 불법행위로 인한 손해를 배상한 다음 공동불법행위자인 군인의 부담부분에 관하여 국가에 대하여 구상권을 행사하는 것을 허용하지 않는다고 해석한다면, 이는 위 단서 규정의 헌법상 근거규정인 헌법 제29조가 구상권의 행사를 배제하지 아니하는데도 이를 배제하는 것으로 해석하는 것으로서 합리적인 이유 없이 일반국민을 국가에 대하여 지나치게 차별하는 경우에 해당하므로 헌법 제11조, 제29조에 위반되며, 또한 국가에 대한 구상권은 헌법 제23조 제1항에 의하여 보장되는 재산권이고 위와 같은 해석은 그러한 재산권의 제한에 해당하며 재산권의 제한은 헌법 제37조 제2항에 의한 기본권제한의 한계 내에서만 가능한데, 위와 같은 해석은 헌법 제37조 제2항에 의하여 기본권을 제한할 때 요구되는 비례의 원칙에 위배하여 일반국민의 재산권을 과잉 제한하는 경우에 해당하여 헌법 제23조 제1항 및 제37조 제2항에도 위반된다.
(1994.12.29, 93헌바21 헌법재판소 전원재판부)

3. 선택적 청구권의 문제

선택적 청구권에 대한 판례의 변화과정은,

① 선택적 청구 긍정(대판 1972.10.10, 69다701)

② 선택적 청구 부정(대판 1994.4.12, 93다11807)

③ 고의·중과실의 경우에는 긍정, 경과실의 경우에는 부정(대판 1996.2.15., 95다38677)

[대법원 1996.02.15. 선고 95다38677 전원합의체 판결]

이 사건에 관하여 보건대, 원심판결 이유에 의하면 피고는 군부대 운전병으로서 공무를 수행하기 위하여 국가 소유의 사고 차량을 운전하다가 이 사건 교통사고를 일으킨 것이므로 위 차량의 운행은 헌법 제29조 제1항 본문 및 국가배상법 제2조 제1항에 의하여 일응 피고가 소속된 국가가 국가배상책임을 부담하여야 할 경우로 보이는바(한편 피해자인 소외 홍종권 역시 같은 부대 소속 군인으로서 직무집행 중 이 사건 사고로 사망한 것으로 인정되어 그 유족들인 원고들이 국가유공자예우등에 관한법률 등에 의하여 보상을 받을 수 있는 경우에는 국가배상법 제2조 제1항 단서에 의하여 국가에 대하여 국가배상을 청구할 수 없게 될 것이지만, 이 점은 위에서 언급한 바와 같이 피고 개인의 손해배상책임의 인정 여부에 영향이 없다.), 사고차량을 운전한 피고에게 경과실만 인정되는 경우에는 공무원 개인인 피고에게는 불법행위로 인한 손해배상책임을 물을 수 없지만 피고에게 중과실이 있는 것으로 인정되는 경우에는 피고 개인에게도 손해배상책임을 물을 수 있다고 할 것이다.

그런데도 원심은 피고의 귀책사유의 정도에 관하여는 논하지도 아니한 채 피고 개인에게는 불법행위로 인한 손해배상책임이 없다고 판단하였으니, 원심은 헌법 제29조 제1항을 잘못 해석함으로써 공무원 개인의 손해배상책임에 관한 법리오해의 위법을 저질렀다고 할 것이므로 이를 지적하는 논지는 이유가 있다.

관련 판례

■ 공무원

1. 한국토지공사가 국가배상법상 공무원인지 여부(소극)

한국토지공사는 구 한국토지공사법(2007.4.6. 법률 제8340호로 개정되기 전의 것) 제2조, 제4조에 의하여 정부가 자본금의 전액을 출자하여 설립한 법인이고, 같은 법 제9조 제4호에 규정된 한국토지공사의 사업에 관하여는 공익사업을 위한 토지 등의 취득 및 보상에 관한 법률 제89조 제1항, 위 한국토지공사법 제22조 제6호 및 같은 법 시행령 제40조의3 제1항의 규정에 의하여 본래 시·도지사나 시장·군수 또는 구청장의 업무에 속하는 대집행권한을 한국토지공사에게 위탁하도록 되어 있는바, 한국토지공사는 이러한 법령의 위탁에 의하여 대집행을 수권받은 자로서 공무인 대집행을 실시함에 따르는 권리·의무 및 책임이 귀속되는 행정주체의 지위에 있다고 볼 것이지 지방자치단체 등의 기관으로서 국가배상법 제2조 소정의 공무원에 해당한다고 볼 것은 아니다.

(대법원 2010.1.28, 선고 2007다82950,82967 판결【손해배상(기)·부당이득금】)

■ 직무 및 직무집행 관련성, 법령위반

2. 직무의 범위

[1] 국가배상법이 정한 손해배상청구의 요건인 '공무원의 직무'에는 국가나 지방자치단체의 권력적 작용뿐만 아니라 비권력적 작용도 포함되지만 단순한 사경제의 주체로서 하는 작용은 포함되지 않는다.

[2] 구 민사소송법(2002.1.26. 법률 제6626호로 전문 개정되기 전의 것) 제581조 제1항에 의하면, 금전채권에 관하여 배당요구의 송달을 받은 제3채무자는 채무액을 공탁할 권리가 있는바, 이와 같이 제3채무자에게 집행공탁을 할 수 있는 권리를 인정한 이유가, 채권에 대한 강제집행절차에서 피압류채권에 대하여 권리를 주장하는 자가 다수 있고 위 채권액이 모든 자에게 만족을 줄 수 없는 경우에 제3채무자에게 배당요구 또는 중복압류의 유무 및 각 압류의 적부를 심사하게 하고 그 진실한 권리자 또는 우선권자에게 적정한 배당을 하게 하는 것이 제3채무자에게 부담을 주고 강제집행절차의 적정을 해할 우려가 있기 때문인 점에 비추어 볼 때, 특별한 사정이 없는 한 제3채무자가 집행공탁을 함에 있어서 그 채무에 관련된 채권자들에게 배당요구의 방법 등을 알려 줄 의무를 부담한다고 보기는 어렵다.

(대법원 2004.4.9, 선고 2002다10691 판결【손해배상금】)

3. 국가배상법 제2조 1항의 '직무를 집행함에 당하여'의 해석 기준

[1] 국가배상법 제2조 소정의 '공무원'이라 함은 국가공무원법이나 지방공무원법에 의하여 공무원으로서의 신분을 가진 자에 국한하지 않고, 널리 공무를 위탁받아 실질적으로 공무에 종사하고 있는 일체의 자를 가리키는 것으로서, 공무의 위탁이 일시적이고 한정적인 사항에 관한 활동을 위한 것이어도 달리 볼 것은 아니다.

[2] 국가배상청구의 요건인 '공무원의 직무'에는 권력적 작용만이 아니라 비권력적 작용도 포함되며 단지 행정주체가 사경제주체로서 하는 활동만 제외된다.

[3] 국가배상법 제2조 제1항 소정의 '직무를 집행함에 당하여'라 함은 직접 공무원의 직무집행행위이거나 그와 밀접한 관계에 있는 행위를 포함하고, 이를 판단함에 있어서는 행위 자체의 외관을 객관적으로 관찰하여 공무원의 직무행위로 보여질 때에는 비록 그것이 실질적으로 직무행위에 속하지 않는다 하더라도 그 행위는 공무원이 '직무를 집행함에 당하여' 한 것으로 보아야 한다.

[4] 지방자치단체가 '교통할아버지 봉사활동 계획'을 수립한 후 관할 동장으로 하여금 '교통할아버지'를 선정하게 하여 어린이 보호, 교통안내, 거리질서 확립 등의 공무를 위탁하여 집행하게 하던 중 '교통할아버지'로 선정된 노인이 위탁받은 업무 범위를 넘어 교차로 중앙에서 교통정리를 하다가 교통사고를 발생시킨 경우, 지방자치단체가 국가배상법 제2조 소정의 배상책임을 부담한다고 인정한 원심의 판단을 수긍한 사례이다.

(대법원 2001.1.5, 선고 98다39060 판결【구상금】)

4. 재판상 불법에 대한 국가배상책임

[1] 법관의 재판에 법령의 규정을 따르지 아니한 잘못이 있다 하더라도 이로써 바로 그 재판상 직무행위가 국가배상법 제2조 제1항에서 말하는 위법한 행위로 되어 국가의 손해배상책임이 발생하는 것은 아니고, 그 국가배상책임이 인정되려면 당해 법관이 위법 또는 부당한 목적을 가지

고 재판을 하였다거나 법이 법관의 직무수행상 준수할 것을 요구하고 있는 기준을 현저하게 위반하는 등 법관이 그에게 부여된 권한의 취지에 명백히 어긋나게 이를 행사하였다고 인정할 만한 특별한 사정이 있어야 한다.

[2] 재판에 대하여 따로 불복절차 또는 시정절차가 마련되어 있는 경우에는 재판의 결과로 불이익 내지 손해를 입었다고 여기는 사람은 그 절차에 따라 자신의 권리 내지 이익을 회복하도록 함이 법이 예정하는 바이므로, 불복에 의한 시정을 구할 수 없었던 것 자체가 법관이나 다른 공무원의 귀책사유로 인한 것이라거나 그와 같은 시정을 구할 수 없었던 부득이한 사정이 있었다는 등의 특별한 사정이 없는 한, 스스로 그와 같은 시정을 구하지 아니한 결과 권리 내지 이익을 회복하지 못한 사람은 원칙적으로 국가배상에 의한 권리구제를 받을 수 없다고 봄이 상당하다고 하겠으나, 재판에 대하여 불복절차 내지 시정절차 자체가 없는 경우에는 부당한 재판으로 인하여 불이익 내지 손해를 입은 사람은 국가배상 이외의 방법으로는 자신의 권리 내지 이익을 회복할 방법이 없으므로, 이와 같은 경우에는 배상책임의 요건이 충족되는 한 국가배상책임을 인정하지 않을 수 없다.

[3] 헌법재판소 재판관이 청구기간 내에 제기된 헌법소원심판청구 사건에서 청구기간을 오인하여 각하결정을 한 경우, 이에 대한 불복절차 내지 시정절차가 없는 때에는 국가배상책임(위법성)을 인정할 수 있다고 한 사례.

[4] 헌법소원심판을 청구한 자로서는 헌법재판소 재판관이 일자 계산을 정확하게 하여 본안판단을 할 것으로 기대하는 것이 당연하고, 따라서 헌법재판소 재판관의 위법한 직무집행의 결과 잘못된 각하결정을 함으로써 청구인으로 하여금 본안판단을 받을 기회를 상실하게 한 이상, 설령 본안판단을 하였더라도 어차피 청구가 기각되었을 것이라는 사정이 있다고 하더라도 잘못된 판단으로 인하여 헌법소원심판 청구인의 위와 같은 합리적인 기대를 침해한 것이고 이러한 기대는 인격적 이익으로서 보호할 가치가 있다고 할 것이므로 그 침해로 인한 정신상 고통에 대하여는 위자료를 지급할 의무가 있다.

(대법원 2003.7.11, 선고 99다24218 판결【손해배상(기)】)

5. 공무원의 부작위가 위법하기 위한 요건(미니컵젤리사건)

[3] 구 식품위생법(2005.1.27. 법률 제7374호로 개정되기 전의 것) 제7조, 제9조, 제10조, 제16조 등 관련 규정이 식품의약품안전청장 및 관련 공무원에게 합리적인 재량에 따른 직무수행 권한을 부여한 것으로 해석된다고 하더라도, 식품의약품안전청장 등에게 그러한 권한을 부여한 취지와 목적에 비추어 볼 때 구체적인 상황 아래에서 식품의약품안전청장 등이 그 권한을 행사하지 아니한 것이 현저하게 합리성을 잃어 사회적 타당성이 없는 경우에는 직무상 의무를 위반한 것이 되어 위법하게 된다. 그리고 위와 같이 식약청장등이 그 권한을 행사하지 아니한 것이 직무상 의무를 위반하여 위법한 것으로 되는 경우에는 특별한 사정이 없는 한 과실도 인정된다.

[4] 어린이가 '미니컵 젤리'를 먹다가 질식하여 사망한 사안에서, 그 사고 발생 전에 미니컵 젤리에 대한 세계 각국의 규제 내용이 주로 곤약 등 미니컵 젤리의 성분과 용기의 규격에 대한 규제에 머물러 있었고, 대한민국 정부도 그 수준에 맞추어 미니컵 젤리의 기준과 규격, 표시 등을 규제하는 조치를 취하여 위 사고 발생 전까지 미니컵 젤리와 관련한 질식사고가 발생하지 않았던 점 등에 비추어, 비록 당시의 과학수준상 미니컵 젤리의 성분에 대하여 허위신고를 하더라도 그 진위를 가려내기 어려웠고, 위 사고 발생 후 시험 등을 통하여 그러한 허위신고의 가능성이

확인되고 곤약 등을 제외한 다른 성분을 함유한 미니컵 젤리로 인한 질식의 위험성이 드러났다고 하더라도, 위 사고 발생 무렵 식품의약품안전청장 및 관계 공무원이 그러한 위험성을 인식하거나 예견하기 어려웠던 점 등 여러 사정을 고려하여 보면, 식품의약품안전청장 및 관계 공무원이 위 사고 발생 시까지 구 식품위생법(2005.1.27. 법률 제7374호로 개정되기 전의 것)상의 규제 권한을 행사하여 미니컵 젤리의 수입·유통 등을 금지하거나 그 기준과 규격, 표시 등을 강화하고 그에 필요한 검사 등을 실시하는 조치를 취하지 않은 것이 현저하게 합리성을 잃어 사회적 타당성이 없다거나 객관적 정당성을 상실하여 위법하다고 할 수 있을 정도에까지 이르렀다고 보기 어렵고, 그 권한 불행사에 과실이 있다고 할 수도 없다고 한 원심의 판단이 정당하다고 한 사례.

(대법원 2010.9.9, 선고 2008다77795 판결【손해배상(기)】)

6. 공무원의 부작위

주점에서 발생한 화재로 사망한 갑 등의 유족들이 을 광역시를 상대로 손해배상을 구한 사안에서, 소방공무원들이 소방검사에서 비상구 중 1개가 폐쇄되고 그곳으로 대피하도록 유도하는 피난구유도등, 피난안내도 등과 일치하지 아니하게 됨으로써 화재 시 피난에 혼란과 장애를 유발할 수 있는 상태임을 발견하지 못하여 업주들에 대한 시정명령이나 행정지도, 소방안전교육 등 적절한 지도·감독을 하지 아니한 것은 구체적인 소방검사 방법 등이 소방공무원의 재량에 맡겨져 있음을 감안하더라도 현저하게 합리성을 잃어 사회적 타당성이 없는 경우에 해당하고, 다른 비상구 중 1개와 그곳으로 연결된 통로가 사실상 폐쇄된 사실을 발견하지 못한 것도 주점에 설치된 피난통로 등에 대한 전반적인 점검을 소홀히 한 직무상 의무 위반의 연장선에 있어 위법성을 인정할 수 있고, 소방공무원들이 업주들에 대하여 필요한 지도·감독을 제대로 수행하였더라면 화재 당시 손님들에 대한 대피조치가 보다 신속히 이루어지고 피난통로 안내가 적절히 이루어지는 등으로 갑 등이 대피할 수 있었을 것이고, 갑 등이 대피방향을 찾지 못하다가 복도를 따라 급속히 퍼진 유독가스와 연기로 인하여 단시간에 사망하게 되는 결과는 피할 수 있었을 것인 점 등 화재 당시의 구체적 상황과 갑 등의 사망 경위 등에 비추어 소방공무원들의 직무상 의무 위반과 갑 등의 사망 사이에 상당인과관계가 인정된다고 한 사례.

(대법원 2016.8.25, 선고 2014다225083 판결【손해배상(기)】)

7. 공무원의 부작위

[1] 경찰관직무집행법 제5조는 경찰관은 인명 또는 신체에 위해를 미치거나 재산에 중대한 손해를 끼칠 우려가 있는 위험한 사태가 있을 때에는 그 각 호의 조치를 취할 수 있다고 규정하여 형식상 경찰관에게 재량에 의한 직무수행권한을 부여한 것처럼 되어 있으나, 경찰관에게 그러한 권한을 부여한 취지와 목적에 비추어 볼 때 구체적인 사정에 따라 경찰관이 그 권한을 행사하여 필요한 조치를 취하지 아니하는 것이 현저하게 불합리하다고 인정되는 경우에는 그러한 권한의 불행사는 직무상의 의무를 위반한 것이 되어 위법하게 된다.

[2] 경찰관이 농민들의 시위를 진압하고 시위과정에 도로 상에 방치된 트랙터 1대에 대하여 이를 도로 밖으로 옮기거나 후방에 안전표지판을 설치하는 것과 같은 위험발생방지조치를 취하지 아니한 채 그대로 방치하고 철수하여 버린 결과, 야간에 그 도로를 진행하던 운전자가 위 방치된 트랙터를 피하려다가 다른 트랙터에 부딪혀 상해를 입은 사안에서 국가배상책임을 인정한 사례이다.

(대법원 1998.8.25, 선고 98다16890 판결【손해배상(자)】)

8. 입법부작위

입법부가 법률로써 행정부에게 특정한 사항을 위임했음에도 불구하고 행정부가 정당한 이유 없이 이를 이행하지 않는다면 권력분립의 원칙과 법치국가 내지 법치행정의 원칙에 위배되는 것으로서 위법함과 동시에 위헌적인 것이 되는바, 구 군법무관임용법(1967.3.3. 법률 제1904호로 개정되어 2000.12.26. 법률 제6291호로 전문 개정되기 전의 것) 제5조 제3항과 군법무관임용등에 관한 법률(2000.12.26. 법률 제6291호로 개정된 것) 제6조가 군법무관의 보수를 법관 및 검사의 예에 준하도록 규정하면서 그 구체적 내용을 시행령에 위임하고 있는 이상, 위 법률의 규정들은 군법무관의 보수의 내용을 법률로써 일차적으로 형성한 것이고, 위 법률들에 의해 상당한 수준의 보수청구권이 인정되는 것이므로, 위 보수청구권은 단순한 기대이익을 넘어서는 것으로서 법률의 규정에 의해 인정된 재산권의 한 내용이 되는 것으로 봄이 상당하고, 따라서 행정부가 정당한 이유 없이 시행령을 제정하지 않은 것은 위 보수청구권을 침해하는 불법행위에 해당한다.

(대법원 2007.11.29, 선고 2006다3561 판결【임금】)

9. 법령위반(일반적 인격권 침해)

[1] 저작권법은 공표권(제11조), 성명표시권(제12조), 동일성유지권(제13조) 등의 저작인격권을 특별히 규정하고 있으나, 작가가 자신의 저작물에 대해서 가지는 인격적 이익에 대한 권리가 위와 같은 저작권법 규정에 해당하는 경우로만 한정된다고 할 수는 없으므로 저작물의 단순한 변경을 넘어서 폐기 행위로 인하여 저작자의 인격적 법익 침해가 발생한 경우에는 위와 같은 동일성유지권 침해의 성립 여부와는 별개로 저작자의 일반적 인격권을 침해한 위법한 행위가 될 수 있다.

[2] 공무원의 행위를 원인으로 한 국가배상책임을 인정하기 위하여는 '공무원이 직무를 집행하면서 고의 또는 과실로 법령을 위반하여 타인에게 손해를 입힌 때'라고 하는 국가배상법 제2조 제1항의 요건이 충족되어야 한다. 여기서 '법령을 위반하여'라고 함은 엄격하게 형식적 의미의 법령에 명시적으로 공무원의 행위의무가 정하여져 있음에도 이를 위반하는 경우만을 의미하는 것은 아니고, 인권존중·권력남용금지·신의성실과 같이 공무원으로서 마땅히 지켜야 할 준칙이나 규범을 지키지 아니하고 위반한 경우를 비롯하여 널리 그 행위가 객관적인 정당성을 결여하고 있는 경우도 포함한다.

예술작품이 공공장소에 전시되어 일반대중에게 상당한 인지도를 얻는 등 예술작품의 종류와 성격 등에 따라서는 저작자로서도 자신의 예술작품이 공공장소에 전시·보존될 것이라는 점에 대하여 정당한 이익을 가질 수 있으므로, 저작물의 종류와 성격, 이용의 목적 및 형태, 저작물 설치 장소의 개방성과 공공성의 정도, 국가가 이를 선정하여 설치하게 된 경위, 폐기의 이유와 폐기 결정에 이른 과정 및 폐기 방법 등을 종합적으로 고려하여 볼 때 국가 소속 공무원의 해당 저작물의 폐기 행위가 현저하게 합리성을 잃고 저작자로서의 명예감정 및 사회적 신용과 명성 등을 침해하는 방식으로 이루어진 경우에는 객관적 정당성을 결여한 행위로서 위법하다.

[3] 갑이 국가의 의뢰로 도라산역사 내 벽면 및 기둥들에 벽화를 제작·설치하였는데, 국가가 작품 설치일로부터 약 3년 만에 벽화를 철거하여 소각한 사안에서, 갑은 특별한 역사적, 시대적 의미를 가지고 있는 도라산역이라는 공공장소에 국가의 의뢰로 설치된 벽화가 상당 기간 전시되고 보존되리라고 기대하였고, 국가도 단기간에 이를 철거할 경우 갑이 예술창작자로서 갖는 명예감

정 및 사회적 신용이나 명성 등이 침해될 것을 예상할 수 있었음에도, 국가가 벽화 설치 이전에 이미 알고 있었던 사유를 들어 적법한 절차를 거치지 아니한 채 철거를 결정하고 원형을 크게 손상시키는 방법으로 철거 후 소각한 행위는 현저하게 합리성을 잃은 행위로서 객관적 정당성을 결여하여 위법하므로, 국가는 국가배상법 제2조 제1항에 따라 갑에게 위자료를 지급할 의무가 있다고 한 사례.

(대법원 2015.8.27, 선고 2012다204587 판결【손해배상】)

■ 고의, 과실

10. 행정처분이 항고소송에서 취소된 경우 과실의 인정 여부

[1] 어떠한 행정처분이 후에 항고소송에서 취소되었다고 할지라도 그 기판력에 의하여 당해 행정처분이 곧바로 공무원의 고의 또는 과실로 인한 것으로서 불법행위를 구성한다고 단정할 수는 없는 것이고, 그 행정처분의 담당공무원이 보통 일반의 공무원을 표준으로 하여 볼 때 객관적 주의의무를 결하여 그 행정처분이 객관적 정당성을 상실하였다고 인정될 정도에 이른 경우에 국가배상법 제2조 소정의 국가배상책임의 요건을 충족하였다고 봄이 상당할 것이며, 이때에 객관적 정당성을 상실하였는지 여부는 피침해이익의 종류 및 성질, 침해행위가 되는 행정처분의 태양 및 그 원인, 행정처분의 발동에 대한 피해자측의 관여의 유무, 정도 및 손해의 정도 등 제반 사정을 종합하여 손해의 전보책임을 국가 또는 지방자치단체에게 부담시켜야 할 실질적인 이유가 있는지 여부에 의하여 판단하여야 한다.

[2] 개간허가 취소처분이 후에 행정심판 또는 행정소송에서 취소되었으나 담당공무원에게 객관적 주의의무를 결한 직무집행상의 과실이 없다는 이유로 국가배상책임을 부인한 사례.

[3] 구 농지확대개발촉진법(1994.12.22. 법률 제4823호 농어촌정비법 부칙 제2조로 폐지) 제24조와 제27조에 의하여 농수산부장관 소관의 국가사무로 규정되어 있는 개간허가와 개간허가의 취소사무는 같은 법 제61조 제1항, 같은법시행령 제37조 제1항에 의하여 도지사에게 위임되고, 같은 법 제61조 제2항에 근거하여 도지사로부터 하위 지방자치단체장인 군수에게 재위임되었으므로 이른바 기관위임사무라 할 것이고, 이러한 경우 군수는 그 사무의 귀속 주체인 국가 산하 행정기관의 지위에서 그 사무를 처리하는 것에 불과하므로, 군수 또는 군수를 보조하는 공무원이 위임사무처리에 있어 고의 또는 과실로 타인에게 손해를 가하였다 하더라도 원칙적으로 군에는 국가배상책임이 없고 그 사무의 귀속 주체인 국가가 손해배상책임을 지는 것이며, 다만 국가배상법 제6조에 의하여 군이 비용을 부담한다고 볼 수 있는 경우에 한하여 국가와 함께 손해배상책임을 부담한다.

(대법원 2000.5.12, 선고 99다70600 판결【손해배상(기)】)

11. 취소판결에 따른 공무원의 고의·과실의 존부의 문제(국가배상책임의 성립)

[2] 어떠한 행정처분이 위법하다고 할지라도 그 자체만으로 곧바로 그 행정처분이 공무원의 고의 또는 과실로 인한 불법행위를 구성한다고 단정할 수는 없고, 공무원의 고의 또는 과실의 유무에 대하여는 별도의 판단을 요한다고 할 것인바, 그 이유는 행정청이 관계 법령의 해석이 확립되기 전에 어느 한 설을 취하여 업무를 처리한 것이 결과적으로 위법하게 되어 그 법령의 부당집행이라는 결과를 빚었다고 하더라도 처분 당시 그와 같은 처리방법 이상의 것을 성실한 평균적 공무원에게 기대하기 어려웠던 경우라면 특별한 사정이 없는 한 이를 두고 공무원의 과실로 인

한 것이라고 볼 수는 없기 때문이다.

[3] 존치기간이 경과한 콘도분양용 모델하우스를 위법 건축물로 판단하여 그 부속토지를 종합합산과세대상 토지로 과세처분한 담당공무원의 행위가 국가배상책임을 인정할 만한 과실에 해당한다고 볼 수 없다고 한 사례.

(대법원 2004.6.11, 선고 2002다31018 판결【부당이득금】[공 2004.7.15.(206), 1145])

12. 행정규칙의 처분기준에 따른 처분에 대한 과실 인정 여부

영업허가취소처분이 나중에 행정심판에 의하여 재량권을 일탈한 위법한 처분임이 판명되어 취소되었다고 하더라도 그 처분이 당시 시행되던 공중위생법시행규칙에 정하여진 행정처분의 기준에 따른 것인 이상 그 영업허가취소처분을 한 행정청 공무원에게 그와 같은 위법한 처분을 한 데 있어 어떤 직무집행상의 과실이 있다고 할 수는 없다.

(대법원 1994.11.8, 선고 94다26141 판결【손해배상(기)】)

13. 법령해석과 과실

피고시를 비롯하여 행정관청은 같은 장소에 대하여 사업자를 달리하는 축산물판매업 중복신고는 이를 수리하지 않는 것으로 위 축산물가공처리법령을 해석·적용하고 있었던 것으로 보이는 점, 피고시 담당공무원은 원고로부터 영업신고에 관한 문의를 받고 충청남도와 농림부 등 관련 행정관청에 문의하였고 그 과정에서 농림부 국립수의과학검역원 발행의 "축산물가공처리법령 질의·응답집"을 검토하였는데 거기에는 '식육판매업 영업신고시 동일 영업장 소재지에 대하여 종전 영업신고자의 폐업 및 장소이전 등의 변경신고가 안된 상태에서 현재 영업자의 영업신고 수리가 가능한지'에 관하여 '동일한 장소에 현재 식육판매업의 영업을 하고 있는 자가 있다면 동일 장소에 또 다른 제3자에게 식육판매업의 영업신고를 수리하는 것은 원칙적으로는 부합되지 않는 것입니다. 다만, 기존 영업자가 의도적으로 폐업신고 등을 하지 않아 일정한 정당한 법적 절차를 거친 후 시장·군수·구청장이 폐업조치를 한 후에는 가능할 것입니다'라고 설명하고 있어 이를 토대로 원고에게 신고 수리를 할 수 없다고 최종적으로 통보한 사실, 복지단이 농림부에 민원신청을 하였는데 이에 대하여 농림부도 '식육판매업의 영업신고가 이미 되어 있는 동일한 영업장에는 다시 타인의 명의로 식육판매업의 영업신고를 중복해서 할 수는 없습니다. 이 경우에는 기존 영업의 폐업 등이 있어야 가능할 것입니다'라고 답변한 사실, 한편 소외인은 원고가 같은 장소에서 영업신고하려고 한다는 것을 알고 피고시 담당공무원에게 전화하여 소외인 자신이 복지단과 모든 문제를 해결하고 같은 장소에서 영업을 계속할 것이니 새로운 업자에 대한 영업이 이루어지면 피고시를 상대로 문제를 삼을 것이라는 취지로 민원을 제기하고 피고시에 원고의 미신고 영업행위를 신고하기도 한 사실을 알 수 있는바, 사정이 이러하다면 피고시 담당공무원으로서는 동일한 장소에 대하여 사업자를 달리하는 중복신고는 허용되지 않는다고 판단할 여지가 충분하다고 보여지고, 비록 영업시설이 군사시설 안에 있는 국유재산이고 복지단이 소외인의 영업재개가 불가능하다는 설명을 하였다고 하더라도 소외인 스스로 복지단과의 문제를 해결하고 같은 장소에서 영업을 계속할 것이라고 강하게 주장하는 상황에서 위와 다른 직무집행을 성실한 평균적 공무원에게 기대하기는 어려웠다고 할 것이다.

(대법원 2010.4.29, 선고 2009다97925 판결【손해배상(기)】)

■ 직무상 의무 위반과 손해발생 사이의 상당인과관계

14. 국가배상법상 상당인과관계의 판단기준

가. 공무원에게 부과된 직무상 의무의 내용이 단순히 공공 일반의 이익을 위한 것이거나 행정기관 내부의 질서를 규율하기 위한 것이 아니고 전적으로 또는 부수적으로 사회구성원 개인의 안전과 이익을 보호하기 위하여 설정된 것이라면, 공무원이 그와 같은 직무상 의무를 위반함으로 인하여 피해자가 입은 손해에 대하여는 상당인과관계가 인정되는 범위 내에서 국가가 배상책임을 지는 것이고, 이때 상당인과관계의 유무를 판단함에 있어서는 일반적인 결과발생의 개연성은 물론 직무상 의무를 부과하는 법령 기타 행동규범의 목적이나 가해행위의 태양 및 피해의 정도 등을 종합적으로 고려하여야 할 것이다.

나. 선박안전법이나 유선및도선업법의 각 규정은 공공의 안전 외에 일반인의 인명과 재화의 안전보장도 그 목적으로 하는 것이라고 할 것이므로 국가 소속 선박검사관이나 시 소속 공무원들이 직무상 의무를 위반하여 시설이 불량한 선박에 대하여 선박중간검사에 합격하였다 하여 선박검사증서를 발급하고, 해당 법규에 규정된 조치를 취함이 없이 계속 운항하게 함으로써 화재사고가 발생한 것이라면, 화재사고와 공무원들의 직무상 의무위반행위와의 사이에는 상당인과관계가 있다.

다. 선박 중에서 유선업에 제공되는 선박에 관하여는 유선및도선업법에 의한 규율을 받도록 하되, 그중 총톤수가 일정기준 이상인 선박에 대한 선박안전검사 등에 관하여는 보다 엄격하게 규정되어 있는 선박안전법에 의한 안전검사를 받도록 하고 그 대신 유선및도선업법에 규정되어 있는 안전검사는 받지 않아도 되는 것으로 일부 적용배제규정을 두고 있는 등 선박안전검사 등에 관하여 일부 선박안전법에 의한 규율을 받는다고 해서 유선및도선업법에 의한 규율이 전면적으로 배제되는 것은 아니다.

라. 유선업경영신고 또는 변경신고를 받은 시장, 군수가 유선및도선업법 제3조 제3항에 따라 지방해운항만청장에게 통지를 하였다고 하여 유선의 지도 운항 감독에 관하여 관할 시장, 군수에게 부여된 모든 감독책임이 국가 산하의 해운관청으로 이전되는 것이라고 보기는 어렵다.

(대법원 1993.2.12, 선고 91다43466 판결【손해배상(기)】)

15. 국가배상법상의 직무상 의무의 내용 및 상당인과관계 판단기준

[1] 공무원에게 부과된 직무상 의무의 내용이 단순히 공공 일반의 이익을 위한 것이거나 행정기관 내부의 질서를 규율하기 위한 것이 아니고 전적으로 또는 부수적으로 사회구성원 개인의 안전과 이익을 보호하기 위하여 설정된 것이라면, 공무원이 그와 같은 직무상 의무를 위반함으로 인하여 피해자가 입은 손해에 대하여는 상당인과관계가 인정되는 범위 내에서 국가가 배상책임을 지는 것이고, 이때 상당인과관계의 유무를 판단함에 있어서는 일반적인 결과 발생의 개연성은 물론 직무상 의무를 부과하는 법령 기타 행동규범의 목적이나 가해행위의 태양 및 피해의 정도 등을 종합적으로 고려하여야 하며, 이는 지방자치단체와 그 소속 공무원에 대하여도 마찬가지이다.

[2] 유흥주점에 감금된 채 윤락을 강요받으며 생활하던 여종업원들이 유흥주점에 화재가 났을 때 미처 피신하지 못하고 유독가스에 질식해 사망한 사안에서, 지방자치단체의 담당 공무원이 위 유흥주점의 용도변경, 무허가 영업 및 시설기준에 위배된 개축에 대하여 시정명령 등 식품위

생법상 취하여야 할 조치를 게을리 한 직무상 의무위반행위와 위 종업원들의 사망 사이에 상당인과관계가 존재하지 않는다고 한 사례.

[3] 구 소방법(2003.5.29. 법률 제6893호 소방기본법 부칙 제2조로 폐지)은 화재를 예방·경계·진압하고 재난·재해 및 그 밖의 위급한 상황에서의 구조·구급활동을 통하여 국민의 생명·신체 및 재산을 보호함으로써 공공의 안녕질서의 유지와 복리증진에 이바지함을 목적으로 하여 제정된 법으로서, 소방법의 규정들은 단순히 전체로서의 공공 일반의 안전을 도모하기 위한 것에서 더 나아가 국민 개개인의 인명과 재화의 안전보장을 목적으로 하여 둔 것이므로, 소방공무원이 소방법 규정에서 정하여진 직무상의 의무를 게을리 한 경우 그 의무 위반이 직무에 충실한 보통 일반의 공무원을 표준으로 할 때 객관적 정당성을 상실하였다고 인정될 정도에 이른 경우에는 국가배상법 제2조에서 말하는 위법의 요건을 충족하게 된다. 그리고 소방공무원의 행정권한 행사가 관계 법률의 규정 형식상 소방공무원의 재량에 맡겨져 있다고 하더라도 소방공무원에게 그러한 권한을 부여한 취지와 목적에 비추어 볼 때 구체적인 상황 아래에서 소방공무원이 그 권한을 행사하지 않은 것이 현저하게 합리성을 잃어 사회적 타당성이 없는 경우에는 소방공무원의 직무상 의무를 위반한 것으로서 위법하게 된다.

[4] 유흥주점에 감금된 채 윤락을 강요받으며 생활하던 여종업원들이 유흥주점에 화재가 났을 때 미처 피신하지 못하고 유독가스에 질식해 사망한 사안에서, 소방공무원이 위 유흥주점에 대하여 화재 발생 전 실시한 소방점검 등에서 구 소방법상 방염 규정 위반에 대한 시정조치 및 화재 발생시 대피에 장애가 되는 잠금장치의 제거 등 시정조치를 명하지 않은 직무상 의무 위반은 현저히 불합리한 경우에 해당하여 위법하고, 이러한 직무상 의무 위반과 위 사망의 결과 사이에 상당인과관계가 존재한다고 한 사례.

(대법원 2008.4.10, 선고 2005다48994 판결【손해배상(기)】〈군산시 윤락가 화재사건〉)

16. 직무의 사익보호성과 상당인과관계

주민등록법 관계 법령이 본적지와 다른 주민등록지에서 주민의 성명 등과 같은 중요한 기본적 신분사항을 신규등록하거나 이를 사후적으로 변경할 경우에 주민등록지의 관할관청에게 본적지의 관할관청에 대한 통보의무 및 본적지의 관할관청에게 그 등록사항에 관한 확인대조의무와 상이한 사항에 관한 통보의무를 각기 부과하는 한편 그 사무처리과정에 있어서 관련 장부의 비치와 기재, 관계공무원의 날인 등과 같은 사무처리방식을 엄격하게 규율하고 있는 취지는, 사람의 신분사항을 기재한 기초적인 공부로서 그 기재 내용이 진실에 부합되는 것으로 추정을 받고 있는 호적부의 기재사항을 중심으로 주민등록의 신분사항을 일치시키고 만일 그 주민등록에 있어서의 신분사항이 불법적으로 변조 또는 위조되는 사태가 발생하게 되면 그것을 기초로 하여 발급된 허위내용의 주민등록등·초본, 인감증명서나 주민등록증이 부정사용됨으로써 국민 개개인이 신분상·재산상의 권리에 관하여 회복할 수 없는 손해를 입게 될 개연성이 높을 것이기 때문에 그와 같은 사태의 발생을 예방하기 위하여 각 관할관청에게 그러한 통보, 대조의무 등을 부과하고 그 사무처리과정에서의 책임소재를 명확하게 하고자 함에 있다고 할 것이므로 주민등록사무를 담당하는 공무원으로서는 만일 개명과 같은 사유로 주민등록상의 성명을 정정한 경우에는 위에서 본 바와 같은 법령의 규정에 따라 반드시 본적지의 관할관청에 대하여 그 변경사항을 통보하여 본적지의 호적관서로 하여금 그 정정사항의 진위를 재확인할 수 있도록 할 직무상의 의무가 있다고 할 것이고, 이러한 직무상 의무는 단순히 공공 일반의 이익을 위한 것이거나 행정기관 내부의 질서를 규율하기 위한 것이 아니고 전적으로 또는 부수적으로 사회구성원 개인의 안전과 이익을 보호하기 위하여 설정된 것이다.

주민등록사무를 담당하는 공무원이 개명으로 인한 주민등록상 성명정정을 본적지 관할관청에 통보하지 아니한 직무상 의무위배행위와 갑과 같은 이름으로 개명허가를 받은 듯이 호적등본을 위조하여 주민등록상 성명을 위법하게 정정한 을이 갑의 부동산에 관하여 불법적으로 근저당권설정등기를 경료함으로써 갑이 입은 손해 사이에는 상당인과관계가 있다고 한 사례.

(대법원 2003.4.25, 선고 2001다59842 판결【손해배상(기)】)

17. 직무의 사익보호성과 상당인과관계

공무원이 법령에서 부과된 직무상 의무를 위반한 것을 계기로 제3자가 손해를 입은 경우에 제3자에게 손해배상청구권이 인정되기 위하여는 공무원의 직무상 의무 위반행위와 제3자의 손해 사이에 상당인과관계가 있어야 하고, 상당인과관계의 유무를 판단함에 있어서는 일반적인 결과발생의 개연성은 물론 직무상 의무를 부과한 법령 기타 행동규범의 목적이나 가해행위의 태양 및 피해의 정도 등을 종합적으로 고려하여야 할 것인바, 공무원에게 직무상 의무를 부과한 법령의 목적이 사회 구성원 개인의 이익과 안전을 보호하기 위한 것이 아니고 단순히 공공일반의 이익이나 행정기관 내부의 질서를 규율하기 위한 것이라면, 설령 공무원이 그 직무상 의무를 위반한 것을 계기로 하여 제3자가 손해를 입었다고 하더라도 공무원이 직무상 의무를 위반한 행위와 제3자가 입은 손해 사이에 상당인과관계가 있다고 할 수 없다(대법원 2001.4.13, 선고 2000다34891 판결 등 참조).

금융위원회의 설치 등에 관한 법률의 입법 취지 등에 비추어 볼 때, 피고 금융감독원에 금융기관에 대한 검사·감독의무를 부과한 법령의 목적이 금융상품에 투자한 투자자 개인의 이익을 직접 보호하기 위한 것이라고 할 수 없으므로, 피고 금융감독원 및 그 직원들의 위법한 직무집행과 부산2저축은행의 후순위사채에 투자한 원고들이 입은 손해 사이에 상당인과관계가 있다고 보기 어렵다고 판단하였다.

(대법원 2015.12.23, 선고 2015다210194 판결【손해배상(기)】)

■ 이중배상금지

18. 법 제2조 제1항 단서의 다른 법령에 의한 보상청구권이 시효완성으로 소멸한 경우에도 국가배상청구 등이 배제되는지 여부(적극)

[1] 채권자가 동일한 목적을 달성하기 위하여 복수의 채권을 갖고 있는 경우, 어느 하나의 청구권을 행사하는 것이 다른 채권에 대한 소멸시효 중단의 효력이 있다고 할 수 없다.

[2] 헌법 제29조 제2항 및 이를 근거로 한 국가배상법 제2조 제1항 단서 규정의 입법 취지는, 국가 또는 공공단체가 위험한 직무를 집행하는 군인·군무원·경찰공무원 또는 향토예비군대원에 대한 피해보상제도를 운영하여, 직무집행과 관련하여 피해를 입은 군인 등이 간편한 보상절차에 의하여 자신의 과실 유무나 그 정도와 관계없이 무자력의 위험부담이 없는 확실하고 통일된 피해보상을 받을 수 있도록 보장하는 대신에, 피해 군인 등이 국가 등에 대하여 공무원의 직무상 불법행위로 인한 손해배상을 청구할 수 없게 함으로써, 군인 등의 동일한 피해에 대하여 국가 등의 보상과 배상이 모두 이루어짐으로 인하여 발생할 수 있는 과다한 재정지출과 피해 군인 등 사이의 불균형을 방지하고, 또한 가해자인 군인 등과 피해자인 군인 등의 직무상 잘못을 따지는

쟁송이 가져올 폐해를 예방하려는 데에 있고, 또 군인, 군무원 등 이 법률 규정에 열거된 자가 전투, 훈련 기타 직무집행과 관련하는 등으로 공상을 입은 데 대하여 재해보상금, 유족연금, 상이연금 등 별도의 보상제도가 마련되어 있는 경우에는 이중배상의 금지를 위하여 이들의 국가에 대한 국가배상법 또는 민법상의 손해배상청구권 자체를 절대적으로 배제하는 규정이므로, 이들은 국가에 대하여 손해배상청구권을 행사할 수 없는 것인바, 따라서 국가배상법 제2조 제1항 단서 규정은 다른 법령에 보상제도가 규정되어 있고, 그 법령에 규정된 상이등급 또는 장애등급 등의 요건에 해당되어 그 권리가 발생한 이상, 실제로 그 권리를 행사하였는지 또는 그 권리를 행사하고 있는지 여부에 관계없이 적용된다고 보아야 하고, 그 각 법률에 의한 보상금청구권이 시효로 소멸되었다 하여 적용되지 않는다고 할 수는 없다.

[3] 공상을 입은 군인이 국가배상법에 의한 손해배상청구 소송 도중에 국가유공자등예우및지원에관한법률에 의한 국가유공자 등록신청을 하였다가 인과관계가 없어 공상군경 요건에 해당되지 않는다는 이유로 비해당결정 통보를 받고 이에 불복하지 아니한 후 위 법률에 의한 보상금청구권과 군인연금법에 의한 재해보상금청구권이 모두 시효완성된 경우, 국가배상법 제2조 제1항 단서 소정의 '다른 법령에 의하여 보상을 받을 수 있는 경우'라 하여 국가배상청구를 할 수 없다고 한 사례.

(대법원 2002.5.10, 선고 2000다39735 판결【손해배상(기)】)

19. 국가배상법에 의한 손해배상금을 먼저 지급받은 경우 보훈보상자법에 의한 보훈급여금의 청구가 배제되는지 여부(소극)

전투·훈련 등 직무집행과 관련하여 공상을 입은 군인·군무원·경찰공무원 또는 향토예비군대원이 먼저 국가배상법에 따라 손해배상금을 지급받은 다음 보훈보상대상자 지원에 관한 법률(이하 '보훈보상자법'이라 한다)이 정한 보상금 등 보훈급여금의 지급을 청구하는 경우, 국가배상법 제2조 제1항 단서가 명시적으로 '다른 법령에 따라 보상을 지급받을 수 있을 때에는 국가배상법 등에 따른 손해배상을 청구할 수 없다'고 규정하고 있는 것과 달리 보훈보상자법은 국가배상법에 따른 손해배상금을 지급받은 자를 보상금 등 보훈급여금의 지급대상에서 제외하는 규정을 두고 있지 않은 점, 국가배상법 제2조 제1항 단서의 입법 취지 및 보훈보상자법이 정한 보상과 국가배상법이 정한 손해배상의 목적과 산정방식의 차이 등을 고려하면 국가배상법 제2조 제1항 단서가 보훈보상자법 등에 의한 보상을 받을 수 있는 경우 국가배상법에 따른 손해배상청구를 하지 못한다는 것을 넘어 국가배상법상 손해배상금을 받은 경우 보훈보상자법상 보상금 등 보훈급여금의 지급을 금지하는 것으로 해석하기는 어려운 점 등에 비추어, 국가보훈처장은 국가배상법에 따라 손해배상을 받았다는 사정을 들어 보상금 등 보훈급여금의 지급을 거부할 수 없다.

(대법원 2017.2.3, 선고 2015두60075 판결【보훈급여금지급정지처분등취소의소】)

■ 배상책임의 성질, 공무원의 배상책임

20. 국가와 공동불법행위책임 있는 민간인의 피해 군인 등에 대한 손해배상의 범위와 민간인이 피해 군인 등에게 자신의 귀책부분을 넘어서 배상한 경우 국가 등에게 구상권을 행사할 수 있는지 여부

[다수의견] 헌법 제29조 제2항, 국가배상법 제2조 제1항 단서의 입법 취지를 관철하기 위하여는, 국가배상법 제2조 제1항 단서가 적용되는 공무원의 직무상 불법행위로 인하여 직무집행과

관련하여 피해를 입은 군인 등에 대하여 위 불법행위에 관련된 일반국민(법인을 포함한다. 이하 '민간인'이라 한다)이 공동불법행위책임, 사용자책임, 자동차운행자책임 등에 의하여 그 손해를 자신의 귀책부분을 넘어서 배상한 경우에도, 국가 등은 피해 군인 등에 대한 국가배상책임을 면할 뿐만 아니라, 나아가 민간인에 대한 국가의 귀책비율에 따른 구상의무도 부담하지 않는다고 하여야 할 것이다. 그러나 위와 같은 경우, 민간인은 여전히 공동불법행위자 등이라는 이유로 피해 군인 등의 손해 전부를 배상할 책임을 부담하도록 하면서 국가 등에 대하여는 귀책비율에 따른 구상을 청구할 수 없도록 한다면, 공무원의 직무활동으로 빚어지는 이익의 귀속주체인 국가 등과 민간인과의 관계에서 원래는 국가 등이 부담하여야 할 손해까지 민간인이 부담하는 부당한 결과가 될 것이고(가해 공무원에게 경과실이 있는 경우에는 그 공무원은 손해배상책임을 부담하지 아니하므로 민간인으로서는 자신이 손해발생에 기여한 귀책부분을 넘는 손해까지 종국적으로 부담하는 불이익을 받게 될 것이고, 가해 공무원에게 고의 또는 중과실이 있는 경우에도 그 무자력 위험을 사용관계에 있는 국가 등이 부담하는 것이 아니라 오히려 민간인이 감수하게 되는 결과가 된다), 이는 위 헌법과 국가배상법의 규정에 의하여도 정당화될 수 없다고 할 것이다. 이러한 부당한 결과를 방지하면서 위 헌법 및 국가배상법 규정의 입법 취지를 관철하기 위하여는, 피해 군인 등은 위 헌법 및 국가배상법 규정에 의하여 국가 등에 대한 배상청구권을 상실한 대신에 자신의 과실 유무나 그 정도와 관계 없이 무자력의 위험부담이 없는 확실한 국가보상의 혜택을 받을 수 있는 지위에 있게 되는 특별한 이익을 누리고 있음에 반하여 민간인으로서는 손해 전부를 배상할 의무를 부담하면서도 국가 등에 대한 구상권을 행사할 수 없다고 한다면 부당하게 권리침해를 당하게 되는 결과가 되는 것과 같은 각 당사자의 이해관계의 실질을 고려하여, 위와 같은 경우에는 공동불법행위자 등이 부진정연대채무자로서 각자 피해자의 손해 전부를 배상할 의무를 부담하는 공동불법행위의 일반적인 경우와 달리 예외적으로 민간인은 피해 군인 등에 대하여 그 손해 중 국가 등이 민간인에 대한 구상의무를 부담한다면 그 내부적인 관계에서 부담하여야 할 부분을 제외한 나머지 자신의 부담부분에 한하여 손해배상의무를 부담하고, 한편 국가 등에 대하여는 그 귀책부분의 구상을 청구할 수 없다고 해석함이 상당하다 할 것이고, 이러한 해석이 손해의 공평·타당한 부담을 그 지도원리로 하는 손해배상제도의 이상에도 맞는다 할 것이다.

(대법원 2001.2.15, 선고 96다42420 전원합의체 판결【구상금】)

21. 국가배상법 제2조 1항의 '직무를 집행함에 당하여'의 해석기준 및 공무원이 자기 소유의 오토바이를 직무수행과 관련하여 운행하다 사고가 난 경우 국가의 책임

국가배상법 제2조 제1항 단서에 의하면 군인, 군무원 등이 직무집행과 관련하는 행위 등으로 인하여 전사·순직 또는 공상을 입은 경우에 다른 법령의 규정에 의하여 재해보상금, 유족연금, 상이연금 등의 보상을 지급받을 수 있을 때에는 국가배상법 또는 민법의 규정에 의한 손해배상청구를 할 수 없도록 규정하고 있으므로 이들이 직접 국가에 대하여 손해배상청구권을 행사할 수 없음은 물론 국가와 공동불법행위책임이 있는 자가 그 배상채무를 이행하였음을 이유로 국가에 대하여 구상권을 행사하는 것은 허용되지 않는다.

(대법원 1994.5.27, 선고 94다6741 판결【구상금】)

22. 국가의 공무원에 대한 구상청구가 신의칙상 허용되지 않는 경우

공무원의 불법행위로 손해를 입은 피해자의 국가배상청구권의 소멸시효 기간이 지났으나 국가가

소멸시효 완성을 주장하는 것이 신의성실의 원칙에 반하는 권리남용으로 허용될 수 없어 배상책임을 이행한 경우에는, 그 소멸시효 완성 주장이 권리남용에 해당하게 된 원인행위와 관련하여 해당 공무원이 그 원인이 되는 행위를 적극적으로 주도하였다는 등의 특별한 사정이 없는 한, 국가가 해당 공무원에게 구상권을 행사하는 것은 신의칙상 허용되지 않는다고 봄이 상당하다.

(대법원 2016.6.9, 선고 2015다200258 판결【구상금】)

23. 경과실 있는 공무원의 국가에 대한 구상권 인정 여부(적극)

[1] 공무원이 직무수행 중 불법행위로 타인에게 손해를 입힌 경우에 국가 등이 국가배상책임을 부담하는 외에 공무원 개인도 고의 또는 중과실이 있는 경우에는 불법행위로 인한 손해배상책임을 지고, 공무원에게 경과실이 있을 뿐인 경우에는 공무원 개인은 손해배상책임을 부담하지 아니한다. 이처럼 경과실이 있는 공무원이 피해자에 대하여 손해배상책임을 부담하지 아니함에도 피해자에게 손해를 배상하였다면 그것은 채무자 아닌 사람이 타인의 채무를 변제한 경우에 해당하고, 이는 민법 제469조의 '제3자의 변제' 또는 민법 제744조의 '도의관념에 적합한 비채변제'에 해당하여 피해자는 공무원에 대하여 이를 반환할 의무가 없고, 그에 따라 피해자의 국가에 대한 손해배상청구권이 소멸하여 국가는 자신의 출연 없이 채무를 면하게 되므로, 피해자에게 손해를 직접 배상한 경과실이 있는 공무원은 특별한 사정이 없는 한 국가에 대하여 국가의 피해자에 대한 손해배상책임의 범위 내에서 공무원이 변제한 금액에 관하여 구상권을 취득한다고 봄이 타당하다.

[2] 공중보건의인 갑에게 치료를 받던 을이 사망하자 을의 유족들이 갑 등을 상대로 손해배상청구의 소를 제기하였고, 갑의 의료과실이 인정된다는 이유로 갑 등의 손해배상책임을 인정한 판결이 확정되어 갑이 을의 유족들에게 판결금 채무를 지급한 사안에서, 갑은 공무원으로서 직무수행 중 경과실로 타인에게 손해를 입힌 것이어서 을과 유족들에 대하여 손해배상책임을 부담하지 아니함에도 을의 유족들에 대한 패소판결에 따라 그들에게 손해를 배상한 것이고, 이는 민법 제744조의 도의관념에 적합한 비채변제에 해당하여 을과 유족들의 국가에 대한 손해배상청구권은 소멸하고 국가는 자신의 출연 없이 채무를 면하였으므로, 갑은 국가에 대하여 변제금액에 관하여 구상권을 취득한다고 한 사례.

(대법원 2014.8.20, 선고 2012다54478 판결【구상금】)

■ 자동차손해배상책임

24. 자동차 보유자의 책임

가. 자동차손해배상보장법 제3조 소정의 "자기를 위하여 자동차를 운행하는 자"는 자동차에 대한 운행을 지배하여 그 이익을 향수하는 책임주체로서의 지위에 있는 자를 가리키는 것이고 한편 자동차의 소유자 또는 보유자는 통상 그러한 지위에 있는 것으로 추인된다 할 것이므로 사고를 일으킨 구체적 운행이 보유자의 의사에 기하지 아니한 경우에도 그 운행에 있어 보유자의 운행지배와 운행이익이 완전히 상실되었다고 볼 특별한 사정이 없는 한 보유자는 당해 사고에 대하여 위 법조의 운행자로서의 책임을 부담하게 된다.

나. 자동차소유자가 그 자동차에 대한 운행지배와 운행이익을 상실하였는지의 여부는 평소의 차량관리상태, 보유자의 의사와 관계없이 운행이 가능하게 된 경위, 보유자와 운전자와의 관계, 운전자의 차량반환의사의 유무와 무단운행후의 보유자의 승낙가능성, 무단운전에 대한 피해자의 주관적

인 인식유무 등 여러 사정을 사회통념에 따라 종합적으로 평가하여 이를 판단하여야 한다.

다. 근로기준법상 재해보상이 되는 업무상 재해는 업무수행중 그 업무에 기인하여 발생한 재해를 말하는 것이므로 이때는 재해자 자신의 업무수행성과 업무기인성을 절대적인 요건으로 하고 있는 것이어서 차량의 운행이 보유자의 업무와 관련된 것인가의 여부는 그 운행자성을 판단하는 하나의 요소가 될 뿐 그것이 운행자성의 절대적인 요건이 되는 것은 아니라 할 것이고 따라서 자동차손해배상보장법과 근로기준법상의 책임은 그 근거와 성립요건을 달리한다 할 것이다.

(대법원 1986.12.23, 선고 86다카556 판결【보험금】)

25. 공무원이 직무집행을 위하여 공용차를 운행하는 경우, 공무원의 운행자성 인정여부

가. 정부조직법 제3조 제1항과 구 경찰서직제(1991.2.1. 대통령령 제13274호 내무부와 그 소속기관직제에 의하여 폐지)에 의하면, 경찰서는 국가행정사무를 수행하게 하기 위하여 설치된 특별지방행정기관에 지나지 아니하고, 경찰서장도 국가공무원으로서 소관사무를 통할하고 소속 공무원을 지휘·감독하는 지위에 있을 뿐이어서, 경찰서장이 그 경찰서 소속의 관용차량을 관리·운행하고 소속 공무원인 운전자를 지휘·감독한다고 하더라도, 대외적으로는 자동차의 운행으로 인한 손해배상책임을 부담할 권리의무의 주체가 될 수 없음이 명백하므로 자동차보험계약상의 기명피보험자가 "○○경찰서장"으로 표시되었다고 하더라도, 이는 국가를 가리키는 것으로 봄이 상당하고, 따라서 경찰서장의 직위에 있는 공무원 개인이 기명피보험자로 되는 것이 아니다.

나. 위 "가"항의 자동차종합보험계약상 기명피보험자의 승낙을 얻어 자동차를 사용 또는 관리중인 자도 피보험자로 하고 있는 경우에 있어 경찰서 경비과장으로서 경찰서장의 승낙을 받아 자동차를 운전하다가 사고가 일어난 것이라면, 위 운전자는 기명피보험자인 국가의 승낙을 얻어 자동차를 사용 또는 관리중인 자에 해당하거나 국가를 위하여 자동차를 운전중인 자에 해당하여 위 보험계약에 있어서의 피보험자의 범주에 속한다고 할 것이고, 그가 피보험자인 이상 위 자동차의 운행으로 인한 사고로 말미암아 자신이 법률상 손해배상책임을 지게 되는 경우, 즉 보험사고가 발생한 경우에는 기명피보험자가 아니더라도 보험자에 대하여 보험금액지급청구권을 가지게 된다고 보아야 한다.

다. 자동차손해배상보장법 제3조 소정의 "자기를 위하여 자동차를 운행하는 자"라고 함은 자동차에 대한 운행을 지배하여 그 이익을 향수하는 책임주체로서의 지위에 있는 자를 뜻하는 것인바, 공무원이 그 직무를 집행하기 위하여 국가 또는 지방자치단체 소유의 관용차를 운행하는 경우, 그 자동차에 대한 운행지배나 운행이익은 그 공무원이 소속한 국가 또는 지방자치단체에 귀속된다고 할 것이고, 그 공무원 자신이 개인적으로 그 자동차에 대한 운행지배나 운행이익을 가지는 것이라고는 볼 수 없으므로, 그 공무원이 자기를 위하여 관용차를 운행하는 자로서 같은 법조 소정의 손해배상책임의 주체가 될 수는 없다.

(대법원 1992.2.25, 선고 91다12356 판결【보험금】)

26. 공무원이 직무상 자기 소유의 자동차를 운전하다가 사고를 일으킨 경우, 공무원 개인의 손해배상책임의 유무

[1] 헌법 제29조 제1항 본문은 공무원이 직무수행 중 불법행위로 타인에게 손해를 입힌 경우에 국가 등이 국가배상책임을 부담함을 규정하면서 단서로 "이 경우 공무원 자신의 책임은 면제되지 아니한다."라고 규정하여, 공무원 개인도 민사상 책임을 부담함을 분명히 선언하되 그 책임의

내용과 범위에 관하여는 헌법에 더 이상 규정하지 아니하고 있고 이를 직접 명시적으로 규정한 법률도 없으나, 헌법 제29조 제1항 및 국가배상법 제2조를 각 그 입법취지에 비추어 합리적으로 해석하면, 공무원이 공무집행상의 위법행위로 인하여 타인에게 손해를 입힌 경우에는 공무원에게 고의 또는 중과실이 있는 때에는 공무원 개인도 불법행위로 인한 손해배상책임을 진다고 할 것이지만, 공무원에게 경과실뿐인 때에는 공무원 개인은 손해배상책임을 부담하지 아니한다고 할 것이다.

[2] 자동차손해배상보장법의 입법취지에 비추어 볼 때, 같은 법 제3조는 자동차의 운행이 사적인 용무를 위한 것이건 국가 등의 공무를 위한 것이건 구별하지 아니하고 민법이나 국가배상법에 우선하여 적용된다고 보아야 한다. 따라서 일반적으로 공무원의 공무집행상의 위법행위로 인한 공무원 개인 책임의 내용과 범위는 민법과 국가배상법의 규정과 해석에 따라 정하여 질 것이지만, 자동차의 운행으로 말미암아 다른 사람을 사망하게 하거나 부상하게 함으로써 발생한 손해에 대한 공무원의 손해배상책임의 내용과 범위는 이와는 달리 자동차손해배상보장법이 정하는 바에 의할 것이므로, 공무원이 직무상 자동차를 운전하다가 사고를 일으켜 다른 사람에게 손해를 입힌 경우에는 그 사고가 자동차를 운전한 공무원의 경과실에 의한 것인지 중과실 또는 고의에 의한 것인지를 가리지 않고, 그 공무원이 자동차손해배상보장법 제3조 소정의 '자기를 위하여 자동차를 운행하는 자'에 해당하는 한 자동차손해배상보장법상의 손해배상책임을 부담한다. (대법원 1996.3.8, 선고 94다23876 판결【손해배상(자)】)

제 3 항 영조물의 하자로 인한 배상책임

Ⅰ. 영조물의 설치·관리의 하자로 인한 배상책임의 성립요건

1. 영조물

① 「국가배상법」 제5조의 영조물 개념 : 직접 행정목적에 제공된 물건(유체물 내지 물적 설비), 즉 공물을 의미한다(대판 1998.10.23, 98다17381판결).

② 국가와 지방자치단체가 관리주체인 경우에 한한다는 것이 판례의 입장이다.

③ 공공단체 또는 사인이 관리주체인 경우에도 「국가배상법」 제5조를 유추 적용하여 행정상 손해배상책임(국가배상책임)을 인정하는 것이 타당하다고 보아야 한다.

2. 영조물 관련 판례

①「국가배상법」 제5조의 영조물에 해당한다고 인정된 예 : 맨홀, 건널목 경보기, 공중변소, 철도대합실 승강장, 교통신호기 등이 있다.

②「국가배상법」 제5조의 영조물에 해당하지 않는다고 인정된 예 : 시 명의의 종합운동장 예정부지, 공사 중이며 아직 완성되지 않아 일반 공중의 이용에 제공되지 않고 있는 옹벽 등이 있다.

3. 설치·관리의 하자

① 설치·관리의 의의 : ㉠ 설치는 영조물의 설계·축조 ㉡ 관리는 그 영조물의 유지·수선·보관 작용을 의미한다.

② 설치·관리의 하자에 관한 학설

㉠ 객관설 : 하자는 객관적으로 영조물의 설치와 그 후 유지·수선에 불완전한 점이 있어 사회통념상 일반적으로 갖추어야 할 통상적 안전성을 결여하였음을 의미하는 것으로 보기 때문에 그 하자 발생에 있어 과실의 유무와는 별개의 문제로 본다.

㉡ 주관설 : 하자를 관리자의 영조물에 대한 안전확보의무 내지 사고방지의무위반에 기인하는 물적 위험상태로 보기 때문에 하자의 발생에는 관리자의 주관적 귀책사유가 있어야 하는 것으로 본다. 따라서 주관설은 영조물 하자로 인한 국가의 배상책임을 제2조와 같은 과실책임으로 이해하는 것이다.

㉢ 절충설 : 하자의 유무를 영조물 자체의 객관적 하자뿐만 아니라 관리자의 주관적 요소도 고려하여야 하는 것으로 본다. 절충설은 영조물 자체의 결함이 없는 경우에도 그 관리행위의 과오로 인하여 생긴 손해에 대하여 국가의 배상책임을 인정할 수 있다.

㉣ 위법·무과실책임설 : 「국가배상법」 제 5조에 의한 책임을 관리자의 객관적 안전확보의무를 위반함으로써 발생한 손해에 대한 행정주체의 위법·무과실책임으로 보는 입장이다. 단지 이때 객관적 안전확보 의무는 그 공작물의 위험성에 비례하여 사회통념상 일반적

으로 요구되는 정도를 의미한다고 본다.

ⓜ 판례 : 대법원은 종래의 통설과 같이 원칙적으로 객관설의 입장에서 판시한 바 있다. “영조물 설치의 하자라 함은 설치의 불완전으로 영조물 자체가 통상 갖추어야 할 객관적인 안전성을 갖추지 못한 상태에 있음을 말한다(대판 1967.2.21, 66다1723).” 그러나 최근에는 “안전성의 구비여부를 판단함에 있어서는 당해 영조물의 용도, 그 설치장소의 현황 및 이용 상황 등 제반 사정을 종합적으로 고려하여 설치 관리자가 그 영조물의 위험성에 비례하여 사회통념상 일반적으로 요구되는 정도의 방호조치의무를 다하였는지의 여부를 그 기준으로 삼아야 할 것이며”라고 판시하여 다양한 견해로 해석하고 있다.

ⓑ 결어 : 객관설이 종래의 다수설 및 판례의 입장이나, 주관적 요소를 고려한 판례(대판 2000.2.25, 99다54004)도 나타나고 있다.

③ 하자의 입증책임 : 원고인 피해자(원칙), 일응 추정의 법리의 문제

4. 타인에게 손해가 발생할 것

Ⅱ. 영조물의 설치·관리의 하자로 인한 배상책임의 면책 사유

1. 자연력

영조물의 안전성 결여의 원인이 인위적인 것인지 자연력에 의한 것인지는 불문함이 원칙이다.

> 산비탈부분이 1991.7.25 내린 약 308.5mm의 집중호우에 견디지 못하고 무너져 내려 차량의 통행을 방해함으로써 이 사건 사고가 일어난 사실을 인정할 수 있으므로 이 사건 사고는 피고(대한민국)의 도로의 설치 또는 관리상의 하자로 인하여 일어난 것이라고 보아야 한다. 매년 비가 많이 오는 장마철을 겪고 있는 우리나라와 같은 기후여건 하에서 위와 같은 집중호우가 내렸다고 하여 전혀 예측할 수 없는 천재지변이라고 보기는 어렵다(대판 1993.6.8, 93다11678).

2. 불가항력

천재지변처럼 인력으로 막을 수 없는 불가항력적 사유로 인해 손해가 발생한 경우에는 배상책임이 부인된다.

> 100년 발생빈도의 강우량을 기준으로 책정된 계획홍수위를 초과하여 600년 또는 1,000년 발생빈도의 강우량에 의한 하천의 범람은 예측가능성 및 회피가능성이 없는 불가항력적인 재해로서 그 영조물의 관리청에게 책임을 물을 수 없다(대판 2003.10.23, 2001다48057).

3. 재정적 제약

예산부족 등의 재정적 제약은 면책사유가 되지 않으며, 단지 책임의 범위에 있어 참작사유가 될 뿐이다.

> 영조물의 설치의 하자 유무는 객관적 견지에서 본 안전성의 문제이고 그 설치자의 재정사정이나 영조물의 사용목적에 의한 사정은 안전성을 요구하는데 대한 정도 문제로서 참작사유에는 해당할지언정 안전성을 결정지을 절대적 요건에는 해당하지 아니한다 할 것이다(대판 1967.2.21, 66다1723).

Ⅲ. 영조물의 관리주체와 비용부담자

> **대법원 2015.4.23, 선고 2013다211834 판결**
> 국가하천인 전북 순창읍 유등면에 있는 섬진강의 지류 하천(이 사건 하천)에서 발생한 사고로 甲이 사망하였다. 이 사건 하천의 경우 전라북도지사에게 하천의 관리업무가 위임되었고, 국가는 2007년부터 2008년까지 전라북도에 도내 국가하천의 유지·보수를 위하여 연평균 약 6억 원의 보조금을 지급하였다. 대한민국은 甲의 유족들에게 손해를 배상한 후 전라북도를 상대로 구상금 청구를 하였는데, 전라북도는 "이 사건 하천의 관리사무는 기관위임사무이며, 하천의 관리주체로서 배상책임자는 대한민국이다. 궁극적 배상책임자인 국가가 형식적 비용부담자인 전라북도에게 구상청구를 하는 것은 인정될 수 없다"고 주장하고 있다.
> 〈문제〉 전라북도 주장의 타당성을 검토하시오.

1. 영조물의 관리주체로서 배상책임자

법 제5조 제1항에 따라 국가사무는 국가, 자치사무는 지방자치단체, 기관위임사무는 위임기관이 속한 행정주체가 원칙적으로 배상책임자이다.

2. 비용부담자로서 배상책임자(제6조 제1항)

(1) 영조물의 관리주체와 비용부담자가 동일하지 아니한 경우

지방자치단체가 광역자치단체나 국가로부터 위임받은 사무를 처리하는 경우나 지방자치단체의 자치사무를 국가기관이 위임받아 처리하는 경우를 말한다.

(2) 비용부담자

① 실질적 비용부담자(여의도광장 차량질주사건, 대판 1995.2.24, 94다57671) : 여의도광장 관리청은 본래 서울특별시장이나 광장의 관리사무 일부를 영등포구청장에게 위임한 경우인데, 영등포구청장이 속한 영등포구가 여의도광장의 관리비용을 부담하므로 배상책임이 있다고 보았다.

② 형식적 비용부담자(천안시 진성운수 감차처분사건, 대판 1994.12.9, 94다38137) : 천안시장이 기관위임된 국가사무를 처리하는 경우인데, 국가는 경비의 실질적·궁극적 부담자로서 배상책임이 있고, 천안시는 국가로부터 교부된 돈으로 그 사무에 필요한 경비를 대외적으로 지출하는 (형식적) 비용부담자로서 배상책임이 있다고 보았다(병합설).

3. 최종적 배상책임자(제6조 제2항)

공무원 선임·감독 또는 영조물의 설치·관리를 맡은 자와 비용부담자 중 누가 최종적 배상책임자인지 문제된다. 기여도에 따라 내부적 분담비율을 결정해야 한다는 판례(대판 2015.4.23, 2013다211834, 96다42819)와 관리주체가 최종적 배상책임자라는 판례가 있다.

Ⅳ. 행정상 손해배상의 청구절차

1. 행정절차에 의한 배상청구

① 결정전치주의가 폐지되고, 배상신청의 임의절차로 바뀌었다(동법 제9조).

② 배상심의회

㉠ 성격 : 합의제 행정관청

㉡ 설치 : 상급심의회(본부심의회, 특별심의회), 지구심의회

* 본부심의회와 특별심의회는 양자 모두 법무부장관의 지휘를 받는다.

③ 배상심의회의 심의, 결정 : ㉠ 배상신청 → ㉡ 4주일 내에 배상결정 → ㉢ 2주일 이내에 재심신청 → ㉣ 4주일 내에 배상결정

④ 배상결정의 효력

㉠ 배상심의회의 배상결정에 신청인이 동의한 경우 민사소송법에 의한 재판상 화해가 성립된 것으로 간주하는 규정(국가배상법 제16조)이 존재하던 시절에는 신청인은 배상결정에 동의한 이후에는 손해배상청구소송의 제기가 불가하였다.

㉡ 오늘날에는 신청인은 배상결정에 동의한 이후에도 손해배상청구소송을 제기할 수 있다.

2. 사법절차에 의한 배상청구

① 소송형태

㉠ 학설 : 민사소송에 의한다는 견해와 당사자소송에 의한다는 견해의 대립이 있다.

㉡ 판례 : 민사소송에 의할 것을 요구한다.

② 국가배상청구소송에 있어서도 가집행선고는 가능하다.

* 특별절차로서의 관련청구의 병합의 문제(예. 행정소송법 제10조)

Ⅳ. 국가배상법 제2조와 제5조의 관계

국가배상책임은 크게 세 가지, 즉 제2조의 과실책임, 제5조의 영조물하자책임, 제6조의 비용부담자의 책임으로 구성된다. 여기서 제2조와 제5조의 관계가 문제 되는바, 학설은 양자의 경합을 부정하는 입장과 긍정하는 입장으로 대립한다.

부정설은 제2조의 직무의 범위에서 공공의 영조물의 설치·관리 작용을 제외하는 결과 양자가 경합하는 경우 원고는 제5조만을 청구원인으로 특정할 수 있을 뿐이라고 한다.

긍정설은 원고가 임의로 선택할 수 있다는 것으로 제2조와 제5조 간의 선택적 병합뿐 아니라 예비적 병합도 가능하다고 본다.

국가배상법의 입법 취지로 보더라도 긍정설이 타당하다고 할 것이다. 원고가 청구원인을 무엇으로 특정할 것인가는 임의적인 것으로 영조물의 관리나 하자로 인한 손해배상청구를 하는 경우, 원고가 반드시 제5조를 주장·입증하여야 하는 것은 아니라 할 것이다.

Ⅴ. 국가배상청구권의 소멸시효

1. 손해와 가해자를 안 경우

국가배상청구권은 「국가배상법」 제8조의 규정에 의하여 「민법」상 손해배상청구권과 마찬가지로 「민법」 제766조 제1항에 따라 피해자나 그 법정대리인이 손해와 가해자를 안 경우 안 날로부터 3년간 이를 행사하지 아니하면 시효로 소멸한다(대판 1998.7.10, 98다7001 판결).

2. 손해와 가해자를 알지 못하는 경우

피해자나 그 법정대리인이 손해 및 가해자를 알지 못하는 경우에는 「국가재정법」 제96조제1항에 따라 5년간 이를 행사하지 아니하면 국가배상청구권은 시효로 소멸한다.

3. 민법 제766조 제2항의 적용 여부

「국가배상법」 제96조 제1항에서 '다른 법률의 규정'이라 함은 다른 법률에 「국가배상법」 제96조 제1항에서 규정한 5년의 소멸시효기간보다 짧은 기간의 소멸시효의 규정이 있는 경우를 가리키는 것이고, 이보다 긴 10년의 소멸시효기간을 규정한 「민법」 제766조 제2항은 「국가배상법」 제96조 제1항에서 말하는 '다른 법률의 규정'에 해당하지 아니한다.

대법원 2001.4.24, 선고 2000다57856 판결【손해배상(기)】
예산회계법 제96조에서 '다른 법률의 규정'이라 함은 다른 법률에 예산회계법 제96조에서 규정한 5년의 소멸시효기간보다 짧은 기간의 소멸시효의 규정이 있는 경우를 가리키는 것이고, 이보다 긴 10년의 소멸시효를 규정한 민법 제766조 제2항은 예산회계법 제96조에서 말하는 '다른 법률의 규정'에 해당하지 아니한다.

[국가재정법 제96조](금전채권·채무의 소멸시효)
① 금전의 급부를 목적으로 하는 국가의 권리로서 시효에 관하여 다른 법률에 규정이 없는 것은 5년 동안 행사하지 아니하면 시효로 인하여 소멸한다.
② 국가에 대한 권리로서 금전의 급부를 목적으로 하는 것도 또한 제1항과 같다.
③ 금전의 급부를 목적으로 하는 국가의 권리에 있어서는 소멸시효의 중단·정지 그 밖의 사항에 관하여 다른 법률의 규정이 없는 때에는 「민법」의 규정을 적용한다. 국가에 대한 권리로서 금전의 급부를 목적으로 하는 것도 또한 같다.

관련 판례

1. 영조물의 하자

[1] 국가배상법 제5조 제1항 소정의 '영조물 설치 관리상의 하자'라 함은 공공의 목적에 공여된 영조물이 그 용도에 따라 통상 갖추어야 할 안전성을 갖추지 못한 상태에 있음을 말하고, 영조물의 설치 및 관리에 있어서 항상 완전무결한 상태를 유지할 정도의 고도의 안전성을 갖추지 아니하였다고 하여 영조물의 설치 또는 관리에 하자가 있는 것으로는 할 수 없는 것으로서, 영조물의 설치자 또는 관리자에게 부과되는 방호조치의무의 정도는 영조물의 위험성에 비례하여 사회통념상 일반적으로 요구되는 정도의 것을 말하므로, 영조물인 도로의 경우도 다른 생활필수시설과의 관계나 그것을 설치하고 관리하는 주체의 재정적, 인적, 물적 제약 등을 고려하여 그것을 이용하는 자의 상식적이고 질서 있는 이용 방법을 기대한 상대적인 안전성을 갖추는 것으로 족하다.

[2] 도로의 설치·관리상의 하자는 도로의 위치 등 장소적인 조건, 도로의 구조, 교통량, 사고 시에 있어서의 교통 사정 등 도로의 이용 상황과 본래의 이용 목적 등 제반 사정과 물적 결함의 위치, 형상 등을 종합적으로 고려하여 사회통념에 따라 구체적으로 판단하여야 하는바, 특히 강설은 기본적 환경의 하나인 자연현상으로서 그것이 도로교통의 안전을 해치는 위험성의 정도나 그 시기를 예측하기 어렵고 통상 광범위한 지역에 걸쳐 일시에 나타나고 일정한 시간을 경과하면 소멸되는 일과성을 띠는 경우가 많은 점에 비하여, 이로 인하여 발생되는 도로상의 위험에 대처하기 위한 완벽한 방법으로서 도로 자체에 융설 설비를 갖추는 것은 현대의 과학기술의 수준이나 재정사정에 비추어 사실상 불가능하고, 가능한 방법으로 인위적으로 제설작업을 하거나 제설제를 살포하는 등의 방법을 택할 수밖에 없는데, 그러한 경우에 있어서도 적설지대에 속하는 지역의 도로라든가 최저속도의 제한이 있는 고속도로 등 특수 목적을 갖고 있는 도로가 아닌 일반 보통의 도로까지도 도로관리자에게 완전한 인적, 물적 설비를 갖추고 제설작업을 하여 도로통행상의 위험을 즉시 배제하여 그 안전성을 확보하도록 하는 관리의무를 부과하는 것은 도로의 안전성의 성질에 비추어 적당하지 않고, 오히려 그러한 경우의 도로통행의 안전성은 그와 같은 위험에 대면하여 도로를 이용하는 통행자 개개인의 책임으로 확보하여야 한다.

[3] 강설의 특성, 기상적 요인과 지리적 요인, 이에 따른 도로의 상대적 안전성을 고려하면 겨울철 산간지역에 위치한 도로에 강설로 생긴 빙판을 그대로 방치하고 도로상황에 대한 경고나 위험표지판을 설치하지 않았다는 사정만으로 도로관리상의 하자가 있다고 볼 수 없다고 한 사례. (대법원 2000.4.25, 선고 99다54998 판결【손해배상(자)】)

2. 영조물의 하자

[1] 하천의 계획홍수위를 결정할 당시에 이미 간선도로의 건설이 상당정도 진척되어 있었던 경우 그 도로의 건설까지 고려하여 계획홍수위를 정하였을 가능성이 있는데다가, 관리청은 도로건설로 둔치가 정비되고 도로가 포장됨으로써 흐르는 유속이 빨라져 오히려 계획홍수위를 낮추는 효과가 있다고 주장하고 있으므로 도로의 건설로 다소 하천의 단면적이 감소된다고 하여 그것만으로 곧 수해의 위험성이 증대되는 것이 경험칙상 명백하다고 할 수는 없을 것이고 이 점은 증거에 의하여 확정하여야 한다고 한 사례.

[2] 자연영조물로서의 하천은 원래 이를 설치할 것인지 여부에 대한 선택의 여지가 없고, 위험을 내포한 상태에서 자연적으로 존재하고 있으며, 간단한 방법으로 위험상태를 제거할 수 없는 경우가 많고, 유수라고 하는 자연현상을 대상으로 하면서도 그 유수의 원천인 강우의 규모, 범위, 발생시기 등의 예측이나 홍수의 발생 작용 등의 예측이 곤란하고, 실제로 홍수가 어떤 작용을 하는지는 실험에 의한 파악이 거의 불가능하고 실제 홍수에 의하여 파악할 수밖에 없어 결국 과거의 홍수 경험을 토대로 하천관리를 할 수밖에 없는 특질이 있고, 또 국가나 하천관리청이 목표로 하는 하천의 개수작업을 완성함에 있어서는 막대한 예산을 필요로 하고, 대규모 공사가 되어 이를 완공하는 데 장기간이 소요되며, 치수의 수단은 강우의 특성과 하천 유역의 특성에 의하여 정해지는 것이므로 그 특성에 맞는 방법을 찾아내는 것은 오랜 경험이 필요하고 또 기상의 변화에 따라 최신의 과학기술에 의한 방법이 효용이 없을 수도 있는 등 그 관리상의 특수성도 있으므로 이와 같은 관리상의 특질과 특수성을 감안한다면, 하천의 관리청이 관계 규정에 따라 설정한 계획홍수위를 변경시켜야 할 사정이 생기는 등 특별한 사정이 없는 한, 이미 존재하는 하천의 제방

이 계획홍수위를 넘고 있다면 그 하천은 용도에 따라 통상 갖추어야 할 안전성을 갖추고 있다고 보아야 하고, 그와 같은 하천이 그 후 새로운 하천시설을 설치할 때 기준으로 삼기 위하여 제정한 '하천시설기준'이 정한 여유고를 확보하지 못하고 있다는 사정만으로 바로 안전성이 결여된 하자가 있다고 볼 수는 없다.

[3] 100년 발생빈도의 강우량을 기준으로 책정된 계획홍수위를 초과하여 600년 또는 1,000년 발생빈도의 강우량에 의한 하천의 범람은 예측가능성 및 회피가능성이 없는 불가항력적인 재해로서 그 영조물의 관리청에게 책임을 물을 수 없다고 본 사례.

(대법원 2003.10.23, 선고 2001다48057 판결【손해배상(기)】)

3. 국가배상법 제5조 소정의 영조물의 설치·관리상의 하자의 의미

[1] 국가배상법 제5조 소정의 영조물의 설치·관리상의 하자라 함은 영조물의 설치 및 관리에 불완전한 점이 있어 이 때문에 영조물 자체가 통상 갖추어야 할 안전성을 갖추지 못한 상태에 있는 것을 말하는 것이다.

[2] 지방자치단체가 관리하는 도로 지하에 매설되어 있는 상수도관에 균열이 생겨 그 틈으로 새어 나온 물이 도로 위까지 유출되어 노면이 결빙되었다면 도로로서의 안전성에 결함이 있는 상태로서 설치·관리상의 하자가 있다고 한 사례.

[3] 국가배상법 제5조 소정의 영조물의 설치·관리상의 하자로 인한 책임은 무과실책임이고 나아가 민법 제758조 소정의 공작물의 점유자의 책임과는 달리 면책사유도 규정되어 있지 않으므로, 국가 또는 지방자치단체는 영조물의 설치·관리상의 하자로 인하여 타인에게 손해를 가한 경우에 그 손해의 방지에 필요한 주의를 해태하지 아니하였다 하여 면책을 주장할 수 없다.

[4] 영조물의 설치 또는 관리상의 하자로 인한 사고라 함은 영조물의 설치 또는 관리상의 하자만이 손해발생의 원인이 되는 경우만을 말하는 것이 아니고, 다른 자연적 사실이나 제3자의 행위 또는 피해자의 행위와 경합하여 손해가 발생하더라도 영조물의 설치 또는 관리상의 하자가 공동원인의 하나가 되는 이상 그 손해는 영조물의 설치 또는 관리상의 하자에 의하여 발생한 것이라고 해석함이 상당하다.

(대법원 1994.11.22, 선고 94다32924 판결【손해배상(기)】)

4. 국가배상법 제5조 1항의 영조물의 설치·관리의 하자의 의미 및 판단기준

[1] 국가배상법 제5조 제1항 소정의 영조물의 설치 또는 관리의 하자라 함은 영조물이 그 용도에 따라 통상 갖추어야 할 안전성을 갖추지 못한 상태에 있음을 말하는 것으로서, 영조물이 완전무결한 상태에 있지 아니하고 그 기능상 어떠한 결함이 있다는 것만으로 영조물의 설치 또는 관리에 하자가 있다고 할 수 없는 것이고, 위와 같은 안전성의 구비 여부를 판단함에 있어서는 당해 영조물의 용도, 그 설치장소의 현황 및 이용 상황 등 제반 사정을 종합적으로 고려하여 설치관리자가 그 영조물의 위험성에 비례하여 사회통념상 일반적으로 요구되는 정도의 방호조치의무를 다하였는지 여부를 그 기준으로 삼아야 할 것이며, 객관적으로 보아 시간적·장소적으로 영조물의 기능상 결함으로 인한 손해발생의 예견가능성과 회피가능성이 없는 경우 즉 그 영조물의 결함이 영조물의 설치관리자의 관리행위가 미칠 수 없는 상황 아래에 있는 경우에는 영조물의 설치관리상의 하자를 인정할 수 없다.

[2] 교차로의 진행방향 신호기의 정지신호가 단선으로 소등되어 있는 상태에서 그대로 진행하다가 다른 방향의 진행신호에 따라 교차로에 진입한 차량과 충돌한 경우, 신호기의 적색신호가 소등된 기능상 결함이 있었다는 사정만으로 신호기의 설치 또는 관리상의 하자를 인정할 수 없다고 한 사례.
(대법원 2000.2.25, 선고 99다54004 판결【구상금】)

5. 영조물의 설치 또는 관리의 하자의 의미

[1] 국가배상법 제5조 제1항에 정하여진 '영조물의 설치 또는 관리의 하자'라 함은 공공의 목적에 공여된 영조물이 그 용도에 따라 갖추어야 할 안전성을 갖추지 못한 상태에 있음을 말하고, 안전성을 갖추지 못한 상태, 즉 타인에게 위해를 끼칠 위험성이 있는 상태라 함은 당해 영조물을 구성하는 물적 시설 그 자체에 있는 물리적·외형적 흠결이나 불비로 인하여 그 이용자에게 위해를 끼칠 위험성이 있는 경우뿐만 아니라, 그 영조물이 공공의 목적에 이용됨에 있어 그 이용상태 및 정도가 일정한 한도를 초과하여 제3자에게 사회통념상 수인할 것이 기대되는 한도를 넘는 피해를 입히는 경우까지 포함된다고 보아야 한다.

[2] '영조물 설치 또는 하자'에 관한 제3자의 수인한도의 기준을 결정함에 있어서는 일반적으로 침해되는 권리나 이익의 성질과 침해의 정도뿐만 아니라 침해행위가 갖는 공공성의 내용과 정도, 그 지역환경의 특수성, 공법적인 규제에 의하여 확보하려는 환경기준, 침해를 방지 또는 경감시키거나 손해를 회피할 방안의 유무 및 그 난이 정도 등 여러 사정을 종합적으로 고려하여 구체적 사건에 따라 개별적으로 결정하여야 한다.

[3] 소음 등을 포함한 공해 등의 위험지역으로 이주하여 들어가서 거주하는 경우와 같이 위험의 존재를 인식하면서 그로 인한 피해를 용인하며 접근한 것으로 볼 수 있는 경우에, 그 피해가 직접 생명이나 신체에 관련된 것이 아니라 정신적 고통이나 생활방해의 정도에 그치고 그 침해행위에 고도의 공공성이 인정되는 때에는, 위험에 접근한 후 실제로 입은 피해 정도가 위험에 접근할 당시에 인식하고 있었던 위험의 정도를 초과하는 것이거나 위험에 접근한 후에 그 위험이 특별히 증대하였다는 등의 특별한 사정이 없는 한 가해자의 면책을 인정하여야 하는 경우도 있을 수 있을 것이나, 일반인이 공해 등의 위험지역으로 이주하여 거주하는 경우라고 하더라도 위험에 접근할 당시에 그러한 위험이 존재하는 사실을 정확하게 알 수 없는 경우가 많고, 그 밖에 위험에 접근하게 된 경위와 동기 등의 여러 가지 사정을 종합하여 그와 같은 위험의 존재를 인식하면서 굳이 위험으로 인한 피해를 용인하였다고 볼 수 없는 경우에는 손해배상액의 산정에 있어 형평의 원칙상 과실상계에 준하여 감액사유로 고려하는 것이 상당하다.

[4] 김포공항에서 발생하는 소음 등으로 인근 주민들이 입은 피해는 사회통념상 수인한도를 넘는 것으로서 김포공항의 설치·관리에 하자가 있다고 본 사례.
(대법원 2005.1.27, 선고 2003다49566 판결【손해배상(기)】)

6. 도로의 설치·관리상 하자

[1] 국가배상법 제5조 제1항에 규정된 '영조물 설치·관리상의 하자'는 공공의 목적에 공여된 영조물이 그 용도에 따라 통상 갖추어야 할 안전성을 갖추지 못한 상태에 있음을 말한다. 그리고 위와 같은 안전성의 구비 여부는 영조물의 설치자 또는 관리자가 그 영조물의 위험성에 비례하

여 사회통념상 일반적으로 요구되는 정도의 방호조치의무를 다하였는지를 기준으로 판단하여야 하고, 아울러 그 설치자 또는 관리자의 재정적·인적·물적 제약 등도 고려하여야 한다. 따라서 영조물인 도로의 경우도 그 설치 및 관리에 있어 완전무결한 상태를 유지할 정도의 고도의 안전성을 갖추지 아니하였다고 하여 하자가 있다고 단정할 수는 없고, 그것을 이용하는 자의 상식적이고 질서 있는 이용 방법을 기대한 상대적인 안전성을 갖추는 것으로 족하다.

[2] 갑이 차량을 운전하여 지방도 편도 1차로를 진행하던 중 커브길에서 중앙선을 침범하여 반대편 도로를 벗어나 도로 옆 계곡으로 떨어져 동승자인 을이 사망한 사안에서, 좌로 굽은 도로에서 운전자가 무리하게 앞지르기를 시도하여 중앙선을 침범하여 반대편 도로로 미끄러질 경우까지 대비하여 도로 관리자인 지방자치단체가 차량용 방호울타리를 설치하지 않았다고 하여 도로에 통상 갖추어야 할 안전성이 결여된 설치·관리상의 하자가 있다고 보기 어려운데도, 이와 달리 본 원심판결에 법리오해의 위법이 있다고 한 사례.

(대법원 2013.10.24, 선고 2013다208074 판결【구상금】)

7. 자연영조물의 설치·관리상 하자

[1] 자연영조물로서 하천은 이를 설치할 것인지 여부에 대한 선택의 여지가 없고, 위험을 내포한 상태에서 자연적으로 존재하고 있으며, 그 유역의 광범위성과 유수(류수)의 상황에 따른 하상의 가변성 등으로 인하여 익사사고에 대비한 하천 자체의 위험관리에는 일정한 한계가 있을 수밖에 없어, 하천 관리주체로서는 익사사고의 위험성이 있는 모든 하천구역에 대해 위험관리를 하는 것은 불가능하므로, 당해 하천의 현황과 이용 상황, 과거에 발생한 사고 이력 등을 종합적으로 고려하여 하천구역의 위험성에 비례하여 사회통념상 일반적으로 요구되는 정도의 방호조치의무를 다하였다면 하천의 설치·관리상의 하자를 인정할 수 없다.

[2] 수련회에 참석한 미성년자 갑이 유원지 옆 작은 하천을 가로질러 수심이 깊은 맞은 편 바위 쪽으로 이동한 다음 바위 위에서 하천으로 다이빙을 하며 놀다가 익사하자, 갑의 유족들이 하천 관리주체인 지방자치단체를 상대로 손해배상을 구한 사안에서, 하천 관리자인 지방자치단체가 유원지 입구나 유원지를 거쳐 하천에 접근하는 길에 수영금지의 경고표지판과 현수막을 설치함으로써 하천을 이용하는 사람들의 안전을 보호하기 위하여 통상 갖추어야 할 시설을 갖추었다고 볼 수 있고, 지방자치단체에게 사고지점에 각별한 주의를 촉구하는 내용의 위험표지나 부표를 설치하는 것과 같은 방호조치를 취하지 않은 과실이 인정되더라도 익사사고와 상당인과관계가 있다고 보기 어려운데도 지방자치단체의 손해배상책임을 인정한 원심판결에 하천의 설치 또는 관리상 하자책임에 관한 법리오해의 위법이 있다고 한 사례.

(대법원 2014.1.23, 선고 2013다211865 판결【손해배상(기)】)

■ 배상책임자

8. 지방자치단체가 그 단체장에게 위임된 국가행정사무의 비용부담자로서 배상책임을 지는 경우 (형식적 비용부담자)

[1] 국가배상법 제6조 제1항 소정의 '공무원의 봉급·급여 기타의 비용'이란 공무원의 인건비만을 가리키는 것이 아니라 당해사무에 필요한 일체의 경비를 의미한다고 할 것이고, 적어도 대외적으로 그러한 경비를 지출하는 자는 경비의 실질적·궁극적 부담자가 아니더라도 그러한 경비

를 부담하는 자에 포함된다.

[2] 구 지방자치법(1988.4.6. 법률 제4004호로 전문 개정되기 전의 것) 제131조(현행 제132조), 구 지방재정법(1988.4.6. 법률 제4006호로 전문 개정되기 전의 것) 제16조 제2항(현행 제18조 제2항)의 규정상, 지방자치단체의 장이 기관위임된 국가행정사무를 처리하는 경우 그에 소요되는 경비의 실질적·궁극적 부담자는 국가라고 하더라도 당해 지방자치단체는 국가로부터 내부적으로 교부된 금원으로 그 사무에 필요한 경비를 대외적으로 지출하는 자이므로, 이러한 경우 지방자치단체는 국가배상법 제6조 제1항 소정의 비용부담자로서 공무원의 불법행위로 인한 같은 법에 의한 손해를 배상할 책임이 있다.

(대법원 1994.12.9, 선고 94다38137 판결【손해배상(기)】)

9. 최종적 배상책임자(기여도설)

국가하천의 유지·보수 사무가 지방자치단체의 장에게 위임된 경우, 지방자치단체의 장은 국가기관의 지위에서 그 사무를 처리하는 것이므로, 국가는 국가배상법 제5조 제1항에 따라 영조물의 설치·관리 사무의 귀속주체로서 국가하천의 관리상 하자로 인한 손해를 배상하여야 한다. 국가가 국가하천의 유지·보수비용의 일부를 해당 시·도에 보조금으로 지급하였다면, 국가와 해당 시·도는 각각 국가배상법 제6조 제1항에 규정된 영조물의 설치·관리 비용을 부담하는 자로서 손해를 배상할 책임이 있다. 이와 같이 국가가 사무의 귀속주체 및 보조금 지급을 통한 실질적 비용부담자로서, 해당 시·도가 구 하천법 제59조 단서에 따른 법령상 비용부담자로서 각각 책임을 중첩적으로 지는 경우에는 국가와 해당 시·도 모두가 국가배상법 제6조 제2항 소정의 궁극적으로 손해를 배상할 책임이 있는 자에 해당한다.

(대법원 2015.4.23, 선고 2013다211834 판결【구상금】)

10. 지방자치단체장이 설치하여 관할 지방경찰청장에게 관리권한이 위임된 교통신호기의 고장으로 인하여 교통사고가 발생한 경우, 수임자(국가)의 책임

도로교통법 제3조 제1항은 특별시장·광역시장 또는 시장·군수(광역시의 군수를 제외)는 도로에서의 위험을 방지하고 교통의 안전과 원활한 소통을 확보하기 위하여 필요하다고 인정하는 때에는 신호기 및 안전표지를 설치하고 이를 관리하여야 하도록 규정하고, 도로교통법시행령 제71조의2 제1항 제1호는 특별시장·광역시장이 위 법률규정에 의한 신호기 및 안전표지의 설치·관리에 관한 권한을 지방경찰청장에게 위임하는 것으로 규정하고 있는바, 이와 같이 행정권한이 기관위임된 경우 권한을 위임받은 기관은 권한을 위임한 기관이 속하는 지방자치단체의 산하 행정기관의 지위에서 그 사무를 처리하는 것이므로 사무귀속의 주체가 달라진다고 할 수 없고, 따라서 권한을 위임받은 기관 소속의 공무원이 위임사무처리에 있어 고의 또는 과실로 타인에게 손해를 가하였거나 위임사무로 설치·관리하는 영조물의 하자로 타인에게 손해를 발생하게 한 경우에는 권한을 위임한 관청이 소속된 지방자치단체가 국가배상법 제2조 또는 제5조에 의한 배상책임을 부담하고, 권한을 위임받은 관청이 속하는 지방자치단체 또는 국가가 국가배상법 제2조 또는 제5조에 의한 배상책임을 부담하는 것이 아니므로, 지방자치단체장이 교통신호기를 설치하여 그 관리권한이 도로교통법 제71조의2 제1항의 규정에 의하여 관할 지방경찰청장에게 위임되어 지방자치단체 소속 공무원과 지방경찰청 소속 공무원이 합동근무하는 교통종합관제센터에서 그 관리업무를 담당하던 중 위 신호기가 고장난 채 방치되어 교통사고가 발생한 경우, 국가

배상법 제2조 또는 제5조에 의한 배상책임을 부담하는 것은 지방경찰청장이 소속된 국가가 아니라, 그 권한을 위임한 지방자치단체장이 소속된 지방자치단체라고 할 것이나, 한편 국가배상법 제6조 제1항은 같은 법 제2조, 제3조 및 제5조의 규정에 의하여 국가 또는 지방자치단체가 손해를 배상할 책임이 있는 경우에 공무원의 선임·감독 또는 영조물의 설치·관리를 맡은 자와 공무원의 봉급·급여 기타의 비용 또는 영조물의 설치·관리의 비용을 부담하는 자가 동일하지 아니한 경우에는 그 비용을 부담하는 자도 손해를 배상하여야 한다고 규정하고 있으므로 교통신호기를 관리하는 지방경찰청장 산하 경찰관들에 대한 봉급을 부담하는 국가도 국가배상법 제6조 제1항에 의한 배상책임을 부담한다.

(대법원 1999.6.25, 선고 99다11120 판결【손해배상(자)】)

11. 50년 빈도의 최대강우량을 불가항력에 기인한 것으로 볼 수 있는지 여부

집중호우로 제방도로가 유실되면서 그 곳을 걸어가던 보행자가 강물에 휩쓸려 익사한 경우, 사고 당일의 집중호우가 50년 빈도의 최대강우량에 해당한다는 사실만으로 불가항력에 기인한 것으로 볼 수 없다는 이유로 제방도로의 설치·관리상의 하자를 인정한 사례.

(대법원 2000.5.26, 선고 99다53247 판결【손해배상(기)】)

12. 집중호우로 산비탈이 무너져 내려 발생한 교통사고에 대해 천재지변을 이유로 배상책임의 면책을 인정할 수 있는지 여부

집중호우로 국도변 산비탈이 무너져 내려 차량의 통행을 방해함으로써 일어난 교통사고에 대하여 국가의 도로에 대한 설치 또는 관리상의 하자책임을 인정한 사례.

(대법원 1993.6.8, 선고 93다11678 판결【손해배상(자)】)

제 2 절 손실보상제도

제 1 항 일반론

Ⅰ. 행정상 손실보상과 행정상 손해배상과의 관계

1. 의 의

① 행정상 손해배상 : 공무원의 위법한 직무행위 또는 공공의 영조물의 설치·관리의 하자로 인하여 개인에게 손해가 발생한 경우에 국가 등이 그 손해를 보전하는 것이다.

② 행정상 손실보상 : 적법한 공권력 행사로 인하여 사유재산에 가하여진 특별한 희생에 대하여, 사유재산권의 보장과 공평 부담의 견지에서 행정주체가 행하는 조절적인 재산적 전보이다.

2. 양자의 접근 경향

① 불법행위이론 자체의 수정

② 위험책임론, 위법·무과실책임 등으로 두 개념의 접근 경향이 있다.

Ⅱ. 행정상 손실보상의 실정법적 근거

1. 문제의 의의

공용침해를 인정하고 있는 개별적 법률이 손실보상에 관한 규정을 두고 있지 않은 경우에 재산권을 침해당한 자가 손실보상을 청구할 수 있는 실정법적 근거가 문제된다. 이는 결국 헌법 제23조 제3항의 규정이 어떤 법적 효력을 갖는가와 관련이 있다.

2. 학 설

(1) **방침규정설** : 이 견해는 손실보상에 관한 헌법 제23조제3항의 규정은

규범적 효력이 없는 것으로서 입법방침에 불과하다는 것이다. 따라서 관계법에 재산권의 내재적 제약을 넘는 제한을 정하면서도 그에 따른 보상규정을 두고 있지 아니한 경우에는 당해 토지소유자 등은 그로 인한 손실을 수인할 수밖에 없다고 한다.

(2) **직접효력설** : 이 견해는 손실보상에 관한 헌법 규정은 국민에 대하여 직접적 효력을 갖는 규범으로 보아, 관계 법률에 보상 규정이 없는 경우에는 직접 헌법 제23조 제3항에 의거하여 보상을 청구할 수 있다고 보고 있다.

(3) **유추적용설** : 이 견해는 관계법에 보상 규정이 없는 경우에는 헌법 제23조제1항 및 제11조에 근거하여 헌법 제23조제3항 및 관계 규정의 유추적용을 통하여 보상을 구할 수 있다는 입장이다. 이는 수용유사침해의 법리를 받아들여서 이 문제를 해결하고자 하는 견해인 바, 위법, 무과실의 공용침해에 대한 보상과 위법, 유책을 요건으로 하는 국가배상과는 그 성립요건과 범위 등에서 구별된다는 점을 배경으로 한다.

* 유추적용설은 결국 독일에서 발전된 수용유사침해의 법리를 받아들여 문제를 해결하고자 하는 입장으로 해석할 수 있다.

(4) **위헌무효설** : 이 견해는 헌법 제23조제3항의 규정은 입법자에 대하여는 국민의 재산권을 침해하는 입법을 할 때에는 반드시 보상규정을 두도록 구속력을 가진다고 한다. 따라서 법률이 재산권의 침해를 규정하면서 보상에 관하여 규정하지 않으면 그 법률은 위헌·무효이며, 그 법률에 근거한 행정작용은 위법행위가 된다. 따라서 당사자는 취소소송의 제기와 위법한 행정작용을 이유로 재산상 손해를 받은 경우는 손해배상을 청구할 수 있다고 한다. 이러한 손해배상청구를 위해서 손해배상청구소송을 제기하고 그 소송 계속 중 위헌법률심판제청을 하여 헌법재판소에서 위헌결정이 난 경우에는 당해 재산권의 침해행위의 위법성이 인정되어 승소판결을 받을 수 있게 된다.

즉, ① 헌법상의 보상 규정은 입법자가 국민의 재산권을 침해하는 규정을 정립하는 경우에는 보상 규정도 두도록 입법자를 구속하고 있으므로,

② 보상 규정을 두고 있지 않은 법률은 위헌무효가 되며,

③ 그에 근거한 공용침해 행위는 위법한 직무행위가 되어,

④ 손해배상의 청구만이 가능하다.

(5) 소결 : 대법원은 제3공화국 헌법 하에서 직접효력설에 입각하여 판시한 바 있으나, 제4공화국 헌법하에서 제20조제3항에 의하여 보상을 법률로 정하도록 개정한 이후에는 방침규정설 내지 간접효력설을 취했다. 현행 헌법하에서 대법원은 제외지에 대하여 「하천법」 제74조에 의한 보상 규정을 유추적용한 바 있으며, 공공사업의 시행으로 인해 발생한 간접손실의 경우에 공특법시행 규칙을 유추적용 하여 보상을 인정하였다.

3. 판 례

개별 법률에 손실보상 규정이 없는 경우에도 손실보상을 인정하기도 하며(대판 1972.11.28, 72다1597, 다만 손실보상을 인정하여야 하는 이유에 관하여는 언급이 없다), 불법행위로 보기도 한다(대판 1966.10.18, 66다1715). 결국 이 문제에 관한 한 판례의 입장은 일관되어 있지 못하다.

Ⅲ. 재산권의 가치보장과 존속보장

1. 재산권의 가치보장

① 공용침해와 관련하여, 국가 등의 공권력행사 그 자체는 다툴 수 없는 것이므로 정당한 '보상'을 확보하자는 입장이다.

② 가치보장의 사고는 '인용하라, 그리고 청산하라'라는 법언에 잘 나타난다.

2. 재산권의 존속보장

① 재산권의 금전가치보다는 재산권 자체 내지는 그의 존속을 중시하는 입장이다.

② 존속보장의 사고는 '방어하라, 그리고 청산하라'라는 법언에 잘 나타난다.

③ 존속보장의 이상을 실현하는 제도로는 '공익사업을 위한 토지 등의 취득 및 보상에 관한 법률' 상의 환매제도를 들 수 있다.

④ 재산권의 존속보장을 가치보장에 우선시키는 논거는 재산권의 인격적 자유에 대한 관계를 중시하는 것에서 찾을 수 있다.

⑤ 행정상의 손실보상의 요건을 설명하는 방식에 있어서는 행정상의 손실보상의 요건 중 '특별한 희생'의 문제에 대해서만 주로 고찰하는 입장과 특별한 희생 이외의 여러 요건에 대해서도 상세히 고찰하는 입장의 대립이 있다. 이러한 방식의 차이는 전자는 재산권의 가치보장을, 후자는 재산권의 존속보장을 중시하는 것에 기인한다.

제 2 항 행정상 손실보상의 성립요건

Ⅰ. 행정상 손실보상의 요건

1. 재산권에 대한 공권적 침해

① 재산권 : 현존하는 구체적 재산 가치 있는 일체의 권리를 의미한다. 따라서

㉠ 기대이익은 손실보상의 대상이 아니다.

㉡ 또한 문화적·학술적 가치 역시 손실보상의 대상이 아니다.

② 공권적 침해(예 : 공용수용·사용·제한·환지·환권)가 있어야 한다.

③ 침해의 직접성 : 재산권에 대한 침해가 공권력 주체에 의하여 의도되었거나, 아니면 최소한 재산상 손실에 대한 직접적 원인이 되어야 한다. 이 침해의 직접성은 엄격한 의미의 공용침해와 수용적 침해의 구분에 있어 중요한 의미를 가진다.

2. 공공의 필요

① 공공의 필요의 판단 기준 : 제 이익 간의 이익형량을 통해서 결정, 이 경우 비례의 원칙이 형량의 척도가 될 수 있다.

② 공공적 사용수용의 문제

3. 적법성

① 적법성은 법률에 근거한 것을 의미한다.

② 법률은 국회에서 심의, 의결된 형식적 의미의 법률을 의미한다.

4. 보상 규정

불가분조항(Junktimklausel), 즉 '공용침해는 동일 법률에 의한 침해와 보상'이라는 공식은 우리나라에서도 적용될 수 있다.

5. 특별한 희생

Ⅱ. 특별한 희생과 사회적 제약의 구분

1. 형식적 기준설

재산권에 대한 침해를 받은 자가 특정되어 있는지를 여부를 기준으로 한다.

① 개별행위설 : 공권력 주체가 공익을 위하여 '개별행위'에 의하여 특정인에게 손실을 가하는 경우를 특별한 희생으로 보는 견해이다.

② 특별희생설 : 공익을 위하여 특정인 또는 제한된 범위 내의 자에게 다른 자에게 요구되지 않는 희생을 불평등하게 강요한 경우만을 특별한 희생으로 보는 견해이다.

2. 실질적 기준설

공용침해의 실질적 내용, 즉 침해의 본질성 및 강도를 기준으로 하여 특별한 희생과 사회적 제약을 구별하려는 견해이다. 이에는 보호가치설, 수인한도설, 사적 효용설, 목적위배설, 상황구속설 등의 이론이 있다.

3. 소 결

특별한 희생과 사회적 제약의 구분은 경계이론에 입각할 때 문제된다. 우리 통설과 판례는 형식적 기준설과 실질적 기준설을 종합하여 판단한다.

특히 토지의 경우에는 종래의 목적대로 사용할 수 없거나 수인한도를 넘는 침해는 위법으로 본다(헌재결 2003.4.24, 99헌바110, 2000헌바46 병합).

Ⅲ. 분리이론과 경계이론

1. 문제의 의의

법률에 의한 재산권 제한이 '재산권의 사회적 제약'과 '공용침해' 중 어디에 해당하는지가 문제된다.

2. 경계이론

재산권의 사회적 제약과 공용침해를 별개의 제도로 보는 것이 아니라 재산권의 침해와 정도에 따라 경계 지워지는 것(사회적 제약이 공용침해로 되어 헌법에 의한 보상을 요구할 수 있다는 것)으로 보는 견해이다.

3. 분리이론

재산권의 사회적 제약과 공용침해를 명확히 구분하는 견해이다.

① 먼저 형태를 기준으로 침해 조치가 일반적·추상적일 때는 사회적 제약, 개별적·구체적일 때에는 공용침해로 본다.

② 다음으로 목적을 기준으로 재산권자의 권리와 의무를 미래를 향하여 규율하는 것이 목적이면 사회적 제약, 재산권자의 법적 지위를 박탈하는 것이 목적이면 공용침해로 본다.

4. 경계이론과 분리이론의 차이점

분리이론에 따르면 재산권의 사회적 제약의 경우에도 비례의 원칙을 넘어서면 보상을 요하게 된다.

분리이론에 따르면 재산권 제한의 유형은,

① 보상을 요하는 공용침해
② 보상 의무가 있는 사회적 제약
③ 보상이 필요 없는 사회적 제약으로 구분할 수 있다.

5. 판 례

헌법재판소는 분리이론에 따르고 있는 것으로 해석된다.

> 도시계획법 제21조에 의한 재산권의 제한은 개발제한구역으로 지정된 토지를 원칙적으로 지정 당시의 지목과 토지현황에 의한 이용방법에 따라 사용할 수 있는 한, 재산권에 내재하는 사회적 제약을 비례의 원칙에 합치하게 합헌적으로 구체화한 것이라고 할 것이나, 종래의 지목과 토지현황에 의한 이용방법에 따른 토지의 사용도 할 수 없거나 실질적으로 사용, 수익을 전혀 할 수 없는 예외적인 경우에도 아무런 보상 없이 이를 감수하도록 하고 있는 한, 비례의 원칙에 위반되어 당해 토지소유자의 재산권을 과도하게 침해하는 것으로서 헌법에 위반 된다(헌재결 1998.12.24, 89헌마214·97헌바78 병합).

제 3 항 손실보상의 내용

Ⅰ. 생활보상

1. 연혁

손실보상 대상의 변천은 대인적 보상에서 대물적 보상으로, 그리고 생활보상으로 발전해왔다.

2. 생활보상의 의의

재산권에 대한 침해로 인하여 생활의 근거를 상실하게 되는 재산권의 피수용자 등에 대하여 생활 재건에 필요한 정도의 보상을 행하는 것, 즉 사회국가의 이념에 따라서 재산권에 대한 침해가 없었던 것과 같은 생활상태를 만들어 주는 것(보상의 역사에 있어 최종단계의 보상으로서의 의미)이다.

3. 생활보상의 특색

① 대인적 보상과의 구분 : 대인적 보상은 주관적 성격이 강한 데 대하여, 생활보상의 경우는 보상의 기준이 정하여져 있기 때문에 객관적 성격이 강하다.

② 대물적 보상과의 구분 : 대물적 보상은 수용의 대상과 보상의 대상이 일치하는 반면, 생활보상은 보상의 대상이 훨씬 확대된다.

4. 생활보상의 근거

헌법 제23조제3항과 제34조제1항(인간다운 생활을 할 권리)

5. 생활보상의 내용

① 협의의 생활보상

㉠ 간접보상(예 : 소수잔존자에 대한 보상, 농경지, 택지보상)

㉡ 이주대책

② 광의의 생활보상 : 협의의 생활보상 외에 주거의 총체가치의 보상, 영업상 손실의 보상, 이전료 보상, 잔지보상, 직업훈련, 전세입자에 대한 주거대책비의 지급 등도 포함한다.

③ 생활보상의 내용

㉠ 근거

ⓐ 대물보상의 원칙(헌법 제23조 제3항) : 공공필요에 의한 재산권의 수용 사용 또는 제한은 법률로써 하되, 정당한 보상을 지급하여야 한다.

ⓑ 생활보상의 근거(헌법 제34조) : 모든 국민은 인간다운 생활을 할 권리를 가진다.

㉡ 내용

ⓐ 생활재건조치 : 공공사업의 시행으로 인해 이주하는 사람들의 생활 근거의 마련을 위하여 사업시행자와 행정당국에 의한 이주대책 등의 일련의 조치(간척지 국공유지 등 대체지의 알선, 공영주택

의 알선, 정착 자금의 지원, 개간비 보조 융자, 직업훈련실시, 고용알선, 보상금에 대한 세제 혜택 등)를 말한다.

ⓑ 영세농 등에 대한 보상 : 토지의 보상금액이 영세해서 다른 곳으로 이주하더라도 생계를 유지하기 어려운 자에게 생활 배려의 측면에서 지급하는 보상금(영세토지에 대한 가산금 지급)을 말한다.

ⓒ 거주대책비 보상 : 공공사업의 시행으로 인하여 주거를 상실하게 된 자에 대하여 일시적인 주거대책비용으로서 지급하는 보상(전세 입주자에 대한 주거대책비 지급, 무허가영업자의 폐업보상으로서 행하는 주거대책비 지급)을 말한다.

ⓓ 소수잔존자 보상 : 공공사업의 시행 결과 종전의 생활공동체로부터 분리되어 잔존자의 생활환경이 현저히 불편하게 되어 이주가 불가피한 경우 공공사업시행지구 안에 편입된 것으로 보고 보상(소수잔존자에게 이전비 이주비 이농비 또는 실농보상 실어보상 세입자에 대한 주거대책비 지급, 휴직 실직의 보상)을 말한다.

Ⅱ. 손실보상의 기준

1. 학 설

① 완전보상설 : 피침해재산이 가지는 완전한 가치를 보상으로 제공하여야 한다는 견해이다. 미국헌법수정 제5조상의 정당한 보상의 해석을 중심으로 미국에서 발전하였다.

② 상당보상설 : 재산권의 사회적 구속성 등에 비추어 사회국가원리의 기준에 따른 적정한 보상이면 족하다는 견해로, 바이마르헌법 제153조에서 연원을 찾아볼 수 있다.

2. 현행법상의 보상기준

① 정당보상의 원칙 : 헌법재판소는 정당보상을 완전보상으로 이해한다.

② 개발이익의 배제

③ 생활보상의 원칙

3. 공용수용·공용사용의 보상기준

「공익사업을 위한 토지 등의 취득 및 보상에 관한 법률」 제67조·제70조·제71조에 근거한다.

4. 공용제한의 보상기준

① 적극적 실손보전설 : 공용제한으로 토지소유자가 현실적으로 예상하지 않았던 지출을 한 경우, 그에 대한 적극적이고 현실적인 지출만을 보상하면 된다.

② 지가하락설(독일의 판례) : 토지이용 제한에 의해 초래되는 지가하락분은 보상하여야 한다.

③ 상당인과관계설 : 공용제한 행위와 상당인과관계 있는 손실은 모두 보상하여야 한다.

④ 지대설

⑤ 공용지역권설정설

Ⅲ. 간접손실보상의 문제 - 사업손실의 보상, 일실손실의 보상

1. 사업손실의 보상

① 의의 : 공공사업의 시행 또는 완성 후의 시설이 간접적으로 사업지 밖의 타인의 재산권에 가해지는 손실 및 신체적·정신적 침해에 대해 행해지는 보상이다.

② 보상의 대상 : 잔여지에 대한 손실보상, 농경지, 건물 등에 대한 간접보상 등 이외에 정신적 피해(소음, 진동 등에 의한 수면방해 등)의 보상, 신체적 피해(소음진동에 의한 난청, 두통, 일조권침해에 의한 건강피해 등)의 보상 등이 논의된다.

2. 일실손실의 보상

① 의의 : 토지 등의 재산권의 수용에 부수하여 사업을 폐지 또는 휴업하게 되는 경우에 입게 되는 손실을 보상하는 것이다.

② 내용

㉠ 영업의 폐지, 이전, 휴업에 따르는 보상

* 무허가영업은 보상하지 않는 것이 원칙이나, 영업시설 등의 가액이나 전업에 따른 손실에 대하여는 보상을 행한다(예외적으로 3인, 3개월간의 가계지출비 인정).

㉡ 농업의 폐지·이전에 따르는 보상

㉢ 실직근로자에 대한 보상

Ⅳ. 손실보상의 유형과 방법

1. 손실보상의 유형

① 현금보상(원칙)

② 현물보상 : 환지·환권의 경우

③ 매수보상(현금보상의 변형으로 보는 견해가 있다)

④ 채권보상

㉠ 요건

ⓐ 사업시행자 : 국가, 지방자치단체, '공공기관의 운영에 관한 법률' 제4조부터 제6조까지의 규정에 따라 지정, 고시된 공공기관 중 대통령령으로 정하는 공공기관이다.

ⓑ 토지소유자 및 관계인이 원하거나, 부재부동산소유자의 토지로서 보상금이 대통령령이 정하는 금액을 초과하는 경우로서 그 초과하는 금액에 대하여 보상하는 경우이다.

㉡ 상환기간 : 5년을 넘으면 안 된다.

㉢ 이자율 : 3년 만기 정기예금 이자율에 따른다.

* 채권보상제의 합헌성 문제가 제기될 수 있다.

2. 손실보상액의 지급 방법

① 보상의 지급 방법의 구분

㉠ 지급 시기에 따라 선불과 후불

㉡ 지급회수에 따라 일시불과 분할불

㉢ 지급의 개별성 여부에 따라 개별불과 일괄불로 구분

② 보상지급 방법에 관한 원칙 : 선불, 개별지급, 전액일시불이 원칙

V. 손실보상에 대한 불복

1. 개별법에 특별한 규정이 없는 경우

① 학설 : ㉠ 손실보상청구권을 공권으로 보아 행정소송인 당사자소송에 의하여야 한다는 견해와, ㉡ 손실보상청구권을 사권으로 보아 민사소송에 의하여야 한다는 견해의 대립한다.

② 판례

㉠ 판례는 손실보상청구권을 사권으로 보아 민사소송에 의할 것을 요구하여 왔다(대판 1998.2.27, 97다64350).

㉡ 하천구역편입토지에 대한 손실보상의 특례 : 하천구역편입토지에 대한 손실보상청구권의 법적 성질을 공법상 권리로 보아 그에 관한 쟁송도 행정소송(당사자소송)에 의하여야 한다고 판시한다.

③ 소멸시효 : 관행어업권자가 그 매립면허를 받은 자 또는 사업시행자에 대하여 가지는 손실보상청구권은 금전의 지급을 구하는 채권적 권리이므로 그 소멸시효기간은 「민법」 제162조 제1항에 따라 10년이다(대판 2010. 12.9, 2007두6571).

> 법률 제3782호 하천법 중 개정법률(이하 "개정하천법"이라 한다) 은 그 부칙 제2조 제1항에서 개정 하천법의 시행일인 1984.12.31. 전에 유수지에 해당되어 하천구역으로 된 토지 및 구 하천법의 시행으로 국유로 된 제외지 안의 토지에 대하여는 관리청이 그 손실을 보상하도록 규정하였고, '법률 제3782호 하천법 중 개정법률 부칙 제2조의 규정에 의한 보상청구권의 소멸시효가 만료된 하천구역 편입 토지 보상에 관한 특별조치법' 제2조는 구 하천법 부칙 제2조 제1항에 해당하는 토

> 지로서 개정 하천법 부칙 제2조 제2항에서 규정하고 있는 소멸시효의 만료로 보상청구권이 소멸되어 보상을 받지 못한 토지에 대하여는 시·도지사가 그 손실을 보상하도록 규정하고 있는바, 위 각 규정들에 의한 손실보상청구권은 모두 종전의 하천법 규정 자체에 의하여 하천구역으로 편입되어 국유로 되었으나 그에 대한 보상규정이 없었거나 보상청구권이 시효로 소멸되어 보상을 받지 못한 토지들에 대하여, 국가가 반성적 고려와 국민의 권리구제 차원에서 그 손실을 보상하기 위하여 규정한 것으로, 그 법적 성질은 하천법 본칙 이 원래부터 규정하고 있던 하천구역에의 편입에 의한 손실보상청구권과 하등 다를 바가 없는 것이어서 공법상의 권리임이 분명하므로 그에 관한 쟁송도 행정소송절차에 의하여야 한다(대판 2006.5.18, 2004다6207).

다만 이 판례를 들어 우리나라의 대법원이 모든 행정상 손실보상청구권의 성질을 공권으로 보는 것으로 속단하기는 곤란하다. 즉, 이 판결은 하천법상의 하천구역편입토지에 대한 손실보상청구권의 성질을 공권으로 본 것에 불과하며, 실제로 동 판결에서 대법원 스스로 이 판례를 통하여 예전의 판례를 변경한 것으로 적시한 사례들은 모두 하천법상의 손실보상청구권에 국한되어 있음을 유의하여야 한다.

2. 공익사업을 위한 토지 등의 취득 및 보상에 관한 법률상의 불복

① 이의신청

㉠ 재결신청 : 토지수용에 있어 손실보상액의 결정에 관하여 당사자간에 협의가 이루어지지 않은 경우에는 사업시행자가 관할토지수용위원회에 재결을 신청한다.

㉡ 이의신청 : 재결신청에 따른 재결에 이의가 있는 자는 재결서의 정본을 받은 날로부터 30일 이내에 중앙토지수용위원회에 이의신청, 이 경우 이의신청을 제기하여도 사업의 진행 및 토지의 수용 또는 사용은 정지되지 아니한다.

② 행정소송

㉠ 행정소송의 제기 : 관할 토지수용위원회의 재결에 대하여 불복이 있는 때에는 재결서를 받은 날부터 90일 이내에, 이의신청을 거친

때에는 이의신청에 대한 재결서를 받은 날부터 60일 이내에 행정소송을 제기할 수 있다.

㉡ 형식적 당사자소송의 문제 : 행정소송이 특히 보상금의 증감에 관한 행정소송인 때에는 당해 소송을 제기하는 자가 토지소유자 또는 관계인인 경우에는 사업시행자를, 사업시행자인 경우에는 토지소유자 또는 관계인을 각각 피고로 한다.

㉢ 취소소송의 대상 : 이의신청을 거친 경우에 이의재결에 고유한 하자가 있는 경우를 제외하고는 이의재결이 아니라 원처분(수용재결)을 취소소송의 대상으로 하여야 한다(원처분주의). 그 이유는, 첫째, 토지보상법 제85조제1항은 행정소송에 의한 불복의 대상을 "제34조의 규정에 의한 재결" 즉 수용재결로 규정하고 있기 때문이다. 둘째, 이의신청임의주의를 취하고 있기 때문이다. 셋째, 이의재결을 대상으로 한다는 명문의 규정이 없으므로 행정소송법 제19조의 일반원칙에 따라 원처분인 수용재결을 대상으로 하여야 한다.

판례도 이의재결에 불복하여 취소소송을 제기하는 경우 원처분인 수용재결을 대상으로 하여야 한다고 본다(대법원 2010.01.28, 선고 2008두1504).

[표 1-1] 토지수용과 불복절차 개관

절차	내용
사업준비	측량 · 조사를 위한 출입(9조-11조) 장해물제거(13조)
협 의	토지조서 및 물건조서 작성(14조) 보상계획 수립 · 공고(15조)
사업인정	사업인정 신청(20조) 의견청취(21조), 사업인정의 고시(22조)
협 의	사업인정 이전에 협의를 거친 경우 생략 가능(26조 2항)
재결신청	협의 불성립시, 사업시행자와 토지소유자 등은 관할 토지수용위원회에 재결신청(28조, 30조)
수용재결	관할토지수용위원회
(60일 이내) 이의재결	수용보상금 지급 · 공탁(개시일까지) 중앙토지수용위원회(임의적 전치절차)
행정소송	증액보상금 지급 · 공탁(30일 이내)

제3절 국가책임제도의 보완

Ⅰ. 손해전보를 위한 그 밖의 제도-문제의 유형 및 해결 방안

1. 문제의 의의

① 행정상 손해배상의 특징 : 행정상의 위법하고 책임 있는(유책) 행위로 인한 재산적·비재산적 손해

② 행정상 손실보상의 특징 : 행정상의 적법한 행위로 인한 재산적 손실(행위자의 책임은 묻지 않음)

③ 전통적인 행정상 손해전보 제도인 행정상 손해배상의 내용과 행정상 손실보상의 내용을 비교해 보면 이들 이론을 통하여서는 전보되지 않는 침해유형이 존재할 수밖에 없다는 점을 인식할 수 있다. 이러한 침해에 대한 구제를 위하여 등장한 이론들로는 다음과 같은 것이 있다.

㉠ 위법·무책의 공무원의 직무행위로 인한 손해 → 수용유사침해
㉡ 이형적(異形的)·비의욕적 공용침해 → 수용적 침해
㉢ 비재산적 법익에 대한 적법한 침해 → 희생보상청구
㉣ 공법상 결과제거청구 : 대위책임제에 입각한 손해배상제도의 흠결을 보완
㉤ 공법상의 부당이득반환청구 등 행정법상의 채권관계

Ⅱ. 수용유사침해

1. 의 의

위법한 공용침해, 특히 보상규정을 결한 법률에 근거한 공용침해를 말한다.

① 위법의 의미 : '위법'은 공용침해의 근거법률이 보상규정을 두어야 함에도 불구하고 그 규정을 두지 않음으로써 위헌인 법률이 되고, 따라서 그에 근거한 공용침해가 결과적으로 위헌이 된다는 의미에서의 위법을 의미한다.

② 수용유사침해의 전형으로는 '위법하지만 무책의 침해'이다.

2. 독일에서의 수용유사침해이론의 전개

① 연방최고법원의 판례(BGHZ6, 270)를 통하여 발전 : 당연논리에 입각한다.

② 연방헌법재판소의 자갈채취판결 : 수용유사침해의 법리에 따르는 보상 청구를 제약한다.

③ 오늘날도 관습상의 '희생보상청구권'에 근거하여 보상을 인정한다.

3. 우리 법제에서의 인정 여부

① 학설 : 긍정설과 부정설의 대립한다.

② 판례 : 신군부에 의한 문화방송주식 강제취득사건, 국가보안사령부의 강압에 의한 한국경제신문폐간 등이 문제 된 사례와 관련하여 부정한다.

> 원심이 들고 있는 위와 같은 수용유사적 침해의 이론은 국가 기타 공권력의 주체가 위법하게 공권력을 행사하여 국민의 재산권을 침해하였고 그 효과가 실제에 있어서 수용과 다름없을 때에는 적법한 수용이 있는 것과 마찬가지로 국민이 그로 인한 손실보상을 청구할 수 있다는 내용으로 이해되는데, 과연 우리 법제 하에서 그와 같은 이론을 채택 할 수 있을 것인가는 별론으로 하더라도... 피고 대한민국의 이 사건 주식취득이 그러한 공권력의 행사에 의한 수용유사적 침해에 해당한다고는 볼 수 없다(대판 1993.10.26, 93다6409).

Ⅲ. 수용적 침해

1. 의 의

적법한 행정작용의 변형적, 비의욕적 부수적 결과로서 타인의 재산권에 가해진 침해를 말한다.

2. 수용적 침해의 예

① 지하철공사의 장기화로 인하여 인근상점이 입는 손해

② 도로예정구역으로 고시된 후 공사를 함이 없이 장기간 방치됨으로 인

하여 고시지역내의 가옥주가 입는 손해

③ 쓰레기적치장 등 공공시설의 경영으로 인근 주민이 받은 손실

3. 우리 법제에서의 인정 여부

① 학설 : 긍정설과 부정설의 대립한다.

② 판례

㉠ 수용적 침해의 이론이 직접적으로 받아들여진 예는 아직 없다.

㉡ 도시계획시설결정으로 인한 토지소유권 제한과 관련된 헌법소원에 있어 헌법재판소가 (수용적 침해라는 용어는 사용하지 않고 있으나) 수용적 침해의 이론을 받아들였다고도 볼 수 있다.

> 토지의 사적 이용권이 배제된 상태에서 토지 소유자로 하여금 10년 이상을 아무런 보상 없이 수인하도록 하는 것은 공익실현의 관점에서도 정당화될 수 없는 과도한 제한으로서 헌법상의 재산권보장에 위배된다고 보아야 한다(헌재결 1999.10.21, 97헌바26).

Ⅳ. 희생보상청구

1. 문제의 제기

적법한 행정작용으로 인하여 비재산적 법익에 대한 침해가 발생한 경우에 있어서의 구제수단이 문제된다.

적법한 행정작용으로 인한 비재산적 법익침해의 예로는,

① 국가기관의 검정을 받아 판매되고 있는 약을 사 먹었는데 병에 걸린 경우

② 경찰관이 저항하는 범인을 향해 총을 쏘았는데 총탄이 범인을 관통하여 옆의 사람에게 상해를 입힌 경우, 등을 들 수 있다.

2. 보상 규정을 통한 문제의 해결

국립병원에서 예방주사를 맞은 사람이 그의 특이체질로 인해 질병을 얻

게 된 경우 등에 대하여 국가보상을 인정하고 있는 경우(아래 예)가 이에 해당한다.

> **감염병의 예방 및 관리에 관한 법률**
> 제71조(예방접종 등에 따른 피해의 국가보상) ① 국가는 제24조 및 제25조에 따라 예방접종을 받은 사람 또는 제40조제2항에 따라 생산된 예방·치료 의약품을 투여받은 사람이 그 예방접종 또는 예방·치료 의약품으로 인하여 질병에 걸리거나 장애인이 되거나 사망하였을 때에는 대통령령으로 정하는 기준과 절차에 따라 다음 각 호의 구분에 따른 보상을 하여야 한다.
> 1. 질병으로 진료를 받은 사람 : 진료비 전액 및 정액 간병비
> 2. 장애인이 된 사람 : 일시보상금
> 3. 사망한 사람 : 대통령령으로 정하는 유족에 대한 일시보상금 및 장제비
>
> ② 제1항에 따라 보상받을 수 있는 질병, 장애 또는 사망은 예방접종약품의 이상이나 예방접종 행위자 및 예방·치료 의약품 투여자 등의 과실 유무에 관계없이 해당 예방접종 또는 예방·치료 의약품을 투여받은 것으로 인하여 발생한 피해로서 보건복지부장관이 인정하는 경우로 한다.
> ③ 이하 생략

3. 관습법을 통한 문제의 해결

① 독일은 관습법으로서의 희생보상청구권인정을 통해 해결한다.

② 희생보상청구권의 의의 : 공권력 작용으로 인하여 발생한 비재산적 법익의 손실에 대하여 보상을 청구할 수 있는 권리를 말한다.

③ 우리나라에서의 인정 여부

㉠ 부정설 : 법적 근거의 부존재를 이유로 부정하는 견해이다.

㉡ 긍정설 : 생명, 신체에 대한 권리가 재산권보다 우월하다는 것을 논거로 하여 인정하는 견해이다.

V. 행정상의 결과제거청구권

1. 의 의

행정상 결과제거청구권이란 공행정 작용의 결과로써 남아 있는 위법한

상태로 인하여 자기의 법률상 이익을 침해받고 있는 자가 행정주체를 상대로 그 위법한 상태의 제거를 청구할 수 있는 권리를 말한다.

2. 법적 성질

(1) **물권적인지 채권적인지** : 원상회복청구권이라는 점에서 물권적 청구권으로만 파악하는 견해가 있으나, 동 법리는 명예훼손 발언과 같은 비권력적 침해의 경우에도 적용될 수 있으므로 물권적 청구권으로 한정하는 것은 타당하지 않다.

(2) **공권인지 사권인지** : 사권으로 보는 견해도 있으나, 공행정 작용에 의해 야기된 위법 상태의 제거를 내용으로 한다는 점에서 공권으로 보는 것이 타당하다. 단, 판례는 민법상 반환청구권으로 이해하여 사권으로 보고 있다.

3. 법적 근거

① 헌법상의 법치행정의 원리, 기본권규정, 민법상의 방해배제청구권 규정(제213조, 제214조)의 유추 등을 들 수 있다.

② 취소판결의 기속력(위법한 처분에 의해 발생한 위법한 결과는 취소판결의 기속력인 원상회복의무에 의해 제거될 수 있다)에서 찾기도 한다.

4. 요 건

(1) **행정주체의 공행정작용으로 인한 침해행위** : 여기서 침해행위는 일체의 공행정 작용에 의한 모든 종류의 침해를 의미한다. 즉, 법적 행위인 행정행위뿐만 아니라 사실행위도 포함하며 권력적 행위뿐만 아니라 비권력적 행위도 포함된다. 그러나 행정주체의 사법적 활동으로 인한 침해의 경우에는 원칙적으로 사법의 규율 대상이 될 뿐, 결과제거청구권은 성립하지 않는다. 또 작위의무위반의 부작위에 의한 침해의 경우에도 결과제거청구권이 성립하지 않는다는 것이 독일의 다수설이다.

(2) **위법한 상태의 발생 및 침해상태의 계속** : 결과제거청구권은 위법한 상태의 제거를 목적으로 하므로 침해상태가 위법하여야 한다. 침해상태의 위법

성은 처음부터 또는 기간의 경과 또는 해제조건의 성취 등에 의하여 사후에 발생할 수도 있다. 결과제거청구권의 법리에서는 침해행위의 위법성보다는 침해상태의 위법성에 초점이 모아져야 한다. 또 이러한 위법 상태는 사실심 변론종결시를 기준으로 하여 계속되어야 한다.

(3) **개인의 법률상의 이익 침해** : 공행정 작용으로 인하여 야기된 위법한 상태가 개인의 권리 또는 법률상 이익을 침해하고 있어야 한다. 여기서 권리 또는 법률상 이익에는 재산적 가치 있는 것뿐만 아니라 명예, 좋은 평판 등 정신적인 것까지 포함된다.

(4) **결과제거의 가능성·허용성·기대가능성** : 원상태 또는 동가치의 상태로서의 회복이 사실상 가능하며, 법적으로 허용되고 또한 의무자에게 있어서 그것이 기대가능 하여야 한다.

(5) **주관적 요건**(가해자의 고의 과실)은 요구되지 않는다.

5. 결과제거청구권의 내용 등

① 결과제거의 의무주체 : 그러한 결과를 야기한 국가, 공공단체, 공무수탁 사인과 같은 행정주체가 된다.

② 손해전보의 청구가능성 : 부정된다. 결과제거청구권과 손해배상청구권은 독자적으로 성립 가능하며 병존할 수 있다.

③ 직접적 결과의 제거 : 간접적 결과, 즉 제3자의 개입으로 발생한 결과는 결과제거청구의 내용이 될 수 없다.

④ 과실상계의 문제 : 과실상계의 법사상은 결과제거청구권의 행사에도 준용한다.

6. 쟁송 수단

결과제거청구권을 공권으로 보는 한 행정소송(특히 공법상 당사자소송)을 제기할 수 있다. 현행법은 위법한 행정처분의 집행으로 일정한 위법 상태가 발생한 경우, 이에 대한 행정청의 제거의무는 '취소판결의 기속력'으로 해결 가능한 것으로 보는 것 같다. 그러나 행정청이 자발적으로 위법한 결과를 제거하지 않는 경우 별소를 제기하여야 하는 문제점이 발생하였고, 이를 시정하기 위한 방안의 하나로 행정소송법상에 결과제거청구권을 명시하는 것이 제안되었고 이는 법무부 행정소송법 개정안에도 반영되었다.

법무부 행정소송법개정안(제32조제4항) :

[제32조제4항] 판결에 따라 취소되는 처분등이 이미 집행된 경우 당사자인 행정청과 그 밖의 관계행정청은 그 집행으로 인하여 직접 원고에게 발생한 위법한 결과를 제거하기 위하여 필요한 조치를 하여야 한다.

관련 판례

1. 손실보상 흠결시 권리구제

행정주체의 행정행위를 신뢰하여 그에 따라 재산출연이나 비용지출 등의 행위를 한 자가 그 후에 공공필요에 의하여 수립된 적법한 행정계획으로 인하여 재산권행사가 제한되고 이로 인한 공공사업의 시행 결과 공공사업시행지구 밖에서 발생한 간접손실에 관하여 그 피해자와 사업시행자 사이에 협의가 이루어지지 아니하고, 그 보상에 관한 명문의 근거 법령이 없는 경우라고 하더라도, 헌법 제23조 제3항 및 구 토지수용법(2002.2.4. 법률 제6656호로 폐지되기 전의 것) 등의 개별 법률의 규정, 구 공공용지의취득및손실보상에관한특례법(2002.2.4. 법률 제6656호로 폐지되기 전의 것) 제3조 제1항 및 같은법시행규칙(2002.12.31. 건설교통부령 제344호로 폐지되기 전의 것) 제23조의2 내지 7 등의 규정 취지에 비추어 보면, 공공사업의 시행으로 인하여 그러한 손실이 발생하리라는 것을 쉽게 예견할 수 있고, 그 손실의 범위도 구체적으로 이를 특정할 수 있는 경우에는 그 손실의 보상에 관하여 구 공공용지의취득및손실보상에관한특례법시행규칙의 관련 규정 등을 유추적용할 수 있다.

(대법원 2004.9.23, 선고 2004다25581 판결【손해배상(기)】)

2. 행정상의 손실보상

[1] 법률 제3782호 하천법 중 개정법률(이하 '개정 하천법'이라 한다)은 그 부칙 제2조 제1항에서 개정 하천법의 시행일인 1984.12.31. 전에 유수지에 해당되어 하천구역으로 된 토지 및 구 하천법(1971.1.19. 법률 제2292호로 전문 개정된 것)의 시행으로 국유로 된 제외지 안의 토지에 대하여는 관리청이 그 손실을 보상하도록 규정하였고, '법률 제3782호 하천법 중 개정법률 부칙 제2조의 규정에 의한 보상청구권의 소멸시효가 만료된 하천구역 편입토지 보상에 관한 특별조치법' 제2조는 구 하천법(1989.12.30. 법률 제4161호로 개정되기 전의 것) 부칙 제2조 제1항에 해당하는 토지로서 개정 하천법 부칙 제2조 제2항에서 규정하고 있는 소멸시효의 만료로 보상청구권이 소멸되어 보상을 받지 못한 토지에 대하여는 시·도지사가 그 손실을 보상하도록 규정하고 있는바, 위 각 규정들에 의한 손실보상청구권은 모두 종전의 하천법 규정 자체에 의하여 하천구역으로 편입되어 국유로 되었으나 그에 대한 보상규정이 없었거나 보상청구권이 시효로 소멸되어 보상을 받지 못한 토지들에 대하여, 국가가 반성적 고려와 국민의 권리구제 차원에

서 그 손실을 보상하기 위하여 규정한 것으로서, 그 법적 성질은 하천법 본칙(本則)이 원래부터 규정하고 있던 하천구역에의 편입에 의한 손실보상청구권과 하등 다를 바가 없는 것이어서 공법상의 권리임이 분명하므로 그에 관한 쟁송도 행정소송절차에 의하여야 한다.

[2] 하천법 부칙(1989.12.30.) 제2조와 '법률 제3782호 하천법 중 개정법률 부칙 제2조의 규정에 의한 보상청구권의 소멸시효가 만료된 하천구역 편입토지 보상에 관한 특별조치법' 제2조, 제6조의 각 규정들을 종합하면, 위 규정들에 의한 손실보상청구권은 1984.12.31. 전에 토지가 하천구역으로 된 경우에는 당연히 발생되는 것이지, 관리청의 보상금지급결정에 의하여 비로소 발생하는 것은 아니므로, 위 규정들에 의한 손실보상금의 지급을 구하거나 손실보상청구권의 확인을 구하는 소송은 행정소송법 제3조 제2호 소정의 당사자소송에 의하여야 한다.

(대법원 2006.5.18, 선고 2004다6207 전원합의체 판결【보상청구권확인】)

부록

변호사시험 기출문제 쟁점 정리

	쟁점
제13회	[제1문] 취소소송의 대상성, 지방의회의원 연금청구소송(공법상 당사자소송)(30점) [제2문] 재량행위에 대한 사법심사의 방식과 한계, 판단여지설(20점) 행정규칙(예규)에 근거한 처분의 효력 여부 (20점) 지방자치법 제188조(취소·정지권)(30점) 헌법상 법률유보원칙의 내용과 위임 방법(30점)
제12회	[제2문] 제재적 처분기준을 정한 시행규칙의 성격(30점) : 사법심사 형식(재량의 일탈, 남용 여부), 확정판결 후의 직권취소 가능성, 행정기본법상 직권취소 가중적 제재처분이 있는 경우의 협의의 소의 이익(15점) 취소판결의 기판력(국가배상소송에서)(25점) 법률유보원칙의 내용과 위임의 방법(10점)
제11회	[제2문] 고시의 법적 성격(법령보충적 행정규칙)(25점) 거부처분과 행정절차법상 사전통지(15점) 지방자치법상 조례제정개폐청구권, 청원(20점) 지방자치법 제28조의 위헌 여부, 포괄위임금지의 원칙, 직업의 자유(30점)
제10회	[제2문] 거부처분과 신청권(종중, 문화재보호 구역 내 토지소유자)(15점) 취소판결의 기속력(15점) 문화재보호구역 지정으로 인한 재산권 침해 여부(30점) 수용재결에 대한 쟁송 방법, 보상금증감소송(40점)
제9회	[제1문의1] 거부처분의 위법성 판단 기준. 판례(처분시설)(15점) 거부취소소송에서의 가구제 가능성(15점) [제2문] 1. 거부처분취소소송에서의 대상성 문제(거부행위의 처분성 요건, 신청권 문제[제3자의 신청권, 토지소유자의 신청권)(15점) 2. 취소판결의 기속력의 내용(15점): 반복금지효의 예외. 3. 수용재결의 불복 방법(12점) 4. 수용재결과 사업인정의 하자의 승계 인정 여부(15점) 보상금증액소송(형식적 당사자소송)(13점)

제8회	[제1문의2] 법령 해석의 잘못으로 인한 국가배상책임, 군인 등에 대한 특례조항 (30점) [제2문] 1. 보건복지부고시(약제급여목록 및 급여상한금액표)의 성질 및 고시의 처분성 (30점) 2. 항고소송의 원고적격, 단체소송 (20점) 3. 고시에 대한 취소소송의 제소기간 (20점) 4. 처분의 위법판단 기준시, 부진정소급입법 (30점)
제7회	[제1문의4] 두밀분교폐지조례 사건 (1) 학교폐지사무의 법적 성격 (10점) (2) 조례에 대한 감독관청의 쟁송 수단 (10점) [제2문] 1. 행정조사 : 세무 재조사의 취소소송 대상적격 (15점) 2. 국가배상에서의 위법성 (20점) 3. 위헌결정의 효력을 자신의 취소소송에서 주장할 수 있는지 여부 (20점) 4. 위법한 재조사에 근거하여 발해진 조세부과처분의 위법성 (20점) 5. 위법한 재조사에 근거하여 부과·납부한 조세의 반환청구를 위한 소송 방법 (25점)
제6회	[제1문의3] 항고소송에 있어서 대상적격과 피고, 원처분주의 (20점) [제2문] 1. 조례에 근거한 기관위임사무 재위임의 적법성 (30점) 2. 무권한 행정청이 한 처분의 효력 (30점) 3. 하자의 승계 - 석유정제업 사업정지처분의 하자를 이유로 한 석유정제업 등록취소처분의 취소를 구할 수 있는가 (20점)
제5회	[제1문] 행정절차, 사전통지, 위법한 하명처분과 행정벌의 가벌성(20점) [제2문] 1. 도로점용허가거부처분의 적법성 여부(30점) 2. 도로점용허가처분에 대한 제3자의 원고적격(20점) 3. (가) 조건의 성질 및 부관부가의 허용성(15점) (나) 사후부관의 허용 여부(5점) (다) 철회권유보 부관(10점)
제4회	[제1문의1] 국회의 헌법재판관 불선출의 처분성 여부(10점) [제2문] 1. 고시의 법적 성질- 법령보충적 행정규칙(10점) 2. 법률에 의한 행정입법 형식[고시]의 허용 여부(10점) (참고: 헌재 2004.10.28., 99헌바91) 3. 취소소송의 협의의 소의 이익(30점) 4. 취소소송의 기판력 - 국가배상소송과의 관계(30점) [제2문의2] 초과조례 및 완화조례의 가능성(20점) (참고: 대판 1997.4.25., 96추244)

제3회	[제1문] 1. 부령상 행정처분 기준의 법적성질- 법규명령, 행정규칙(25점) ; 행정규칙에 대한 사법적 통제방법 2. 청문절차의 하자의 치유(10점) ; 하자의 위법성의 정도, 하자 치유의 시기 3. 취소소송의 대상과 제소기간(25점) ; 소송의 대상(원처분주의와 재결주의), 변경명령재결에 따라 감축된 경우 소송의 대상, 제소기간) 4. 행정법상의 일반원칙(30점) ; 비례원칙, 평등원칙, 자기구속의 원칙 등 5. 행정절차법상의 사전통지 및 의견제출절차(영업양수양도와 행정절차) ; 당사자의 의미, 관련 판례 [제2문] 철회 사유 및 그 제한(30점)
제2회	[제1문] 1. 계획변경승인거부처분의 처분성 검토(35) (1) 거부처분의 처분성 인정요건, 신청권의 지위, 신청권의 의미 (2) 신청권으로서의 계획변경청구권이 인정되는 경우 (3) 거부처분 상대방의 원고적격 인정 여부(수범자이론) (4) 기타 소의 적법 요건 검토 2. 거부처분과 집행정지, 가처분 인정 여부(20) (1) 집행정지의 요건 (2) 거부처분에 대한 집행정지의 가능성 (3) 가처분의 인정 여부 3. 거부처분에서의 사전통지의무 위반 여부(15) (1) 행정절차법상의 사전통지의 의의 (2) 거부처분의 사전통지 대상성 여부(긍정설, 부정설[판례] 4. 인용판결의 기속력(20) 5. 간접강제(10) [제2문] 공무원 임용 관계, 임용결격자의 임용
제1회	[제2문] 1. 원고적격(특허사업에서의 경업자의 원고적격 여부)(30) 2. 예방적부작위 금지소송의 허용성(10) 3. 부관의 종류-조건, 부담(7) 4. 부관부가의 가능성과 한계-부당결부금지의 원칙(15) 5. 부관의 독립쟁송가능성(8)

부록

변호사 시험 문제 분야별 쟁점 정리

쟁점 영역	쟁점 및 출제 회차와 점수
행정법상 일반원칙	부진정소급입법, 신뢰보호의 원칙(30점)(8)
재량행위	재량행위에 대한 사법심사의 방식과 한계, 판단여지설(20점)(13)
행정행위의 부관	부관의 종류(부담)(7점)(1), 부관 부가의 한계-부당결부금지의 원칙(15점)(1), 부관의 독립쟁송가능성 여부(8점)(1) 조건(부담)의 성질(5) 부관 부가의 허용성(부관 부가와 법률적 근거)(15점)(5), 부관의 사후 부가(5점)(5) 철회권유보 부관(10점)(5)
행정행위의 하자	무권한 행정청이 한 처분의 효력 (30점)(6), 하자의 승계-석유정제업 사업정지처분의 하자를 이유로 한 석유정제업 등록취소처분의 취소 여부(20점)(6) 위법한 재조사에 근거하여 발해진 조세부과처분의 위법성 (20점)(7)
행정행위 폐지	철회의 사유 및 그 제한(30점)(3)
행정입법	고시의 법적 성질(10점)(4) 고시의 법적 성격(법령보충적 행정규칙)(25점)(11) 위임고시의 합헌성 여부(10점)(4) 보건복지부고시(약제급여목록 및 급여상한금액표)의 성질 및 고시의 처분성(30점)(8) 법규명령에 대한 사법적 통제(25점)(4) 행정규칙(예규)에 따른 거부처분의 당부(20점)(13)
행정절차	거부처분과 사전통지(15점); (2),(5),(11) 절차 하자 및 치유(10점)(3) 영업양수도와 행정절차(10점)(3)
행정의 실효성 확보	위법한 하명처분과 행정벌의 가벌성(20점)(5)

국가배상	영업정지처분이 취소된 경우 영업상 손해에 대한 국가배상 청구의 가능성 (30점)(4회) 국가배상에 있어서의 위법성(20점)(7) 법령해석의 잘못으로 인한 국가배상 책임, 군인 등에 대한 특례조항 (30점)(8)
손실보상	수용재결에 대한 불복방법(12점)(9) 사업인정과 수용재결 사이의 하자 승계(15점)(9) 보상금증감소송(13점)(9) 수용재결에 대한 불복방법&보상금증감소송(40점)(10)
행정소송	특허사업에서 경업자의 원고적격 여부(30점)(1) 예방적 부작위(금지)청구 소송의 허용성(10점)(1) 국회의 헌법재판관 불선출의 처분성 여부(10점)(4) 지방의회의원 퇴직연금 환급소송의 처분성 여부(15점)(13) 항고소송에 있어서 대상적격과 피고, 원처분주의 (20점)(6) 세무 재조사의 취소소송 대상적격 (15점)(7) 위법한 재조사에 근거하여 부과·납부한 조세의 반환청구를 위한 소송방법 (25점)(7) 변경처분에서 취소소송대상 및 제소기간, 기산점(25점)(3), 항고소송의 원고적격, 단체소송 (20점)(8) 고시에 대한 취소소송의 제소기간 (20점)(8) 집행정지제도(20점)(2), 거부처분취소소송에서의 잠정적 권리구제 (15점)(9) 거부처분취소소송에서의 대상적격 문제 (15점)(9) 거부처분과 신청권(종중, 문화재보호 구역 내 토지소유자)(15점)(10) 협의의 소의 이익(30점)(4), 행정계획변경신청권인정 여부(35점)(2) 처분의 위법 판단 기준시, 부진정소급입법 (30점)(8) 거부처분의 위법 판단 기준시점 (15점)(9) 취소판결의 효력과 국가배상청구(30점)(4), 거부처분취소판결의 기속력-적극적 처분 의무(20점)(2),/(15점)(9)/(15점)(10) 퇴직연금 환급소송의 종류(15점)(13) 간접강제 제도(10점)(2) 위헌결정의 효력을 자신의 취소소송에서 주장할 수 있는지 여부 (20점) (7)
공무원	공무원 임용관계(2), 임용결격자의 임용(2)

지방자치법	초과조례(20점)(4), 조례에 근거한 기관위임사무 재위임의 적법성 (30점)(6) 조례제정권의 사항적 한계 – 학교 폐지 사무의 법적 성격 (10점)(7) 지방자치법 제28조의 위헌 여부, 포괄위임금지의 원칙, 직업의 자유(30점)(11) 조례에 대한 감독관청의 쟁송수단 (10점)(7) 지방자치법상 조례제정개폐청구권, 청원(20점)(11) 지방자치법상 취소·정지권(30점)(13)
공물법	도로점용허가거부처분의 적법성 여부(30점)(5) 도로점용허가처분에 대한 제3자의 취소소송제기(20점)(5)

찾 아 보 기

[ㅊ]

[ㅌ]

[ㅍ]

[저자 약력]

최 우 용(崔 祐 溶)

동아대학교 법학전문대학원 교수

[약　력]
동아대학교 법과대학 수석졸업
일본 와세다대학(早稲田大學)대학원 법학석사 및 법학박사, 早稲田大學 助手(전임대우)
University of Illinois, Law School, Visiting Scholar(2005)
九州大學 방문교수(일본 국제교류기금초청, 2010)
동아대학교 법학전문대학원 원장(2019.06~2022.12.31.)

[수상 경력]
동아학술상 수상(2005)
한국공법학회 신진학술상 수상(2009)
동아대학교 최우수 강의교수상 수상(2003, 2008, 2011, 2014, 2020, 2022)
한국비교공법학회 우수논문상 수상(2018)

[시험출제 경력]
변호사시험, 사법시험, 행정고시 출제 및 채점위원
감정평가사, 공인노무사, 세무사 등 각종 자격시험 출제 및 채점위원

[기타 경력]
(현) 한국비교공법학회 고문(회장 역임)
한국공법학회, 한국행정법학회, 한국지방자치법학회 부회장
국가 행정법제위원회 위원
법제처 법령심사위원회 위원
부산광역시 공직자윤리위원회 위원장
부산광역시 행정심판위원회 위원장 대리
부산광역시 지방시대위원회 위원
부산지방노동위원회 공익심판위원 등
(전) 대통령소속 자치분권위원회 제2전문위원회 위원장, 국회입법자문위원,
행정안전부 정책자문위원, 교육부 양성평등심의회위원 등 역임

[저　서]
1. 현대행정과 지방자치법, 세종출판사, 2002
2. 지방자치의 기초이론[번역서], 동아대학교 출판부, 2006
3. 지방자치법 강의(제3판), 동아대학교출판부, 2008
4. 행정법총론요해, 동아대학교출판부, 2009
5. 행정법주요판례집(상 · 하), 동아대학교출판부, 2009
6. 로스쿨 일본 변호사시험 행정법 완전분석, 한국학술정보(주), 2011.
7. 지방자치법의 주요 쟁점, 동방출판사, 2014
8. 논점·판례 행정법총론, 법영사, 2015
9. 행정법 종합연습, 동방출판사, 2016
10. 논점 · 판례 행정법총론(제2판), 법영사, 2019

[공　저]
1. 韓國憲法裁判所10年史, 日本 信仙社, 2000
2. 지방자치법 주해, 박영사, 2004
3. 부산의 도시혁신과 거버넌스, 한국학술정보(주), 2008
4. 일본의 행정과 공공정책, 법문사, 2009
5. 分權改革下の地方自治法制の國際比較(일본서적), 有信堂, 2019
6. 행정법총론(1), 법영사, 2021.

정 해 영(丁 海 英)

동아대학교 법학전문대학원 부교수

경북대학교 법과대학 사법학과 졸업
아주대학교 대학원 법학석사 및 법학박사

제40회 사법시험
대법원 재판연구관
변호사

현) 동아대학교 법학전문대학원 부교수
부산광역시 소청심사위원회 위원
부산광역시 교육청 행정심판위원회 위원

제 2 판
행정법 (I)

초판인쇄 2024년 2월 20일
초판발행 2024년 2월 28일

지은이 최우용 · 정해영
펴낸이 박노일

총괄기획 최준규
편 집 이상민

펴낸곳 pnc publishing and culture 피앤씨미디어
경기도 고양시 일산동구 강송로 153 310-1501
등록 제396-2012-000203호
전 화 070)7550-3758 팩 스 02)6280-3758
홈페이지 www.pncmedia.co.kr 이메일 pnc@pncmedia.co.kr
ISBN 979-11-5730-910-8 93360

정 가 25,000원